O Muata Cazembe E Os Povos Maraves, Chévas, Muizas, Muembas, Lundas E Outros Da Africa Austral: Diario Da Expedição Portug. Commandada Pelo Major Monteiro, E Dir. Aquelle Imperador Nos Annos De 1831 E 1832. Com Um Mappa Do Paiz Observado Entre Tete E...

António Candido Pedroso Gamitto

O MUATA CAZEMBE.

O Muata cazembe vestido de gran-
de Galla.

Ó MUATA CAZEMBE

E

OS POVOS

MARAVES, CHÉVAS, MUIZAS, MUEMBAS, LUNDAS

E OUTROS

DA AFRICA AUSTRAL.

DIARIO DA EXPEDIÇÃO PORTUGUEZA

COMMANDADA PELO

MAJOR MONTEIRO,

E DIRIGIDA AQUELLE IMPERADOR

NOS ANNOS DE

1831 E 1832

REDIGIDO PELO [Antonio C[andido] Pedro[so]]

MAJOR A. C. P. GAMITTO,

SEGUNDO COMMANDANTE DA EXPEDIÇÃO.

COM UM MAPPA DO PAIZ OBSERVADO ENTRE TETE E LUNDA.

LISBOA

IMPRENSA NACIONAL

1854.

A EL REI

O SENHOR D. PEDRO V.

Com regia permissão, e respeitosamente, dedica o auctor este seu trabalho. Elle tem a esperança de que, durante o reinado de Sua Magestade, serão aproveitados com esmero os muitos elementos de riqueza, e de prosperidade para a nação, que existem nas vastas provincias da Africa Portugueza.

INDICE.

CAPITULO I.

SAÍDA DA EXPEDIÇÃO DA VILLA DE TETE. MARCHA ATÉ ÁS TERRAS MARAVES.

CAPITULO II.

DESCRIPÇÃO DOS POVOS MARAVES, SEUS USOS E COSTUMES.

CAPITULO III.

MARCHA PELAS TERRAS DOS CHÉVAS, QUE TAMBEM HABITAM OS TUMBUCAS.

CAPITULo IV.

USOS E COSTUMES DOS CHÉVAS E TUMBUCAS.

CAPITULO V.

MARCHA PÉLAS TERRAS DOS MUIZAS, QUE HOJE PERTENCEM AOS MUEMBAS OU MOLUANES.

CAPITULO VI.

DESCRIPÇÃO DOS MUIZAS. TERRITORIO QUE OCCUPAVAM. SEUS COSTUMES, ETC.

CAPITULO VII.

ADVERTENCIA DO MUATA CAZEMBE AOS MOZUNGOS. MARCHA E ENTRADA DA EXPEDIÇÃO EM LUNDA.

CAPITULO VIII.

RETIRADA DA EXPEDIÇÃO ATÉ AOS LIMITES DO CAZEMBE. DESCRIPÇÃO DESTE PAIZ E DE SEUS HABITANTES.

CAPITULO IX.

CONTINUAÇÃO DA MARCHA DE REGRESSO PARA TETE.

CAPITULO X.

DESCRIPÇÃO DOS USOS, COSTUMES, ETC., DOS POVOS MUEMBAS, AUEMBAS OU MCLUANES.

CAPITULO XI.

CONTINUAÇÃO DA MARCHA. TERRITORIO PORTUGUEZ NA MARGEM DO RIO ARUANGOA.

CAPITULO XII.

CONCLUSÃO.

APPENDICE I.

APPENDICE II.

APPENDICE III.

APPENDICE IV.

APPENDICE V.

COLLOCAÇÃO DAS ESTAMPAS.

INTRODUCÇÃO.

Ha já muitos annos que o Governo de Portugal, em todas as instrucções dadas aos capitães generaes de Moçambique, e em particular aos governadores de Rios de Sena, tem recommendado a exploração dos sertões d'Africa, e com especialidade d'aquelles por onde se póde fazer o transito para Angola, atravessando o imperio do Cazembe, querendo que se fizesse com o potentado que o rege um tratado de commercio, e se completassem os trabalhos de descoberta, começados no fim do seculo passado pelo Dr. Lacerda, que ficaram malogrados por ter fallecido na capital do Cazembe.

Em 1825 recebeu as mesmas recommendações o benemerito brigadeiro Brotero, quando foi nomeado governador de Rios de Sena, onde infelizmente falleceu com toda a sua familia; e com a sua morte desvaneceram-se as esperanças de todos os homens que conheciam a sua rectidão e desinteresse, de que tivesse melhoramento algum aquella vasta e rica, mas abandonada possessão.

Este prudente governador, examinando attentamente as circumstancias do paiz, achou que n'aquelle tempo era im-

ıı

praticavel emprehender a recommendada exploração. sem grave prejuizo da Fazenda Real, e dos habitantes de Rios de Sena; e por isso desistiu do projecto, para acudir aos males in'ernos que reclamavam toda a sua attenção.

Em 1829, foi nomeado governador e capitão general de Moçambique o coronel do exercito de Portugal Paulo J. M. de Brito; homem honrado e de boas intenções, mas dotado d'um genio excessivamente despotico e orgulhoso. E para governador dos Rios de Sena, o tenente coronel M. J. M. de Vasconcellos e Cirne, a quem mandou dizer o capitão general, que não convinha fazer a referida exploração por faltarem os recursos, que era preciso que se recebessem de Portugal.

No fim de 1830 aconteceu chegar á villa de Tete uma cáfila de Cazembes com algum marfim para vender, e dando-se parte ao governador, que n'esse tempo estava em Quelimane, na distancia de cento e vinte legoas, mandou ordem para que a dita cáfila fosse demorada até que elle chegasse a Tete. Além d'isso deu outras ordens, que omitto, as quaes foram origem de muitos perigos e incommodos, que a expedição experimentou da parte do Muata Cazembe.

Em Maio de 1831 chegou o governador á villa de Sena, cuja guarnição eu commandava, e disse-me: «Que tinha muito desejo de mandar explorar o interior de Africa até ao imperio do Cazembe, aproveitando para isso a opportunidade que se offerecia de achar-se em Tete uma cáfila Cazembista, que da parte do seu imperador pedia que os brancos fossem lá commerciar, havendo alli muito marfim: que a expedição que fosse daria muito nome aos que d'ella fizessem parte, e que muito desejava que eu fosse um d'elles por ter inteira confiança no meu zelo e actividade.»
Admirei-me sobre maneira d'aquelle senhor pedir o que podia ordenar; todavia fiz-lhe varias reflexões, suggeridas pela experiencia de alguns annos que eu já habitava em Rios de Sena. A todas respondeu como eu desejava, isto é: «Que daria todas as providencias que se carecessem, porque estava auctorisado para fazer todas as despezas.» A minha resposta foi: «Que podia dispor de mim como julgasse conveniente,

com tanto que fosse na qualidade de official militar.» Deu as competentes ordens, e fui para Tete em sua companhia.

Nesta villa o governador recebeu os Cazembes em audiencia, com respeitavel apparato, em uma sala ornada toda de damasco, assistindo a Camara Municipal em corpo, e os habitantes principaes vestidos de gala, e as duas companhias d'infanteria da guarnição formando alas. Chegando á sala o Cazembe Ampata, isto é, o chefe dos Cazembes, fez um discurso, o qual, segundo depois soubemos, lhe havia sido, em parte, insinuado pelo mesmo governador. E este respondeu dizendo: «Que faria o que lhe era pedido; que mandaria brancos a Lunda; e que ao Muata Cazembe enviaria fazendas, e tudo mais que elle desejava, a saber, polvora, armas, loiça, vidros, pedras, missangas de côres, espelhos, e fazendas finas.» E, terminando a sua resposta, recusou receber alli tres dentes de marfim, que lhe offereceu o enviado como presente mandado pelo Muata, circumstancia esta que foi depois fatal á expedição.

Não faltou ainda quem novamente ponderasse ao governador que não convinha fazer tal expedição; «porque, bem longe de ser util, seria uma calamidade, pelas rasões que se expozeram; e que muito melhor seria tratar de restabelecer o commercio dos Muzúzúros, districto pertencente ao Monomotapa, muito abundante em ouro; metal que se exportava d'ali para Tete n'outro tempo em grande quantidade: commercio que hoje não existe, em consequencia dos grandes impostos que aquelle potentado exigia dos commerciantes, e da pouca segurança de propriedade de que elles alli gosavam: e que este negocio era preferivel ao do Cazembe, que, pela grande distancia em que está de Tete, seria sempre precario. »

A todas as ponderações que se lhe fizeram foi surdo; e principiou, incontinente, a noméar para a expedição os mais abastados proprietarios da villa, os quaes pouco depois foram por elle mesmo dispensados de marchar; e aos ultimos que escolheu permittiu que em seu logar mandassem pessoas suas.

Designado o major Monteiro para commandar a expedição, e eu para segundo commandante, requereu elle ao governador que nos fossem abonadas as necessarias gratifica-

B •

ções, ao que respondeu, que não se achava auctorisado para
o fazer, e que a circumstancia de as não recebermos seria
um titulo para tornar mais relevante o serviço que iamos
prestar.

Finalmente, foi organisada a expedição como no Diario
se verá. E dos individuos que a compunham, os unicos que
sabiam ler e escrever eram os dois commandantes. De instrumentos d'observação, apenas uma agulha de marear foi entregue ao commandante, e nada mais, nem ao menos um oculo.

Não foi facultativo algum (e isto foi um grande bem) nem
medicamentos de qualquer qualidade. Todos os generos mandados eram destinados para commercio.

A expedição marchou. E até ao rio Rucusuzi, posto que
houvessem incommodos, fizemos todavia uma marcha agradavel; mas d'ahi ao Cazembe soffremos muitas fomes e trabalhos, e tivemos muitos dias da mais intensa desesperação.
Em Lunda experimentámos outros males; tivemos uma epidemia de bexigas, e fomos atacados d'escorbuto.

Depois de termos estado alli seis mezes em continuo receio
de perdermos as vidas ás mãos dos seus barbaros habitantes,
saímos.

Na marcha, por informações que nos deram, seguimos di-
verso caminho, julgando que achariamos paiz mais povoado,
e mais facilidade de obter fornecimento de viveres; porém
pouco tempo nos duraram estas bellas esperanças, encontrando um deserto peor que aquelle que haviamos passado,
pela rasão de termos a correr caminho totalmente desconhecido. A mortandade causada pelo cançaço e fome foi muito
consideravel.

Todas as observações que se acham consignadas neste Diario
foram feitas com a possivel exactidão; e as cousas que des-
crevo, ou foram por mim mesmo vistas, e neste caso não
augmentei nem diminui, descrevendo-as como realmente me
pareceram; ou foram-me dadas a conhecer por informações
que obtive, as quaes combinei, sempre que foi possivel, com
o testimunho de mais de dois individuos, em cuja capacidade
eu confiava, e por isso as considero dignas de credito.

Não tendo meio algum para medir o espaço andado,

julguei que o melhor modo de calcular as distancias aproximadamente consistia na combinação do tempo de marcha
com a qualidade do terreno percorrido; e, adoptando este
modo de proceder, contei uma legoa de 3:000 passos por cada
hora de caminho em terreno plano com andamento ordinario,
e o dobro em subida de montanha, e ainda mesmo mais, segundo a elevação desta e a difficuldade da marcha. Estou
persuadido de que o calculo feito desta fórma não poderá
produzir differenças importantes das verdadeiras distancias:

A largura dos rios, riachos, etc., foi tomada de barreira
a barreira, em braças de dez palmos; a sua altura desde
o cimo das barreiras ao fundo do leito, e o cabedal das suas
aguas foi expressamente especificado.

N'esta parte da Africa todos os caminhos, ainda os mais
frequentados, não são mais do que trilhos por onde não podem caminhar dois homens a par, e por isso a expedição
marchava a um de fundo, occupando uma linha de mais de
meia legoa d'extensão: comtudo, logo que era preciso, da-
va-se á frente o desenvolvimento que convinha, e assim se
avançava até cessar o motivo de se tomar esta cautela: e
isto se praticou sempre antes de entrar no deserto; porém,
em quanto n'elle caminhavamos, não era possivel observa-
rem-se rigorosas formalidades, porque a fome não o permit-
tia, e mesmo porque em algumas occasiões as armas de nada
podiam servir, pelo estado de fraqueza em que a gente se
achava. Demais, a apparição d'uma arvore em que se suspei-
tasse haver fructo, por distante que estivesse do caminho, era
objecto a que se não resistia, e então se abandonava a ordem
da marcha para se buscar satisfazer a primeira necessidade.

A extensão do caminho é frequentemente augmentada,
porque se acaso sobre elle cáe uma arvore, ou se outro
corpo mais pequeno o atravessa, os cafres não o desemba-
raçam; mas fazem uma curva até tornearem o obstaculo, e
entrarem mais adiante no mesmo caminho.

Os rios não têem pontes; sómente os Maraves construem
com bambús os seus *Uráros*, que, sendo aliás bem feitos,
não podem todavia com grandes pezos. O transito pelas serras
é difficultoso, pela desigualdade do caminho e tortuosidade

d'elle, e o viajante está continuamente a encontrar obstaculos para poder passar a pé; com carros ou cavalgaduras seria a marcha difficillima.

O serem as conducções feitas ás costas de negros augmenta ainda a difficuldade de viajar, pela deserção dos cafres, que é contínua mesmo em circumstancias ordinarias; mas, em havendo qualquer privação, não se póde contar com elles, ainda com aquelles que parecem mais fieis. Nós não achámos meio algum de evitar este mal, pondo em prática tudo quanto a rasão nos dictava; ora a brandura e os affagos, ora o rigôr; de todos estes meios o resultado foi o mesmo.

As faltas e mortes de negros, que se acham notadas no diario, deve entender-se referirem-se sómente áquelles que saíram de Tete com a expedição.

O viajante deve acampar, sempre que lhe fôr possivel, proximo ás habitações dos Mambos ou dos Fumos, preferindo os mais poderosos É verdade que ficará sujeito a maiores exigencias, e que fará mais alguma despeza, porém terá mais garantias e segurança. Isto entende-se com o viajante que levar pouca força, porque se a tiver sufficiente poderá acampar onde quizer. Entretanto o Mucanda, e outros Mambos, tomam como affronta e desprezo o não acampar proximo ás suas povoações.

A palavra Feitiço, usada n'este diario, é a traducção em portuguez da palavra *Mancuála*, com que os cafres designam as suas operações supersticiosas, a que attribuem virtudes sobrenaturaes, ou encantamentos.

Os nomes proprios com que são designados os rios, riachos, regatos, terras, districtos, povoações, serras, cordilheiras, etc., etc., são aquelles mesmos por que são conhecidos pelos cafres, e com os quaes qualquer viajante póde contar. Advertirei porém que os Muizas, e os Cazembes ou Lundas, não pronunciam a letra *R*, em cujo logar usam do *L*; e que n'este diario se escrevem geralmente os nomes segundo os Maraves os pronunciam.

Os cafres não dão nomes particulares ás cordilheiras, as quaes são por elles designadas e conhecidas pelos nomes dos logares e dos districtos em que estão; dão porém nomes ás serras.

Dizendo-se no Diario que a expedição formou o campo na margem de áquem ou de além de um rio ou riacho, deve entender-se sempre que a expressão, áquem do rio, significa depois de o haver passado, e, além do rio, antes de o atravessar.

Todos os rios, que, desde Tete até Lunda, a expedição passou, com excepção do Zambeze, correm para a mão esquerda de quem avança n'aquella direcção.

Este Diario parecerá talvez demasiadamente extenso e diffuso. Foi porém muito de proposito que assim o redigi, julgando que seria este o meio de aproveitar-se quanto n'elle possa haver de util. Terminado em 1832, eu não havia visto os cadernos originaes, escriptos pela maior parte sobre os joelhos com tinta feita de agua e polvora, e achando-me muitas vezes opprimido pela fome e pelo cançaço, até que em 1842 principiei o trabalho da redacção, levando-me muito tempo a entender o que havia escripto dez e onze annos antes; porque parte das letras estavam apagadas, resultado da qualidade da tinta, e uma porção do papel tendia a desfazer-se por ter sido molhado. Finalmente, depois de muita applicação, consegui pô-lo em limpo tal qual estava no texto; e em seguida, aproveitando os documentos e as notas que conservava, dei-lhe a fórma com que vai impresso.

Esta tarefa que emprehendi, foi certamente uma temeridade da minha parte, pois que me falta a instrucção necessaria para redigir bem o diario de uma viagem nos sertões d'Africa, que durou mais de dezeseis mezes, e que, para maior utilidade, deveria conter descripções geographicas, physicas, historicas, e outras; e esta instrucção não pude adquiri-la, porque da idade de dezenove annos, sendo cadete de um dos regimentos de Lisboa (Infanteria 16) fui despachado alferes para a Africa em 1825; e não é vulgarmente n'esta época da vida que um mancebo, senhor de si, e a quem não faltam meios, se dedica a estudos; e foi o que me aconteceu. Com a idade cresceu a reflexão, e, com ella, o conhecimento de que tinha perdido o melhor tempo e opportunidade de os poder fazer; e quando quiz remediar este mal já era tarde, porque em Africa, nem ha professores, nem ao menos bibliothecas, e era difficil mandar ir da Europa os livros sufficientes.

Lamentando pois o tempo que perdi, foi forçoso contentar-me com a instrucção que pude obter pela leitura, feita já em idade avançada de uma vida, que dezesete annos do clima de Africa tem arruinado.

No que deixo dito, fallando particularmente de mim, tenho por unico objecto procurar a indulgencia dos leitores.

Se eu não julgasse que d'este meu trabalho se poderia tirar algum proveito para o conhecimento das remotas, e quasi desconhecidas regiões que visitei; se o fallecido major Monteiro houvesse deixado do seu diario mais do que um esboço, que não fornecia esclarecimentos alguns, eu de certo me teria poupado ao incommodo de o publicar; mas a lembrança de que este escripto contém noticias de cousas que são ignoradas na Europa, me instigou a dá-lo ao prelo. Se pois da sua publicação resultar effectivamente alguma utilidade, será isso para mim uma compensação das fadigas, perigos e privações que experimentei, as quaes, estragando-me a saude, adiantaram a minha velhice.

Ha muitos annos que eu pretendia publicar este diario, mas diversas circumstancias impediram que o podesse fazer. Em Março de 1841 escrevi de Moçambique ao Sr. Visconde de Sá da Bandeira pedindo-lhe a sua cooperação para este fim. E em 1842, logo que cheguei a Lisboa, havendo S. Ex.ª examinado o manuscripto, prestou-me todo o auxilio que eu poderia desejar. Tomou sobre si a laboriosa tarefa de editor da obra. Sendo Ministro da Guerra em 1846, ordenou que ella fosse impressa por conta do seu Ministerio; o que se não pôde levar a effeito em consequencia dos acontecimentos politicos que então sobrevieram. Obteve em 1851 que o Sr. Rodrigo da Fonseca Magalhães, Ministro do Reino, mandasse que na Imprensa Nacional fosse dada ao prelo, e ali lythographadas as estampas que a acompanham; e conseguiu tambem que o mappa itinerario da expedição fosse confeccionado pelo distincto cavalheiro, cujo nome n'elle se acha inscripto.

A todos estes Senhores tributo aqui, como é meu dever,

os mais cordiaes agradecimentos pelos auxilios valiosissimos que tiveram a bondade de prestar-me, a fim de tornar esta publicação mais digna da attenção publica.

Foi ainda o Sr. Visconde de Sá da Bandeira que sollicitou a regia permissão de eu poder ter a honra de dedicar este livro a Sua Magestade o Senhor D. Pedro V.

Encarregado hoje do governo da torre de Outão, na foz do Sado, tenho ao menos a consolação de viver na minha patria, por cuja prosperidade faço ardentes votos, e onde espero terminar uma vida gasta em serviço seu.

Setubal, 5 de Dezembro de 1853.

NOTA DO EDITOR.

Depois de se achar na imprensa esta introducção, foi decretado que o districto de Tete constituisse um governo separado de Quelimane; e para elle foi nomeado governador o major Gamitto. Escolha acertada pois que se attendeu á pratica e conhecimentos que d'aquelle paiz este official possue. Partiu para o seu novo destino na fragata D. Fernando, que sahiu do Tejo no dia 31 de Dezembro ultimo. Possa elle ser feliz no desempenho das suas funcções, e Portugal tirar proveito dos seus trabalhos!

Lisboa, Abril de 1854.

CAPITULO I.

Sahida da expedição da villa de Tete, e detalhe da marcha até o fim das terras Maraves.

1831.

I.

Junho 1, Quarta feira.—Recebemos hontem ordem do governador de Quelimane e Rios de Sena, Manoel Joaquim Mendes de Vasconcellos e Cirne, para hoje de manhã passarmos com a expedição o rio Zambeze, a fim de seguir o conveniente destino na melhor ordem possivel. E hoje ao amanhecer marchámos com a força que compõe o destacamento para a residencia do governo, a receber as suas ultimas ordens, d'onde logo partimos para a margem do dito rio; e na explanada do forte de S. Thiago effectuámos a passagem em côxes e almadias, que são embarcações feitas de um só páo escavado. Ás seis horas concluimos esta operação.

1

II.

A expedição é composta do major de infanteria e commandante superior José Manoel Corrêa Monteiro, do capitão de caçadores da villa de Sena Antonio Candido Pedroso Gamitto, segundo commandante, primeiro da força militar, e recebedor das fazendas e petrechos de guerra da mesma expedição. A força militar consta d'um tambor e vinte soldados da guarnição de Tete, e d'estes sómente quatro são brancos. Vae aggregado á força militar, como interprete das lingoas conhecidas do sertão, o sargento-mór de ordenanças José Vicente de Aquino, o qual recebeu de ajuda de custo duzentos Panos, que correspondem a 100$000 réis fracos, ou a 40$000 réis fortes. Levamos cento e vinte cafres conductores das fazendas, munições de guerra e bagagens: pertencem estes escravos ao prazo Benga de D. Filippa Maria de Moura Menezes. Esta escravatura passa por ser a mais insubordinada de Tete. O valor das fazendas que conduzem corresponde á quantia de onze mezes de pret já vencidos pelas vinte e uma praças, e de um anno adiantado ás mesmas praças e officiaes. Os ditos onze mezes atrazados vão em deposito e arrecadação por ordem expressa do governador, para só serem distribuidos no Cazembe, assim como os adiantados. Vão com o caracter de commerciantes, para auxiliarem a expedição, o tenente de milicias de Tete Paulo Leonardo Dias, e o capitão de ordenanças Joaquim dos Santos Montalvo: aquelle leva em sua companhia cincoenta cafres, que carregam quatro Bares de fato, e alguns generos ou effeitos, como missanga, coral, loiça, etc. Estes cafres pertencem á terra Chingóse. O dito Dias vae em logar de José Luiz de Gouvêa, a quem pertence tudo quanto leva.

III.

Chama-se Bare de fato a um fardo de fazendas sorteadas de algodão da India, contendo quatrocentos Panos. Entende-se por Pano, Chuábo ou braça, o comprimento de ambos os braços abertos; o comprimento de um Pano, Chuábo, etc. não tem numero estabelecido de palmos, dependendo do comprimento dos braços de quem o mede. É isto assim para com os cafres, mas no commercio entre os brancos, as transacções são feitas em peças. O valor contido em um Bare de fato é ficticio, como se mostra no mappa **A**; e de mais a mais, os commerciantes, sempre que podem, alteram a sorteação, introduzindo, em logar de outra fazenda, duas ou quatro peças de Samater, que os cafres sómente procuram para lutos. No mappa **B** acham-se indicadas as fazendas que devem entrar na sorteação de um Bare de fato, designando-se outrosim a sua qualidade.

<h2 style="text-align:center">IV.</h2>

O nome de Fumba é derivado da golpelha de palma em que é costume enfardar as fazendas. Para o commercio do sertão de cada Fumba fazem-se ordinariamente tres trouxas forradas com pedaços da mesma golpelha que lhe serve de capa; a estas trouxas chamam então Mutôres.

Tambem chamam Bare de marfim ao pezo de vinte arrobas d'elle, e era este o preço por que antigamente se vendia um Bare de fato; mas hoje o commercio progressivamente em diminuição tem abaixado o valor das fazendas a ponto de não se poder alcançar mais do que cinco arrobas, quatro, e até mesmo tres e meia por cada Bare de fato, que em tempos felizes equivalia a vinte arrobas.

<h2 style="text-align:center">V.</h2>

Na capital da Africa Oriental, Moçambique, fazem-se todos os pagamentos pelo cofre da Junta da Real Fazenda em moeda cunhada; mas em todas as mais dependencias da provincia fazem-se os ditos pagamentos em fazendas, que são fornecidas annualmente pela mesma Junta ás feitorias dos differentes pontos, onde são distribuidas pelos feitores, depois de se ter passado mostra mensalmente aos filhos da folha, verificando-se e conferindo-se as mesmas folhas processadas,

As fazendas são geralmente da peior qualidade; são compradas em Moçambique aos traficantes Baneanes em hasta publica, por concurso, á vista de amostras; mas não ha n'isto senão mera formalidade, porque o resultado é sempre no interesse particular, e prejuizo da Real Fazenda, e dos que hão de receber as fazendas. Ainda accrésce outro mal, e vem a ser: que nem todas as fazendas têem o mesmo apreço e valor em todos os pontos; mas faz-se tão pouco caso d'este importante objecto, que acontece quasi sempre mandarem-se as fazendas, que são appreciaveis em uma parte, para outra onde as depreciam, e isto constantemente, apesar de repetidas advertencias — inconveniente que não se daria se houvesse o cuidado de mandar para cada feitoria o que lhe é proprio. O mappa **B** mostra as fazendas de que são providas as feitorias.

Não é facil ou vantajoso fazer o pagamento aos empregados, em moeda cunhada, nos portos da provincia, porque a classe militar, e mesmo os empregados que têem pequenos ordenados, não poderiam subsistir uma semana com o ordenado de um mez, porque alli não ha lojas onde se venda por miudo, e quem vende os viveres são os cafres, que fazem tanto apreço de dinheiro, principalmente de cobre, como nós aqui na Europa fazemos desses panos ralos e ordinarios de que elles usam, o que daria logar ao monopolio de viveres com que fariam os empregados seus dependentes. As fazendas das feitorias, tendo o mesmo valor nominal que as do commercio, têem a grande differença da qualidade; e tendo aquellas de ser distribuidas em pequenas parcellas, são sempre os que as recebem lesados pelo menos na metade, sem que a Fazenda tire d'isso o mais pequeno interesse. Raras vezes vão Capotins, Ardians e Xailes, e se acontece irem, são tão ordinarios que perdem o seu valor pela má qualidade. A missanga vae em maços, cada um por dez Panos; a troca de côres d'uns pontos para os outros tambem deprecia o valor da missanga. Cada Pano em Quelimane equivale a quarenta fios, em Sena a trinta, e em Tete a vinte. Cada Pano, quer em fazenda ou missanga, é pago no valor de 500 réis fracos ou 200 réis fortes. Para entrar na analyse d'este objecto seria mister um volume. A Junta da Fazenda poderia proceder com rectidão e justiça, e sem prejuizo, mandando as fazendas pelo mesmo preço do seu custo.

Tanto para a compra como para a remessa d'ellas aos differentes pontos que ha a fornecer, deve organisar-se uma commissão de pessoas que tenham sufficiente prática, sendo essencialmente excluidos da mesma commissão os commerciantes e traficantes. As fazendas n'este caso devem ser distribuidas pelos seus valores reaes. É só d'esta fórma que póde acabar um abuso tão prejudicial e odioso aos empregados que recebem soldo, como á mesma Fazenda.

VI.

Á frente da expedição marchou o governador, acompanhado do seu ajudante d'ordens o alferes Domingos José Gomes de Araujo, e do feitor da Real Fazenda e officiaes que o vêem acompanhar e á expedição, até ás fronteiras das terras portuguezas. Tendo-se demorado os Commandantes na margem oriental do Zambeze a pôr a expedição em ordem de marcha, dividindo as guardas da frente, centro e retaguarda, sendo os conductores das fazendas e munições sempre cubertos por estas guardas, sómente ás duas horas da tarde começámos a marcha, indo o segundo commandante na frente, e o primeiro na retaguarda. O rumo com que andámos foi de NNE. pela terra Matundo, prazo fateosim de D. Filippa Maria de Moura Menezes. Depois de curta distancia, entrámos na terra Mossônha, prazo da Corôa, de D. Anna Ferreira Mascarenhas, e precorrendo por elle grande espaço, entrámos na terra Pando, prazo fateosim de D. Eugenia Maria da Cruz. Ao cabo de pequena digressão entrámos na terra Cåunge, prazo fateosim de José Luiz Rodrigues, e depois de ter caminhado tres legoas chegámos ao Luane, ou casa da habitação, do proprietario da dita terra.

VII.

Todo o caminho tem sido desigual e por oiteiros. Cento e cincoenta passos a L'E. demora uma cordilheira que corre

Norte Sul, e é sem duvida a mesma que passa pela Lupáta do Zambeze. Estas cordilheiras, segundo o uso dos cafres, não têem nome particular, e vão recebendo os nomes das terras e sitios por onde passam: aqui é a serra ou cordilheira da Câunge. A poucos passos antes de chegarmos ao Luane passámos o pequeno regato por nome Câunge, que corre para O. com uma braça de largo, sem profundidade notavel, mas com bastante e boa agua. Este regato dá o nome á terra. Foi-na margem d'elle, mas em differente sitio aó da passagem, que acampámos em uma famosa tapada ou pomar de mangueiras, grandes arvores que dão os fructos saborosissimos a que chamam mangas, e que são bem conhecidos nos paizes das tres partes do mundo situados entre os tropicos. Na revista da noite houve falta d'um dos negros que carrega a bagagem de um soldado europeu, em consequencia do que deu-se incontinenti parte ao governador, que ficou aquartelado no Luane.

VIII.

Junho 2. — Ao toque d'alvorada principiámos a dispôr a partida, e ás oito horas marchou a expedição, na mesma ordem em que hontem veio, e que fica estabelecida: caminhámos para NNE. meia legoa, e entrámos na terra Côndo, prazo de D. Anna Ferreira Mascarenhas, continuando a cordilheira mencionada, por cujas faldas o caminho vae seguindo desigual e em subidas e descidas. Tendo atravessado varios regatos, uns com pouca agua e outros que apenas a conservam no tempo das chuvas, andadas tres legoas pelo dito prazo, passámos pela margem do riacho Pimbe, com mui boa agua, que fórma n'este sitio uma cascata por entre penhas. D'aqui seguimos o rumo de L'E. meia legoa pela terra Inhasingêre, prazo de D. Filippa Maria de Sousa, para chegar ao Luane d'este prazo. Proximo ao riacho ha uma povoação de um soldado de Tete, por nome Diogo dos Remedios, e demora ao SO. do Luane. Consta aquella povoação de umas cincoenta palhotas habitadas por mulheres e escravos do dito soldado, e é a unica que temos visto hoje. Acampámos junto ao

Luane em uma tapada de mangueiras. Pelas curvas e desigualdade do caminho por entre oiteiros, torna-se mais extenso do que é, e por isso ficou no caminho a guarda da retaguarda por causa dos conductores não poderem chegar ao campo.

N'este Luane estava Feliciano de Sousa Piedade esperando o governador e a expedição, a quem hospedou.

IX.

É este um dos bons prazos que ha no districto de Tete, tanto pela sua extensão como fertilidade: hoje está inculto e deserto. O ferro apparece aqui á superficie da terra, e não requer mais trabalho do que apanhar o mineral e fundi-lo ou derrete-lo: tem tambem minas de ouro. Produz trigo, tabaco, algodão, cana d'assucar e mandioca, quasi expontaneamente e sem amanho algum.

X.

Junho 3. — Pela manhã continuámos a marcha para L'E., com direcção ao Luane do prazo Sóxe de Albiuo de tal, onde chegámos com duas legoas de marcha. Continua a cordilheira com o mesmo rumo NS. coberta de arvoredo. Desde o Cáunge até aqui temos visto grande quantidade de mangueiras, alguns limoeiros e goiabeiras, e nada mais d'arvores fructiferas, sendo todo o territorio, que temos precorrido, desde o Zambeze até aqui, deserto e inculto.

N'este Luane estava o capitão-mór das terras da Coróa e Juiz privativo dos Milandos (pleitos ou questões) cafriaes Candido José da Costa Cardoso, casado com D. Francisca Pereira, mãe do foreiro. Acampámos a cento e cincoenta passos ao N. da Mussáça; isto é, acampamento dos cazembistas, n'uma tapada de mangueiras, por estar proxima d'agua, de que ha n'estes sitios escacez. Os commandantes fomos alojados no Luane, onde tambem estava o governador, e os da sua comitiva, e toda a expedição foi abundantemente hospedada pelo capitão-mór. Das quatro para as cinco horas da tarde começou a reunir-se a gente que estava na reta-guarda, e o commandante da guarda d'ella deu parte de que os cafres carregadores tinham morto um cafre que encontraram no caminho hontem antes de chegarem ao Luane de Inhasingêre; que o morto era escravo de Feliciano de Sousa Piedade; que a guarda não podéra obstar por se achar muito á retaguarda, e que soubera ter isto succedido por o cafre não consentir que lhe tirassem os panos com que estava vestido. Deu-se parte ao governador, e não houve mais novidade.

Junho 4. — Demorou-se a expedição para se reunirem a ella todas as pessoas que faltavam. Apresentou-se o commerciante Joaquim dos Santos Montalvo, dando parte que trazia trinta e dois cafres, que carregam quatro Bares de fato, e um jumento em que vinha montado, que é o unico quadrupede de carga que vem na expedição.

Este Montalvo recebeu hoje uma nomeação de capitão de ordenanças da villa de Tete, dada pelo governador, e vae na expedição em logar de Candido José da Costa Cardoso, a quem pertence tudo quanto leva.

XI.

É este prazo o melhor cultivado dos que tenho visto, porque o dito Cardoso applica-se muito á agricultura, e é por isso considerado um dos primeiros lavradores do districto de Tete.

Esta terra soffre escacez d'agua no tempo do estio, e mesmo para o uso domestico conduz-se de mui longe. São desconhecidos, ou estão em desuso, os poços nos Rios de Sena, e se os houvera evitar-se-iam as grandes privações que alli se experimentam.

O solo é argiloso, e os valles são ferteis; porém os mais d'elles acham-se incultos, e em toda a parte produzem, quasi expontaneamente, todos os vegetaes dos tropicos, dando-se com facilidade muitos e bons da Europa. Tem ferro, ouro e gesso.

Aqui, segundo a prática do districto de Tete, a cultura é feita por negras, que usam de enchadinhas, mais curtas, e um pouco mais largas que os sachos de Portugal, com os cabos de palmo e meio de comprido: a enchada tem cinco pollegadas de largo na extremidade inferior, e nove a dez pollegadas de comprimento, com quatro a seis linhas de grossura: com estas enchadas, que são feitas pelos Maraves, rapam as hervas á superficie da terra sem a cavarem, e nem ao menos tirarem as raizes, deixando a terra dura como d'antes. Á proporção que vão fazendo esta operação, a que chamam Cullíma, amontoam as hervas cortadas, a que deitam fogo depois de seccas, e as cinzas são o unico adubo com que fecundam a terra: a época d'este trabalho é regularmente nos mezes de setembro e outubro, e logo fazem a sementeira ao cováto, como em Portugal se pratica com os legumes. Com as primeiras chuvas começa a semente a vegetar ao mesmo tempo que as raizes que ficaram, e como estas brotam com mais força, sempre sobresaem á sementeira, em consequencia do que tornam a rapar a herva, e, nos logares onde a semente falhou, supprem esta falta, transplantando da que nasceu muito junta: este processo repete-se tres ou quatro vezes até a sementeira ter força sufficiente para resistir, e assombrar a herva, que deixa então de medrar. Isto acontece com o milho fino, meixoeira (especie de milho fino), legumes, aboboras, melancias e pepinos, que tudo é semeado junto na mesma cova: além d'isto misturam com as sementes um terço do seu volume de areia mui grossa, a que chamam Insêxa, e dizem que sem isso não nasce nem vinga a semente. Nas sementeiras que fazem vão, como deixamos dito, de mistura cereaes (menos trigo), legumes, aboboras, melancias e pepinos: d'estas tres ultimas especies, o interesse que tiram é quasi exclusivamente o da pevide; e por isso o viajante que passa por uma Munda, ou seára, e quer comer melancia, a que chamam Mavembe ou Patéca, (este ultimo nome é adoptado da Asia), póde comer o que tiver na vontade sem que ninguem lhe obste, com tanto, porém, que deixe as pevides dentro da casca, o que fazem partindo a melancia ao meio, e vão tirando bocados com as unhas, e assim vão comendo. A abobora é mui similhante á melancia, ou talvez seja este mesmo fructo degenerado; chamam-lhe Matéquite, de que não comem senão em tempo de escacez, porém cultivam-a pela muita pevide que dá. O pepino é differente do da Europa, e tem a fórma de melão, porém o gosto é de pepino, mas amargoso; a estes pepinos chamam Macáca: além da pevide que é grande, aproveitam o pepino abrindo-o ao meio ao comprido, cortando a parte da casca em tiras, que seccam e guardam, e pelo tempo adiante vão-se servindo d'ella guisada ou para melhor dizer cosida em agua, sal e pimenta. Os portuguezes tambem fazem algum uso d'ella, e sendo bem refugada não é má; todavia é indigesta: ao pepino assim secco chamam Cópla. No tempo proprio das colheitas recolhem os ditos fructos maduros ou podres, e todas as pevides, tanto d'estes como as que encontram dispersas, seccam e guardam, para d'ellas fazer ou extrair azeite.

Até este sitio o reino animal tem-se mostrado pouco abundante, e apenas tenho visto rolas, a que os cafres chamam Giva. O reino vegetal é riquissimo, e o mineral abundante, principalmente em ferro e ouro; porém sem exploração e em total desprezo.

XII.

O processo de que usam para fazer o azeite, tanto de pevides como de mendobi, chamado em Angola Ginguba (arachis hypogœa) e de mamona (ricinus) é o seguinte:

Dão-lhe um leve calor em vasilha chata de barro sobre o lume para lhe desenvolverem as partes oleosas, tendo o cuidado de mexer muito bem como quem torra café, depois do que o pisam em pilões de páo: estando reduzido a farinha juntamente com a casca, lançam esta em vasilhas de barro de grande superficie, que tem ao lume com agua fervendo; vão mexendo a farinha n'agua até estar bem desfeita; deixam-a ficar quieta, e em pouco tempo começa a apparecer o azeite, que vão tirando com colher de páo para outra vasilha de barro a isso destinada, que está ao pé do lume, onde se vae evaporando a agua que haja no azeite. Quando não apparece na primeira vasilha mais azeite á superficie d'agua, tiram o bagaço a que chamam Cânbe, e tornam a renovar a farinha e a agua á proporção que vae faltando. Esta Cânhe é uma excellente nutrição para os animaes, e os mesmos negros tambem a comem. Em Tete o preço regular d'um frasco de azeite são vinte fios de missanga, que equivalem a um Chuábo ou braça, e o seu valor é de 500 réis fracos ou 200 réis fortes da moeda de Portugal: quem compra é quem dá a medida, que é um frasco, e não ha reparo no tamanho por maior que seja; geralmente sempre se empregam n'esta medida os grandes frascos do Porto: todavia em tempo de escacez ha mais reparo no tamanho, e a alteração no preço é conforme a abundancia. Annos ha em que se compra pelo dobro, e outros por metade; porém o regular é o que fica indicado.

XIII.

Ha umas pequenas arvores, pouco guarnecidas de folhas, cuja casca é de côr verde-claro, e sempre cheia de pequenas escamas que parecem de pergaminho, e continuamente estão a caír, o que faz crer que a casca é formada de pelles mui finas; porque, passando-se-lhe a mão depois de caírem as que estão levantadas, fica a casca liza e lustrosa que parece polida; porém, poucas horas depois já se torna a ver com as mesmas escamas, e além da côr verde-claro tem umas pequenas pintas brancas: a madeira é branca e não mui rija. Não me recordo do nome d'estas arvores, que é facil de saber-se pela singularidade que ellas tem.

É da gomma ou resina d'ellas que tiram sabão, da maneira seguinte: affeiçoando dois ou tres páos finos e mui bem limpos da casca, unem-os, e fazendo incizões na arvore, vão recebendo a resina, que é similhante a leite, nos ditos páos, e para não se entornar ou caír, por estar mui branda, deitam bagos de milho fino sobre os páos, o que a faz tomar uma consistencia mais dura adherindo a elles; repetem esta operação até estar da grossura de duas pollegadas com um palmo de comprido, ficando de fóra as pontas dos páos de uma extremidade que lhe serve de cabo. Este sabão faz espuma e branqueia muito, mas não póde applicar-se senão para os tecidos grossos, em razão da força que é preciso empregar para dissolve-lo. A fórma porque os negros se servem d'elle é a seguinte : mettem os tecidos n'agua, e depois de bem remolhados, calcam-os muito bem aos pés e os batem no chão, e tornando-os a lavar estendem-os no chão, e então pegando no sabão pelo cabo vão esfregando em todos os sentidos e direcções, como se estivessem escovando; e logo que todo o panno está bem cheio d'elle, embrulham-o e tornam-o a pizar mui bem aos pés e a bate-lo, e depois o lavam, o que repetem até o verem como desejam. Este sabão, apesar de o esfregarem á bruta, gasta-se pouco, o que talvez seja por estar misturado com o milho.

Os europeus servem-se d'elle na falta d'outro, umas vezes por faltar totalmente, e outras por não o poderem comprar; todavia estraga muito a roupa. Talvez que a resina recolhida em fôrmas, e conservada n'ellas até adquirir sufficiente consistencia, preenchesse sem inconvenientes os mesmos fins do sabão da Europa. A analyse seria mui util.

XIV.

Junho 5. — Hoje despedimo-nos do governador, que voltou para Tete com a sua comitiva, e ás nove horas e trinta minutos da manhã proseguimos a marcha para L'E. Tendo avançado meia legoa passámos o regato Buió, que corre para o S. com muito pouca agua, e sem largura nem altura digna de notar-se. Este regato serve de limites ao prazo Sóxe e ao prazo Buió, fateosim de D. Francisca Pereira.

Continuámos a nossa róta com o mesmo rumo uma legoa, em que mudámos para NNE., e marchando meia legoa chegámos á povoação de João da Silva Lage.

Esta povoação está nos limites da terra Buió e do prazo Chitápso, o qual traz de renda Anselmo de Sant'Anna.

A cordilheira tem-se affastado do caminho consideravelmente, em razão do rumo com que temos vindo, continuando ella a mostrar a mesma direcção. Formou-se o campo proximo á referida povoação, para se receberem os mantimentos que aqui se mandaram juntar para o fornecimento da expedição, e dos quaes se distribuiram comedorias para oito dias.

Ás cinco horas da tarde reuniu-se á expedição o morador de Tete Luiz Manoel, que vae encarregado de a acompanhar até ao Bar do Mano, d'onde deve voltar com a sua ultima correspondencia.

Chegou aqui o coronel de milicias de Tete e commandante da mesma villa João Pedro Xavier da Silva Botelho, filho do paiz, que tambem vae para o sertão commerciar.

Logo que chegou principiou a queixar-se de uma grande dôr de cabeça, e accrescentou que eram feitiços que lhe tinham feito os escravos de sua irmã, que vem conduzindo as cargas da Real Fazenda, em vingança de os ter offerecido para isso; porém a causa era uma formidavel indigestão, que a superstição lhe fez attribuir a feiticeiros e feitiços. Quasi todos os nativos, e muitos europeus, tem igual crença.

Muitas reflexões teria a fazer sobre este assumpto; bastará, porém, dizer que, devendo estes espalhar as luzes da civilisação europea, pelo contrario são os proprios que abraçam os usos e costumes barbaros dos cafres, talvez porque assim lhes convenha aos seus interesses! Esta censura não cabe só aos portuguezes, porque os estrangeiros que aqui se estabelecem adquirem os mesmos habitos, e seguem a mesma marcha.

N'este sitio ha quatro povoações contiguas pertencentes a uma mesma familia, que descende da mulher de João da Silva Lage, a qual habita n'esta que é a principal; segue-se a immediata que é de Anselmo de Sant'Anna, com sua mulher, que é enteada do dito Lage; proximo a esta vê-se outra de D. Filippa Maria de Sousa, viuva, e enteada do dito Lage; além d'esta ha outra de Serafina de Sousa, viuva, com tres filhos menores, e é cunhada do mencionado Lage. Estas povoações estão á vista, e os seus habitantes occupam-se exclusivamente na agricultura; e n'estes annos que, pela falta de chuvas, se fez sentir o flagello da fome, nunca ella aqui entrou, porque, pela actividade d'estas familias e fertilidade do solo, que é d'argila vermelha, tem-se arredado sempre a escacez.

Junho 6. — Pela manhã pozemo-nos em marcha para NNE. e ávante meia legoa passámos por outra povoação do mesmo Lage, na margem do regato Moçôro-anhátim, que corre para L'E. com duas braças de largo e meia de alto: as suas margens estão todas vestidas com plantação de mandioca e cana d'assucar. Continuando a marcha com o mesmo rumo, uma legoa ávante d'aquelle regato, passámos outro, por nome Cârume, com agua estagnada. A direcção da sua corrente parece ser para o S., e tem uma braça de largo e outra de alto. Formou-se o campo em consequencia da noticia de não haver agua senão a grande distancia. O territorio é deserto e coberto de bambual; o bambum é uma cana bem conhecida.

XV.

Junho 7. — Ao toque d'alvorada deu parte o Muana-mambo dos cafres conductores da Real Fazenda, de terem fugido tres escravos dos que deu João Pedro. Officiou-se immediatamente para Tete dando parte ao governador, cujo officio foi dirigido ao Lage. Para supprir a falta dos desertores, pediram-se tres cafres a Luiz Manoel, ao que elle se prestou com promptidão. Todas as escravaturas tem seus chefes para governa-las, os quaes são nomeados pelo senhor por escolha entre os escravos mais capazes e fieis. A este chefe chamam Muanamambo; immediato a elle é o Bázo que está sempre proximo áquelle, e é quem dá as ordens: estes regularmente estão sempre separados da escravatura, e em povoações suas. Os escravos são divididos em Insácas; ordinariamente cada uma é composta de dez escravos, que tem um Sáchecunda e um Mucáta, primeiro aquelle, depois este, ambos respondem por cada uma a que pertencem, e a quem dão as ordens que recebem. Aos escravos chamam Checunda. Todas as casas tem quinze, vinte, trinta, e mesmo mais escravos empregados no serviço domestico, como entre nós os criados, e a estes chamam Bandaze; porém, como são muitos, quando se chama um nunca é pelo seu nome senão pelo de Bixo. Estes são chamados escravos da porta, e são governados por um Capitão e Sáchecunda, e regularmente formam uma só Insáca. N'esta classe de escravos acham-se todos os vicios que mancham o homem; e como taes estão sempre promptos para tudo aquillo em que os queiram empregar, tanto os senhores para com os estranhos, como estes para com aquelles. Aos escravos antigos chamam Ladinos, e aos novos Burros.

Ás seis horas da manhã continuámos a marcha para NNE., e tendo caminhado uma legoa, passámos os limites do riacho Mucacamue, que corre para o S. com duas braças de largo e uma de alto. O seu leito é de rocha, e está totalmente secco. Este riacho serve de limites ás terras portuguezas, e ás dos Maraves, Zimbas ou Muzimbas, nomes porque se designa o mesmo povo. O caminho que temos trazido tem sido atravessando a menor largura do territorio portuguez.

Dispenso-me de descrever as terras pertencentes ao dominio portuguez, relativamente á sua extensão, fertilidade e riqueza, bem como ao total abandono em que estão lançadas, porque muitas memorias e descripções circumstanciadas têem sido mandadas para Portugal, e principalmente para a Secretaria de Marinha, onde devem existir, talvez ignoradas!

Este sitio é deserto, inculto e coberto de bosques. Continuámos a marcha com o mesmo rumo, e tres legoas ávante encontrámos a Muzi (povoação) do Marave Canamander, e pouco adiante o regato Inharupue, que corre para NO. com uma braça de largo e meia de alto, e na sua margem, a meia legoa da Muzi, formámos o campo, demorando ella a OSO. Tem oitenta Nhumbas, casas ou palhotas, e uns cem a cento e cincoenta habitantes. A palavra marave Nhumba carece de plural.

XVI.

Ao O. demora uma grande serra por nome Chepire, que pertence á mesma cordilheira já notada; não tem menos de trezentas braças d'altura. É preciso advertir, que as alturas das serras são calculadas pelo simples golpe de vista, em relação ao terreno baixo adjacente, com segurança para menos no calculo. Dista d'aqui umas duas legoas. A descripção que nos deram d'ella, e que acreditámos, é a se-

guinte: « É de rochas e argila, e toda coberta de grande
« arvoredo e bambual; é abundante d'agua, e por isso mui
« fertil. É habitada da parte de O. por um Mambo, por
« nome Pemba, e da parte de L'E. por uma Fumo-acáze por
« nome Insábue, servindo-lhe de limites o cume da mesma
« serra. »

Chamam os cafres Mambo a um chefe supremo, o qual
posto que obedeça a outro maior, tem Fumos debaixo da sua
obediencia: Fumo é o governador de um districto: Fumo-
acáze é uma mulher que governa; n'esta ultima classe não
succedem homens a mulheres, e sempre se succedem umas
ás outras por linha de successão.

Este sitio onde estamos pertence á terra Chumba, que é
governada pela dita Insábue, e rende vassallagem ao Mambo
Bive. A agricultura aqui consta de milho, e de toda a qualidade de legumes, tudo porém em pouca quantidade. Hoje
appareceu uma nuvem de gafanhotos, a que os cafres chamam
Zomba: estes insectos têem infestado estas partes da Africa
ha sete annos, destruindo totalmente as searas em quanto
verdes, e quando sasonadas comem-lhes a semente, e na falta
d'outras plantas tornam-se ás arvores, roendo-as até ao lenho:
similhante praga com a falta de chuvas ha causado grandes
fomes; ultimamente, porém, esta mesma praga tem servido
de recurso aos povos; porque os apanham, seccam e fazem
d'elles provimento em grande quantidade, de que se vão
alimentando, ou reduzidos a farinha e cozidos como papas,
ou mesmo inteiros e torrados.

De noite chegaram os soldados que tinham levado o officio
ao Lage para ser por elle remettido para Tete, e de que
trouxeram o competente recibo.

XVII.

Junho 8. — Continuámos a marcha para NNE., e tendo
avançado uma legoa, passámos o riacho Inhambia que corre
para o S. com quatro braças de largo e uma e meia de alto,
e ávante duas legoas deu parte Luiz Manoel, que os cafres
conductores da Real Fazenda tencionavam desertar esta noite,

e que por acaso ouvíra estarem-se ajustando no caminho: em consequencia do que mandou-se fazer alto, e formar o campo na margem do mesmo riacho Inhambia: reuniram-se os membros da expedição em conselho, para se assentar nas providencias que convinha tomar para evitar a deserção de cento e dezesete negros, que, a realisar-se, impossibilitaria a continuação da marcha: finalmente deliberou-se que o meio mais prudente que havia a tomar, era fazer-se-lhes uma falla, mostrando-lhes a enormidade do crime que pretendiam commetter, e o castigo que os esperava, e declarando-lhes que todos os que fossem apanhados seriam exemplarmente punidos, etc. Esta falla foi-lhes feita pelo interprete; ouviram-n'a com attenção, e responderam; que era verdadeira a sua tenção, mas que o motivo era o grande peso das cargas, e no caso de se lhes diminuirem, continuariam a marcha; o que se lhes prometteu fazer logo que chegassemos ao Bar da Machinga, porque era alli que com mais commodidade e segurança podiamos reformar as cargas, sendo preciso para isso desenfardar todas as fazendas.

Todavia, de noite, além das sentinellas do acampamento, pozeram-se espias para observarem os mesmos negros, e darem parte.

Ás duas horas da noite houve alarme no campo, procedido da deserção de trinta e um negros do commandante: immediatamente nos reunimos em conselho para deliberarmos o que convinha fazer, e assim nos conservámos até ser dia.

Havia sido ordenado officialmente, que em todos os casos em que se julgasse necessario formassemos conselho, presidido pelo commandante, e composto dos empregados e commerciantes da mesma expedição.

Junho 9. — Depois de se haverem expendido diversos pareceres, assentou-se ultimamente, que convinha não dividir a força, e para isso, sendo necessario, os mesmos brancos offereciam-se para carregar até ao logar, onde com segurança se esperem providencias, com tanto, porém, que toda a expedição se conserve reunida e continue a marcha, que não convem demorar aqui para não continuar a deserção. Em consequencia do que ás oito horas da manhã dispoz-se a marcha da fórma seguinte:

Na frente marchou o commerciante Joaquim dos Santos Montalvo, no centro o sargento arvorado da força militar, e na retaguarda o outro commerciante Paulo Leonardo Dias, todos a pé, porque todos démos os nossos cafres carregadores das Maxilas, para levarem as cargas dos desertores.

XVIII.

Maxilas são uns pannos feitos de algodão grosso do comprimento d'uma braça, e de dois palmos e meio de largura, com um páo torneado em cada uma das extremidades ao qual é cozida: no cabo de cada páo ha um pequeno annel de ferro, que serve para engatar outra peça do mesmo metal, que vae segurar a um gancho pregado a um grosso bambu. O todo fórma um panno comprido seguro horisontalmente pelas quatro pontas, e o bambu excede de cada lado o comprimento sufficiente para dois negros metterem os hombros, onde carregam as Maxilas. Sobre o bambu ha um panno da mesma fazenda, em sentido horisontal, com regoas de madeira, o qual serve para dar sombra: a este panno chamam Tenda.

Os commandantes, o interprete e Luiz Manoel, ficámos no campo com uma escolta até acabar-se a escripturação que a este respeito fizemos, a qual consta das partes officiaes do acontecimento, para o governador, o que só podémos concluir ás onze horas da manhã, que se expediram dois soldados para Tete, e continuámos a marcha a pé caminhando para NO.; a uma legoa passámos o riacho Chiconcúmure, que corre para o S. com uma braça de largo e meia de alto, e ávante legoa e meia passámos o riacho Cazaranhungue que corre para o S. com bastante e boa agua, e com duas braças de largo e duas de alto, e o leito de rocha; continuando ávante uma legoa passámos o regato Cancandue que tambem corre para o S. com duas braças de largo e meia de alto, e o leito de rocha, com mui boa agua: áquem d'elle estava acampada a expedição, e deu parte o sargento de ter che-

gado á uma hora e trinta minutos da tarde sem novidade.
A duas milhas antes de chegar aqui atravessámos uma cordilheira que corre N. S., e julgo ser a mesma já notada. O
campo está formado n'um valle muito extenso, no centro
das serras, que aqui se chamam da Machinga: todo o transito de hoje tem sido por montanhas, cobertas, em grande
parte, de bambus, mas despovoadas.

XIX.

Junho 10. — Ao amanhecer appareceram as serras cobertas de nevoa, e a atmosphera tão carregada que, mesmo
no valle, e a pouca distancia, não se viam os objectos, para
o que muito concorria a chuva fina ou saraiva, que produzia
um frio excessivo; todavia os rios não gelaram, nem mesmo
liquido algum.

As serras não excedem á maxima altura de cento e cincoenta braças. O echo n'este valle é admiravel assim pela
força e clareza com que reflecte os sons, como pelo numero
de vezes que os repete, diminuindo gradualmente a sua in-
tensidade.

Pela manhã continuámos a marcha para NO. sempre pelas
faldas das serras: passaram-se varios regatos seccos das vertentes das mesmas serras, e com uma legoa de marcha passámos o regato Cámuancuco que corre para o S., e tem de
largo uma braça e de alto meia, com o leito de rocha; e
seguindo ávante com o mesmo rumo meia legoa passámos
o rio Inhancanzo, que corre para NNO. com onze braças
de largo, seis de alto, e o leito de aréa: a agua é estagnada, mas boa: tem pelo meio grandes pedras que mostram terem sido arrancadas pelas aguas das montanhas. Passámos o rio sobre uma ponte formada por dois páos unidos
um ao outro sem ligação alguma, porém muito seguros pela
sua qualidade e grossura. As margens d'este rio são orladas
de grosso arvoredo e serrado bambual. Continuámos a marcha para NO., e a meia legoa do rio chegámos ao Bar da
Machinga, onde acampámos em palhotas, visto ser aqui
que nos devemos demorar; tanto para esperar ordens de

Tete, como para reformar as cargas. Deram-se providencias para compra de viveres. Chama-se Bar ao sitio ou districto onde se tira o ouro, que é sempre na proximidade das povoações dos escravos empregados na mineração d'elle. O nome de Bar é extensivo a todos os logares onde ha escravos de portuguezes a minerar, e o nome que se lhe segue é aquelle porque se distinguem uns dos outros.

XX.

Junho 11. — Em razão da demora que somos obrigados a ter n'este sitio, e ser hoje dia de descanço, passarei a descrever o que se apresentar de mais notavel.

O Dr. Lacerda, pelas observações que fez em 1797, achou que um logar da serra, visinho áquelle em que agora nos achâmos, está em 15° 19′ 15″ de latitude austral; e que a variação da agulha era n'aquelle tempo de 22° 50′ 40″ NO.

O chamado Bar onde estão as povoações é um valle formado por duas cordilheiras, uma á direita que corre SSE. e atravessa as terras dos Maraves, sendo ella que fórma a Lupáta do Zambeze entre Sena e Tete, e recebe alli o nome de serra Cáverantenga.

A outra serra da esquerda que corre a SE., é a mesma que temos passado, e já notado. Esta serrania apresenta um aspecto pittoresco, formando differentes figuras, sendo uma d'ellas, o logar em que está o acampamento da expedição, que representa uma fortificação cercada de muralhas; e de feito, se se quizesse fortificar, pouco haveria a fazer, para aperfeiçoar a natureza n'este sentido. Ha n'este Bar alguns escravos de moradores de Tete, sendo os principaes, João Pedro Xavier da Silva Botelho e D. Maria da Costa, que os tem empregados a minerar ouro, porém o diminuto numero e o abandono em que estão concorre para que não dêem utilidade alguma, como tambem não fazem despeza.

A mineração é feita por negras, e de dois modos, segundo a estação do anno: de inverno é feita, como em todos os Bares, abrindo covas de tres palmos de diametro, e de altura quanta é a do individuo que trabalha, de fórma que estando em pé e não vendo a superficie do terreno, muda immediatamente de sitio, abrindo nova cova; o que se continua a fazer ao acaso, sem combinação nem conhecimento algum da abundancia ou escacez do metal: estas excavações são feitas com as mesmas enxadas de que se servem para a cultura. A terra que tiram das covas é lavada em gamellas quadradas de dois palmos, a que chamam Zambas, que tem pouco mais de quatro dedos de fundo, as quaes são mettidas dentro d'agua, e conservadas sempre em movimento horisontal até que esta lhe tenha levado toda a terra, e é então que apparece no fundo da Zamba o esmeril, as mais das vezes sem metal algum, e outras com mais ou menos quantidade: mas, a não ser alguma lasca ou palheta que ás vezes apparece, o resultado de cada cova em geral nunca excede a meia oitava, quasi sempre é menos, e frequentes vezes nada. Persuado-me que pelo modo porque lavam a terra deixam ir o metal, mas não obstante isso á superficie da terra é menos abundante. Para este modo de minerar não ha outra operação, nem empregam ou conhecem outros instrumentos, além dos que ficam referidos, e estou certo de que, se houvesse methodo de minerar abrindo a mina convenientemente, este sitio daria muito interesse, porque mostra ser abundante do metal precioso pela apparição d'elle á superficie da terra.

O outro modo de tirar o ouro no tempo do estio é da fórma seguinte. Trazem das serras em cestos, para as povoações, uns seixos brancos, Silex, que reduzem a pó, entre duas pedras e pilões de páo, o qual depois é lavado pela fórma acima mencionada, e extrahido o ouro. A este modo de minerar chamam Cangáre, e ao outro Uúnga. De qualquer das fórmas tiram tão pouca quantidade, que cinco negras apenas são obrigadas a dar cada semana quatro Tangas, (a Tanga pesa doze grãos), e isto mesmo muitas semanas não o podem dar, tanto pela falta do metal, como pelo methodo empregado, e negligencia no trabalho, porque o senhor nada gasta com ellas directamente, dispendendo aliás muito, como adiante se verá. Ainda no principio d'este seculo houveram aqui grossas escravaturas, e quasi todas dos moradores da villa de Tete, sendo a principal de D. Francisca Josefa de Moura Menezes, que só d'esta escravatura recebia annualmente quarenta Pastas.

Nas nossas possessões da Africa Oriental, e nos Rios de Sena com mais especialidade, é geralmente usada a divisão do peso do ouro por Pastas, Maticáes e Tangas. A Pasta tem cem Maticáes e o Matical oito Tangas de peso: por conseguinte a Pasta pesa dois marcos e cinco oitavas do peso de Portugal. O Matical pesa uma oitava e vinte quatro grãos.

Aquella Senhora falleceu em 1824 ou 25 em estado de indigencia causada pelas violencias e roubos que lhe fizeram depois que cegou.

Dizem que hoje o metal extrahido n'este sitio por todas as escravaturas não excede a duas Pastas annualmente. Para a conservação d'estes mesmos escravos pagam os senhores annualmente ao Mambo Bive grossas quantias, unica despeza que fazem, o que é mais para conservação da posse do que pelo interesse que tiram. Ha n'este, assim como em todos os Bares, um empregado do Mambo a que chamam Chuanga, cujas funcções podem comparar-se ás de Consul, e que ao mesmo tempo serve de espia para observar quanto se passa entre as escravaturas; das fazendas annuaes que dão ao Mambo, tambem lhe pertence um quinhão, assim como ao Fumo do districto, a quem o Chuanga está subordinado, porque, como o Bive reside distante d'aqui, tem por isso um Fumo n'este logar.

Em todas as differentes partes d'Africa que tenho visitado, desde a Bahia de Lourenço Marques até Moçambique, e até para o interior, sempre em toda a parte tenho encontrado a denominação de Fumo, mas nunca achei quem me désse a derivação d'este nome, nem d'onde procede.

O solo é fertilissimo, e o clima benigno: a hortaliça é tão perfeita como a melhor da Europa, principalmente os repolhos; e todos os vegetaes dos Tropicos são expontaneos, e com prodigiosa fecundidade. Hoje não ha commercio de qualidade alguma, porque o ultimo que havia era o da escravatura, e como este acabou, e ninguem compra negros, tanto os que ficam prisioneiros nas continuas guerras que entre si pelejam, como os que as leis e costumes estabelecidos reduzem á escravidão, são mortos cruelmente para se livrarem d'elles.

A agua n'este sitio é pessima, porque é tirada de covas que abrem á superficie da terra, a que chamam Mixeire, que não têem mais de tres palmos de fundo, e conservam-se sempre pouco aceiadas. Estes povos habitam nas serras, e cultivam os valles e encostas de que lhes resulta umas poucas de colheitas no anno; porém quem passa pelos caminhos não vê povoações, nem culturas, e poucas vezes gente. Os generos porque se lhes compram viveres, e que elles mais apreciam; são fazendas da India, principalmente encarnadas, baeta da mesma côr, pedras brancas (roncalha) coral falso redondo e apipado, missangas de côres, mas sobre o grosso, e mais que tudo pelles de toda a especie de gado miudo, com que se vestem e cobrem. Os Maraves apreciam muito a côr vermelha, porém, seja qual fôr a sua qualidade, nenhum a póde usar em público senão os Mambos e Fumos; estes, achando-se vestidos com ella, sómente podem concorrer entre si, e jámais á presença dos Mambos, o que é privilegio de outros Mambos. Ha com tudo alguns Maraves tão vaidosos, que quando podem ter um panno d'esta côr conservam-no muito guardado em uma panella de barro fechada, e só o vestem em casa de noite, ou quando estão seguros que não são observados. Para conhecer-se a estupidez d'esta gente note-se o modo porque se faz a permutação das pelles com elles, que é o seguinte e mais frequente. Trazem os cabritos, que véndem por um Chuábo, e os carneiros pelo dóbro; come-se a carne e vende-se-lhes a pelle por dois Chuábos, e muitas vezes o mesmo vendedor espera que se esfolle a rez para compra-la: ordinariamente estas compras são sempre a troco de viveres.

XXI.

Junho 12. — Foram expedidos para Tete officios para o governador e cartas particulares, e todos a pedir a brevidade de providencias para a continuação da marcha. Á uma hora da tarde chegou aqui o coronel Botelho e João Antonio de Freitas: aquelle deu esperanças de auxilio para a continuação da marcha até ao Bar do Mano que lhe pertence, e que é o primeiro ponto para onde se dirige. Ás duas da tarde descobriu-se nova conspiração de deserção entre os cafres conductores da Real Fazenda, em consequencia do que o dito Botelho fez-lhes uma falla reprehendendo-os e admoestando-os; elles porém, negaram obstinadamente.

Junho 13.—Começaram-se a desmanchar as cargas, diminuindo-se-lhes assim o peso, como se promettêra, cujo trabalho não se pôde concluir apesar de ter-se gasto n'elle todo o dia.

Junho 14.—Ás duas horas da tarde concluiu-se o trabalho das cargas que augmentaram de numero.

Ás quatro horas da tarde chegaram dois Cazembistas, pertencentes á comitiva do Enviado, e deram parte que a sua gente chegará amanhã a este acampamento.

Desde que chegámos aqui até hoje sempre tem chovido ou neblinado, conservando-se a atmosphera carregada e as serras cobertas de nevoa até ao meio-dia; temos sentido muito frio: dizem que este estado do tempo é permanente aqui n'esta estação do Estio, que é desde Maio até Agosto.

XXII.

Junho 15.—Ao toque d'alvorada veio dar parte o Muanamambo Guilherme dos escravos conductores da Fazenda, de terem desertado esta noite cinco dos mesmos escravos. Em consequencia d'isto, e da proposta do mencionado Botelho de ir a expedição para o seu Bar do Mano aguardar as providencias de Tete para com ellas seguir ávante, offerecendo elle dar até alli os conductores que faltassem; assentámos em seguir para a frente, e fazendo-se a conta ás cargas e carregadores, faltaram vinte e dois, o que se participou ao dito Botelho, que promptamente os mandou. Ás nove horas da manhã chegaram os Cazembistas, e foram amussassar a meia legoa para o N. do nosso arraial.

Junho 16.—Veio o Enviado Cazembista visitar-nos, e

depois dirigiu-se á barraca do commerciante Montalvo, e alli entregou-lhe uma espingarda que comprára a Candido Cardoso, dizendo que lhe não dava fogo, e pedindo que lh'a mandasse concertar ou lhe désse outra; isto originou uma forte altercação entre elles, até que por fim, examinando-se a espingarda, conheceu-se que todo o defeito provinha de estar suja, e por isso recebeu-se para se mandar limpar.

Tudo ficou prompto para ámanhã seguirmos a marcha para o Bar do Mano em companhia de João Pedro.

XXIII.

Junho 17. — Pela manhã continuámos a marcha para o N. pelo meio das duas cordilheiras, e ávante meia legoa passámos pela Mussassa dos Cazembistas, e a meia legoa d'ella o caminho atravessa a cordilheira de SSE. que continua a ser por ella muito desigual e em desfiladeiros.

A maior altura das serras que hoje tenho visto será de oitenta a cem braças em relação ao terreno baixo adjacente. Proximo ao sitio onde o caminho corta esta serra, a uns cincoenta passos, passa-se o regato Inhacatáxa para O. com duas braças de largo e uma de alto, e com alguma agua que corre em leito de rocha: a uma legoa passámos o riacho Xuáre que tambem corre para O. com tres braças de largo e duas de alto, com bastante e boa agua que corre em leito de rocha; a meia legoa d'elle passámos outro por nome Inhaguangua que corre para O. com cinco braças de largo e duas de alto, com bastante agua, e leito de arèa e pedra grossa.

A pouco mais de uma milha tornam as cordilheiras a cruzar o caminho, tomando ambas a direcção d'elle; a meia legoa do riacho passámos o regato Máze-Aiére que corre para O. com uma braça de largo e meia de alto. A agua d'este regato é côr de leite e magnifica: a meia legoa passámos o rio Mávuze, que corre para ONO. com muita e boa agua, e tem quinze braças de largo e oito de alto. Todos os rios e regatos que ficam mencionados vêem desaguar n'este, que vae engrossar o rio Zambeze, tendo a sua foz mais abaixo do logar em que termina a Lupáta do mesmo Zambeze: na estação invernosa é caudaloso, e em todo o tempo navegavel por almadias; porém tem sitios obstruidos por penedias e arêas accummuladas.

Áquem do rio formámos o acampamento.

Todo o caminho de hoje, como deixámos notado, é cortado de riachos; o paiz mostra ser povoado, pelas culturas que apparecem em todos os valles e encostas das serras; não vimos, porém, povoações. O povo Marave passa por ser o mais ladrão de todo esta parte da Africa, e a gente d'este districto pela mais ladra de todo o Marave, e por isso é indispensavel passar por aqui em força respeitavel, ou então de noite, por causa do Fumo Inhanga que o governa, famigerado salteador, atrevido quando não teme resistencia, e cobarde quando a encontra. Houve parte de ter ficado no Bar da Machinga um negro do commandante, por velho e doente.

XXIV.

Junho 18. — Pela manhã houve noticia de terem desertado quatro negros pertencentes a D. Maria da Costa, e que vinham por conta da Real Fazenda. Mandou-se immediatamente uma escolta em seu alcance, composta de tres soldados e doze negros de confiança, com ordem de irem á Muzinda, (assim se chama a residencia de um Mambo ou Fumo,) do Fumo Inhanga com uma Ardian para elle ir ao Bar da Machinga ajudar a cercar a povoação dos escravos de D. Maria da Costa, a fim de apanhar os fugidos, ou outros em seu logar.

Ás oito horas continuámos a marcha para o N., e com uma legoa de caminho passámos o regato Xuare, que aqui corre para ONO. com seis braças de largo e quatro de alto, e boa agua. Ávante uma legoa tornámo-lo a passar, sendo aqui a sua corrente para L'E. e com quatro braças de largo e meia de alto, e a uma legoa d'elle passámos a Muzi Acumiáca que apenas mostra ter umas vinte Nhumbas ou palhotas, porém a pouca distancia, e dentro d'uma espessa matta é que está a verdadeira Muzi, que terá umas duzentas palhotas em que habitam para mais de mil Maraves, que quando são advertidos por certos gritos, d'elles bem conhecidos, a que chamam Tungúro (e na India Babaré) saem todos armados, e emboscados da matta, vão-se aproximando com cautela para reconhecerem o motivo do rebate, que sendo de guerra, mesmo da emboscada vão disparando uma chuva de flechas sem se fazerem ver, e são tão destros que disparam a um tempo quatro e cinco. Não me faço cargo de dar agora a descripção das suas armas e caras, porque reservo faze-lo quando tratar dos usos e costumes d'estes povos.

Partindo nós da Muzi caminhámos para NNE., e achandonos já a uma legoa de distancia tornámos a passar o regato Xuáre, que n'este sitio corre para o S. com uma braça de largo e outra de alto: pouco haviamos andado quando o tornámos a atravessar, e aqui corre para o N. com cinco braças de largo e duas de alto: marchámos ávante, e em pouco tempo démos outra vez com o regato Xuáre que passámos, correndo então para O. com tres braças de largo e uma de alto; e tendo-nos affastado d'elle, a curto espaço tornámos a repassa-lo, correndo elle na mesma direcção que ultimamente tomava; isto é, para O., e com igual largura e altura, de maneira que com estas pequenas distancias e passagens prefaz uma legoa, posto que isto não se ache marcado. Continuando a seguir a nossa derrota e andada uma legoa démos com o mesmo regato que aqui corre para SE., porém com a mesma largura e altura que levava quando ultimamente o largámos: áquem d'elle formou-se o campo. É n'este sitio que a cordilheira torna a cruzar o caminho, tendo corrido sempre ao longo d'elle.

A este regato Xuáre chamam os cafres Póte-Póte, que quer dizer volta-volta, pelas muitas que se dão e das vezes que se passa, em consequencia do muito que este regato serpeja.

A serrania eleva-se a grande altura, e algumas serras ha que tem mais de quinhentas braças sobre a superficie do terreno adjacente, todavia nenhuma é escalvada, e posto que sejam penedias, vêem-se povoadas de gente, cobertas de arvoredo, e em muitas partes cultivadas; conservam-se, porém, sempre cobertas de nevoa até ao meio dia.

Desde o riacho Inhacatáxa que hontem passámos, tem sido a marcha por um estreito valle entre as cordilheiras, e apertado por ellas. Os cafres chamam a esta garganta e sitio a Lupáta do Matantóra.

Temos visto hoje muitas culturas de milho e muita gente Marave, porém nem uma só Muzi, porque todas estão nas serras.

Ás cinco horas e trinta minutos da tarde apresentaram-se dois cafres vindos de Tete com officios do governador para os commandantes, datados de treze do corrente.

XXV.

Lupáta chamam os cafres á passagem que se faz pelo meio de duas serras elevadas com mais ou menos extensão, de sorte que sómente por meio d'ellas ha a caminhar, quer seja por agua, quer por terra; como acontece com a Lupáta do Zambeze pela qual se passa embarcado, e as da Jáua, Matantóra, etc. etc. que se passam por terra. Lupáta em fim é o mesmo a que nos Alpes chamam Col, nos Pyreneos Puerto e no Gerez Portella, etc.

XXVI.

Junho 19. — Pela manhã despediram-se os cafres para Tete e continuámos a marcha para o N. Pouco haviamos andado quando tornámos a encontrar o mesmo Xuáre, que corre para ONO. com uma braça de largo e outra de alto; e tendo nós feito uma legoa de marcha o tornámos a passar, correndo então para O. com meia braça de largo e outro tanto de altura. Aqui finalisámos a passagem do regato Xuáre que atravessámos doze vezes sempre com agua, e que vae desaguar no rio Mâvúze. D'aqui continuámos a andar para L'E.

subindo uma serra em que andámos uma milha para chegar ao seu cume; d'onde a começámos a descer para saírmos da Lupáta, e das cordilheiras que continuam a correr parallelas de N. ao S., e depois de quinze minutos que gastámos na descida estavamos fóra d'ellas.

N'este ponto apresentam-se á vista do viajante duas massas enormes de rocha isoladas na campina, as quaes demoram, uma ao N. e a outra a L'E, e terão umas cem braças de altura sobre duzentas a duzentas e cincoenta de extensão, tendo aproximadamente a fórma elliptica, mas a de L. parece ser maior. São escalvadas e apenas vegeta uma especie de esparto nas fendas da mesma rocha. É isto o que suppozemos, porque pela sua altura não a podémos observar miudamente, e muito mais por não haver oculo.

Na saída da Lupáta passa-se sobre uma grande lage da mesma especie que as referidas, e que produz um som ôcco quando se lhe passa por cima, ou quando se lhe bate com um páo; esta circumstancia mostra haver alli inferiormente alguma grande furna. Tem esta lage uns cem passos de extensão, é de fórma irregular, e por umas pequenas fendas que apparecem á superficie vegeta a planta que notámos, que é muito fina. A duzentos passos ávante da Lupáta passámos o riacho Recongódue com bastante e boa agua; corre para O. com sete braças de largo e tres de alto. Este riacho serve de limites entre os Mambos Bive e Chivéca em cujos dominios vamos entrar; é igualmente Zimba e subordinado ao Unde.

A marcha tem sido sempre por entre culturas, havendo grande concorrencia de Zimbas a vender mantimentos e gallinhas a trôco de sal, coral redondo e missanga branca. Continuando a çaminhar com o mesmo rumo, e tendo andado meia legoa passámos o riacho Inhamedíma que corre para SE. com seis braças de largo e tres de alto, e com agua; e ávante meia legoa d'aquelle passámos outro por nome Mussanjâma, que corre para O. com uma braça de largo e meia de alto. Tinhamos apenas caminhado cem passos, quando passámos o regato Mussaraûmua com boa agua; corre para NO. com cinco braças de largo e tres de alto. N'este sitio fizemos alto até ás duas horas e cincoenta e cinco minutos que continuámos a marcha para o N., e quando haviamos caminhado legoa e meia passámos o regato Camancêta com bastante e boa agua; corre para O. com uma braça de largo e meia de alto. Áquem d'elle formou-se o campo.

Todo o caminho tem sido cortado de serras e coberto de bambual, e os valles de fetos. Temos visto varias especies de vegetaes de fórma e qualidade nova, que nós não estamos em circumstancias de analysar, mas todos queimados da geada. Vimos grandes pedreiras e algumas parecem ser finas, e merecerem a pena de ser exploradas.

Junho 20. — Pela manhã continuámos a marcha para o N., e a legoa e meia passámos o riacho Xerize que corre para O. com bastante agua; tem seis braças de largo e tres de alto; e marchando ávante d'elle uma legoa, encontrámos uma pequena Muzi, que tendo sido mui grande em outro tempo quando Muzinda do Mambo Mavanga, hoje, como o não é, apenas tem umas vinte Nhumbas habitadas por sessenta a oitenta almas. N'este sitio fizemos alto para reunir a expedição, que não convem que marche separada, e logo que esteve junta proseguimos a marcha para N. 4.ª NO.; e a meia legoa d'aquelle logar passámos um pequeno regato, de que nos não souberam dar o nome, mas corre para O., e começámos a entrar por uma garganta de duas cordilheiras que formam a Lupáta da Jáua.

Estas serras são as mesmas acima referidas que se encontram, vêem juntar-se aqui, e correm parallelas com o caminho que é pelo centro d'ellas. A meia legoa d'aquelle regato passámos outro por nome Mutóbue que corre para O. com quatro braças de largo e braça e meia de alto.

Este regato serve de limites ás terras dos Fumos Chivéca e Musêrize, que ambos são subordinados ao Mambo Cangúro, e este ao Unde.

XXVII.

N'este regato ha um páo atravessado que serve de ponte. A superstição tem estabelecido a prática de que todo o cafre que por aqui passar a primeira vez ha de n'elle morder; aliás não irá bem na sua digressão. De feito, posto que seja grosso e de madeira mui rija, está todo cheio de amolgaduras de dentes, que parecem ser effeitos de tiros de chumbo. A expedição deu um bom contingente de lavcr.

Andámos d'aqui para NNO., e quando tinhamos feito uma legoa passámos por uma pequena Muzi de Zimbas que apenas tinha oito Nhumbas, e a duzentos passos ao N. d'ella acampámos. Aqui encontrámos os Cazembistas que fizeram a sua Mussássa a duzentos passos ao N. da expedição.

As cordilheiras aproximam-se, e apartam-se do caminho continuamente sem regularidade, mas sempre na mesma direcção d'elle.

Vimos hoje menos culturas que hontem. Em todos os valles e baixas das serras encontrámos o arvoredo todo crestado pela geada como se fosse por fogo, e ha dias que durante a ausencia do sol faz frio, que não é menor do que em Portugal no mez de Janeiro.

XXVIII.

Junho 21.—Proseguimos a marcha para o N., e tendo caminhado duas legoas e meia passámos o rio Aruângoa-Pire que corre para O. com vinte braças de largo e quatro de alto, mas só com dois palmos de excellente agua. D'aqui tomámos o rumo de NO. passando dois pequenos regatos com agua, porém sem nome; e ávante d'aquelle rio legoa e meia passámos um regato por nome Xuár, que corre para SO. com quatro braças de largo e uma e meia de alto. Áquem d'elle formou-se o campo, tendo vindo reunidos os Cazembistas, que acamparam a tresentos passos ao N. de nós.

Todos os rios, riachos e regatos acima mencionados, desde o Recongódue, inclusivè, vêem desaguar n'este Aruângoa-Pire, que vae despejar no Aruângoa do Norte. Elle serve de limites aos dominios dos Fumos Múserize e da Fumo-acáze Massinga; não rendendo esta vassallagem a ninguem por ter o titulo de Mucáze-Chissumpe; isto é, mulher do Chissumpe ou Profeta dos Maraves.

Hoje temos visto mui poucas culturas: as cordilheiras continuam a correr na mesma direcção do caminho.

O rio Aruângoa-Pire ou Aruângoa-Jáua, que hoje passámos, na estação secca leva mui pouca agua, porém no tempo das chuvas engrossa muito, e não dá váo, nem consente embarcações, tanto pela velocidade da corrente como pelas grandes massas de pedras e troncos de arvores que traz comsigo, subindo a agua a tão grande altura, que obriga os Maraves a fazerem, nos logares mais frequentados, umas pontes, a que chamam Uráro. [1]

São construidas com bambus postos parallelamente e unidos com casca d'arvore, a que chamam Maruze, atando muito bem os primeiros longitudinaes em cada margem do rio em alguma arvore que ahi haja; vão sobre elles ligando transversalmente outros de seis palmos, que vem a ser a largura da ponte, e em cima d'estes se fórma o estrado em que se passa. O Uráro fórma no centro um angulo obtuso, chegando a ter oitenta palmos de altura n'este ponto, e nenhum apoio tem senão nas duas margens. Passando por elle produz-se um movimento de tal modo extraordinario, que a cada momento parece desfazer-se, mas os Maraves são muito cuidadosos em terem sempre estas pontes muito seguras, apesar de que nunca as atravessam senão quando tem grande precisão. Eu, para desenganar-me por mim mesmo, subi a uma, o que todavia não faria senão houvessem n'ella dois bambus postos em altura sufficiente, que, ainda que delgados, serviam como de corrimão e apoio de cada lado do Uráro. É este o unico povo em que tenho observado similhante construcção.

XXIX.

Junho 22. —Pela manhã continuámos a nossa derrota para NO., e tendo feito a marcha de duas legoas e meia

[1] Veja-se a estampa I.

... da ... do Moátes-Chicomeque, isto é, mulher do
Chicomeque ou Profeta dos Moáres.

Há ... tem visto ... poucas culturas: as cordilheiras
continuam a correr na mesma direcção do caminho.

O rio Aráonges-Potó ou Aráonges-Jotá, que hoje pas-
samos, ... tem muita pouca agua; porém no
tempo das chuvas ... muito, e não dá váo, nem consente embarcações, tanto pela velocidade da corrente como
pelas grandes massas de pedras e troncos de arvores que
traz comsigo, subindo a agua a tão grande altura, que
obriga os Moáres a fazerem, nos logares mais frequentados, umas pontes, a que chamam Utáro.[*]

São construidas com bambus postos parallelamente, e unidos com casca d'arvore, a que chamam Móraro, atando muito
bem os primeiros longitudinaes em cada margem do rio em
alguma arvore que ... vão sobre elles ligando transversalmente outros ... seus ... que vem a ser a largura da
ponte; e com estes se forma o estrado em que se
passa. O ... fórma no centro um angulo obtuso, chegando ... desta palmos de altura n'este ponto, e nenhum
apoio tem ... nas duas margens. Passando por elles produz-se ... do cabimento extraordinario, que a cada
passo ... mas os Moáres são muito cuidadosos ... estas pontes muito seguras, apesar
de que ... senão quando tem grande precisão. Eu para ... por mim mesmo, subi a uma,
e ... houvessem n'ella dois bam-
bus postos ... sufficiente, que, ainda que delgados,
serviam como ... e apoio de cada lado do Utáro.
E' este o unico ... que tenho observado similhante
construcção.

XXIX.

Junho 22. — Pela manhã continuamos a nossa derrota
para NO., e tendo feito a marcha de duas legoas e meia

[*] Veja-se a estampa 1.

Uraro ou Ponte dos Maraves.

pelo centro das duas cordilheiras, por caminho escabroso e desigual, abrem-se as mesmas cordilheiras repentinamente, continuando o caminho a ser montanhoso; pouco haviamos caminhado quando passámos o rio Aruângoa-Posse, que supponho ser o mesmo Aruângoa-Pire ou Aruângoa-Jáua; leva bastante agua, e corre para OSO. com vinte e cinco braças de largo e cinco de alto. Andando ávante legoa e meia passámos pelo Bar da Jáua onde achámos uma pequena habitação do capitão-mór dos sertões Manoel Caetano Pereira, que aqui teve escravos a minerar ouro; mas como não tirava interesses abandonou o Bar, deixando apenas dois escravos para guardarem uma tapada ou pomar de mangueiras e limoeiros que aqui tem.

Este Aruângoa serve de limites entre a Fumo-acáze Massinga e o Fumo Chímúgumbua que é subordinado ao Câugúro. Cem passos ao N. da habitação da Jáua corre o riacho Pingoê para O. com seis braças de largo e quatro de alto; a duas legoas d'elle passámos outro, por nome Câzézi, que corre para O. com tres braças de largo e uma de alto; e áquem d'elle formámos o campo. O caminho de hoje foi igualmente montanhoso. As cordilheiras tem-se apartado consideravelmente do caminho, conservando, comtudo, a direcção d'elle. Temos visto menos culturas. Voltou a escolta, que foi á Machinga a 18 do corrente em alcance dos desertores, e que nada fez.

Junho 23.—Ao toque d'alvorada marchou o coronel Botelho para o sitio da Capáta, a tratar de negocio particular, com o capitão-mór Manoel Caetano Pereira, e foi com elle um soldado da expedição com um officio, em que se lhe participa a nossa passagem, e lhe são indicadas as providencias que deve tomar á primeira participação que se lhe fizer para mandar apanhar os desertores que houverem d'aqui em diante. Ás sete horas e trinta e cinco minutos seguimos a nossa derrota para NO., e a duas legoas passámos o rio Caruzupire, que corre para OSO. com muita agua, e com vinte braças de largo e seis de alto. Este rio serve de Múgâno; isto é, limites entre os Fumos Chímugumbua e Câtêrire. D'aqui andámos para ENE. uma legoa, onde passámos pela Muzi do Zimba Inxéca.

3

34

XXX.

Chamam os Maraves Inxéca ao torneiro que fabrica manilhas ou braceletes de marfim, de que fazem muito uso e esti-
mação. Os instrumentos de que para isso se servem são: um
torno toscamente feito, e collocado no chão, onde o artista
trabalha sentado sobre a terra; com a mão esquerda e um
dos pés segura o ferro que vae cortando o marfim, e com a
direita move um arco, comprimido por uma tira de couro
crú, que imprime movimento ao torno.

Com duas leguas ávante da Muzi chegámos á margem do
riacho Mússûpuze, aonde se formou o campo. Não passámos
o riacho por causa das culturas que estão da parte d'além,
porque não é permittido acampar entre ellas. O caminho de
hoje tem passado por paiz mais cultivado, e temos visto pequenas Muzis, e passado leitos seccos de muitos regatos, que
só têem agua no tempo das chuvas. Continuam as cordilheiras
na direcção do caminho, e este segue por oiteiros e montes
separados d'ellas.

XXXI.

Os Maraves não fazem cousa alguma, assim como todos
os cafres, sem que tenham procedido á adivinhação, para a
qual fazem os encantamentos que julgam precisos; e como
crêem que os seus Muzimos; isto é, as almas dos mortos,
quando estão satisfeitos dos seus descendentes, vigiam em
todos os seus interesses, julgam tambem que desde que fazem as sementeiras, estas são por elles visitadas. Ora como
amussassando, ou acampando, os viajantes entre ellas, não
póde haver limpeza, o que basta para affugentar os Muzimos;
por isso é mais facil a um Marave supportar qualquer privação, por maior que seja, do que sujar ou manchar uma
cultura, ou um logar proximo a ella, muito principalmente
sendo este o caminho. Se tal acontecesse, o que é mui raro,
não descançaria o dono da seára até descobrir o auctor do
attentado, com o qual travaria um Milando, que só a poder

de muita despeza viria a acabar-se; mas se o caso se désse com um viajante inexperto e fraco, seria isso motivo de ser totalmente roubado.

XXXII.

Junho 24.—Pela manhã proseguimos a marcha para NNE, e passámos o riacho, que tem agua estagnada entre rochas, e não é má: mostra a direcção da corrente para SSO. com seis braças de largo e tres de alto; o seu leito é formado de pedras em camadas, e de pouca consistencia, talvez por estarem sempre cobertas de agua; mas são de uma variedade tal de côres quantas são as que se podem imaginar: estas são differentes em cada camada, e com quanto não sejam abrilhantadas nem lustrosas, são fixas. A sua consistencia é como de barro bastante secco, mas não cosido. A sua abundancia e variedade é extraordinaria. Nas margens d'este mesmo riacho achámos muitos seixos, e partindo-os, os encontrámos impregnados de particulas de ouro em maior ou menor quantidade, mas muito visiveis, e que se despegam com muita facilidade. Nós ajuntámos alguns que guardavamos com cuidado, porém perdêmo-los no deserto. Achámos mais no mesmo riacho uma especie de pedras muito rijas, de côr verde, e tendo uma como um raio luminoso e brilhante; julgo serem de qualidade mui fina.

Além das mencionadas, que o curto espaço de tempo de que pude dispôr me permittiu observar, e que a falta de conhecimentos proprios me não deixou descrever scientificamente, persuado-me que este riacho encerra occultas muitas preciosidades, e que é riquissimo em mineraes. A sua exploração é facillima, tanto pela proximidade em que está de Tete, como pelas commodidades que se podem achar entre os habitantes do paiz; isto é, segurança individual e abundancia de viveres: é preciso, porém, ser feita por uma empresa respeitavel em fundos, administração e boa direcção. A hypothese da sua riqueza é fundada no golpe de vista que deslumbra o viajante curioso, apresentando-lhe riquezas naturaes á superficie da terra, como offerecendo-lh'as. Como o riacho corre immediatamente pela falda das serranias, e recebe as aguas das suas vertentes, talvez que d'estas se derivem as preciosidades que parece encerrar.

Seguimos a nossa derrota para NNE., e pouco haviamos andado quando passámos um regato, por nome Inhamârira, que corre para O.; tem de largo uma braça, e de alto outra : serve de Mugâno entre os Fumos Câtêrire e Muenda, da terra Sengêre. Tendo caminhado duas leguas do acampamento passámos o rio Rúuí, de muito boa agua; corre para OSO. com quinze braças de largo e quatro de alto. Este rio vae desaguar no Zambeze, no Prazo do Fisco do districto da villa de Tete, por nome Panzo: não é de facil navegação por estar, como os outros pequenos rios d'esta região, obstruido com troncos e areias, mas é de facil encanamento, attendendo á barateza da mão d'obra. Áquem d'este rio formou-se o campo, por ser aqui o ponto em que o coronel Botelho se deve reunir á expedição. Com effeito chegou ao meio dia acompanhado do soldado que tinha levado o officio. Temos visto hoje mais culturas, porém nenhuma Muzi: continuam as cordilheiras no mesmo rumo do caminho, e este por outeiros.

XXXIII.

Junho 25. — Pela manhã proseguimos a marcha para NO., e quando tinhamos caminhado uma legoa encontrámos um monte, por nome Capirebanda, que dista do caminho uma milha para O., e corre de N. a S.: a sua extensão será de uma milha, com oitenta a cem braças de altura: é formado de grandes massas de rochas, e bem arborisado. Torna-se principalmente notavel por estar isolado.

A uma legoa do mesmo passámos o regato Puri, que corre para O. com agua, e com uma braça de largo e pouco menos de alto. N'este sitio estavam mais de cem negros á espera de João Pedro: logo que o avistaram, romperam em grandes gritos e cantigas, e o acompanharam, cercando o Palanquim em que ía. Á proporção que se aproximavam da habitação, assim engrossavam em numero, de tal fórma que quando o Botelho chegou ao Luane, ou casa do Bar, eram já para mais de seiscentos a cantar e dançar com tambores em torno d'elle. Desde aquelle regato até aqui ao Bar do Mano andámos para o N. meia legoa, formando-se o campo proximo ao Luane, onde o dito Botelho foi recebido com uma salva de vinte e um tiros de artilheria, dados por duas peças de ferro de calibre um, que ahi tem, e com a bandeira portugueza içada.

XXXIV.

N'este sitio onde estou fazendo a descripção, que é á porta da casa do Luane, que está voltada para o Nascente, e á borda do caminho, corre a cordilheira que me fica em frente, e á direita do viajante que continua o transito, corre, disse, de N. a S.; a outra cordilheira, que me fica na retaguarda, e por isso á esquerda do mesmo caminho, corre de L. a O., e parece encontrar-se com aquella um pouco distante, mas ao S. d'este sitio. O monte Capirebanda demora ao SE. 4 do S. A quinhentos passos S. 4 SE. fica outro monte, e a casa onde estamos é construida sobre outro que se eleva no centro do grande valle que formam aquellas serras. A casa do Luane é grande e commoda, tem um só andar, mas é alta, e tem muito bons Gudoens; isto é, armazens; é bem construida, feita de adobes, e coberta de colmo. A mobilia que a guarnece, posto que antiga, é muito boa: tem um bom quintal, ou pequena horta murada, com muitas bananeiras, laranjeiras, limoeiros, mangueiras, goiabeiras e jambeiros. O terreno do valle é fertilissimo. Disse-me João Pedro, e não duvido, que tem aqui novecentas negras a minerar ouro, de que lhe resulta por anno quarenta e duas Pastas. Ha muitos annos que este Bar tem escravos de moradores de Tete empregados na mineração, mas em pouca quantidade; porém o Botelho é que tem engrossado muito esta, e tem feito aqui o principal ponto do seu estabelecimento. Além da mineração augmenta muito mais os seus rendimentos e interesses com o commercio do marfim, por ser este o caminho que trilham os Muizas. Se bem que estes povos não tenham hoje terreno proprio, por lhes ter sido conquistado pelos Muembas, e se achem por essa razão emigrados e dispersos pelas terras dos Chévas e Sengas, onde vivem com os seus usos e costumes, empregam-se comtudo no commercio como d'antes, continuando a andarem em cáfilas, comprando e vendendo marfim. O referido Botelho, quando aqui está, tem uma preponderancia extraordinaria sobre os mesmos Maraves, a qual tem adquirido a poder de presentes ao Mambo que governa este sitio, o que é indispensavel para quem reside no sertão; exerce uma auctoridade absoluta sobre os seus escravos, todavia, apesar de supersticioso, não é barbaro nem cruel.

Dei-lhe a entender que queria ver minerar as negras, mas desculpou-se dizendo que ellas não trabalhavam n'este tempo; sube depois, o que até ahi ignorava, que ha a superstição de que não devem ser vistos estes trabalhos senão por quem os faz, porque foge o metal se outrem os vê. Os mineraes aqui conhecidos são, o ouro, o estanho, em que se não cuida, e o ferro; este ultimo acha-se em tão grande abundancia, em pedaços á superficie da terra, que para o haverem não precisam fazer escavações; apanham-o e lançam-o em um tubo feito de barro, da altura de quarenta palmos com um de diametro, e a parte inferior cheia de carvão, que, depois de acceso, não cessam de soprar com folles feitos de pelle de cabra, á similhança dos de que usam os nossos caldeireiros volantes[2]: o ferro sae por uns buracos que estão na base do tubo; e com esta simples e unica operação vão tirando o metal derretido, que empregam nas suas obras; estas são principalmente enxadas, machados, facas, flechas e azagaias; para isto os unicos utensilios de que se servem são: um dos mesmos folles com que fazem a forja no chão; uma pedra, que lhes serve de bigorna; outra mais pequena, de martello, e dois páos que lhes servem de tenaz; e é com esta ferramenta que fazem todas as suas obras, que ficam tão polidas como se fossem manufacturadas com instrumentos europeus: os operarios que as fabricam são os ferreiros Maraves. Os nossos ferreiros de Tete trabalham com ferramenta ao nosso modo, mas não com tanta perfeição. A qualidade do ferro é tal

---

[2] Explicação da estampa II: — 1 forno — 2 boca cheia de pedra de ferro — 3 bocas para os folles — 4 folles — 5 bocas por onde sae o ferro derretido.

Praja das Al...

Forja dos Maraves.

que em quanto quente é maleavel como chumbo, e, como elle, não estala, e depois de frio é rijo como aço: a sua abundaucia é incalculavel.

Hoje não ha commercio algum entre estes povos; apenas têem uma pequena cultura: mas como a gente é muita, e o terreno fertilissimo, tem por isso abundancia, a qual não procede da actividade do trabalho. Empregam-se pouco na creação de animaes; ha escacez de gado vaccum, e poucas ovelhas, cabras, gallinhas e pombos, limitando-se n'estas especies a terem um pequeno numero de animaes domesticos. Entre os poucos animaes silvestres que tem este paiz acham-se as antilopes.

Os methodos de amanhar as terras, posto que mui distantes da perfeição, são melhores do que os que se usam nas nossas terras de Tete.

As fazendas da expedição ficaram arrecadadas convenientemente, e com uma sentinella.

XXXV.

Junho 26. — No mesmo sitio. Mandaram-se dois signaes; isto é, duas cartas de jogar com um signete posto em lacre; um d'elles, com um Xaile, ao Mambo Muenda que governa esta terra, e dista d'aqui uma legoa pouco mais ou menos, segundo nos disseram; o outro, com um Capotim, ao Fumo Câtêríre que fica mais distante; e tanto a um como a outro dirigiu-se a mensagem pedindo que, todo o negro ou soldado que se encontrasse em retirada sem ir munido d'outra igual carta, fôsse preso e levado ao acampamento da expedição, e promettendo que seria bem pago quem fizesse a diligencia. Pouco depois regressou o portador que foi ao primeiro, trazendo o signal voltado, e dizendo que o Mambo o recusára receber por serem Magonas de Mozungos; isto é, encantamentos de portuguezes, e que mandasse outra qualquer cousa de signal para conferir com o de que fôsse munido o sujeito que se auctorizasse para poder passar; em consequencia do que mandou-se-lhe um pedaço de chita.

Como os cafres não conhecem caracteres alguns com os quaes

transmittam as suas idéas, todos os seus negocios são feitos em público e por fórma tradicional. Quando se tracta d'um Milando, da compra d'um escravo, da satisfação d'uma divida, ou de outro qualquer negocio similhante de que possa haver aresto; o que paga pede um signal para servir-lhe de recibo, a que chamam Rossambo, que logo é dado pelo que recebe, e consiste em uma flecha, bracelete, ou outra qualquer cousa, com tanta que seja de uso, e dada por elle mesmo; por mais insignificante que seja, é guardado cuidadosamente como nós guardâmos um recibo. Esta palavra cafrial tem alguma similhança com a portugueza — recibo — todavia eu julgo que a paridade é filha do acaso: não obstante, póde mui bem acontecer que seja portuguez corrompido: o que é facto é que ella e o seu uso encontra-se em toda esta parte da Africa; porém onde se observa com mais rigor é entre os Munháes do Monomotapa, e entre os Maraves.

Quando se pede um soccorro ou ajuda para guerra, ou para mandar apanhar gente, o signal proprio é uma flecha, e toda a responsabilidade do resultado recae sobre quem mandou o signal, porém os portuguezes firmam os seus negocios com fazendas. Dado o caso (que é rarissimo) de haver nova exigencia da divida, ou de outro qualquer pagamento de quem o recebeu, e de que ha Rossambo: o que se defende apparece em publico juizo com o dito signal, e requer que, se elle é falso, e não foi dado por elle como prova de estar satisfeito, que beba Muáve; isto é quanto basta para a questão não progredir.

XXXVI.

Mandou-se de Muromo, ou, em portuguez, de boca, uma peça de Lopa, fazenda igual ao Zuarte, mas mais fina e de melhor côr, dois lenços, e um frasco d'agua-ardente ao Muanamàmbo da escravatura do Bar do Missále, por nome Acunhanja, para elle alugar trinta ou quarenta dos seus escravos para carregarem as fazendas, que ficaram dos desertores, até ao Cazembe, visto não se poderem achar carregadores em outra parte.

Esta tarde fiz outra tentativa para ver minerar as negras,

e observar bem esta operação, porém logo que me viram aproximar retiraram-se, e nada foi capaz de fazê-las voltar ao trabalho.

Junho 27. — Não me sendo possivel de fórma alguma observar á minha vontade a mineração: convidei o Botelho para dirigirmos o passeio ao logar d'ella, julgando que assim conseguisse ver trabalhar; porém enganei-me, porque não havia alli ninguem, e sómente as covas recentemente abertas, e vendo elle o meu reparo dissimulou, mostrando-se admirado por terem deixado o trabalho tão cedo.

Junho 28. — Receberam-se hoje de João Pedro dezeseis alqueires de Caurim (Zimbo em Angola), quarenta e oito espelhos pequenos, uma arroba de Calaim, duzentas pedras leite, doze cobertas inglezas; o Caurim por conta e para despezas da Real Fazenda, e o mais por conta do governador.

Vendo hoje as negras a minerar proximo de casa, fui com disfarce para poder á minha vontade observar o trabalho, porém logo que perceberam o meu designio fugiram, e já me não fica duvida de serem ordens, e mesmo porque, mostrando-me resentido ao dito Botelho, allegou este não haver outra causa além da persuasão em que estão os cafres de que foge o ouro logo que um branco está presente á mineração.

As unicas aves que tenho visto aqui são gallinhas.

XXXVII.

Junho 29. — Soube que Botelho declarára que mandaria cortar a cabeça ao escravo que vendesse ouro a alguem da expedição.

As escravaturas empregadas na mineração, estão divididas em Insácas, como as mais, porém estas são de seis negras cada uma; sendo, como havemos dito, sómente as negras que mineram. É governada cada Insáca por uma Inhacóda que todas as semanas dá conta do trabalho da sua gente: estas semanas são de quatro dias, e cada negra deve dar conta de seis Tangas por semana: satisfeito isto, ainda que tirem mais ouro é seu. Acontece muitas vezes apanharem no primeiro dia o sufficiente para pagarem a quota respectiva, e tanto basta para não tornarem ao trabalho em todos os mais dias. Os senhores dos Bares costumam ter n'elles fazendas, missangas, etc. de extracção para vender aos mesmos escravos por exorbitantes preços, e por isso estes, quando passa algum commerciante, compram-lhe ás escondidas o que precisam, e foi este o motivo porque o Botelho prohibiu a venda de ouro a qualquer da expedição; apesar d'isso sempre venderam algum.

Junho 30.—Em consequencia da justa representação do destacamento, determinou-se pagar-se-lhe ámanhã um mez de pret.

Julho 1.—O commandante foi accommettido de uma forte dôr de cabeça e ouvidos.

XXXVIII.

Julho 2.—Effectuou-se o pagamento do mez de Junho ao destacamento.

Julho 3.—Fiz hoje uma digressão ás serras para ver se podia fazer alguma observação proveitosa. Estou persuadido de que um naturalista faria n'este paiz descubertas importantes: em mim, porém, não ha os principios da sciencia, mas sómente a curiosidade e o desejo de ser util. Chamou-me a attenção uma qualidade de pedra amarella e branda como ocre, que, infundida, depõe na agua a mesma côr; talvez seja mui interessante applicada ás artes. Achei outra qualidade de pedra mui branca e leve como pomes, e em fibras luzentes como talco, porém muito mais rija que elle, e sem elasterio algum; cede com facilidade ás pancadas do martello, estallando em pedaços: fiz a experiencia, a ver se continha algum metal, se bem que o seu peso o não indicasse, e, para fazer a fusão mais facil, pizei-a em pillão de páo, o que consegui com pouco trabalho: e levando-a ao fogo no cadinho, depois de sufficiente tempo, achei-a no mesmo estado, com a differença que as particulas de fibras brancas ficaram muito mais brilhantes e lustrosas, sobresaindo ás outras, que ficaram reduzidas a cinzas e terra. Julgo não ser amianto pela falta de elasterio e muita rigeza. Quando se queiram procurar, achar-se-hão; a primeira em camadas á superficie da terra, e a segunda nas rochas que ha na serra que está fronteira á casa do Bar do Mano.

Ás oito horas da noite chegou um correio expedido da Jáua pelo tenente de Tete João de Sousa Nunes de Andrade, no qual communicava que até ao dia 5 do corrente estaria aqui, e traria os desertores, por causa dos quaes tem havido tanta demora. Este aviso foi recebido com geral satisfação.

Julho 4 e 5.—N'este ultimo dia houve noticia de que o tenente Nunes prenoitára proximo.

Julho 6.—Ás 11 horas da manhã chegou o mencionado official, com a gente que esperavamos. O soldado europeu Rodrigo de Sousa foi roubado na sua mesma barraca, não sendo possivel descobrir o aggressor. Receberam-se alguns objectos do soldado europeu Antonio Fernandes, que foram tomados ao negro que fugiu com a sua bagagem no primeiro dia de marcha. É sabido de todos que tanto este, como os mais que téem desertado, não receberam castigo algum; o que é, sem duvida, um terrivel exemplo, pois que tira toda a garantia á marcha da expedição, pela repetição do mesmo facto, por saberem que ficam impunes.

Julho 7.—A gente que veio de Tete não é toda a que desertou, e por isso não é sufficiente. Em consequencia do que mandaram-se ao Muanamambo do Bar do Missále vinte Ardians para paga de outros tantos negros para carregarem.

Julho 8 e 9.—Passaram-se em preparativos de marcha.

Julho 10.—Voltou o portador que foi ao Missále diligenciar os carregadores, e participou que o Muanamambo estava fugido com toda a sua propria escravatura, e isto porque um dos seus escravos flechára outro de José Luiz Rodrigues. Este é o senhor da escravatura d'aquelle Bar, de que é Muanamambo o fugido, o qual tem mais escravos seus do que o proprio senhor, cuja escravatura governa.

XXXIX.

Julho 11.—Fez-se entrega ao tenente da correspondencia official para Tete, e deu-se ordem ao Chiramba-úno de annunciar a marcha d'ámanhã.

Chiramba-úno é um negro que se escolhe de melhor voz, intelligencia e esperteza, ao qual se dão as ordens, que elle transmitte em voz alta no acampamento, repetindo-as muitas vezes, girando sempre entre as barracas.

XL

Julho 12. — Pela mánhã levantámos o campo, e continuámos a marcha para NE., atravessando a serra que corre N. S.,, em cuja subida gastámos trinta minutos; e depois de chegarmos á sua crista andámos para NNE. por um extenso valle formado por duas cordilheiras, a que acabámos de passar, e outra que fica á nossa direita, e corre de NE. para SE. Julgo que estas duas serranias, que aliás parecem distinctas, formam parte da mesma cordilheira. Tendo avançado legoa e meia por caminho desigual, passámos o regato Chissonte, que corre para o N. com uma braça de largo e meia de alto, e ávante uma legoa passámos o ribeiro Muâráze, que corre para o N. com cem braças de largo e quatro de alto, com muito boa agua. Áquem d'elle formou-se o campo. Tenho visto hoje mui poucas culturas, e nenhuma povoação.

Julho 13. — Continuámos a marcha para NE. 4 N., e pouco ávante passámos o regato Muzíme, que corre para o N. com uma braça e meia de largo, e meia de alto, e tendo feito cinco legoas demos com o regato Chòmbue, que se passou; corre para SSE. com duas braças de largo e uma de alto. Este regato serve de limites entre o Fumo Câtêríre, Marave, e o Mambo Mucanda, Chéva. Aqui acabam as terras propriamente dos Maraves, Zimbas, ou Muzimbas, e começam as terras dos Chévas.

Continuando a nossa derrota para NNE., uma legoa já pelas terras dos Chévas, atravessámos o riacho Feisse, com agua, que corre para L. com tres braças de largo e uma de alto; pouco haviamos marchado quando passámos o regato Missále, com má agua, que corre para o N. com uma braça de largo e uma de alto, e áquem d'elle formou-se o campo, tendo marchado sempre pelo centro das duas cordilheiras ultimamente mencionadas, e que aqui correm com o mesmo rumo de N. a S.

Não poderam chegar ao campo todos os carregadores, mas ficaram a pouca distancia d'elle.

Ás 6 horas da tarde mandou-se-lhes dizer que viessem reunir-se á expedição; elles, porém, reagiram sob pretexto de cansaço, dizendo que de manhã muito cedo o fariam; o que confirmou a suspeita de novo plano de deserção; e para preveni-la quanto fôsse possivel, mandaram-se seis soldados para reforçarem a guarda da retaguarda, que ficou com elles, e com ordem de os observar cuidadosamente, para se oppôr á deserção, no caso que a tentassem. É aqui o Bar do Missále, que consta de algumas povoações, sendo uma d'ellas a da residencia do senhor da escravatura, José Luiz Rodrigues, a qual se compõe de duas palhotas redondas. Elle está aqui, e veio visitar-nos ao acampamento. Tenho visto mui poucas culturas e insignificantes povoações. Descancemos por ora no Missále, em quanto passo a descrever o que é relativo aos Maraves.

CAPITULO II.

Descripção dos povos Maraves, seus usos, costumes etc.

I.

O territorio que occupou este povo, foi um dos mais vastos de toda esta parte da Africa. Os seus habitantes vivem em continuas guerras civis, e acham-se submettidos a um grande numero de pequenos chefes ou regulos, que constantemente tentam destruir-se uns aos outros, o que é uma das causas do pouco conceito em que os estrangeiros tem esta nação, apesar da extensão do seu territorio e da sua numerosa população. O territorio, propriamente conhecido hoje com o nome de Marave, confina ao Poente com o regato Chômbue, que o divide dos Chévas; ao Nascente com a torrente Mucâcâmue, que o separa dos dominios portuguezes do districto de Tete, o qual na margem esquerda do Zambeze se estende desde a Lupáta; ao N. com os Bôroros e Mâgânjas; e ao S. com o rio Zambeze, que o divide dos Munhaes do Monomotapa, e com as terras portuguezas do districto mencionado.

Por esta parte que transitámos, que não foi na sua maior largura, terá umas cincoenta e nove legoas. O seu comprimento é de N. a S. em que abrange uma extensão mui grande, mas que ignoro, e por isso é impossivel calcular a sua superficie. Ao Nascente, S. e N. estes povos torneam as terras portuguezas.

Antigamente estava esta região dividida em dois dominios, que eram Munhaes e Maraves; porém hoje estes povos têem tomado diversos nomes. Chamam-se propriamente Maraves os acima referidos. Boróvos os que habitam a margem esquerda do Zambeze, e confinam com as terras do districto de Quilimane, e a O. com o rio Chire. Entre estes e a Lupáta estão os Mágânjas. E d'ahi para o N. pela costa até Cabo Delgado habitam os Macúas. Ao Poente dos Maraves, até ao rio Aruângoa, vivem os Chévas, e ao Nascente d'estes e junto á foz d'aquelle rio, acham-se os Sêngas, e entre estes e as terras portuguezas da esquerda do Zambeze, estão os Mogoas. Ao Nascente dos Macúas, e na margem do rio ou lago Nhanja estão os Mujáus, ou Angúros. Todos estes povos estão hoje totalmente independentes uns dos outros, e cada um d'elles se designa pelo nome referido. Todavia, é sem contradicção que todos são da mesma raça Marave, tendo os mesmos usos, costumes, linguagem, etc., etc.

Este paiz é d'uma extensão vastissima, e segundo informações, existem n'elle muitos espaços intransitaveis, tanto pelo máo tracto dos seus selvagens habitantes, como pelas mattas ou selvas de que está coberto. Os Angúros são de aspecto feroz, e não consentem a introducção dos estrangeiros nas suas terras, além da margem occidental do mencionado rio ou lago; é sómente ahi que commerceiam com elles.

II.

Duvida-se ainda se o lago Marave dos geographos, chamado Nhanja-Mucuro; isto é, Rio Grande, pelos cafres, e Rio Nhanja pelos portuguezes, tem ou não communicação com o mar. Parece, porém, certo que elle constitue um caudaloso rio que tem a sua foz na costa de Zanzibar; sendo talvez o rio Coavo, que desagua defronte de Quiloa. Consta que fôra visitado pelos antigos portuguezes, [1] mas não tenho noticia de que modernamente o tenha sido por viajante algum europeu, e só sim por mouros e cafres que de Moçambique e de Rios de Sena tem ido lá commerciar, e Muizas que são hoje os negociantes d'essas paragens. Tanto de uns como de outros tenho eu mesmo obtido a unanime informação seguinte:

O rio Nhanja-Mucuro; isto é, Nhanja-grande, tem uma largura extraordinaria. Embarcando em almadias para o atravessar, é forçoso dormir duas noites em ilhas, de que é semeado, para no terceiro dia de tarde chegar á margem opposta; distancia que, segundo o meu calculo, não poderá exceder a nove legoas. Tem uma corrente forte para o Nascente. As muitas ilhas que contém, das quaes algumas têem muita extensão, são, em grande parte, habitadas; as de O. por Maraves, e as de L. por Mujáus, ou Angúros. Esta é

---

[1] O padre Manoel Godinho na sua VIAGEM DA INDIA POR TERRA A PORTUGAL EM 1663, diz o seguinte:

«O caminho de Angola por terra á India não é ainda descoberto; mas não deixa de ser sabido, e será facil em sendo cursado, porque de Angola á lagoa Zachaf (que fica no sertão da Ethiopia, e tem de largo quinze legoas, sem atégora se lhe saber o comprimento) são menos de duzentas e cincoenta legoas. Esta lagoa põem os cosmographos em 15° e 50'; e segundo um mappa que vi, feito por um portuguez que andou muitos annos pelos reinos de Monomotapa, Manica, Butua e outros daquella Cafraria, fica esta lagoa não muito longe do Zimbaué, quer dizer côrte, de Mesura ou Marabia. Sáe d'ella o rio Aruvi, que por cima do nosso forte de Tete se mette no rio Zambeze. E tambem o rio Chire que, cortando por muitas terras, e ultimamente pelas do Rondo, se vae ajuntar com o rio de Cuama, para baixo de Sena. Isto supposto, digo agora: quem pretender fazer este caminho de Angola a Moçambique e d'aqui á India, atravessando o sertão da Cafraria, deve demandar a sobredita lagoa Zachaf, e em a achando descer pelos rios aos nossos fortes de Tete e Sena, d'estes á barra de Quilimane: de Quilimane se vae por terra e mar a Moçambique, de Moçambique em um mez a Goa. Que haja a tal lagoa dizem-no não só os cafres, senão portuguezes que já lá chegaram, navegando pelos rios acima, e por falta de premio se não tem descoberto atégora este caminho.» 2.ª ed. pag. 199.

a relação que geralmente dão todos os commerciantes que
lá têem ido.

Ha outro rio chamado pelos cafres Nhanja-Pangono; isto
é, Rio Pequeno, e a que os portuguezes chamam Nhanja-
Pequeno. Não posso dizer se elle vem effectivamente do
Nhanja-Grande, do qual em certos logares dista algumas
jornadas.

E tanto sobre este ponto, como em serem as suas margens habitadas pelos Maraves e Mujáus, nada posso affirmar positivamente, porque não foram cousas observadas por
mim.

A estas noticias dos dois Nhanjas accrescentaremos o que
se lê no Diario da marcha para o Cazembe, feita, em 1798,
pelo Dr. Lacerda.

«No dia 21 de Setembro achava-se elle na povoação do
Fumo Mouro-Achinto, situada em 10° 20′ 35″ L. S. e 39°
10′ 0″ Long. Or. de Lisboa; posição que determinou pelas
observações que fez do sol e de duas immersões dos satelites
de Jupiter: e refere que lhe disseram alli que para o Norte,
entre a nação Mussucuma, que chega até á margem do Chire
ou Nhanja, e os Muizes, medêa a nação Uemba: e que as
terras da parte do Sul são povoadas pelos Arambas e Ambos,
que estas duas nações commercêam com os cafres das visinhanças do Zumbo.»

Já dissemos que os Muizes não têem hoje terreno proprio,
por lhes haver sido conquistado pelos Muembas, que são provavelmente os Uembas acima mencionados. — Quanto ao rio
Chire ser o mesmo que o Nhanja nada accrescentaremos ao
que expozemos.

Não seria difficultoso reconhecer a verdade quanto ao
Nhanja-Grande, partindo uma pequena expedição de Rios de
Sena, outra de Moçambique, e outra das Ilhas de Cabo Delgado; sem apparato militar, mas todo o possivel commercial, levando cada uma um homem capaz de fazer uma descripção exacta, e que satisfizesse aos fins da exploração. Convem que sáiam dos tres pontos mencionados, levando instrucções para procurarem communicar entre si, e darem-se mutuamente noticia das descobertas que houverem feito; porque

4

d'esta fórma, ainda que se mallogre uma ou duas, pelos obstaculos que se encontram a cada passo, principalmente pelos que provém da fuga dos cafres, que é indispensavel levar para conducções, haverá probabilidade de chegar ao seu destino ao menos uma, que é quanto basta. Todas devem levar instrucções, para que, dirigindo-se ao rio, comprem ahi as Almadias precisas para transportar todos, ou uma parte, devendo navegar por elle abaixo até á sua foz, em cuja supposta visinhança se deverá ter feito cruzar uma embarcação apropriada para este serviço, saída de Moçambique. Isto é facil, e não exige grande despeza.

A largura do Nhanja-Grande calculo-a em nove legoas; porque, segundo as informações, elle tem uma forte corrente, e por isso hão de navegar as Almadias em linha obliqua, razão porque terão de gastar tres dias para andar um espaço que, sendo mansa a corrente, fariam em metade d'este tempo. A largura mencionada conserva-se, com pouca differença, em muita distancia.

A época, ou estação mais propria para emprehender esta exploração, é a primavera, e não deve começar antes do fim de Abril, nem depois de Maio.

O dominio portuguez em Cabo Delgado é de direito; mas pelo abandono em que tem estado aquelle territorio, tem-se deixado aos arabes do Iman de Mascate todo o proveito do seu commercio, que fazem principalmente por contrabando, sem que o governador portuguez d'aquelle districto o tenha podido embaraçar, e assim monopolisam todo o commercio, e tiram d'elle todos os lucros. Mas como isto é assumpto alheio do objecto principal, reserva-lo-hei para outra memoria sobre a Africa oriental portugueza. No entanto pareceu-me necessario apresentar este esclarecimento ácêrca da exploração.

III.

No centro d'este territorio Marave ha um pequeno espaço occupado tambem por Maraves, conhecidos especialmente pelo nome de Chupêtas, e o seu districto pelo de Chupêta. Posto que conservem os mesmos usos, etc., diversificam em

viverem inteiramente independentes. Cada povoação tem um
chefe supremo, que é o da familia que a fórma, e não re-
conhece superioridade politica; e é mais facil deixar-se um
chefe anniquillar, ou destruir completamente, do que obedecer
a outro. Quando ba questão, ou rompimento de guerra, entre dois chefes, o que é muito frequente, batem-se os individuos das duas povoações, e nunca acaba com o primeiro
combate, antes pelo contrario o que fraqueja retira-se, e vae
procurar um outro para ajuda-lo, e assim successivamente
vão engrossando os dois partidos, a ponto de acontecer muitas
vezes estarem todos os chefes involvidos na contenda. Em
todos os casos acaba-se a questão tomando arbitros que no-
meiam para julgar o caso, principiando o exame desde a
origem da questão, a qual ás vezes foi apenas o extravio
de uma canna de milho. É muito frequente atear-se novamente a guerra, por parecer exorbitante a sentença, de que
o auctor não cede; e outras por parecer pequena a condemna-
ção; n'estes casos, depois de se haverem repetido os combates, acaba a pendencia, pagando a parte condemnada uma
indemnisação de guerra á satisfação dos chefes que ajudaram
a parte triumphante, contando-se todos os damnos desde que
principiou a contenda; acontecendo quasi sempre serem pa-
gas todas as vidas dos que morreram, se só de uma parte
houve mortes, e sendo descontadas umas das outras quando
ambas as experimentaram. Estes pagamentos tornam-se em
proveito dos respectivos chefes, tanto de um como de outro
partido, e são feitos quasi sempre em gado; isto é, em vaccas, ovelhas e cabras, ou em escravos.

Estes povos são muito mais aguerridos e laboriosos do
que os outros Maraves, mas são tambem mais falsos e ladrões. O terreno que os Chupêtas habitam é plano, pouco
povoado de arvores, e as que ha são muito pequenas: por
isso carecem de lenha, que supprem com cannas de milho,
arbustos seccos, e, a maior parte das vezes, com estrume de
vacca, que têem cuidado de conservar secco. Têem turfa,
porém ignoram o seu uso. Criam muito gado vaccum, ovelhum e cabrum, e em tudo mais são similhantes aos outros
Maraves.

IV.

O clima é agradavel na estação do estio; isto é, de Maio a Setembro, sendo mais frio do que quente; na estação chuvosa o sol é ardente.

Em geral o paiz dos Maraves é muito cortado de rios e abundante de agua, e atravessado por continuas cordilheiras e altas serranias, que este povo prefere para as suas habitações, tendo nos valles apenas pequenas povoações que lhes servem de vigias, ou postos avançados. As culturas em geral são nas serras e encostas, e, pelo que deixo mencionado, vê-se que estes povos occupam uma das regiões mais montanhosas da Africa oriental. Não observei na minha marcha nenhum rio navegavel.

V.

A população d'este paiz é immensa, todavia é maior a extensão do terreno deserto do que a do povoado e cultivado. Se os seus chefes fossem unidos, este povo formaria uma nação respeitavel. Occupam-sè os Maraves principalmente na agricultura, e é d'ella que tiram a maior parte dos seus meios de subsistencia. Os tecelões, ferreiros e cesteiros, e os que praticam outros officios, exercitam-se n'elles mais por entretenimento do que como modo de vida. Ha tambem entre elles um grande numero de ociosos e de salteadores.

VI.

O seu governo é despotico e hereditario: a successão ao governo pertence ao sobrinho filho de irmã, e nunca de irmão, e na falta d'elle, succede o irmão do morto. Raras vezes acontece ser reconhecido um Mambo ou Fumo sem haverem decorrido mezes, e ainda mesmo annos, em guerra civil, batendo-se irmãos e parentes até ao triumpho de um, que, obtendo maior partido, supplanta todos os mais. É d'estas continuas guerras e proscripções que resultam, as vendas e

mortes dos prisioneiros e proscriptos que todos são Maraves.
O chefe da nação tem o titulo de Unde; as suas ordens são
executadas sem replica nem reflexão alguma em todos os
dominios onde de facto lhe obedecem; mas não decide negocio algum importante sem ouvir um conselho composto
de anciãos, ou d'aquelles a quem a sua confiança tem posto
a par d'elles. Este conselho raras vezes se congrega em
sessão secreta; reune-se geralmente debaixo d'uma grande
arvore que ha na Muzinda, (nome que se dá á povoação
em que reside o Mambo ou Fumo) ao tronco da qual se encosta o Unde, estando assentado, e o conselho em torno d'elle,
e em roda do conselho aggrega-se a gente que quer assistir, todos assentados no chão; muitas vezes oram os espectadores que não pertencem ao conselho, e são attendidos
como se fizessem parte d'elle. Depois de discutido o objecto,
o Unde declara como sua a deliberação do conselho, ou al-
tera-a, como lhe apraz. Acontece sempre seguirem os con-
selheiros a opinião do Unde, se d'antemão a têem conhecido:
e se algum a combate é em quanto a ignora, porque desde
que ella se manifesta, todos a seguem. Elle, porém, costuma
sempre ouvir o conselho. A povoação em que reside é de-
nominada Muzinda-a-Unde.

Todo o paiz Marave é dividido em territorios ou provincias governadas por Mambos, e estas subdividem-se em
districtos cujos chefes são os Fumos. Tanto uns como outros são hereditarios, e na successão acontece o mesmo que
fica referido a respeito do Unde. Nem este, nem os Mambos ou Fumos usam de insignia alguma por que se dif-
ferencem dos mais Maraves; a maior parte das vezes andam
cobertos com uma pelle, ou com uma Nhanda, especie de
panno sem ser tecido, feito do entrecasco de certas arvores. A fórma e marcha do governo é a mesma em todo o
Marave. As allianças são de curta duração, e frequentes
vezes interrompidas: porque qualquer novo interesse determina os Mambos e Fumos a mudar de alliado, ou a tor-
narem-se neutraes ou inimigos; mudanças que muitas vezes
praticam ao mesmo tempo que entre si estão tratando do
negocio. Estas guerras em que andam quasi sempre, come-

çam frequentemente por bagatellas. Em todos os Milandos podem as partes ser julgadas por arbitros, mas se ellas não ficam satisfeitas sobe o litigio ás auctoridades, appellando de um Fumo para outro Fumo, e depois para o Mambo; todavia ás vezes, não satisfeitos da sentença dada pelo Mambo em conselho, appellam para as armas, de que resulta uma guerra parcial que se torna mais onerosa para o vencido: este caso, posto não seja raro, não é comtudo mui frequente. Quando os Fumos estão em guerra, os Mambos a quem são subordinados não se intromettem n'ella, e no fim recebem um tributo que lhes pertence; e se um dos Fumos foi morto, e o seu logar usurpado pelo seu adversario, este paga ao Mambo, e fica reconhecido, e na posse pacifica como se fosse d'uma herança legal: o mesmo acontece em todas as classes. As auctoridades Maraves são: o Unde, chéfe supremo da nação, e os Fumos e Mambos nos seus districtos e provincias, que todos exercem n'elles o mesmo poder arbitrario. Toda a legislação é tradicional. Nos julgamentos e sentenças servem de leis as sentenças já dadas em casos similhantes que o uso[2] tem feito lei: comtudo algumas ha invariaveis que se não alteram, como são as relativas aos feitiços, ao adulterio, roubo e homicidio, e d'estas as essenciaes são contra os feiticeiros e adulteros. Não conhecem leis policiaes.

VII.

A força d'estes povos consiste no seu grande numero. Não têem mais elementos de ataque ou defeza do que os seus braços. Continuamente em guerras civis parciaes, o resultado d'estas nada altera o geral da nação, porque, seja qual fôr o vencedor sempre é Marave, e fica sujeito aos mesmos usos e leis. Quando o Unde é accommettido de perto, o que é muito raro, toda a nação toma armas sem differença de edade, com tanto que as possa manejar; a gente impropria para combater refugia-se nas serras e mattas com tudo quanto possuem. O numero dos combatentes é mui grande,

[2] Uso, il legislator il piu ordinario delle nazioni. Beccaria.

mas não tem disciplina nem fórma alguma militar. Em tempo de paz não ha corpos reunidos, mas em occasião de guerra ajuntam-se em massas, a que chamam Mangas, das quaes são chefes os Mambos e Fumos dos districtos a que pertencem; se ellas são grandes, cada uma de per si, e se pequenas reunem-se duas e mais. A palavra Manga, posto que usada pelos portuguezes d'aquella parte de Africa, é positivamente cafrial, e não ha outra para designar uma columna ou massa de gente armada; talvez que os portuguezes a adoptassem.

Como o Unde está quasi sempre em logar seguro e povoado, raras vezes acontece ser atacado de perto: é, porém, frequente haver guerras a grande distancia, e d'ellas ter noticia quando já têem acabado ou estão para isso.

Como não tem fórma alguma militar, nem organisação de corpos, não tem recrutamentos; porém, ha em todas as Muzindas um grande tambor a que chamam Goma, que se faz ouvir a grande distancia, e que serve para chamar ás armas quando têem desconfiança do inimigo ou o esperam; e quando os Sôpôzos, ou os espias, que sempre andam dispersos pelos caminhos a indagar novidades dos passageiros que encontram, vem dar parte da aproximação de gente armada. Ao toque de rebate acodem armados todos quantos pertencem ao districto da Muzinda, e no immediato vae-se igualmente tocando e reunindo, e assim successivamente, de fórma que em pouco tempo estão todos em armas. Os guerreiros armam-se e sustentam-se á sua custa durante a guerra, e vivem principalmente de pilhagem.

Não tem systema nenhum de chamada, nem outro modo de averiguar se falta ou não alguem capaz de combater, nem tambem ha quem por essa falta tenha responsabilidade: todavia só não comparecem aquelles que inteiramente estão incapazes de o fazer, porque a esperança do despojo move a todos.

VIII.

Não têem armas defensivas de qualidade alguma senão as pernas, de que fazem o melhor uso. As armas offensivas são:

arco, flechas envenenadas, azagaia, machadinha e faca. [3] O arco anda na mão esquerda com a azagaia, e as flechas ás costas, n'um canudo de couro crú, a que chamam Mútúmba: ao arco chamam Utta, á azagaia Dípa, á flecha Misséve, á machadinha Bázo, e á faca Xíssu: tanto aquella como esta andam á cintura, uma em cada lado. As flechas tem o ferro muito pequeno mas todo farpado; é cravado n'um caniço, que serve de hastea, posto de tal fórma, que, logo que fere, fica o ferro dentro do corpo e a hastea cáe, e no espaço de duas horas o veneno tem produzido o seu effeito dando a morte; todavia, se se lhe acode com o oleo, chamado pelos portuguezes de frei Pedro, e pelos cafres Mafuta, não faz effeito algum. Ignora-se, por não estar divulgada, a composição d'este antidoto; apparecem cafres com elle á venda, porém, a maior parte é falsificado, o que não se póde conhecer senão pelo effeito. Esta triága é devida a um frade portuguez d'aquelle nome que houve no Zumbo, o qual a descobriu contra um veneno tão efficaz e prompto. É do Zumbo que vem a verdadeira que se espalha para toda a parte.

Dizem que entre outras muitas cousas de que é composto o veneno, se contêem n'elle, como substancias que consideram essenciaes, fel de crocodilo, miolo de cavallo marinho, uma especie de suma-uma, e o succo de algumas hervas. O effeito que produz este veneno é embaraçar a circulação do sangue, coagulando-o immediatamente.

Os Maraves desconhecem totalmente a combinação de operações e planos de guerra, assim como a divisão das forças em corpos, e a formação de linhas de defeza e ataque. Bem pelo contrario as massas marcham reunidas ao inimigo, e apenas o avistam põem-se em completa debandada soltando alaridos, a que chamam Tungúro, e desde logo começa cada um a disparar flechas, sempre por elevação, sem que nunca se descubra ou deixe o abrigo de arvores ou outros objectos que o defendam: não ha commando algum, cada guerreiro

---

[3] Explicação da estampa III: — 1 azagaia — 2 arco — *AA* carcáz de flexas — *B* machada — *C* faca — *DD* manilhas de latão.

Marave no acto de disparar a fleza.

... azagaia, machadinha e ... (...)
... a azagaia, e as ...
... que chamam Matumba:
... Diri, á flecha ... a
... Nassu: tanto aquella como esta
... cada lado. As flechas tem o ferro
... e cravado n'um caniço,
... tal fórma, que, logo que fere,
... e a hastea cae, e no espaço de
... não faz
... Ignora-se, por não estar divulgada, a com-
... Esta ... é devida a um frade
... que ... no Zumbo, o qual a
... tão ... e prompto. É o
... ... que se ... para toda a
...

Dizem ... outras muitas cousas de que é composto o
..., ... a ..., como substancias que consideram
... de crocodilo, miolo de cavallo marinho, uma
espécie de uma-uma, e o succo de algumas hervas. O effeito
que ... este veneno é embaraçar a circulação do sangue.
..., ... instantaneamente.

... desconhecem totalmente a combinação de
operações e planos de guerra, assim como a divisão das forças
em corpos, e a formação de linhas de defeza e ataque. Bem
pelo contrario as massas marcham reunidas ao inimigo, e
apenas o avistam, põem-se em completa debandada, soltando
alaridos, a que chamam l'ungaro, e desde logo começa cada
um a disparar flechas, sempre por elevação, sem que nunca
se descubra ou deixe o abrigo de arvores ou outros objectos
que o ...: não ha commando algum, cada guerreiro

Marave no acto de disparar a flexa.

trabalha como quer, e da fórma que lhe parece mais seguro, attendendo principalmente á sua propria conservação. Só se servem da azagaia para acabarem de matar os feridos, e da machada e faca para separarem as cabeças aos mortos. Como a superstição é a base em que assenta toda a sua crença; os Mambos e Fumos procuram como cousa essencial fazer acreditar que para a conservação e prosperidade da sua terra lhes é indispensavel serem feiticeiros; por isso todos se fazem considerar como taes, tanto para serem respeitados e temidos dos seus, como dos estranhos, e quanto maior é a sua gerarchia, tanto mais buscam inculcar a superioridade do seu feitiço, de que se jactam; e a sua maior grandeza consiste em chamarem para os seus dominios, e terem debaixo da sua protecção, os mais famigerados Gangas, a quem a crença pública attribue poderes sobrenaturaes pelas suas Mancuáras, ou encantamentos. Não se pratica acção alguma entre elles que não seja proveniente de feitiço.

O Ganga ou Surjão, é o que adivinha e faz os suppostos sortilegios ou encantamentos. Talvez que este ultimo termo seja a palavra portugueza, corrompida, cirurgião.

Em occasião de guerra são os Gangas que marcham na frente das Mangas, muito enfeitados com pennas, ossos, caudas de differentes animaes, chifres, etc., etc. Vão fazendo grandes discursos, em que exhortam os guerreiros a que confiem nas suas Mancuáras, porque são efficazes e infalliveis, asseverando que só ellas bastam para vencer o inimigo.

N'estes charlatães põem os Maraves toda a sua confiança. Se o successo é feliz, os Gangas attribuem-o todo a si; e se pelo contrario é adverso, criminam alguem pela quebra de algum dos extravogantes preceitos que costumam impôr, os quaes consistem ordinariamente na abstinencia de certas comidas, de cohabitação com pessoa de differente sexo, etc., etc. Quando a guerra é com os portuguezes, a primeira cousa que estes procuram fazer é matar o tal Ganga, que elles julgam invulneravel; conseguido o que pouco mais resta para vencer, porque fraca é a resistencia que desde então fazem, pela persuasão em que ficam de que os Mozungos têem melhores encantos do que os seus, aos quaes não podem resistir. Sendo, porém, a guerra entre si, não acontece o mesmo, porque todos desviam os tiros dos Gangas, pela crença em que estão de que aquelle que, atirando-lhes, os matasse ou ferisse, se perderia a si mesmo, pois que o seu sangue, sendo derramado, cahiria sobre quem o vertesse, pelo que os Muzimos haviam de tomar vingança.

IX.

Os Mambos ou Fumos, segundo a sua gerarchia, recebem os salvos-conductos, ou Chipátas de todos os Moçambázes (commerciantes) que passam pelos seus dominios, bem como as contribuições, ou custas, de ouvir e julgar os Milandos, e tambem os Murômos, e os tributos das terras, etc. Elles só despendem em repartir pelos que os cercam, e quanto mais liberaes são, maior numero têem de aggregados, e por isso maiores Muzindas, maior partido e maior força. Despendem tambem com as mulheres em fazer novos casamentos, e finalmente em pagar dividas que contrahem; estas despezas são todas particulares. Mas, além d'ellas os Fumos pagam egualmente tributo aos Mambos, a quem são subordinados, e estes ao Unde.

A Chipáta, ou salvo-conducto, é um tributo que é preciso satisfazer em fazenda aos Mambos e Fumos do paiz por onde se passa; a sua importancia deve corresponder á cathegoria d'estes chefes, e ao caracter de riqueza que apresenta quem faz o pagamento: o salvo-conducto dá o direito de transito, obrigando-se a auctoridade territorial a garantir as vidas e propriedades dos commerciantes. Quanto ao valor d'este tributo não se póde dar regra certa; é sómente a pratica que ensina o viajante; no entanto frequentes vezes, ou quasi sempre, acontece que aquelles chefes que o recebem, por muito que se lhes tenha dado, pedem mais alguma cousa, e com isto é sempre preciso contar quando se manda a Chipáta.

O Morômo, palavra que em portuguez significa bôca, é a licença que se pede para fallar a uma auctoridade cafrial, o que ninguem póde praticar sem lhe fazer presente de alguma cousa; isto é, sem Préca-Morômo, cujo valor deve ser relativo á natureza do negocio, ou dependencia : para isto não ha taxa.

X.

Não se conhece a este povo outro culto mais do que uma idolatria grosseira : a sua crença dominante é a de Metempsycose, a da existencia de um poder supremo e invisivel, ao qual não reconhecem attributo algum directo, e a dos Muzimos, ou almas dos seus antepassados, das quaes julgam receber todo o bem ou todo o mal, segundo as obras que praticam, e que attribuem a sua gratidão ou vingança.

A apparição da lua nova é celebrada com danças e toques, mas sem fórma alguma de culto.

Todas as calamidades públicas são attribuidas ás faltas de offertas e premicias aos Muzimos, e as particulares são attribuidas a feiticeiros, pelo que recorrem aos Gangas, que não deixam nunca de confirmar a suspeita pronunciando alguem. Uma molestia prolongada, um desastré, a morte subita ; são objectos pelos quaes consultam logo o Ganga, que depois de indagar toda a vida do paciente, vae por ella saber quaes as pessoas com quem elle tem tido questões e inimisades, e as mais fracas d'estas são por elle escolhidas e pronunciadas feiticeiras (Fite ou Murói); em consequencia do que são logo citadas e feitas responsaveis pela cura do enfermo, e reparação do mal, ou, na falta disto, para se justificarem por meio do Muáve. Ha muitos Maraves que sendo, como quasi todos os cafres, dotados de uma certa esperteza natural, tiram d'ella partido, conseguindo passar vida folgada e regalada, subsistindo á custa dos tolos, para o que se introduzem onde os acham : e quando podem tambem furtam : a estes taes chamam Murói; isto é, feiticeiros, suppondo-lhes o poder de domesticar cobras e ratos de tal fórma, que são estes animaes que vão ás casas dos visinhos buscar-lhes os viveres de que se alimentam.

Está demonstrado por muitos factos que os tigres e leões, em se costumando a comer carne humana, não procuram d'outra, despresam mesmo toda a especie de caça, nos districtos em que ha muita fartura d'ella, e até o gado manso, a que préferem os negros, que são todos os dias dizimados. Em apparecendo uma d'estas féras é logo consultado o Ganga, que não deixa de pronunciar algum individuo, que é logo citado para entregar a féra, ou para a fazer desapparecer, pois acreditam que os feiticeiros as criam de pequenas, alimentando-as de carne humana, e por virtude de suas Magônas têem-nas sujeitas, conservam-nas de dia em casa, ou escondidas no matto, e sómente á noite as largam, indicando-lhes então a quem hão de matar.

O territorio Marave, como fica referido, é montanhoso, e por isso são muito frequentes as trovoadas, que largando a chuva em uma parte da serra, deixem a outra parte sêcca: e é isto bastante para ser accusado e arguido de Murói o dono da Munda onde chove, porque, pelas suas Magônas tem chamado, ou attrahido a chuva á sua Munda, tirando-a ás mais para só elle ter mantimentos. Crêem geralmente todos os cafres, e ainda mesmo muitos que o não são, que os Muróis de noite tornam-se invisiveis quando se juntam nos cemiterios a dançar, e fazerem o seu banquete de carne dos mortos que desinterram; mas que ha Gangas que têem Mancuáras com as quaes, untando os olhos e o corpo, podem ver impunemente essas danças; não só elles, mas ainda outro qualquer individuo que leve as ditas Mancuáras: porém, para isso é preciso que tenha muita coragem, aliás está perdido, porque o talisman só serve para quem possue esta qualidade; tal condição esfria a curiosidade cafrial, tirando-lhe todo o desejo de averiguar a verdade, o que muito convem aos espertos charlatães.

Acontece muitas vezes serem convencidos Muróis pelo Muáve, e já proximos a serem queimados, fazerem confissão pública do seu supposto crime, indicando os maleficios que tem feito, mas com jactancia e vangloria: raras vezes criminam terceiro, ou descobrem cumplices. Crêem os Maraves na immortalidade da alma, que, depois da separação do corpo, passa para o de um irracional; as almas boas (Muzimos) passam para as cobras chamadas Inhamezarumbo, e as más ficam errantes e sem abrigo, e passam ou para o quadrupede chamado Cânduê, animal parecido com a rapoza, e

cujo regougar lugubre o faz considerar de máo agouro; ou
para o quadrupede chamado Tica, o qual nas terras portuguezas chamam Quizumba, que me persuado ser o *Canis
aureus*, ou *Chacal* dos naturalistas.

O Quizumba é um quadrupede carnivoro, do tamanho de
um grande rafeiro, cauda curta similhante á do carneiro,
com a differença de ser da mesma grossura em ambas as
extremidades, coberto de pello lanoso e comprido, orelhas
curtas, olhos grandes e vivos, focinho grosso e curto, grandes prezas, e a dentadura de uma rigeza extraordinaria,
patas de cão e sem garra, côr parda com grandes manchas das côres preta, amarella e branca, porém, muito des-
maiadas e sujas: é dotado d'uma voracidade incrivel. Este
quadrupede reune em si no maior auge a cobardia, ardileza,
e immundicie. Jámais lança a bóca a cousa viva que não
seja correndo, e se é tal que a não póde carregar, leva a
porção que tem nos dentes, separando-a do resto do corpo
como se fôsse com instrumento cortante. Tudo lhe serve de
alimento, carnes corruptas e ossos; estes ainda que seccos
devora-os depois de tê-los triturado entre os dentes. Andam
em grandes rebanhos, chegando-se de noite para as povoações. Nunca se encontram nem ouvém leões, que não sejam precedidos d'estes animaes, que nunca os desamparam,
mas sempre em distancia, onde esperam que elles acabem
de comer a sua preza, e logo que a abandonam, correm
então a devorar o qué deixaram, depois do que voltam em
seguimento do seu soberano.

Tanto as boas como as más almas querem premicias de
tudo quanto os seus descendentes possuem, aliás castigam-nos
mettendo-se-lhes no corpo, que não abandonam sem promessas
públicas feitas ao som de tambores e cantigas, que o possesso
acompanha dançando até caír desfallecido pelo excesso da
dança; porém, logo que tem recuperado força, volta á dança,
e se acontece morrer o possesso, o que é mui frequente, é
porque a culpa que commetteu foi grave, e o Muzimo im-
placavel só se satisfez com a morte do culpado; aliás con-
tentou-se com as offertas, que constam de Pombe, de que
adiante se fallará, gallinhas, milho, legumes, etc. mas tudo

preparado e em estado de comer-se. Annualmente, no tempo das colheitas, vão dar aos Muzimos as premicias d'ellas, o que consiste em levar em procissão um pouco de cada qualidade de grão, Pombe, pannos e missangas, o que tudo deposi- tam no Tenge ou cemiterio, o qual sempre é um bosque ou matta que elles respeitam como sagrado: esta cerimo- nia é feita com muita folia de danças, toques de Gomas, (tambores) e cantigas. N'estes bosques onde repousam os mortos, é prohibido cortar qualquer arvore, e muito mais matar qualquer animal, seja qual fôr a sua especie, por- que em tudo e em todos se julga existir uma alma ou Mu- zimo.

Póde julgar-se qual será a abundancia de animaes em um bosque onde continuamente apparece gente com cadaveres, ou com grãos e comidas, e que nenhum mal lhes fazem, nem ainda mesmo olham para elles, porque o Muzimo que habitasse um animal poderia escandalisar-se de o incommo- darem com a vista, e tomar por isso vingança: os mais nu- merosos d'estes animaes são os macacos, habituados a acha- rem alli sustento, segurança e commodidade. Os Maraves, assim como uma grande parte dos mais cafres, costumam ter em suas habitações os seus Arungos (Penates, Lares, ou antes Manes) que são uma ou mais das cobras chamadas Inhamezarumbo, já mencionadas. São conservadas dentro em cestos, cuidadosamente alimentadas com farinha de milho, e de tudo mais que comem e bebem: em occasião de guerra é a primeira cousa que põem a salvo, e por quem se sacri- ficariam.

Ha uma potencia moral, a quem obedecem e respeitam; attribuindo-lhe poderes sobrenaturaes, a esta chamam Chis- sumpe, a qual é tida e considerada por elles como Pro- pheta. Além d'um consideravel territorio que domina e dis- fructa como propriedade, e de que não paga pensão alguma, elle recebe tributos de todos, do que não é exempto o mesmo Unde, e exigi-os quando quer. Crêem que é invisivel e im- mortal; e é consultado como oraculo, em cujo caso elle se faz ouvir. Para conhecer-se qual é o meio de que se servem para conservarem esta supersticiosa crença, passo a fazer a descripção seguinte, filha d'uma indagação activa e constante que com o melhor fundamento deu o resultado seguinte:

Ha um embusteiro intitulado Fumo-a-Chissumpe, o que significa confidente do Chissumpe, cuja dignidade passa por Butáca; isto é, por herança, de geração em geração, e é a unica em que não ha contestação, por ser o proprio Chissumpe que nomeia successor do seu confidente, o que faz quando o julga a proposito, e em geral quando já pouco lhe resta a viver. Este confidente, como tal, falla confidencialmente com elle, transmitte todas as suas ordens, põe e recebe tributos, etc., etc. É respeitado como o proprio supposto Propheta, e realmente o Chissumpe invisivel e o confidente visivel, são uma mesma e unica pessoa. Quando é invisivel, e tem de responder a alguma consulta, muda totalmente de voz.

Todos os seus vaticinios são enunciados sempre de fórma que não possam ser desmentidos, pelas frases equivocas de que se serve; no que faz o mesmo que praticavam os oraculos dos gregos e dos romanos.

Tira grande rendimento dos charlatães que com frequencia concorrem a supplicar-lhe a concessão do dom da prophecia, o qual nunca lhes recusa, em maior ou menor gráo, segundo a paga. Estes charlatães (e os ha de ambos os sexos), são tidos como mendigos, a quem o Chissumpe deu o dom de prophetisar, para por este modo de vida subsistirem á custa de quem os ouve, e são differentes dos Gangas, com os quaes nada tem de commum.

Na povoação; isto é, Muziada, do Chissumpe, ha mulheres que são tidas e reconhecidas como suas, e quando são convencidas de adulterio, tanto ellas como os seus cumplices são queimados. Não consta que estas mulheres tenham filhos, porque segundo a sua crença os não podem ter d'elle, e o Fumo-a-Chissumpe não faz gala de familiaridade com ellas; todavia é de crer que seja elle o verdadeiro marido.

A natural rudeza e profunda ignorancia d'estes cafres conserva e perpétúa crenças e praticas tão supersticiosas como absurdas. O respeito que consagram aos seus Gangas, que ninguem desacataria impunemente, provém das mesmas causas. Tem-lhes estes feito persuadir que o seu poder lhes foi dado pelos Muzimos. Combinam os tres reinos da Natureza na composição das suas Mancuáras e Magônas; isto é, remedios e feitiços, que consideram especificos para desviar toda a qualidade de perigos, para tornar o que os tiver invulneravel, chamar chuvas ás searas, e desviar os ladrões, etc. Aquelle respeito e influencia que exercem são tambem devidos á sua astucia, e ao mysterio com que preparam as suas composições, operação a que tratam de dar a maxima importancia, porque não ignoram que é o segredo que os sustenta, e acredita no vulgo.

Quando um Marave pertende fazer uma jornada mais longa do que as ordinarias, para ter bom exito n'ella, é preciso ir munido de alguma Magôna, que compra ao Ganga, e ordinariamente é um pequeno chifre pintado de vermilhão, e cheio de raizes e ossos, tudo bem untado de oleo de ricino, liquido que é exclusivamente empregado nas suas Mancuáras, etc. Esta sorte de relicario é sempre acompanhado de diversos preceitos que dá o Ganga, taes como de não comer entranhas de animal algum, de não ter communicação com pessoa de differente sexo durante a jornada, na certeza de que a quebra de qualquer preceito faz perder a virtude do preservativo, ficando sem efficacia alguma, até que novamente seja preparado pelo mesmo Ganga que o fez. Quando as searas estão quasi maduras costumam comprar Mancuáras contra os ladrões; estas são uns chifres de cabra ou gazella, cheios das mesmas raizes, que penduram em páos pelo meio da Munda de fórma que sejam vistos. É facto que em vendo estes espantalhos não tocam em cousa alguma, porque crêem que adoecem, e que jámais se podem curar senão com remedios dados pelo dono da Munda, o que não fará sem ser indemnisado com grande usura, aliás a morte é certa pelo effeito das taes Mancuáras, a que chamam Chuindo; isto é, remedios de searas.

Como andam sempre em guerra civil, os Mambos e Fumos não se julgam seguros sem terem a sua Méxira; isto é, rabo de guerra, que vem a ser, uma cauda de Nhumbo, cuja parte superior é cheia de pequenos chifres de gazella

Virgem Marave conduzindo a Mexira.

[texto muito desbotado e em grande parte ilegível]

O Nhumbo [...] quadrupede ruminante [...] quatro annos, de côr castanho [...] comprido do lombo e espaduas, com crina [...] antes, tanto ou mais do que o cavallo, [...] como o boi, cabeça e pontas como bufalo [...] excellente.

Na Asia portugueza attribuem ás [...]

Veja-se a estampa IX

e cabra recheados de carvão, ossos, espinhas de cobra, pennas, unhas e bicos de aves, tudo muito untado de oleo, e pintado de vermilhão: estas Mêxiras são vendidas pelos Gangas por bom preço, e crêem, ou fazem-lhes crer, que com ellas são invulneraveis, e alguns ha que julgam que os tornam invisiveis. Costumam sempre ser levadas na frente, e conduzidas por uma virgem, [4] e quando chegam a uma encruzilhada de caminhos, a que chamam Pambânno, a conductora pára, antes de ter entrado no caminho que ha de seguir, e o Ganga da guerra, ou o mesmo Mambo, se está instruido, toma a Mêxira, e com ella esparge, tanto o caminho que deixa, como todos os mais que não segue, e esta ceremonia é acompanhada de imprecações, invocando os Muzimos, depois do que seguem o seu caminho, muito seguros e confiados: chamam a isto Funga-gíra; isto é, fechar o caminho aos seus inimigos, e ficam persuadidos que, por causa d'esta ceremonia, não podem ser seguidos nem cortados. Quanto maior é a jerarchia do Mambo tanto maior é o numero de Mêxiras e Nhangas (chifres) que têem com diversas virtudes, que lhes attribuem, e tudo é guardado em uma Nhumba proximo da Muzinda, feita expressamente para esse fim, onde não é permittida a entrada, nem ainda mesmo a aproximação, senão ao dono ou Ganga que vae tratar as Mêxiras de dias a dias, regularmente quatro vezes cada lua, sendo infallivel nas duas fazes principaes d'ella; isto é, na lua nova e cheia; consiste o tratamento em unturas de oleo, e em dar-lhe alimento, porque estão convencidos que comem farinha de milho, e coração e figado de gallinha.

O Nhumbo (Antilope Gnu dos Naturalistas) é um quadrupede ruminante do tamanho d'um novilho de tres para quatro annos, de côr castanha, e com uma cruz preta ao comprido do lombo e espaduas, com crina e cauda abundantes, tanto ou mais do que o cavallo, pés e mãos fendidos como o boi, cabeça e pontas como bufalo: a sua carne é excellente.

Na Asia portugueza attribuem ás unhas d'este quadru-

---

[4] Veja-se a estampa IV.

pede a virtude de modificar, e curar até a gotta-coral, dando-lhe o nome de unha de grã-besta.

Costumam os Maraves, em caso de suspeita de adulterio, furto, etc. recorrer ás provas do fogo, ou agua fervendo, mas isto em particular, e antes de expôr em público o Milando.

A prova do fogo consiste em o que ha de submetter-se a ella pôr um ou ambos os pés sobre uma enxada em brasa, ou em lamber a mesma enxada, ou uma grande brasa simplesmente. Se se produziu o effeito natural; isto é, se o réu largou a pelle, está provada a culpa; se porém a não largou, o que raras vezes acontece, está justificado innocente.

A prova d'agua tem logar d'este modo. Enche-se um vaso fundo com este liquido, faz-se ferver, deita-se-lhe sufficiente quantidade de cinza para a turvar, e depois de ter fervido um bom espaço de tempo, lança-se-lhe dentro um grão de missanga. Então o suspeito da culpa mette a mão na agua e deve tirar o grão, o que frequentemente succede largando, porém, uma luva que é a pelle; n'este caso está provada a culpa de que era accusado. Acontece comtudo, ainda que poucas vezes, não lhe acontecer mal algum; e então a sua innocencia fica reconhecida. Tudo isto faz-se sem apparato nem publicidade.

XII.

A lingua Marave é summamente pobre, como todas as d'esta parte d'Africa; carece de declinações e conjugações, e uma grande parte das suas frases são intendidas pela acção que as acompanha. É aspera, abunda muito em consoantes; e só com grande difficuldade e imperfeição se conseguiria escreve-la. N'esta linguagem a syllaba *ca* é diminutivo, e *che* augmentativo; exemplo: a uma serra chamam Pire. A grande serra Che-pire. Á serrinha, monte ou outeiro Ca-pire. Ao homem Mamuna, ao homem alto Che-muna, ao baixo Ca-muna, etc. Não conhecem caracteres nem jeroglyphicos pelos quaes communiquem as suas idéas. Attribuem a feitiços o modo de nos communicarmos por escripto, assim como o jogo das cartas. A lingua Marave não se falla se não no seu proprio paiz, e de districto para districto vac soffrendo mudanças.

XIII.

Presentemente (1831) não ha aqui commercio algum, apenas quando passa algum negociante para o sertão concorrem os habitantes das visinhanças ao logar onde elle pernoita ou se demora, a vender mantimentos, fructas, cabras, ovelhas, gallinhas etc.; mas este mercado é tão insignificante que nada avulta, a ponto de haverem occasiões em que esta expedição não encontra subsistencia para um só dia, e ser preciso mandar comprar viveres a povoações que se acham a largas distancias. Nos annos em que se ha feito sentir grande escacez de subsistencias nos dominios portuguezes, tem-se recorrido aos Maraves, que prestaram em taes circumstancias não pequeno serviço, chegando mesmo, levados da ambição, a vender tudo, e a ficarem reduzidos a um estado tão miseravel, que se viram na situação ou de perecer á mingua, ou de tornar a comprar os generos de que careciam pelo dôbro do preço por que os venderam.

A industria dos Maraves, ainda que muito limitada, supre em geral ás suas necessidades: todavia, quer seja por habito inveterado, quer pelo estado da sua sociedade, empregam em todos os seus trabalhos mui pouca assiduidade. Principiando pela agricultura direi, que devem á fertilidade do solo as abundantes colheitas que fazem, e não ao trabalho que n'ellas empregam, accrescendo que os terrenos, onde depositam a semente (porque a unica operação que fazem, é deitar fogo ao matto, e enterrarem a semente) são de producção inferior quando succede haver escacez de chuvas, por ficarem situados nas serras, subsistindo incultos os ricos valles, abundantes d'agua e proprios para toda a especie de producção. Esta preferencia é sem duvida devida a estarem aquelles terrenos ao abrigo das continuas devastações que estes povos mutuamente se fazem. Os terrenos cultivados não são seguramente a millesima parte do que deveriam ser em relação ao numero dos habitantes do paiz; por isso este se apresenta como um continuado baldio, e o viajante tem de lamentar o desprezo com que são tratadas as riquezas naturaes de que a Providencia tão prodigamente dotou estes povos indolentes. Para as culturas não empregam capital algum, nem fazem a menor despeza, porque os unicos instrumentos de que para isso se servem são as enchadas feitas por elles mesmos. Os trabalhos são executados por elles e pelas mulheres e filhos, empregando-se n'isso mui pouco tempo.

Apanham o mineral de ferro, que derretem, e d'onde separam o metal, com o qual fabricam quanto precisam para seu proprio uso, como enchadas, machados, azagaias, flechas, facas e tudo mais que carecem: estas ferramentas em lingua Marave chamam-se respectivamente Mapója, Báro, Dipa, Misséve e Xíssu.

As suas obras, posto que não tenham perfeição, e apresentem grosseiras fórmas, são fortes e adaptadas ao trabalho que se pretende fazer. Não sei se nós aprendemos d'elles, ou elles de nós, a minerar o ouro; eu inclino-me á primeira hypothese, e sem receio de errar. Empregam-se quasi geralmente em fazer esteiras de canna, a que chamam Lupaça, Quitundos, ou cestos, e Quiceiros, ou bandejas: estes são feitos de tiras de bambu muito finas, e tecidas de tal fórma que conservam liquidos como se fossem vasos de louça.

Pouco uso fazem da carne e peixe, mas quando se servem d'estes alimentos, é depois de postos ao sol, sem sal, e de estarem meios corruptos, então os cozem em agua, e os comem. É n'este estado de corrupção que lhes acham gosto, porque estão maduros; sem putrefacção não o tem, porque estão verdes, como elles dizem. Á excepção dos Gangas ninguem mais faz uso de ossos.

Do marfim que lhes fornecem os dentes dos elephantes fazem manilhas para os pulsos e pernas, por meio de tornos muito grosseiros, mas que preenchem os fins: aos torneiros que as fabricam chamam Inxéca. Das pontas de alguns animaes, e mesmo do péqueno marfim, fazem umas cornetas, abrindo um orificio ao lado, na extremidade mais delgada, e tiram d'ellas sons agudos e fortes, algum tanto similhantes aos das cornetas europeas. Chamam-a estes instrumentos

Chimbututo, que não têem outra serventia mais do que para as suas folias, e para dar signaes. Das pontas dos animaes fazem canos para os folles, e contos das azagaias.

Fazem grande uso de pelles de cabras e ovelhas para se vestirem, com preferencia a tudo mais; preparam-nas elles mesmos, do modo seguinte. Em quanto a pelle está verde estendem-na, quanto baste para enxuga-la um pouco, e depois, com uma pedra aspera, tiram-lhe todos os bocados de carne e corpos estranhos que tem pegados, e quando está totalmente limpa esfregam-na com Mendobim pisado, que, largando pela fricção o oleo na pelle, a amollece ao ponto de ficar branda como panno: esta operação leva-lhes dias, durante os quaes nunca a largam das mãos. Costumam ordinariamente deixar-lhe o cabello todo, mas alguns ha que com a mesma pedra lh'o tiram, conservando-lhe apenas uma orla que parece um debrum: é depois de assim preparadas que se servem d'ellas para se cobrirem.

Os folles de que usam os ferreiros são de pelles, preparadas do mesmo modo, mas que, sendo tiradas inteiras do animal, como para um odre, ficam iguaes aos folles de que usam os caldeireiros volantes da Europa.

Das pelles assim tiradas e preparadas, e com a mesma fórma de odres, mas de pequenos animaes, fazem bolças ou saccos, onde guardam e conduzem miudezas, dando-lhes o mesmo uso que nós ás algibeiras: as pelles que mais estimam para isso são as de macacos, gatos mansos e bravos, arganazes, e as de uma infinidade de animalejos que ha pelo sertão. A estas bolças ou saccos chamam Inhabúdo.

Nos rios e lagoas em que ha cavallos-marinhos, pescam-nos ou caçam-nos, na agua com harpão, e em terra com laços. D'estes animaes sómente aproveitam a carne. Empregam-se pouco na caça dos elefantes.

O bambu, de que ha grande abundancia, é a planta mais util que possue este povo, e de que tira maior proveito. D'elle formam as caixas e os tectos das Nhumbas; fazem igualmente cestos, bandejas e cabazes, tecidos de tal fórma que enchendo-se de liquido nada vertem; e se houvesse quem os ensinasse, poderiam fazer barcos proprios para os seus rios.

D'uma madeira branca e porosa como cortiça fazem gamellas de todos os tamanhos, que tem muita duração. Os
pilões com que descascam e reduzem a farinha toda a casta
de grãos, são feitos de madeira rigissima.

Os Mambos e Fumos costumam ter uns assentos ou bancos
feitos de páo d'uma só peça, e de muito trabalho pelo feitio
e lavor; uns são redondos, mas pouco usados, outros geralmente sobre o comprido, a que chamam Quite, nome que
equivale a throno, e dizem: o Mambo N... está no Quite;
pertence o Quite de tal a N..., etc., etc. Estes Quites são
trabalhados com primor, attendendo á falta total de conhecimentos de esculptura, e de ferramenta propria.

As embarcações que empregam na passagem dos rios são
feitas, umas de cascas de grossas arvores, cozidas umas
ás outras com cordas, e os buracos por onde estas passam
são tapados com barro; outras d'uma só peça de páo, o que
fazem com fogo, dirigindo-o com terra molhada para não
queimar senão o centro ou a cava que pretendem fazer,
concluido o que aperfeiçoam a obra com pequenas enchós
toscamente fabricadas.

Ha infinidade de arbustos de que tiram linho, que torcem
sobre a perna, dando ao fio a grossura que querem, e com
elle fazem redes para pescar, e cordas para os differentes usos.

Do tecido cellular de varias arvores tiram cordas com
que atam o bambu e o colmo para a construcção das Nhumbas; a estas cordas chamam Maruzi.

Cultivam e preparam o algodão, de que fazem pannos
grossos como lona, a que chamam Manxila, mas em mui
pouca quantidade. Para fiarem o algodão sentam-se no chão,
collocam-no ao pé de si, e, depois de terem segura uma das
extremidades ao gancho do fuzo, que é em tudo igual aos
de que se usam na Europa para torcer linhas, começam por
puxarem uma porção de tres palmos; depois, com a palma
da mão direita, e sobre a côxa do mesmo lado, imprimem
rapido movimento ao fuzo, suspendendo-o no ar, e ao mesmo
tempo, com a mão esquerda e os dedos pollegar e indicador,
seguram o algodão, dirigindo-o, e puxando-o onde apresenta
qualquer desigualdade: quando está bem torcido o fio enro-

lam-no ao fuzo, proximamente á roda da sua extremidade superior.

O seu alimento ordinario é da farinha de milho grosso, (Zea Maiz) em Marave Chepira-manga, de milho fino, especie de Panicum, em Marave Mapira; de Meixeuêre, variedade de painço; de Naxenim, em Marave Murrumbi, que é um grão redondo e mais fino do que chumbo escomilha, muito rijo, e não produz farello, porque o grão não é involto em casca: a planta é annual, e da altura de dois palmos e até mais, muito similhante ao trigo antes de espigar, e a espiga quasi como a flôr do amarantho. Conhecem-se tres variedades d'esta especie, branco, preto e vermelho. A farinha que d'elle se faz tem propriedade adstringente e peitoral, e applica-se com bons resultados em caldos para molestias de peito, e em papas para disenterias. Ha arroz, mas é mui pouco cultivado, e não fazem uso d'elle. Ha immensa quantidade e variedade de legumes, de que tiram uma parte do seu alimento diario. Quando se tratar dos usos d'este povo, ver-se-ha a maneira de prepararem, e as horas de tomarem o alimento.

Os oleos, que fazem as mais das vezes para vender aos portuguezes, são extraidos de toda a qualidade de pevides, do Mendobim e de Gergelim. Para seu uso; isto é, para se untarem, e para as suas ceremonias supersticiosas, servem-se do oleo de mamona ou carrapato (ricinus) de que ha excessiva abundancia, e a que chamam Sáse.

O unico vinho que fazem e de que usam, é o Pombe, a que chamam Bádua, que é feito de milho e de todas as substancias farinaceas: o modo de o fazerem é o seguinte. Começam molhando uma porção de milho, e passadas algumas horas tiram-no e vão-o arrumando em camadas entre folhas de mamona, ficando bem abafado com ellas até germinar, para o que bastam vinte e quatro horas; reduzem-no depois a farinha, com a qual fazem ao lume uma calda grossa que guardam até fermentar: tem já uma porção de farinha de milho, mandioca, batata, arroz, etc., proveniente de grão não germinado, com a qual fazem igualmente calda ao lume; e quando a primeira principia a fermentar, vão-a misturando

com esta ao lume, á qual serve de fermento, e quando está
sufficientemente temperada, o que conhecem pelo gráo de
doçura que tem, guardão-a em panellas até fermentar, que
é quando principiam a bebe-la. Todo este processo lhes leva
oito dias, e depois de feito o Pombe, raras vezes lhes dura
tres, por maior que seja a porção, porque para o beberem
fazem convite geral, tocando Goma, para darem signal de
chamada, não só aos amigos, mas mesmo áquelles com quem
não tem maior conhecimento.

A unica tinta que usam para os seus pannos, quando já
mui velhos e sujos, é a preta; a qual fazem com a vagem
de uma arvore a que chamam Quicío. A arvore d'este mesmo
nome é mui similhante ao tamarineiro. Recolhem as vagens,
que são, como as de sene, de côr pardo-escura; depois de
pisadas põem-nas a macerar em pequenas covas feitas na
margem de uma lagôa ou rio, com tanto que seja de lodo,
e nunca de arêa; e tendo passado vinte e quatro horas, n'ellas
infundem os pannos que querem tingir, que quanto mais
sujos são melhor tomam a tinta; e depois de bem embebidos
e pisados n'ella, estendem-os ao sol, e quando estão seccos
ficam com boa côr preta e fixa. O panno fica na tinta apenas quatro ou cinco horas. Supponho que recebe a côr do
lodo, e que o Quicío só lhe serve de mordente; o que é
certo é que nunca se servem de um sem o outro.

Os cannaviaes doces são espontaneos e quasi continuos nos
valles, onde vegetam de uma maneira extraordinaria, mas
nenhum outro uso fazem d'esta rica planta além de a chu-
parem; áquella de que se servem para este fim chamam Missále; e á vulgar, chamada na Europa canna (arundo donax)
dão o nome de Mitéte.

Abunda muito o Marave em tabaco, que produz com pouco
trabalho e cuidado, e de que fazem muito uso, principalmente em pó. Esta importante planta é espontanea na Africa
oriental, porém a dos Maraves passa pela de melhor qualidade que se conhece n'este sertão, por sua fortaleza e aroma.
Semeiam o tabaco em Março e Abril em viveiro, e quando
tem quatro folhas o transplantam para terreno fresco e naturalmente adubado: logo que principia a brotar têem o

cuidado de lhe cortar todos os olhos que lança, até adquirir sufficiente altura, que não excede a tres palmos, e é então que lhe cortam o olho do centro, com o que impedem o seu crescimento em altura, e n'este estado o deixam nutrir até estar feito; então começam a tirar-lhe as folhas que vão sasonando, o que facilmente se conhece pela mudança de verde escuro para claro; estas folhas são estendidas á sombra até estarem melladas, e quando têem acabado toda a colheita deixam então brotar o tabaco, que toma muito crescimento, lança flôr, e apoz ella dá a semente, que guardam para o anno seguinte. As folhas, depois de melladas, são pizadas em pilões, misturando-lhes as folhas de uma planta mucillaginosa, a que chamam Tombadimbo: depois de bem maceradas formam bolas do tamanho de balas do çalibre tres, e tendo o cuidado de alisa-las mui bem, e de tapar-lhes os buracos com o mesmo succo, vão-as arrumando sobre Lupaças, á sombra, onde as conservam o tempo necessario até-enxambrarem, e é então que as põem ao sol.

Ao tabaco chamam Fódea, e ás bolas Banda, dizendo Banda-a-Fódea. As folhas inferiores, que são as ultimas de baixo, e todas as mais que colhem dos pés que têem crescido com os olhos ou por descuido, ou porque nasceram sém cultura, são guardadas sem serem pizadas, e d'ellas fazem um tabaco muito fraco e de má qualidade. Usam do tabaco em fumo ou pó: no primeiro caso servem-se de um cachimbo como os ordinarios, e os portuguezes servem-se dos mesmos cachimbos ou de cigarros, mas em vez do papel são folhas de bananeira curadas, e os cigarros são eitos em fórma de cóne, a que chamam canudos.

O tabaco para cheirar é feito pondo um pedaço de caqueiro sobre brazas, e em estando bem quente põem-lhe em cima o tabaco, e quando está sufficientemente torrado, o moem sobre o mesmo caqueiro, até ficar em pó, com um seixo pequeno e liso.

A cultura do mandioca é insignificante.

N'esta região montanhosa não vi terreno esteril, antes pelo contrario todo é fertilissimo, com tanto que não falte a chuva, a qual é regular em quasi todas as fazes da lua, sendo

acómpanhada de grandes trovoadas; a vegetação está sempre
em actividade, e a temperatura do clima é agradavel.

Os Máraves sabem applicar muitas das producções dos
tres reinos naturaes, tanto para objectos necessarios aos seus
usos, como a outros superfluos, e com quanto os seus arte-
factos não sejam perfeitos, têem, comtudo, em compensação,
fortaleza bastante para os fins a que os destinam.

No numero dos seus artistas só contâmos: 1.º O ferreiro,
a quem chamam Farêlo, talvez corrompido do portuguez, o
qual extrahe o ferro do mineral, forja-o, e conclue as diversas ferragéns. 2.º O ourives: com esta denominação conhecem o que trabalha em ouro, cobre, etc., debaixo do
nome de Revice, talvez tambem derivado do portuguez.
3.º O torneiro, a quem chamam Inxêca; este só trabalha em
marfim; isto é, em fazér manilhas para pernas e pulsos, e
rodas para as orelhas e para os beiços. Todos estes artistas,
de que aliàs ha mui pequeno número, não trabalham exclusivamente nos seus respectivos officios, occupando-se simultaneamente na agricultura, e n'outros misterés, em que, porém, como em tudo, são incapazes de alguma assiduidade.

XIV.

As riquezas naturaes d'este paiz são muito importantes;
daremos d'ellas a seguinte breve noticia. Quanto aos animaes
domesticos, é raro o gado vaccum, pouco numeroso o cabrum e o ovelhum: não ha creação de porcos; e dos cães e
gatos não fazem uso para sustento. Criam-se gallinhas e pombos, mas não em grande abundancia. Dos silvestres, como
já se disse, existem aqui quasi todas as especies africanas,
á excepção da girafa e do rhinoceronte ou abada. Ha uma especie de morcego do tamanho de um frango, que habita ás
cavernas, e só sae de noite, alimentando-se de fructos; a
estes morcegos chamam Gêbôa; são mui procurados pela de-
licadeza da sua carne. Não faltam tambem os morcegos vul-
gàres. É digna de menção uma sorte de arganaz, a que chamam Senzi; é do tamanho e configuração da Páca do Brasil, e só differe na côr, que é de arganaz; vive junto dos

cannaviaes; a sua carne é magnifica. É notavel uma especie de pequeno rato, a que chamam Sana, mui gordo; habita cada um isolado em sua cova; e só se encontra desde que o milho principia a amadurecer até se acabar, época em que desapparece totalmente. Estes ratinhos são um delicado manjar: todos os europeus, quando ouvem fallar d'ellès a primeira vez, protestam que nunca hão de comer ratos, mas logo que os provam declaram-se em seu favor; e, como são mui procurados, custam tão caros como os frangos; isto é, dois fios de missanga; faz-se provimento d'elles, e duram muitos dias em vasos de barro, dando-se-lhes farinha de milho, com que se alimentam.

Ha abundancia de aves, como a gallinha de Angola ou Pintada, a que chamam Ganga: uma sorte de perdiz chamada Chicuare: ha perdizes iguaes, e outras maiores do que as de Portugal: Givas; isto é, rolas, papagaios e périquitos, de que me não lembram os nomes, e uma variedade de pequenos passarinhos, lindos pela sua plumagem e canto, entre os quaes se notam os Cardeaes, que são do tamanho de pardaes, matizados de carmezim e preto, sendo estas côres mui vivas: não me recordo do nome que lhes dão os cafres; estas aves não vivem presas: ha outras aves do mesmo tamanho, notaveis pelo comprimento da sua cauda, e a que os cafres chamam Bornudos.

Não ha noticia de haverem avestruzes. Ha escacez, e mesmo raridade, de aves fluviaes, mas abundam as aves de rapina.

Ha numerosas especies de reptís. D'estes os mais terriveis são as cobras, de que existe grande quantidade, distinguindo-se entre ellas a chamada por nós Cobra-madeira, e pelos cafres Sáto; julgo ser uma das especies de Boa dos naturalistas: esta cobra é a maior que se conhece na Africa oriental. Matei uma que tinha setenta palmos de comprimento e um de diametro na maior grossura da barriga, e posto não fosse das mais pequenas, todavia não era das maiores. Matei-a com muita facilidade, porque era de manhã cedo, achava-se enroscada n'uma moita de cannas, a manhã estava fresca e orvalhada, e á queima-roupa descarreguei-lhe

um tiro com chumbo grosso, com que se desenroscou partida
em duas partes; isto é, só a espinha, porque a pelle ficou
em estado de encher-se como se fosse couro: os negros tiveram um lauto banquete; a carne era muito clara, porém
como foi á noite que a comeram já não deitava bom cheiro,
e essa foi a causa porque a não provei. Enchi a pelle de
areia, porque para isso mesmo mandei-a esfolar com cuidado,
o que se fez como se fosse uma fez que pela grossura da
pelle não désse receio de esta se romper, sendo a d'esta que
mandei esfolar mais espessa do que a da cabra. O que acabo
de referir aconteceu durante uma viagem que fiz em serviço
de Sena a Tete, indo embarcado, e foi morta na margem do
rio Zambeze. Esta casta de cobras pouco mal fazem ao homem pela sua pouca agilidade, mas aos quadrupedes e aves
fazem muito, porque caçam de espera e emboscada, e apanham grandes antilopes. Ha outra cobra, a que nós chamâ-
mos Alcatifa, e os cafres Mavúmbue: nunca vi nenhuma que
excedesse a tres palmos de comprido, assim como a uma e
meia pollegada de grossura: tem muito pouca agilidade; a
sua côr é similhante ao matiz das alcatifas; a sua mordedura é mortal, fazendo saltar o sangue pela bôca, olhos, ventas e ouvidos do mordido: procura os logares pantanosos e
humidos.

Ha outra chamada Cobra-d'agua por viver n'ella, é de
côr preta, e parece uma enguia. Quando os cafres, indo a
passar agua, se sentem mordidos por ella, não saem para
fóra em quanto não apparece quem os cure, porque em
quanto estão na agua não progride o veneno, e logo que
saem torna-se mortal: o primeiro remedio que lhes applicam é chupar a mordedura até não deitar mais sangue,
depois mascam certas raizes, que, sendo bem desfeitas pelos
dentes do curandeiro, põem sobre as feridas, e é quanto
basta para o veneno não fazer effeito algum.

O paiz é todo cortado de rios, riachos, ribeiros e lagoas,
mas não abunda em peixe. Habitam as aguas o hippopótamo
e o crocodilo, assim como outra sorte de lagartos (menos
corpulentos que os monstruosos crocodilos), armados de garras. Não fazem mal ao homem. A sua carne é saborosa.

A estes animaes chamam os portuguezes Tragoia, talvez que este nome viesse da India onde assim é nomeado; porém os cafres chamam-lhe Múanze.

As especies vegetaes são abundantissimas. Acham-se magnificos e extensos prados proprios para sustentarem toda a especie de gados, que o clima favorece. Não se vêem grandes bosques de corpulentas arvores, o que mostra que houveram grandes culturas em tempos antigos, porque todo o paiz é coberto de arvoredo de mediano tamanho.

Quasi todos os valles estão cobertos de cannavial doce, que vegetando espontaneamente, só serve para saciar a gulodice, porque os Maraves ignoram inteiramente que a substancia saccharina d'esta planta tenha outro uso que não seja o referido. Ha abundancia de inhames a que chamam Charras, de amendoim a que chamam Mandúim, de batata doce como a das Ilhas dos Açôres, a que chamam Chumbo, e não ha da batata cultivada na Europa. O tabaco e o algodão criam-se com a mesma facilidade e abundancia. Entre a diversidade de legumes de que abunda o paiz, acha-se um feijão, chamado no Brasil Guandú, e pelos Maraves Inhamudóro, que, quando chega ao seu completo crescimento, é uma arvore de dez palmos de altura, e todos os annos regularmente carrega de vagens.

O trigo, arroz, milho, e todas as qualidades de legumes produzem com a maior facilidade, e sem trabalho nem amanhos. A maior parte das plantas intertropicaes devem produzir com a mesma perfeição pela benignidade do clima.

O reino mineral é riquissimo, principalmente em ouro e ferro. Tem pedreiras de differentes especies, mas que nós não podémos, nem soubemos analysar; todavia o que se nos mostrava mais vulgar era o granito. É provavel que haja carvão mineral, assim como pedras preciosas, mas até hoje não houve ainda exploração alguma. Não vimos nas serras conchas de especie alguma.

· As pedreiras referidas dão na vista, mesmo a quem não tem sufficientes conhecimentos mineralogicos para avaliar a sua importancia e merecimento. De todo o sertão é esta região a mais fertil, e a que me parece mais salubre de todas quantas tenho visitado.

XV.

O valor ou representação politica d'este povo como nação, é grande em relação a outros; porém, o seu estado de divisão de dominios torna-o pouco temido pelos estranhos. O melhor meio de fazer a guerra a um chefe Marave, é manter a paz, por meio de donativos, com os chefes limitrophes, o que bastará para não lhe darem auxilio. Praticando isto successivamente com differentes chefes, tendo, porém, sempre o cuidado de buscar para isso algum pretexto, facilmente se poderia fazer a conquista de todo o Marave.

XVI.

O caracter moral d'este povo é o peior possivel. As suas idéas religiosas reduzem-se á crença nos artificios dos seus Gangas ou adivinhos, os quaes fazem as suas operações mysteriosamente, por meio de jogo e combinação de marcas, etc. Não têem amor algum ao trabalho, bem pelo contrario olham-no com a maior aversão, e passam a maior parte do tempo em ociosidade, toques de instrumentos e folguedos. Não têem respeito nem confiança nas suas authoridades, mas sómente o medo e a superstição os faz conter. São raros os ricos, que são aquelles que tem maior numero de mulheres, que vivem em descanço, e sem perseguição. Algum respeito mostram aos anciões, mas é mais devido a condescendencia, é sagacidade com que estes o sabem adquirir do que ao caracter publico. Os Milandos são continuos, e poucas são as vezes que as partes se conformam com as sentenças, recorrendo a vias de facto, decidindo-os á flecha, o que as auctoridades não evitam, mas pelo contrario estimam, porque dahi lhes vem interesses. Geralmente são máos cidadãos, porque o menos que fazem é serem indifferentes aos males da patria, quando d'elles lhes não provenha algum risco ou incommodo pessoal; máos maridos, porque vendem as mulheres e consentem o adulterio, quando d'isso lhes resulta interesse; máos paes, porque abandonam, matam e vendem os filhos por qualquer bagatela; máos filhos, porque abandonam e matam os paes quando lhes convem; máos amigos, porque trahem a cada momento, e pelo mais pequeno interesse, não conhecendo ou não se lembrando do bem senão em quanto o recebem, tendo toda a tendencia para o mal.

O viajante que transitar por este paiz deve ter muito cuidado com as ciladas que costúmam armar, principalmente se tiver pouca força, porque um machado, um panno, ou outro qualquer objecto encontrado no caminho, e que parece perdido, é um laço armado para roubar, porque logo que qualquer se abaixe para o apanhar, é isso bastante para ser arguido, saltando-lhe logo os ladrões, allegando que o tal objecto é uma Magôna que estavam fazendo, e que se perdeu pelo contacto do que lhe pegou, etc. Acontece muitas vezes apresentarem-se mulheres ás escondidas a tentar o viajante com todas as apparencias de recato e segredo, e não é outra cousa senão um laço para os inexperientes que immediatamente as não deitarem para fóra, sem com tudo lhes tocarem, e basta para o conseguir fallar-lhes alto. Se o viajante levar cães comsigo terá muito cuidado em que não façam algum damno, por mais insignificante que seja, ou comam alguma cousa, ou ainda mesmo que guerreem com outros, porque tudo serve de pretexto para lhe extorquirem muita fazenda. Comprando um escravo ou outro qualquer objecto, ou sendo arguido de qualquer Milando, logo que o houver pago, ou feito a compra, e no mesmo acto do pagamento, deve pedir o Roçambo de quem recebeu, do que não deve desistir, sob pena de ser tudo nullo. Para a satisfação d'este quesito, qualquer objecto, por mais insignificante que seja, dado pela propria mão, é bastante, e deve guardar-se com cuidado, porque sem elle sujeita-se a repetir a mesma, ou ainda a fazer maior despeza de compra, pagamento, etc. Com os Maraves e Munháes do Monomotapa é que convem ter mais cautela e cuidado a este respeito.

XVII.

Os usos cafriaes tem muita similhança uns com outros, entre os povos das differentes nações que tenho visitado. Os cafres passam regularmente com uma refeição, e a hora de a tomarem é sempre á entrada da noute, e consiste de ordinario em massa a que chamam Sima, feita ao lume com farinha de milho ou d'outro qualquer grão, deitada em agua, e mexida continuamente com um páo roliço até tomar uma consistencia dura. A Sima serve-lhes de pão, e com ella comem ou hervas silvestres cozidas em agua sem outro adubo, e raras vezes com sal, ou legumes moídos e feitos em papas, ou, finalmente, carne ou peixe; mas quando isto acontece, é sempre em estado de putrefacção, sem adubo algum, nem mesmo sal, porque carecem d'elle, e só os ricos o têem por ser muito caro; estes mesmos, comtudo, não usam d'elle diariamente, e têem como grandeza, quando hospedam alguem de distincção, principalmente portuguez, darem-lhe a comida carregada d'este adubo a ponto de não poder comer-se.

A toda a hora do dia, sempre que têem occasião, comem, mas de ordinario são comidas ligeiras, como fructos silvestres, crús e cozidos, milho crú, espigas ou maçarocas de milho grosso cozidas ou assadas, etc. No tempo das colheitas fazem grande uso da Bádua, e continuamente andam ébrios, sem distincção de sexo e edade, e é d'esta bebida que se sustentam, passando muitos dias que não tomam outro alimento senão este que os nutre e embriaga.

Os vestidos que mais apreciam, quanto ao luxo, para cujo fim os estimam, são os pannos que lhes dão os portuguezes, que de ordinario são de algodão, fabricados na India, e de todas as côres, menos a escarlate, que é só reservada para os Mambos e Fumos; todavia é de pelles que fazem o mais constante uso; e tambem de Manxilas, mas raros são os que usam de Nhandas (panno de casca d'arvore). O modo de os homens se vestirem consiste em cingir a cintura com um fio mais ou menos grosso, que atam a nó cego, e passando as duas pontas da largura do panno, ou as pernas da pelle, por entre o fio e a costura, fica segura pela parte das costas, e passando o resto da vestidura pelo meio das pernas, entalam as outras duas pontas oppostas, ou as mãos da pelle, pela parte dianteira, ficando-lhe uma ponta na largura, ou as mãos e cabeça da pelle cahidas na frente: este é o costume ordinario, e o vestido geralmente usado.

Trazem em um ou em ambos os pulsos e pernas, mas não geralmente, manilhas de latão, a que chamam Mendaríra, ou de marfim (cujo nome Marave não me lembra), ou de ferro; e nas orelhas rodas maiores ou menores de marfim, estanho, ou canna de milho, ás quaes chamam Maperére, e que mettem em um buraco, para isso feito na cartilagem inferior da orelha. No alto da cabeça trazem uma concha de fórma circular, do tamanho do fundo de uma garrafa de quartilho, feita de fundo de buzio, com um furo no centro que serve para prende-la ao cabello; a esta concha chamam Pande: é objecto de luxo.

As mulheres trajam quasi da mesma fórma, com a differença que em logar de um, trazem dois pequenos pannos, um do tamanho de um lencinho, seguro sómente por uma extremidade ao cordão da cintura, e posto pela parte de traz, deixando as nadegas descobertas; e pela parte dianteira uma tira de panno da largura de quatro dedos, presa sómente por uma das suas extremidades ao mesmo cordão. É esta a unica maneira por que cobrem esta parte do corpo.

Aos ditos cordões da cintura, tanto n'um como n'outro sexo, chamam Múcife, e quando são feitos de muitos fios de missanga, chamam Chimpóte.

Algumas mulheres ha que trazem um fio por baixo dos braços, que serve para segurar duas pontas, ao comprimento, de uma tira de panno, ficando as outras duas pontas oppostas caídas: serve esta tira de cortina para cobrirem os peitos, mas é sómente em quanto estes são pequenos e globosos, o que fazem mais por enfeite do que por pejo, pois que geralmente andam com elles nús, e ainda mesmo as que os trazem cobertos, descobrem-nos a todo o momento e em pu-

6

blico; e coçam-se onde querem, sem attenção ao logar nem a quem está presente.

As mulheres usam trazer o beiço superior furado, e introduzem no buraco uma roda de marfim ou estanho, a qual nas mulheres de idade é maior do que uma tabula do gamão; cujo peso lhes faz descer o dito beiço até á barba, do que provém parecer que têem muito mais rasgados os olhos, que são aliàs excessivamente pequenos. Têem o nariz chato e grande, faces muito prominentes: o rosto, peito, barriga, pernas, e sobre tudo as costas, marcadas com grandes lanhos, que conseguem obter pelo effeito de continuas incisões feitas na cutis com instrumentos cortantes, em quanto jovens, e que depois de adultas ficam bastante elevadas; e á proporção da edade assim vão crescendo as excrescencias. Os peitos, ou antes borrachas vasias, caem-lhes até ás verilhas, mas o geral é até á altura do embigo. Trazem constantemente um cachimbo na bôca.

Todas estas circumstancias concorrem para torna-las horrendas aos olhos do viajante europeu. Entretanto ellas são bellezas entre os Maraves. Tal é a força da opinião e do gosto.[5]

A todos os individuos de um e de outro sexo, em quanto são pequeños, fazem-lhes no rosto, peitos, etc., etc., umas incisões na cutis em todas as direcções, de fórma que em cada uma d'estas partes mostra uma grande estrella; e quando grandes, em logar de incisões, são grandes lanhos ou cordões, a que chamam Nembo; isto é, pintura.

Os Maraves vivem reunidos em grandes povoações, e em todas ellas ha sempre um chefe, a quem todos respeitam como senhor d'ella, e a quem chamam Muéne-muzi, ou Bába.

Nas noticias dos nossos geographos antigos acham-se os nomes de dois potentados que dominavam n'esta parte da

---

[5] Explicação da estampa V: — 1–1 unicos pannos com que se cobre — 2 manilhas de marfim — 3 Pande, ou fundo de buzio, que adorna o alto da cabeça — 4–4 rodas de marfim do beiço superior e orelha — 5 enchada encavada, e na acção de cavar.

Mulher Maraoa vestida com todos os enfeites, fumando, tendo parado no trabalho da Cultura.

... ...

... ... querem, sem attenção a roçar nem
... ...

... ... o beiço superior furado, e co...
... ... isca de marfim ou estanho, a
... ... a maior de que uma tabela
... ... descer o dito beiço até a barba,
... ... que tem muito mais ... os olhos,
que ... ... no pequenos. Teem o nariz chato
... ... geralmente o resto, boto, barriga,
pernas e ... toda as costas, mas ... com grandes cabos,
que ... ... pelo ... e commuas incisões feitas
na ... ou estiramentos ... ... , em quanto jovens, e
p... ... de ad... torna... o ... chegadas; e a proporção
de idade assim não é... as excrescencie. Os peitos,
ou outra ... v... são ... -lhes até ás verilhas, mas o
... ... á f... , ... Trazem constantemente um
... ...

... concorrem para torna-las hor-
... ... europeu. Entretanto elas são
... ... Tal é a força da opinião e do
...

... ... de um e de outro sexo, em quanto
... ... isto, peitos, etc, etc, umas
... as direcções, de forma que ...
... ... para uma grande estrela; outras ...
... ... , são grandes laços ou cor-
... ... isto é, pintura.

... grandes povoações, e em
... ... um chefe, a quem todos respeitam
e ... seu ... ... chamam Muéne-muzi, ou
P...

... ... dos ... geographos antigos acham-se os
... ... de dois potentados que dominavam n'esta parte da

5 ... ...ção da estampa ... — 1 ...cos pannos com que se
cobre — 2 mani...las de marfim — 3 Pande, ou ... de buzio
... ... cabeça — 4-4 roais ... na... do beiço
superior e orelhas — 5 ... ...da ... ...do, e ... de casar.

Mulher Marave ornada com to-
dos os infeites, fumando, tendo para-
do no trabalho da Culima .

Africa: um conhecido por Monomotapa, que ainda existe com o mesmo nome, sómente dado pelos portuguezes, mas a quem os Munháes, de quem é rei, chamam Mambo-a-Chedima, cujo territorio se acha na parte occidental do rio Zambeze. O outro, que designavam Monoemuge, não se conhece hoje por este nome, mas é sem duvida o chefe dos Maraves, porque no principio da conquista acharam os portuguezes unicamente dois grandes imperadores, um ao Poente e outro ao Nascente do dito rio Zambeze, que é este a quem os Maraves, de quem é rei, só conhecem pelo nome de Unde. Talvez que o nome de Monoemuge proceda de Muene-muzi, ouvido frequentemente pelos descobridores portuguezes. Sem procurarmos decidir este ponto, diremos que este ultimo nome significa litteralmente dono ou senhor da povoação: e que presentemente ainda os mais pequenos Mambos não gostam que os tratem por Muéne-muzi, senão por Muéne-zico; isto é, dono de terra, e tanto pelo que fica dito, como porque os cafres não admittem innovações, sou de opinião que o nome dado pelos antigos seria talvez tomado na generalidade, pela analogia que ha entre os nomes. Assim como fica dito, um dos ditos titulos não é conhecido, e o outro existe do modo que, fica referido.

O Muéne-muzi, ou Bába, é o responsavel pelas acções de qualquer dos individuos que habitam a Muzi, os quaes todos se consideram e se chamam seus filhos desde que n'ella vem habitar, e elle, como chefe, ou a possue por Butáca, ou porque elle mesmo a veio fundar com a sua familia e aggregados.

As casas dos Maraves; isto é, as suas Nhumbas, são redondas, do feitio dos moinhos de vento que ha em Portugal, mas muito mais pequenas, porque as maiores não têem mais de dez palmos de diametro: o circulo que fórma a casa é feito de estacas de uma e meia a duas pollegadas de grossura, e de cinco a seis palmos de altura; são enterradas com o intervallo de dois palmos de uma á outra, e estes espaços cheios com canniços seguros por umas varas finas, a que chamam Bariro, atadas por dentro e por fóra ás estacas com

casca de arvore, a que chamam Mârùzi⁶. Todas as Nhumbas têem duas portas fronteiras uma á outra, feitas de canniço, a que chamam Orimbo. Estas portas, assim oppostas,
servem para se evadirem por uma quando são accommettidos por outra. Formada e prompta a caixa da casa (a), forma-se em separado um cóne (b) feito de bambús, e com as
dimensões proprias para servir de tecto, e estando mui bem
atado e seguro, é assente sobre ella, e coberto de colmo,
ficando assim a casa prompta (c), advertindo que em quanto
fazem o cóne está no chão com o vertice enterrado na aréa
para estar direito em quanto trabalham. Levam regularmente tres a quatro dias a fazer uma casa, sendo esta a
unica obra em que se occupam sem interrupção, mas isto
mesmo, com vagar, sentando-se a todos os momentos para
conversar e fumar: e esta facilidade de construir concorre
muito para mudarem a miudo o logar da sua habitação.
Não costumam vender nem arrendar casas, porque não ha
quem as queira. Todas as Nhumbas têem o mesmo feitio,
e são construidas da mesma fórma, e só differem no tamanho. As Muzis são sempre encostadas a um bosque ou matta
que serve aos seus habitantes de asylo para se refugiarem
quando são accommettidos inesperadamente, ou por outros
motivos.

Os Mambos e Fumos costumam ter logares proprios para
as suas audiencias e julgamentos; estes são ordinariamente,
ou debaixo de grandes arvores que têem no meio das Muzindas, e a que chamam Buáro, ou debaixo de um alpendre
assente em estacas, e por isso aberto de todos os lados, a
que chamam Issáca.

No centro da Nhumba fazem os Maraves uma lareira de
terra amassada e de fórma circular, que lhes serve de cha-
miné, onde cosinham e conservam sempre o lume, de que
são inseparaveis estando em casa, por maior que seja o
calor.

As Lupaças servem-lhes de cama onde dormem, alcatifa
ou cadeira onde estão sentados, de toalha sobre que comem.

⁶ Veja-se estampa VI.

Nhumbas ou Cazas dos Maraves.

Uma
vão l
lhes
isto
las,
Ma po
e um
uma

Os
seja
de l
preço
moni
parte
muit
deza
o ser
de-la
ao se
com
paga
O
que
mult
mãs
com
que
sobr
este
bus

rid
tor
Mi
tac
ma

Uma Lupaça, uma panella de barro com que as mulheres vão buscar agua, uma cabaça, aberta pelo lado da base, que lhes serve de pucaro, e a que chamam Mucombo, uma Banda; isto é, pilão ou grande gral de páo, dois Diros, ou gamellas, uma ou duas Báres, tigellas de barro, uma Pája ou Mapaja, enchada, um Báro, um Xíssu, uma Uta, e Missève, e uma Dipa; são todas as alfaias e mobilia que guarnecem uma Nhumba Marave.

XVIII.

Os casamentos fazem-se do modo seguinte. Decidido que seja o consorcio, para o que sempre o noivo dá alguma cousa de Murômo para fallar com o futuro sogro; ajusta-se o preço, e satisfeito este, entrega-lhe a noiva sem mais ceremonia do que um banquete, em que toda a familia toma parte, o qual consta de carne de cabra ou gallinha, Sima, e muita Bádua (Pombe), que é o que constitue toda a grandeza e fartura da festa, acabada a qual fica o marido sendo o senhor absoluto da mulher, e tem auctoridade até de vende-la em caso de precisão, porém primeiro ha de dar parte ao sogro, que é preferido; e se elle não quer, ou a não póde comprar, então tem a faculdade de vende-la, ou dá-la em pagamento.

O direito de pae é adquirido do modo seguinte. O pae que tem filhos legitimos, que são aquelles que nasceram de mulher pela qual pagou o casamento; o irmão que tem irmãs, porém, sem pae, e que foi o herdeiro d'elle; o tio para com os sobrinhos, e que entrou na Butáca do irmão; isto é, que herdou, etc., etc. constituem-se com dominio absoluto sobre a familia como se esta fosse um rebanho de gado: este direito sempre recae em varão, e muitas vezes vae-se buscar a primos de terceiro e quarto gráo.

Aquelle a quem toca este direito, seja proprio, adquirido, ou herdado, toma o nome de Dumpse; e por isso torna-se responsavel por toda a sua familia, e por qualquer Milando que commetta um dos seus membros é elle só o citado e ouvido, e o que defende e paga se é condemnado; mas ao mesmo tempo tem auctoridade de os vender e matar, e é elle a quem pertence receber a paga dos casamentos. Em summa o Dumpse é o senhor da sua familia como se o fôra de irracionaes.

O pretendente que quer casar dirige-se á povoação do Dumpse, e sentando-se na rua dá signal, batendo as palmas pausadamente, de que é chegada gente estranha. Immediatamente vem alguem, saber quem é e o que quer: a isto responde dando o que traz de Murômo, que ordinariamente consta de vinte fios de missanga, ou um fio de coral falso, dizendo que é Murômo para N... que é Dumpse, porque quer Rovorar; isto é, casar com uma sua filha. Dado o recado, e mandado hospedar o pretendente, assentam depois no preço do casamento, o qual commummente é de quatro Manxilas, ou, se as não tem, de quatro Ardians. As informações que o Dumpse toma, se o não conhece, não são sobre o seu merecimento e qualidade, mas sim se é Dumpse d'alguma familia, ou se o tem; e n'este caso quem é o seu Dumpse. Depois de tudo isto sabido é que convencionam o preço, e concluidos todos os ajustes, retira-se o noivo, muitas vezes sem ter visto a pretendida noiva.

Ha muitos velhos que casam com crianças ainda de peito, e outros que casam os filhos, estando o noivo e a noiva ainda mamando: no primeiro caso é para deixarem mulheres aos filhos.

Os casamentos fazem-se de todas as edades por mais desproporcionadas que sejam, e não procuram mulheres por formosura ou inclinação, mas sim pela fecundidade: com este dom todas lhes agradam.

Se o ajuste que se fez foi a praso, chegado que este seja, apresenta-se o noivo com o seu Dumpse, se o tem, conduzindo o importe do casamento que é recebido pelo sogro, sendo n'esse dia que se faz o banquete e a entrega da noiva. Se os noivos não ficam alli, e vão para outra povoação, são acompanhados pelo Dumpse da noiva; se, porém, ficam na mesma Muzi, são igualmente acompanhados á Nhumba que o noivo tem já construido.

Casos ha, e muito frequentes, em que o noivo dá uma parte do importe do casamento á vista, recebe a mulher, e fica para pagar o resto com o tempo. Quando tem logar esta sorte de contracto, a mulher não é sua, em quanto elle não tiver satisfeito totalmente o preço ajustado: pois que, por mais insignificante que seja a quantia devida, não póde dispôr da consorte, nem dos filhos que d'ella houver, os quaes ainda são illegitimos, e por isso só pertencem ao Dumpse da mulher.

Se os casados se separam, ou por motivo do marido não haver pago toda a quantia ajustada, ou, havendo-a satisfeito, por outro qualquer motivo, recebe este tudo quanto deu ao Dumpse pelo casamento, assim como os presentes, e tambem o valor dos trabalhos que tenha feito em seu beneficio; e reciprocamente o Dumpse recebe o que haja dado ao marido, ou o valor dos trabalhos que para elle porventura haja feito. Se a mulher morre em poder do marido antes de concluido o pagamento; tem a pagar um Milando até que o Dumpse da mesma fique satisfeito; mas se morre de parto, e o filho tambem nasce morto, é consultado o Ganga, que quasi sempre attribue o desastre a feitiço acarretado pela defunta, e tem o viuvo direito de haver o importe do casamento; mas o que geralmente acontece em taes casos é dar-lhe o Dumpse outra mulher.

Em quanto a Marave é solteira, e ainda depois de justa, em quanto não é entregue ao noivo, é do interesse do Dumpse que ella se prostitua para haver maior lucro; e quanto mais adquire mais elle a estima, porque é quem tira o proveito da sua prostituição. O noivo, ainda que o saiba, pouco cabedal faz d'isso, nem ella perde a consideração, porque ninguem lhe toma contas senão o Dumpse, e as suas acções não são censuradas até que seja entregue ao marido. Com o nascimento de femea, recebe o pae grande prazer, e dá todas as demonstrações de alegria pelo interesse que espera do que ha de receber pelo seu casamento. Entre sogros e genros, ha um respeito e pudor extraordinario, e nenhum d'elles profere palavras, nem faz acções indecentes, em presença do outro. Tudo quanto mutuamente dão de presente, conserva-se intacto; e em lembrança os serviços que se prestam, para se restituir ou pagar em caso de repudio.

Este, porém, tem sómente logar quando a mulher, depois de ter vivido com o marido, lhe foge e não quer voltar para elle, ou é convencida de feiticeira. Em qualquer d'estes casos o Dumpse entrega ao marido o importe do casamento, e tudo mais que houver recebido.

A polygamia não só é permittida, mas até é tida em grande honra entre os povos da cafraria: no numero de mulheres, e na sua fecundidade, fazem consistir a sua riqueza.

Quando um Muéne-muzi tem duas ou mais mulheres, todas vivem na mesma Muzi, mas cada uma em sua Nhumba, e com a mesma mobilia como se estivesse só.

A mulher grande ou principal, a que chamam Mussano ou Mucáze-mucuro, é a Senhora que ordena e manda todas as outras, as quaes a respeitam como tal. Quando chega o tempo das sementeiras, a que chamam Culíma, destinam um dia, e mais, se d'isso carece, para a ajudarem na sua Munda ou seara: e no caso de haver grande precisão, vão effectivamente todos os dias em quanto urge. Cada uma das mulheres tem, além da casa, a sua Munda em separado, e recolhe e recebe o que a ella pertence.

Ao sol posto cada uma das mulheres traz á Nhumba onde o marido reside, que é proxima á da Mussano, a sua refeição, a qual consiste em uma gamella com Sima, cuberta com outra do mesmo tamanho, e uma tigela de barro com hervas ou feijão, etc. De tudo quanto lhe apresenta cada uma d'ellas, tira elle por ceremonia uma porção, a qual reparte pelos circumstantes, se os ha, ou lh'a deixa para que a reconduza; e come a parte que para si reserva. Em quanto come está ella de largo de joelhos, e descançada sobre os calcanhares, até que elle acaba de comer; então vem tirar a louça, e se retira. Comem com a mão, desconhecem o uso do garfo, e tudo quanto é liquido, ou que não podem tomar com a mão, comem com colher de páo.

O marido é senhor dos mantimentos que as mulheres tem semeado e colhido, e de tudo mais que ellas possuem em casa. De noite fica na Nhumba que lhe apraz, e nunca d'ahi provém a mais pequena desordem de ciume entre as mulheres; nem mesmo quando, por qualquer incidente de repudio, caso rarissimo, ou morte da Mussano, todas as mais aspiram a occupar o seu logar, para o que recorrem a todos os meios, já intrigando a que suspeitam que o poderá obter, já fazendo-se valer, etc., etc. Finalmente, aquella que é nomeada recebe por isso grande mercê, por ser a que fica tendo mais ascendencia sobre o marido, sendo todas as mais tratadas como escravas. Ás mulheres pertencem todos os trabalhos rusticòs, como ir buscar lenha, agua, trabalhar na Munda, cortar, bater e recolher a semente, etc., etc.: só a construcção das Nhumbas é que pertence ao marido.

O filho herda do pae todos os seus bens, nos quaes são incluidos as mulheres, e a mesma mãe se a tem; e d'ellas faz o mesmo uso, á excepção d'esta ultima, posto que igualmente seja considerada como sua mulher: todos os filhos que d'ellas tem são legitimos. Aos bens chamam Banja, e á herança Butáca; e não dizem herdo de N..., mas sim vou entrar na Butáca de N...

Em quanto aos nascimentos não ha ceremonial algum. Muitas vezes acontece estar a mulher trabalhando na Munda, e darem-lhe as dores do parto; larga então a enxada, e indo para algum logar que lhe parece mais commodo, sem auxilio algum, depõe a creança; depois do que chega-se a um rio ou onde haja agua, lava-se a si e á creança, aperta-se com os pannos com que estava vestida, dá de mamar ao recemnascido, e continua o trabalho, se ainda é cedo, aliás recolhe-se á Muzi, onde continua o seu serviço ordinario. Em quanto amamenta o filho, o que tem logar geralmente de quatro a cinco annos, não tem ajuntamento com varão. Todos os dias de manhã cedo, faça ou não frio, senta-se fóra da Nhumba no chão, com as pernas estendidas, em cima d'ellas deita o filho nu, e vae lançando agua quente, e lavando-o com a mão, voltando-o em roda; quando tem concluido esta operação, pucha-lhe pelos braços e pernas, levantando-o ao ar pelo meio do corpo, e sacode-o para enxuga-lo, e o mesmo pratica todos os dias desde que o filho nasce até que anda.

Quando um Marave quer ter amisade ou correspondencia com alguem, seja branco ou cafre, de quem espera tirar interesse, manda-lhe um pequeno presente, por cujo meio procura ser Buenze, que é o mesmo que amigo; o pequeno presente, a que chamam Saguate, é retribuido, e assim successivamente vão fazendo presentes ou Saguates, e recebendo retribuições, até haver arguição de Milando, o que acontece quando não tiram o lucro que esperavam. Quando dois Maraves da mesma edade tem amisade entre si, tratam-se por Chamuár, que quer dizer, da mesma edade. O Marave ou Maraves que assistem á morte d'outro, que o amortalham, tratam do enterro e pegam no cadaver, adquirem para com toda a familia do defunto o nome de Sabuhira, pelo qual se tratam mutuamente com a familia do morto: este nome auctorisa a dizer e fazer o que cada um tem na vontade, entre uns e outros, e ainda mesmo tirar o que lhes agradar, sem que possam arguir Milando, seja de que fôr, o que é reciproco.

Quando querem comprar ou vender alguma cousa, principiam dizendo sómente a palavra, Maronda, depois é que se pergunta, o que? Maronda, litteralmente, quer dizer negocio. Quando querem mudar de povoação, para logar nunca d'antes habitado, consultam primeiro os Muzimos, o que fazem deixando ficar durante vinte e quatro horas uma pequena quantidade de farinha em monte, debaixo da arvore que lhe ha de servir de Buáro, que deve ficar, pouco mais ou menos, no centro da povoação; no fim d'aquelle tempo vão-na observar. Se por acaso a acham intacta está o logar reprovado pelos Muzimos; se, porém, está comida, espalhada e gasta pelos insectos, é approvado, porque os Muzimos a comeram: mas a isto sempre precede a ombezação, e esta ultima prova é que decide o Marave.

Ombezar é adivinhar, ou procurar conhecer o damno que alguem fez a outrem, tal como furto, envenenamento, etc., de que não ha testemunhas ou outras provas. Para isto o Ombezador, ou Ganga ou Surjão, nomes que são synonimos, usa de varios fragmentos de animaes, como ossos, conchas, etc., com os quaes faz uma especie de jogo cujo resultado é elle declarar suspeito o individuo que designa.—Se este nega que commettêra a culpa de que é arguido, deve tomar o Muáve do modo que adiante diremos, que, segundo o effeito que produz, o condemna ou justifica; mas n'este ultimo caso o Ganga procura meio de não ficar desacreditado, o que facilmente consegue.

Quando acontece que um Marave, indo ao matto apanhar fructas, cae d'uma arvore, e quebra algum membro ou morre, elle, ou o seu Dumpse, paga ao Mambo ou Fumo do districto um escravo, que é para lavar o sangue que derramou, e com que manchou a terra affugentando os Muzimos, que se ausentam d'onde ha sangue derramado por qualquer desgraça, e não voltam sem que primeiro o sitio seja purificado, com supersticiosas ceremonias: o mesmo praticam quando algum é morto na caça por qualquer desastre.

O ladrão apanhado em flagrante, é logo bem amarrado para que não fuja, e fica em poder de quem foi roubado, ou estava para o ser, o qual manda dar parte do ladrão ao Dumpse, que geralmente o resgata, e só raras vezes o entrega como escravo: no primeiro caso, depois de ter pago o preço em que convieram, não obtem a liberdade do preso, ainda mesmo depois de feito a pagamento, sem dar um escravo, ou o seu valor, que é o resgate da cabeça do ladrão, porque tudo quanto pagou foi o prejuizo que este causou, ou poderia causar: porém, como o réo se achava sujeito á pena de morte, que o auctor a seu arbitrio lhe podia impôr, para por elle não ser mais roubado, torna-se preciso por este motivo que o Dumpse dê um escravo, ou o seu valor, para então ser posto em liberdade. Se o ladrão não tem Dumpse é vendido, se para isso é bom, ou morto, no caso de ser velho ou defeituoso, por aquelle que o tem preso.

A verdadeira significação e sentido da palavra Milando é uma divida; uma obrigação contraída e não satisfeita; uma offensa; um roubo; uma morte; e, em summa, um pleito, e tudo quanto ha a arguir e a defender. O queixoso costuma dizer: N... Uaparamura, que vem a ser; N... offendeu-me, fez-me Milando. No Milando de Pombo, ou adulterio, logo que o offendido sabe ou suspeita a realidade da culpa, vae procurar o adultero, desafia-o, e maltrata-o, se póde, e toma-lhe satisfação da affronta; mas isto é com o fim de tirar-se da duvida, se a tem, ou para mostrar-se mais aggravado do que justamente está. Convem advertir que acontece muitas vezes haver mancommunação entre marido e mulher; se o adultero é rico; e muito principalmente se é commerciante que passa com fazendas para o sertão, para terem pretexto de roubar, mettendo-lhe a mulher á cara: lôgro este em que os viajantes e os Muçambázes negros pouco experimentados sempre caem. Segue-se logo dirigir-se o queixoso ao Mambo, ou Fumo do districto, com um Chuábo de missanga, ou uma pelle, ou outra qualquer cousa de Murômo, a queixar-se, a que elles chamam Quira-Milando, dando o nome do réo. A auctoridade, depois de se informar das circumstancias, ou dá-lhe logo o dia de audiencia, ou adia o caso para quando podér. Determinado o dia do julgamento, manda avisar as partes, que todas compareçem, até a mesma adultera, e ambos os contendores trazem os seus advogados. A hora costumada é das nove da manhã em diante. Sempre que ha Milandos ha grande concurso de espectadores.

Estando a auctoridade no seu Buáro; isto é, á sombra da grande arvore que ha na povoação, ou na sua Issáca, sentada no chão sobre uma Lupáça, e todos os mais em torno d'ella sentados sobre a terra; um dos do conselho do Mambo discorre em tom de conversa, convidando a attenção para o bom julgamento, etc., Depois o auctor, fallando com muita pausa, mas em alta voz, conta miudamente, palavra por palavra, todas as circumstancias, ditos e acções, desde o principio do caso até que elle o soube, e tudo mais que haja occorrido até ao momento em que falla; e havendo concluido e depoimento que fez, estando ou não mancommunado com a mulher, mas de quem houve, n'esta segunda hypothese, por vontade ou constrangimento, informação particular da occorrencia, elle e aquelles que o acompanharam, batem palmas de saudação, como se chegados fossem, assim como fizeram antes de começar. Segue-se um pequeno sussurro, e ás vezes acontece perguntar-se-lhe ou fazer-se-lhe repetir alguma cousa para melhor intelligencia dos julgadores, ou por estarem em duvida, ou mesmo por não haverem percebido. Acontece tambem muitas vezes fallarem os advogados, conservando-se as partes caladas. Acabado o sussurro e conversa, faz-se signal ao réo para que falle, o que faz da mesma fórma.

Em quanto um d'elles falla, diga o que disser, ninguem o interrompe, e a cada pausa que faz, como succede repetidas vezes, ha um que em alta voz, que se ouve a grande distancia, exclama: «Iá (isso) — Quódi (pois) — Ébó (certamente),» variando de cada vez estes monosyllabos.

Acabadas estas exclamações, continuam as arguições do auctor e a defeza do réo, etc., até que, depois de bem ventilado o negocio, se retiram os do conselho da auctoridade que preside, indo para logar distante, ou para uma Nhumba afastada, onde, em sessão secreta, discutem e combinam na sentença; e quando o têem feito voltam para o seu logar, e informam o Fumo ou Mambo, em voz baixa, da deliberação que tomaram; e, com a sua approvação, um d'elles publica a sentença, tendo feito antes d'isso um resumo da arguição do auctor e defeza do réo; e, segundo as circumstancias, o condemnam ou absolvem; sendo o condemnado obrigado a pagar as custas.

É de notar que a adultera é ouvida, e confessa em publico o que fez, com todas as particularidades que occorreram, sem reserva nem ommissão de circumstancia alguma, em phrases muito claras, e com o mesmo sangue frio como se estivesse fallando em particular com uma amiga da maior intimidade.

Se o adultero nega ter praticado o acto de que é accusado, o que é raro, n'este caso recorre-se ao Muáve, que é o requerido por uma das partes, ou proposto pelo Fumo; esta prova judicial torna mais oneroso o processo para aquelle que ficar condemnado, principalmente se fôr o mesmo réo, porque, além das mais despezas, tem que dar um escravo, ou o seu valor, ao Fumo, que é para purificar a terra que manchou com o Muáve, porque ficou culpado. Tanto n'este como em todos os mais casos, logo que o Milando está julgado, e o auctor pago e satisfeito, fica este amigo do réo como se nada tivesse acontecido, e tratam-se com a mesma familiaridade que d'antes tinham.

Quando um Marave commette um Milando com Mambo ou Fumo, seja adulterio, roubo, ou qualquer outro caso, o remedio que procura é a fuga, porque para tal crime não ha fórma alguma de processo; se o apanham é morto, e escravisada toda a sua familia. Mas se o Fumo é de pouca consideração, e o réo foge para o dominio de um Mambo ou Fumo poderoso, então o auctor queixa-se, e o Milando é julgado como os mais. Todavia costumam então dar maior castigo ao réo, o qual fica sempre mal visto pela auctoridade; motivo por que procura geralmente acolher-se ao dominio de algum chefe com quem esteja em guerra o seu adversario.

Os Maraves, assim como todos os cafres, não têem domicilio certo, e frequentemente mudam as povoações, já desmanchando aquellas em que habitam para formarem outras, já por ellas terem sido destruidas pelas guerras, etc., etc. E talvez o pouco trabalho que têem em construir as Nhumbas os mova á facilidade do abandono. É por isso que nenhum viajante deve contar achar este anno a Muzi que encontrou o anno passado.

XIX.

Quando um Mambo ou Fumo expira manda-se dar parte aos parentes ausentes, e até que elles se ajuntem está o cadaver no mesmo logar onde finou, envolto em pannos; logo que, em consequencia da corrupção, começa a dilacerar-se, vão-lhe pondo por baixo panellas para receber o liquido corrupto, e n'este estado se conserva até que tenham chegado todos os parentes; até esse tempo conservam encoberto o obito, cuja noticia se divulga assim que se completa a reunião d'elles. Então rompem em alaridos em fórma de choro, e é n'esta occasião que principiam a dar providencias para os funeraes. Ordinariamente medeiam mezes entre o obito e o enterramento. Desde o momento em que é divulgada a morte é permittida toda a qualidade de desatino. Os individuos que encontram são roubados, espancados, e mesmo mortos; o que tudo é praticado sob pretexto de sentimento. E em toda a terra do dominio do morto, logo que chega a noticia, os habitantes, formando-se em grupos sem differença de sexo ou edade, dirigem-se á Muzinda para chorar, e d'alli se espalham pelos caminhos e povoações distantes a roubar e espancar.

Desde o rompimento do Máriro, ou choro, principiam os toques de tambores, cantigas e danças: e esta funcção funefre, a que chamam Gôndo, não acaba senão no fim das exequias, das quaes faz parte, havendo tambem, desde o começo até ao fim, tiros continuos de espingarda.

Logo que um Mambo ou Fumo fallece, um privado do defunto toma o governo da povoação, mas sómente no que diz respeito aos negocios internos da mesma, taes como conservação de mulheres, policia, etc., porque em quanto aos negocios publicos, se o fallecido tinha Fumos subordinados, estes governam sem reconhecer auctoridade superior até á acclamação de um outro Mambo; e se os não ha, conserva-se o districto sem governo até haver outro Fumo. Ao governante interino chamam Chipsahiro.

Quando na Muzinda se tem reunido grande concurso, e que é já bem publica a noticia do obito; conduzem o cadaver, de que já não existem senão os ossos, em uma especie de padiola feita de cannas amarradas sobre dois páos, que carregam aos hombros quatro negros, indo em seguimento todas as panellas com o liquido conduzidas á cabeça das mulheres; e durante a marcha não cessam os alaridos, toques, tiros e cantigas. O cortejo reunido em desordem, dirige-se ao Tenge, onde ha já uma grande cova, ou se abre á chegada da comitiva, o que se faz em um momento. Se n'este transito encontram algum individuo, que por acaso vae passando, é morto sem remissão.

O cortejo vae a passo dobrado, porém, pára a miudo, não deixando nunca de tocar, cantar, etc. Logo que chegam ao Tenge, põem a padiola no chão, e dobram os alaridos, toques, etc., em quanto forram a cova com pannos, tanto dos que pertenciam ao defunto, como de outros que para isso offerecem: sobre elles põem as panellas, o cadaver, e todas as armas e utensilios de que elle fazia mais uso; e tambem uma provisão de Sima e Bádua, e por cima de tudo isto estendem pannos, e tapam a cova deixando sobre ella a padiola em que foi conduzido o corpo. Em outro tempo enterravam tambem mulheres, mas felizmente hoje é muito rara esta prática. Acabado o enterro voltam na mesma ordem e exercicio para a Muzinda, onde se conservam por oito dias da mesma fórma que d'antes, havendo ahi banquete continuado em quanto dura o Mâriro. No fim d'este praso tornam ao Tenge levando Sima, Bádua, legumes, cabra, e de tudo mais que tem cozinhado; e depositam tudo o que levam sobre a sepultura, com deprecações para que o Muzimo do finado lhes seja propicio, e os proteja: sendo feito isto tudo ao som de toques, cantos e danças.

No fim d'esta cerimonia, a que chamam Bôna, retiram-se todos, acabando sómente então os toques e danças, e mutuamente se rapam a cabeça, e vão lavar-se ao mais proximo rio; depois cingem a cabeça horisontalmente pela testa, com uma tira de panno branco, que é ordinariamente Samater, da largura de dois dedos, e os que não têem panno põem da mesma fórma uma folha de palma secca, e é este o luto: mas os parentes mais proximos, que trazem o luto carregado, só vestem em torno da cintura um bocado da mesma fazenda de Samater.

Com este cerimonial acabam-se as exequias, mas conservam o luto em toda a terra do dominio do morto em quanto não ha novo Mambo ou Fumo, em cujo intervallo é perigoso para o viajante passar por alli sem ir bem acompanhado; porque se valem d'este pretexto para roubar; o que lhes é permittido segundo os seus usos; isto, porém, acaba logo que tem entrado outro na Butáca do morto.

Desde que principia o Mâriro com os primeiros alaridos, é distinctivo de grandeza e pompa darem-se tiros; quanto mais repetidos são estes, maior é a magnificencia; e por isso os Mambos e Fumos fazem todas as diligencias para adquirirem armas e polvora, que lhes não servem senão para os funeraes.

As exequias de qualquer outro Marave são feitas da mesma maneira; com a differença, porém, que o cadaver é enterrado poucos dias depois do obito, e que a sua morte e funeral não causa alteração publica; muitas vezes é sepultado na mesma Nhumba onde falleceu, ou fica exposto no Tenge, depois de feita a Bôna, e as mais cerimonias. Quando é enterrado na Nhumba, é esta coberta de espinhos, e fica intacta até ser consumida pelo tempo. Um dos maiores Milandos que se podem fazer, por ser considerado como sacrilegio, é sujar proximo a ella, tirar-lhe lenha, ou emfim tocar-lhe. Á Nhumba em que ha gente sepultada chamam Macia.

XX.

Os espectaculos publicos d'estes povos são mui poucos; o principal d'elles, e ao mesmo tempo aquelle que lhes causa mais enthusiasmo, é a queima de um feiticeiro, cuja execução é feita do modo seguinte: o padecente, estando inteiramente nú, qualquer que seja o seu sexo, é deitado no chão de costas, ao comprido, e amarrado a quatro estacas que estão bem cravadas na terra; sobre elle vão armando lenha, que fica com o feitio d'uma eça, de doze a quinze palmos de altura; os pannos com que elle se cobria são postos em fórma de bandeira nas arvores mais proximas. Depois de prompta a pilha largam-lhe fogo pela parte dos pés, acompanhando este cruel auto de fé com muitos alaridos e toques de tambores; e quando tudo está reduzido a cinza, retiram-se em tumulto. Geralmente estas supersticiosas e barbaras execuções são feitas á borda dos caminhos mais seguidos, e todo o passageiro que transita por elles, deita para o logar onde se fez a fogueira uma pedra, de sorte que pela continuação do tempo forma-se d'ellas um monte; alguns vi eu bastante altos.

Os feiticeiros são sempre convencidos pela prova do Muáve; d'este ha duas qualidades, que produzem effeitos differentes, ambas tiradas da casca e tecido cellular da arvore a que chamam Muáua. O acto de tomar-se este juramento é um espectaculo de grande concurso. O réo que tem de fazer esta prova é encerrado em uma Nhumba, nú, e vigiado com todo o cuidado desde o sol posto da vespera do dia em que o

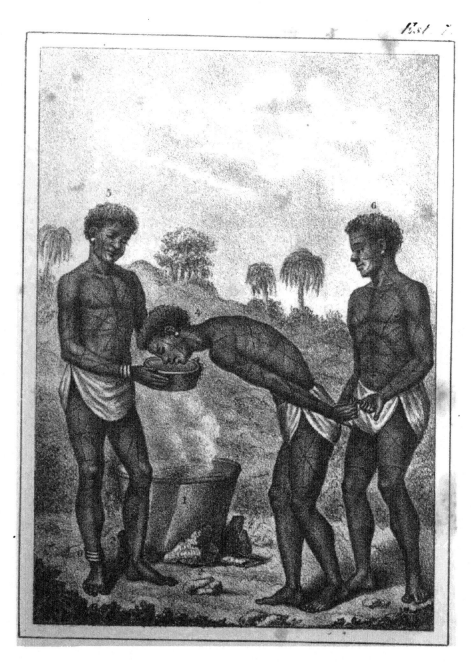

Marave tomando o Moáve.

julgamento se ha de effectuar até ao momento em que
este se faz; e durante todo este intervallo nada come. Em
quanto o réo está encerrado vae o Ganga cortar o Muáve,
tirando a casca da parte do Nascente e da parte do Poente
da arvore; e depois de a ter pizado algum tanto, deixa-a
de infusão em sufficiente porção d'agua até á madrugada
seguinte, em que põe tùdo a ferver em logar publico, e
quando tem fervido bastante, fica prompta a bebida. Então
é conduzido o réo debaixo de custodia até ao sitio onde
está o Ganga, que é quem preside ao juramento.

A seguinte descripção[7] dará uma idéa do modo como
este se executa. O vaso que está ao lume com o Muáve
contém ordinariamente de oito a doze canadas de liquido,
em que entrou pouco mais ou menos meia arroba de casca,
que larga uma côr avermelhada. O réo que tem a cintura
apenas coberta, deita as mãos para os quadriz, e com os
dedos minimos segura os dedos minimos d'outro negro, ficando curvado para a frente; e n'esta attitude começam os
dois a fazer balanço com os braços, e o réo a fazer uma
confissão publica em alta voz de tudo quanto tem feito, omit-
tindo e mesmo negando aquillo de que é arguido, e conclue
sempre dizendo com referencia á accusação: == Mas se tal
Milando commetti, o Muáve me justificará. == E na mesma
attitude e igual balanço de braços fórma maior curva com o
corpo e começa a beber o Muáve, que o Ganga lhe vae
dando em uma gamella, do meio da qual elle o toma com
os beiços, repetindo a dóze tres ou quatro vezes, em que
bebe para mais de tres canadas. Esta operação conclue-se
regularmente pelas oito horas da manhã, tempo em que o
sol já está bastante forte. O réo, deixando então o enlace
dos dedos, começa a correr em torno da povoação, porque

---

[7] Explicação da estampa VII : — 1 Pendical, ou vaso de barro
posto no lume onde se cose ou ferve o Muáve — 2-2-2 pedra onde
descança o Pendical que serve de trempe — 3 Ganga que dá o
Muáve — 4 Marave na acção de tomar o juramento, bebendo o
Muáve — 5 gamella com a bebida do Muáve — 6 Marave que segura com os dedos minimos os do que bebe o Muáve — 0-0 manilhas de marfim.

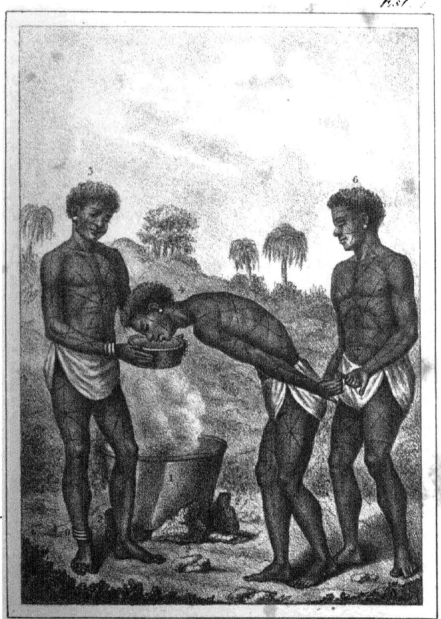

Marave tomando o Moáve.

sempre é proximo a ella o logar onde se dá o juramento, sendo seguido por toda a multidão de espectadores que vão correndo e cantando. Este exercicio dura até que a bebida seja expellida por cima ou por baixo. No primeiro caso está livre, e justificado innocente; e então deitam-lhe pela cabeça farinha de milho, acompanhando-o com danças e cantigas; e o auctor ou auctores fogem com o seu partido, para não serem maltratados, e até mortos, pelos parentes e partidarios do réo no impeto do seu contentamento; e o proprio Ganga, posto que a sua vida não corra perigo, comtudo, para não ser insultado, toma a cautella de immediatamente fugir.

No segundo caso, sendo o Muáve arrojado por baixo fogem os do partido do réo, porque se julga estar provado que é criminoso; e em logar de farinha lançam-lhe cinza, e fazendo muitos alaridos de furor, conduzem-no e guardam-no com segurança para ser queimado no dia seguinte. Acontece comtudo, ainda que raras vezes, appellar o réo para segundo Muáve, dando por motivo a ommissão de alguma cousa na confissão. Os Maraves dizem que quando existe esta circumstancia de palavra ommittida na confissão, fecha-se a garganta ao réo de fórma que nada deixa passar para fóra, e que por isso o Muáve é arrojado pelo lado opposto. No segundo Muáve que tomam, quasi sempre vomitam, o que sem duvida é devido ao estado de fraqueza em que se acham: e n'este caso o réo fica livre e justificado innocente, e como tal vae haver indemnisação do auctor.

Ha outra sorte de Muáve, a qual é mais usada no Marave. Tem o mesmo preparo e administra-se com as mesmas formalidades que o precedente, differindo sómente em ser tomado entre dois caminhos; um que vae dar ao Tênge, e o outro á povoação; e o réo diz, na occasião da confissão, e estando para toma-lo:═Se sou culpado, o meu caminho é aquelle (apontando para o do Tênge) e se não o sou, é est'outro, (mostrando o da Muzi).═Então toma a bebida, e começa a correr em torno da povoação, e se durante a corrida arroja a bebida por qualquer das vias, está justificado innocente, mas se cáe como morto está provado o crime, e é conduzido a queimar.

Tem-se observado que n'este caso não desapparece a vida, mas que no réo ficam suspensas todas as faculdades, e que, sendo conduzido para a sombra, e deitando-se-lhe agua por cima, passadas algumas horas, torna a si, e por fim fica bom. Mas entre os Maraves, apenas elle cáe, é logo queimado, porque o julgam morto.

Todo o negro que toma Muáve, seja qual fôr o seu effeito, engorda muito, e adquire um lustro de pelle e robustez admiravel, o que mostra que d'esta bebida poderia a medicina . tirar proveito, sendo administrada convenientemente.

O Muáve não se applica unicamente para provar o feitiço, mas tambem para todos os casos em que ha arguição, mas sem provas bastantes, ou ainda mesmo com ellas, uma vez que o accusado negue; e n'este caso, ou o mesmo réo o pede para justificar-se, e então não recáe tanta responsabilidade no arguente, ou é proposto por este, o que só acontece quando tem inteira certeza da culpa commettida pelo réo. No caso do Muáve justificar o accusado, vae este haver do accusador uma indemnisação com que fique satisfeito. E como não ha taxa para estes Milandos, a vontade de um e os teres .do outro é que servem de lei. Não usam os Maraves de meios alguns violentos para extorquir confissão, ou provas, quando estas se não conhecem, e que o réo nega, por mais bem fundadas que sejam as suspeitas: sómente recorrem ao Muáve, e em quanto por elle não julgam ter conhecido a realidade da culpa, o réo, que se acha retido em segurança, é sempre tratado com brandura; logo, porém, que é condemnado começa a ser maltratado e injuriado.

Todas estas scenas barbaras são espectaculos a que os Maraves concorrem com alvoroço, fazendo sempre alaridos e repetindo cantigas.

Logo que as searas começam a amadurecer, o que tem logar em Junho, principiam os Batuques, nome que os cafres dão em geral aos toques de tambores, danças e cantos; porém cada divertimento tem seu estylo e nome particular, como Catéco, Gôndo, Pembéra, etc., etc., que só a prática sabe distinguir. Estes Batuques, que duram até Outubro, mez em que principiam as novas culturas, trazem os Maraves entretidos todo este tempo, em que não levam outra vida senão a de beber Bádua, dançar e cantar, conservando-se em um estado continuado de embriaguez.

XXI.

As regras usuaes de cortezia seguidas pelos Maraves são as seguintes: Encontrando-se individuos de igual classe cumprimentam-se sem parar, tocando com uma das palmas da mão' na sua propria côxa ou nadega correspondente; e o mesmo fazem quando entram em uma Nhumba, acompanhando esta acção com uma curvatura de joelhos; porém, quando querem fallar, sentam-se em silencio no chão, um fronteiro ao outro, e pondo a mão esquerda horisontalmente aberta na altura do embigo com a palma para cima, com a direita dão, com estrondo, umas poucas de palmadas successivas sobre ella, e vão diminuindo o som até se não ouvir: tornam a dar cinco ou seis palmadas, mas com pausa; e no fim duas ou tres precipitadas; e tudo isto sem pronunciarem uma só palavra. Findo este cumprimento entram a fallar, e logo no principio se offerecem mutuamente tabaco, que trazem n'uma pequena cabaça presa ao Mucife; isto é, cordão da cintura, ou ao pescoço em um cordão. A esta cabaça de tabaco chamam Tècûé.

Aquelle que offerece entrega ao outro a Tècûé, o qual lhe pega pela parte inferior com o pollegar e dedo grande da mão esquerda; tendo a tampa voltada para a palma, tira a rolha que a tapa, e a entala entre o index e o grande da mesma mão; e com o dedo grande da mão direita dá piparotes na cabaça para sacudir o tabaco na palma da mão; depois d'isto volta a cabaça, segurando-a entre o pollegar e index da mesma mão esquerda, ficando com os mais dedos fechados, e cobrindo com elles o tabaco que está na palma; em quanto que com a direita a tapa com a rolha, e a entrega. Então começam ambos a toma-lo em grandes pitadas, com o dedo pollegar e o grande, acompanhando cada pitada com um grande estrondo como de espirro, porém, muito mais forte. D'esta fórma vão sorvendo todo o tabaco, e algum resto que fica na palma é aproveitado esfregando com esta o nariz, e limpando-a muito bem a elle; por isso os Maraves andam sempre com o beiço superior e as faces sujos de tabaco; isto passa por tafularia.

Outros ha que, depois de terem o tabaco na mão, tomam um canudo de penna grossa, ou de canniço fino, que trazem preso ao pescoço, e com uma extremidade d'elle chegam ao tabaco, e introduzem a outra em uma das ventas, tapando com o dedo a outra para sorverem com mais força. É tal a irritação produzida, que cada sorvo lhes faz caír uma grande lagrima de cada olho, que limpam com o dedo medio, acompanhando a acção com igual estrondo; e no fim praticam a mesma pintura de beiços e faces. Os que tomam assim o tabaco andam sempre com os olhos vermelhos.

Quando um Marave chega a uma Muzi a que é estranho, senta-se no chão, onde se conserva até que appareça alguem; e aquelle que primeiro o vê senta-se ao pé d'elle, e mutuamente fazem o cumprimento de palmas sem proferirem palavra; e á medida que se vem juntando gente vae-se sentando e fazendo o mesmo cumprimento, ao qual todos os que já alli estavam correspondem da mesma fórma como a primeira vez. Sendo em Muzinda, e estando o Fumo já no Buáro, ou na Issáca, os recem-chegados sentam-se, e vão fazendo os seus cumprimentos, como fica dito, aos quaes o Fumo corresponde, e todos os mais que o cercam, por inferior que seja a condição dos mesmos recem-chegados: e esta saudação se effectua ou pela fórma indicada, ou batendo nas côxas, nadegas, ou peito, mas sem, comtudo, cessar a conversa em que estava, e por conseguinte sem deixar de fallar; porém todos os mais correspondem ao cumprimento batendo palmas.

Costumam os Maraves fumar o Bangue, arbusto que tem grande similhança com o canhamo, e que é muito estimado pelos africanos e asiaticos para fumar depois de secco; embriaga muito, e é um narcotico que produz terriveis effeitos a quem a elle não está costumado. Ordinariamente fumam-no de noite ou de madrugada, o que se conhece em muita distancia pelo motim que fazem com gritos.

Ás mulheres não fazem os Maraves cumprimento algum, salvo se é Fumo-acáze, porque então recebe os mesmos que se dirigem ao Fumo; quanto ás mais, limitam-se a dar palmas quando encontram alguma que mereça respeito, continuando, comtudo, sempre a andar; ao que ella corresponde da mesma fórma.

Encontrando-se duas mulheres, e querendo conversar, ambas ajoelham uma defronte da outra, apoiando as nadegas aos calcanhares; e concluido que têem a conversa cada uma toma o seu caminho sem mais cumprimentos de despedida.

Fallando de longe um Marave com outro, a cada pausa que faz o que está fallando responde o outro = Ébó = o que significa, certamente; assim mesmo.

XXII.

Não conhecem outra divisão do tempo senão a de duas estações no anno: a do estio e a da chuva; ou sementeira e colheita. E as suas épocas são contadas pela existencia dos Mambos, calamidades públicas, ou outra cousa extraordinaria, e n'este caso dizem elles: = Estou n'este sitio desde o tempo do Mambo tal, ou desde a fome grande, ou da guerra de tal, etc. = e quando ha menos de um anno então contam por luas.

XXIII.

Ignoram a arte de versificação. E posto que as suas cantigas sejam sempre de louvor ou vituperio, de ameaça ou pranto, não têem metro, sendo apenas a repetição continua das mesmas phrases, e havendo sempre um estribilho, a que respondem em côro.

Desconhecem o uso das moedas de metal; assim como o modo de perpetuar a memoria por meio de monumentos.

XXIV.

A historia d'este povo jaz n'uma obscuridade tal que nada posso dizer a similhante respeito. Toda a indagação que fiz foi sem resultado algum, porque nada souberam contar que satisfizesse; e só pude colher o seguinte:

Em tempos remotos, talvez na época das conquistas dos portuguezes n'esta parte da Africa, existiam dois grandes Mambos, um dos quaes governava os Maraves, povos que habitavam as terras situadas na margem esquerda ou oriental do rio Zambeze; e o outro dominava os Munhaes, que occupavam a sua margem direita ou occidental, porém os Muzungos; isto é, os portuguezes, fizeram perder a estes Mambos todo o antigo poder; e hoje acham-se da fórma que havemos referido, continuando ainda a sua decadencia. Entretanto a causa primaria d'esta está na devastação do paiz, resultado das continuas guerras em que andam. Em outro tempo havia muito commercio de ouro, marfim e cereaes, mas hoje não existe quasi nenhum, o que é proveniente da mesma causa.

CAPITULO III.

I.

Julho 14.—Desde Tete até ao Bar do Missále temos andado, pouco mais ou menos, setenta e uma legoas portuguezas de dezoito ao gráo. Hoje levantámos o campo e marchámos para o Luane do mesmo Bar, para esperarmos ahi os carregadores que ficaram na retaguarda, e para se lhes distribuirem mantimentos que para isso se mandaram comprar. Deixámos no logar do acampamento uma escolta para fazer seguir para a frente os ditos escravos que ainda não chegaram.

Nós os commandantes fomos visitar o senhor do Bar, José Luiz Rodrigues, cuja residencia está a uns tresentos passos do caminho, e ás dez horas voltámos com o dito Rodrigues, e marchámos para o N., passando pelo meio de duas serras que formam a cordilheira que temos tido á nossa direita; e com meia legoa passámos o regato Inhancumba que corre, para O. com meia braça de largo e meia de alto; na sua margem formou-se o campo. Ás onze da manhã já estava reunida toda a expedição. O dito Rodrigues offereceu tres bois e mais algum mantimento, que foi convenientemente distribuido.

Este é o ultimo Bar que se encontra, e o mais distante de Tete. A escravatura que n'elle existe foi começada a reunir ha já muitos annos por Vicente Antonio de Quadros, que formou este estabelecimento; e por morte d'elle ficou muito tempo sem ver aqui o novo senhor, que foi Joaquim Salvador do Rozario, até que em 1829 ou 1830, em consequencia d'um sequestro, foi vendida em hasta pública, e comprada pelo dito Rodrigues. Depois da morte do referido Quadros, primitivo senhor d'estes escravos, nunca mais elles tiveram protecção nem sujeição, e viveram como libertos, até que o Rodrigues os comprou, e agora tem-lhe custado muito a reduzi-los á obediencia. O seu numero não excede a cento e cincoenta, porém, o Muanamambo, que tambem é escravo, possue uns tresentos escravos seus proprios.

Ordinariamente os escravos empregados pelos senhores na qualidade de Moçambázes, ou mercadores, que vão ao sertão comprar ouro, marfim ou escravos, occupam o seu primeiro cuidado em comprarem escravos para si, tanto com as fazendas que lhes dão os senhores, como com a que lhes furtam; e quando são bons Moçambázes fazem grandes povoações de escravos e de mulheres, que pela maior parte são tambem escravas suas.

O Muanamambo do Missále está n'este caso, porque, como bom Moçambáz, o mesmo senhor o ajudou a juntar a grande escravatura que possue.

Quando morre o escravo que tem escravos, immediatamente se dá parte ao senhor, o qual logo manda tomar conta do que tinha o morto: e se este deixa parentes livres, aquelle d'entre estes a quem pertence a Butáca, apresenta-se como herdeiro, e sendo da vontade do senhor o acceita na qualidade de escravo como era o defunto; e fica ao arbitrio do mesmo senhor, deixar-lhe metade ou todos os bens, ou rejeita-lo e ficar com tudo. Outras vezes o senhor recusa herdeiro livre, e nomeia em seu logar um escravo que nenhum parentesco tinha com o fallecido. Em uma palavra o dono do escravo é o directo senhor de tudo quanto este possue, quer em vida, ou depois de morto.

Este Luane consta de quatro palhotas redondas ou Nhumbas, collocadas n'um outeiro cercado de serras, e circumdado de algumas povoações dos escravos. Como este é o ultimo estabelecimento portuguez que encontrámos, parece-me a proposito dizer alguma cousa do modo de viver de um senhor de Bar quando n'elle habita, posto que pouco differe da maneira ordinaria de viver dos habitantes dos prazos da Corôa, e mesmo nas villas de Rios de Sena.

A vida que passa o senhor que reside no seu Bar consiste em comer, fumar e dormir: e achando-se rodeado de negras jovens entrega-se a uma continua sensualidade. Logo que se senta á mesa para comer, é cercado de escravos que todos estão de pé com os braços cruzados esperando as ordens, ou que se occupam em mudar-lhe os pratos, mas não os garfos e facas porque elle come com a mão, segundo o uso commum dos naturaes da Africa e Asia portugueza, e ainda mesmo de muitos europeos, o que praticam quando estão sós á mesa, porque, dizem elles, o comer tem melhor gosto. Quando finalmente tem acabado de jantar, chega-se a elle um escravo com uma bacia, outro com agua em um Tambió, que é um vaso redondo de metal, similhante a um pucaro mas sem aza, e que é muito usado na India, d'onde lhe vem o nome, e outro escravo traz uma toalha. Apresentando-lhe a bacia, a que chamam Bática, elle estende as mãos sobre ella, e com o Tambió lhe deitam agua, e depois de as ter lavado e limpo, outro escravo lhe offerece logo um cachimbo de barro com uma haste de caniço que de ordinario tem mais de uma braça de comprido, e em quanto fuma, o que faz achando-se já deitado, está um escravo segurando-lhe o cachimbo, e dois ou tres maçando-o; isto é, dando-lhe pequenas pancadas com ambas as mãos ou punhos, nas barrigas das pernas, côxas e nadegas até dormir; esta operação continua durante o somno até acordar; e o mesmo acontece de noite, rendendo-se os escravos, que são d'ambos os sexos, mas sempre jovens. O dito Rodrigues não segue o costume em todo o rigor, o que talvez seja devido a sessenta e tantos annos de idade que tem; porém, João Pedro e Manoel Caetano Pereira, observam a regra que fica descripta, e passam a vida como sultões nos seus harens.

II.

Julho 15.—Demoramo-nos no mesmo sitio para distribuir mantimentos.

Ás oito horas da noite deu parte o Muanamambo dos escravos carregadores da Fazenda Real ao interprete, de que os ditos escravos estavam combinados para fugirem esta noite. Immediatamente nos reunimos em conselho, e n'elle deliberámos que se lhes fizesse uma falla, expondo-lhe o crime que commetteriam e o rigoroso castigo que soffreriam aquelles que fossem apanhados: e isto poz-se logo em execução; elles, porém, responderam negativamente. Comtudo, mandou-se o commerciante Paulo Leonardo prevenir José Luiz Rodrigues, para que, sendo possivel, obste á fuga com a sua escravatura, no caso que a tentem. Ás onze horas da noite recebeu-se participação de haverem desertado os mesmos escravos, ficando só o Bázo muido das pancadas que lhe deram. Reunimo-nos outra vez em conselho, no qual finalmente se assentou em officiar a João Pedro Xavier da Silva Botelho, visto ser a sua residencia a mais proxima do logar em que estamos, para pedir-lhe outros cem negros carregadores, em logar dos fugidos, que elle tambem fornecêra; e esta diligencia foi incumbida ao segundo commandante para se dar mais força e actividade á requisição; e de tudo lavrou-se termo.

Julho 16. — Logo que tocou á alvorada puz-me em marcha para o Bar do Mano, d'onde tinha sahido no dia 12 do corrente, e onde cheguei ás quatro horas e vinte minutos da tarde sem descançar em parte alguma. E como eu havia feito marchar adiante um soldado com o officio para entregar com urgencia ao dito Botelho, esperava que elle désse logo providencias para cercar os fugitivos, ou cortar-lhes o caminho, o que era então facil: mas enganei-me, pois que á minha chegada, estando elle já prevenido do acontecido, mostrou a maior indifferença, e disse-me que lhe não importava que tivessem fugido os escravos, porque não eram seus, e que não dava outros. Todas as razões que lhe expuz foram sem resultado; até que me limitei a pedir-lhe a resposta do officio, o que prometteu fazer ámanhã.

Julho 17. — Ás oito horas da manhã deu-me a resposta que eu exigia; e puz-me em marcha para o acampamento onde cheguei ás sete horas da noite. Com a minha chegada houve a maior consternação, por se verem destruidas todas as esperanças, e por falharem as providencias que com tanta justiça se pediam. A esta mesma hora deliberámos officiar ao capitão-mór dos sertões Manoel Caetano Pereira, e em nome do governador da capitania convida-lo para reunir-se á expedição com gente sufficiente para conduzir as cargas que pertencem á Real Fazenda, e que o portador do officio fosse o interprete, para dar mais força á requisição.

Julho 18. — Ao toque d'alvorada marchou o supradito para a Capáta com um officio, bem como se officiou a José Luiz Rodrigues, pedindo-lhe cem negros, no caso de não haver resultado da requisição do capitão-mór.

Hoje á noite fui accommettido de uma violenta febre, que me não deixa ser senhor de mim, e que attribuo á marcha extraordinaria que fiz de dezoito leguas em dois dias successivos, apanhando toda a força do sol.

Agosto 2. — Até hoje tem estado parado este diario em consequencia da perigosa molestia que tive de um ataque de garganta, ou garrotilho. Devo a vida ao cuidado do commandante, e do meu enfermeiro, o capitão de ordenanças Joaquim dos Santos Montalvo, e á ponta de um canivete de aparar pennas com que fui sangrado, por falta de lanceta; e carecendo igualmente de sangrador, foi o commandante quem fez o ensaio. Sangrar pela primeira vez sem ter aprendido, e com um canivete, só no sertão, e em circumstancias similhantes áquellas em que estive! Como a tentativa do commandante não tivesse resultado, tomei eu mesmo o canivete, e fiz uma segunda incisão na braço direito, mas não fui mais feliz. Perdida a esperança do resultado, pedi então aos meus camaradas que na volta me levassem os ossos para terras portuguezas; mas felizmente o soldado europeu Rodrigo de Sousa, sabendo o resultado que tiveram os ensaios da sangria, pediu ao commandante que o deixasse experimentar, porque, tendo estado em um hospital militar, víra sangrar muitas vezes, e com a sua tentativa nada se perdia; por fortuna foi muito bem succedido, fazendo uma larga sangria, a qual foi repetida, e salvou-me a vida. Como estou já em convalescença, posto que em grande abatimento, por isso continuo este diario.

O commandante contou-me que o capitão-mór dos sertões dera uma resposta negativa, e que tendo esgotado todos os meios possiveis para haver carregadores, ultimamente viu-se na extrema necessidade de tratar com os Cazembistas a conducção das cargas dos desertores; e accrescentou que estando tudo prompto, só se esperava para marchar que eu me restabelecesse. Ora como hoje estou melhor, apesar de me achar muito fraco, e não convindo de fórma alguma haver mais demora, continuou-se a marcha.

Pela manhã seguimos para NO, uma legoa, atravessámos a cordilheira que nos ficava á direita, e que corre aqui para O.; gastámos apenas trinta minutos em atravessa-la; entrando depois em uma grande planicie, na qual, a tres leguas da serra, se formou o campo. Passámos varios regatos com agua, e de que nos não souberam dar o nome.

O caminho que hoje temos seguido atravessa um paiz povoado de Chévas e Tumbucas.

III.

Agosto 3.— Pela manhã continuámos a marcha para NNE.: tendo andado quatro leguas passámos o riacho Rúa, que corre para L. com cinco braças de largo e tres de alto; e d'aqui andámos para N., e apenas haviamos marchado duas leguas, que passámos pelo Zimbáoé do Fumo Chéva, por nome Múgúrúra, e a curta distancia para NO. formou-se o campo proximo á Mussássa, isto é, acampamento dos Cazembistas, que já aqui estão ha dias. Zimbáoé é a povoação em que reside um Mambo ou Fumo Chéva.

Agosto 4.—Continuámos no mesmo sitio. Pela manhã mandou-se a Chipáta ao Fumo Múgúrúra, a qual constou de uma Ardian e dois Capotins. Desde que passámos a ultima serra temos andado por terreno plano com intervallos de grandes Dambos, que são campinas sem arvore nem arbusto algum. Continua o paiz a apparecer povoado de Chévas e Tumbucas. Aquelles são os senhores da terra, e constituem a nação que as habita, e estes são colonos, e não obstante serem interesseiros como todos os cafres, comtudo são hospitaleiros, e mostram maneiras agradaveis no trato, de que carecem os Maraves. Temos visto já muitos Muizas com marfim e escravos de venda, mas são muito careiros. Temos tambem visto muitos rebanhos de gado vaccum, mas não o vendem, e se acaso se entra a ajustar algum pedem carissimo; todavia apparecem a vender mantimentos, gallinhas e cães.

O Zimbáoé do Múgúrúra tem para mais de mil Nhumbas, com excessivo numero de habitantes: elle é subordinado ao Mambo Mucanda. Depois da fazenda de algodão ou lã, o que este povo parece apreciar mais é o Caurim, Calaim e sal.

IV.

Á uma hora da noite houve parte de terem fugido alguns negros, e na revista que se passou, conheceu-se serem doze que conduziam as bagagens dos commandantes, e que tinham sido emprestados pelo feitor de Tete, João da Costa Cardoso: a esta mesma hora mandou-se uma escolta forte de soldados e negros de confiança, em seu alcance.

Agosto 5.—Ficámos no mesmo sitio á espera da escolta, que chegou ás oito horas da noite sem noticia alguma dos desertores. De tarde veio ao acampamento o Fumo Somba, irmão do Mucanda, pedindo que se lhe désse aqui a sua Chipáta, o que recusámos fazer por não estarmos ainda no seu districto, e apesar da insistencia que fez não foi possivel annuir; voltando ainda segunda vez pedindo que ao menos se lhe désse alguma cousa, forçoso foi então satisfazer-lhe

a sua impertinencia, dando-lhe alguma missanga, Caurim e
sal, mas em pequena porção.

Agosto 6.—Mandou-se ao Múgúrúra um Capotim, com
uma flecha de signal; isto é, o Capotim de Muromo, e uma
carta de jogar com um sêllo posto em lacre, para que todo
o negro ou soldado que passar pelo seu districto sem ir
munido d'outro igual ao da carta, seja preso e mandado entregar ao acampamento da expedição, promettendo-se-lhe
que será pago de todo o trabalho que fizer n'esta diligencia;
no que concordou. Tornou a vir o Somba com a mesma impertinencia, mas sem obter resultado.

Ás nove horas e quinze minutos da manhã levantou-se o
campo, e marchando para NNE. legoa e meia, passámos o
riacho Sanhára, que corre para L. com tres braças de largo
e uma de alto. Fizemos alto para mandar a Chipáta ao Fumo
Mupônda, que fica a alguma distancia do caminho, a qual
consta de um xaile e de um capotim. Andámos ávante com
o mesmo rumo, sempre por caminho povoado de Tumbucas,
e tendo feito duas legoas desde ó riacho, passámos pelo Zimbáoé da Fumo-acáze, irmã do Mucanda, e junto d'elle corre
para L., com bastante agua, o riacho Muatize, com cinco
braças de largo e uma de alto; áquem d'elle formou-se o
campo. O chefe da cáfila Cazembe mandou pedir ao commandante que esperasse por elle ámanhã n'este sitio, onde
ha de vir reunir-se á expedição para continuar a marcha
com ella; ao que se annuiu.

Agosto 7.—No mesmo sitio. Mandou-se a Chipáta á
Fumo-acáze, que foi um Xaile e um Capotim. Houve grande
concorrencia de mantimentos e gallinhas a vender. Ás duas
horas da tarde chegaram os Cazembistas, que fizeram a sua
Mussássa junto ao nosso campo. Este Zimbáoé é grande,
mas não de tanta consideração como o do Múgúrúra.

V.

Agosto 8.—Pela manhã mandou a Fumo-acáze um vitello
de presente. Levantou-se o campo, e caminhámos para NNE.;
o caminho cada vez vae apparecendo mais povoado e cultivado;

tinhamos apenas avançado duas legoas quando passámos pelo Zimbáoé do Mambo Mucânda, e a tresentos passos d'elle o rio Ruareze, a que o Dr. Lacerda chamou Uzereze, com muita e magnifica agua: corre para L. com oito braças de largo e tres de alto, e áquem d'elle formou-se o campo. Temos hoje passado e visto grandes Dambos, que são, como já havemos dito, campinas muito extensas, sem arvores nem arbustos. É aqui a residencia do Mucânda, Mambo dos Chévas, o mais poderoso que se conhece desde o Zambeze até o Aruângoa.

Todas as terras dos Chévas até aqui são uma continuada planicie com muita cultura e povoação, e a sua fertilidade é extraordinaria. Não temos encontrado nem visto outras pedras senão de ferro. Só os Chévas podem vestir fazenda tecida, porque os Túmbúcas que o fizessem incorreriam n'um grande Milando, pelo qual seriam escravisados com todas as suas familias; em consequencia do que sómente se cobrem com pelles, ou Nbandas. Continuâmos a encontrar muitos Muizas emigrados, e são elles os que se empregam no commercio; mas pedem preços muito caros.

O Zimbáoé do Mucânda é excessivamente grande, tanto em Nhumbas, como em numero de habitantes. Mandou-se-lhe a Chipáta, que constou de meia peça de Zuarte, cinco braças de Samater, duas Ardians, quatro Capotins, um Xaile, quatro covados de baeta encarnada, seis lenços, um rosario, ou fio, com cincoenta pedras leite, ou roncalba, um panno de Calaim, um rosario de coral falso, quatro Chuábos de missanga, duas tigelas de sal, duas ditas de Caurim: o que tudo recebeu, e ficou de vir ámanhã visitar-nos.

Agosto 9. — No mesmo sitio. Mandou-se a Chipáta ao Chapuma, irmão do Mucânda, composta de uma Ardiam, um Xaile, um Capotim, duas meias Ardians, e dois Chuábos de Missanga.

Veio o Mucânda visitar-nos ao acampamento, sendo conduzido ás costas de um negro: estava penteado ao uso Muiza, e vestido com um pedaço de Xaile muito velho, que sómente lhe cobria as partes sexuaes. É alto e grosso, mas bem proporcionado; mostra ter de sessenta a setenta

8

annos, parecendo muito agil e robusto; o seu aspecto é
agradavel e magestoso. Demorou-se duas horas, e pediu que
cada um de nós lhe désse alguma cousa, mas de fórma e
com taes maneiras, que havia prazer em dar-lhe e agradar-
lhe; e então retirou-se. Ás onze horas da manhã chegaram
os Cazembistas, que formaram a sua Mussássa a cem passos
ao N. do nosso acampamento.

Não poderemos ámanhã continuar a marcha por causa de
um Milando que os Cazembes têem com o Mucânda, e só
depois de concluido se poderá seguir viagem. O chefe Cazembista mandou pedir ao commandante que lhe ajudasse a pagar
o dito Milando, porque elle não tinha com quê. Estamos
sujeitos aos Cazembes, e á dura necessidade de os empregar na conducção das cargas, como ultimo recurso de que
havia a lançar mão; não foi por falta de reflexão que elle
se tomou, mas sómente por não haver outro meio a adoptar,
logo que desertaram os negros. Ou a expedição havia de
voltar para Tete, ou tinhamos de aproveitar o unico meio
que restava de marchar para a frente; mas este mesmo meio
torna mais penosa e ardua a nossa empreza. Em consequencia do pedido do Cazembe Ampata, mandaram-se-lhe
duas Ardians e um Zuarte feito em quatro Capotins, recom-
mendando-se-lhe que de abreviasse o mais possivel o seu
Milando, porque a estação vae adiantada, e seria um grande
mal que o inverno sobreviesse durante a nossa marcha
no sertão. Elle mostrou-se agradecido, e ficou de concluir
ámanhã.

Agosto 10. — Ás onze horas da manhã tivemos parte de
se haver acabado a questão, pagando os Cazembes sete peças de Zuarte; ás duas horas da tarde foi o seu chefe fallar
com o Mucânda, e ficou desembaraçado. Á revista da noite
deu-se ordem ao Chirambaúno que annunciasse a marcha
para ámanhã.

VI.

Agosto 11. — Pela manhã seguimos ávante para N. 4 NO.,
e a poucos passos encontrámos uma Muzi de Muizas emigrados; e proseguindo sempre por terreno em que havia muitas

culturas e povoações, tendo feito uma legoa de marcha, chegámos ao sitio Catamanda, onde foi forçoso acampar, tanto
por não haver agua senão a grande distancia, que não póde
vencer-se hoje (segundo dizem), como por terem ficado na
Mucânda os Cazembistas, com cargas que não convem desamparar.

Aqui mesmo ha grande falta de agua, porque apenas vimos duas Mixeires; isto é, covas no chão, d'onde se tira
agua, as quaes logo se esgotam, e é preciso esperar que
nasça para a ir tirando; e assim mesmo estão cobertas de
espinhos por causa dos elephantes, que foram sentidos em
mui pouca distancia pela gente que de noite foi á agua.

Agosto 12. — Antes de se levantar o campo mandou-se
a Chipáta ao Fumo Chimombo, que constou de uma Ardiam e um Capotim, dizendo-lhe que pela falta de agua não
podia lá ir acampar a expedição, motivo porque seguimos
para poder vencer o caminho. Continuámos a nossa derrota
para NNO., encontrando frequentemente a um e outro lado
do caminho pequenas Muzis, e Dambos, que vão apparecendo mais a miudo. Quando haveriamos marchado duas legoas, encontrámos em um Dambo os portadores da Chipáta, que deram parte de ter o Fumo estranhado não se lhe
mandar uma peça encarnada; pouca attenção démos a tal
requisição, por ser do costume esta sorte de pedidos. O
Zimbáoé do dito Fumo dista d'este sitio uma legoa para
ENE. Seguimos ávante para NNE., encontrando da mesma
fórma pequenas Muzis e Dambos, mas com escacez de agua,
porque apenas vimos pequenas Mixeires. Tendo marchado com
este rumo duas legoas, tornámos a andar para NNO., e
apenas haviamos caminhado uma legua, passámos pela Muzi
do Túmbúca Giânde. Aqui quizemos acampar; porém não
havia agua por parte alguma, e um soldado dos que se
mandaram dispersar para a procurarem, veio dar parte que
achára algumas Mixeires, mas quasi esgotadas, em consequencia do que mandou-se dirigir para ahi a marcha, o que
fizemos com o rumo de NNE. meia legoa, até chegar ao rio
Rúcúzi, que está secco, e tem de largo oito braças sobre
quatro de altura. e mostra a direcção da corrente para o N.

Acharam-se n'este sitio apenas duas Mixeires quasi seccas, mas apesar d'isso acampámos.

Os carregadores Cazembistas acompanharam hontem a expedição, e logo que ella acampou largaram as cargas, deixando dois para vigia-las, e voltaram para acompanharem o seu chefe; e hoje, vendo aquelles que a expedição seguia, representaram que ficavam expostos com a fazenda; em consequencia do que, deixaram-se-lhes quatro soldados, com ordem de recolherem á expedição logo que chegassem os Cazembistas.

Ás quatro horas da tarde chegou um dos ditos soldados com parte de estarem os tres reunidos á guarda da retaguarda, em cumprimento das ordens, mas que a mesma guarda se achava retida pelo Fumo Chimombo, por se lhe não ter dado uma peça de fazenda encarnada, o que immediatamente se providenciou, dando um Xaile ao dito soldado, que foi em companhia de outro, e com a mensagem de que, por causar grande transtorno a volta da expedição, se lhe mandava o Xaile, para desembaraçar a gente; porém que na volta tomar-lhe-hiamos contas do seu procedimento. Este Fumo é subordinado ao Mucânda.

A gente da retaguarda não pôde chegar ao campo. Não resistiu á violencia do Fumo porque tem ordem de não fazer fogo senão em absoluta defeza de vidas, ou contra os que pretenderem roubar á viva força, e de, tanto n'esses como em todos os mais casos, mandar logo parte áquelle dos commandantes que estiver mais proximo, a fim de haver sempre uma prompta providencia, e é para a facilitar que na marcha vae o segundo commandante na frente, e o primeiro na retaguarda.

Agosto 13.—Demora no mesmo sitio por causa da gente da retaguarda, para onde se mandaram dois soldados para abreviarem a marcha da mesma gente.

Ás nove horas da manhã chegaram todos, e deu parte o commandante da dita guarda, que o Fumo quizera levar a gente toda, para o seu Zimbáoé, mas que elle recusára acompanha-lo e annuir ao seu desejo, até que por fim, quasi ao sol posto, estando em campo aberto, e não vendo resultado algum do que esperava, os desembaraçou sem mexer em cousa alguma, e que muito depois, e a larga distancia, encontrára os soldados que iam mandados do acampamento.

Tem havido menos concorrencia de viveres a vender.

Agosto 14. — Ainda ficámos no mesmo sitio á espera dos Cazembes, por causa das cargas que conduzem.

Ás nove horas e quarenta e cinco minutos da manhã chegaram alguns d'elles com cargas, declarando que os restantes só chegarão amanhã. Ha dois dias que faz um calor insupportavel. Á meia noite houve um sussurro no campo causado por um Túmbúca que teve o arrojo de entrar n'elle por uma extremidade, e puxar pelo panno de um negro que dormia, e com que estava coberto; mas como estava entalado não o pôde levar, e sendo sentido seguiram-no, porém, pelo escuro da noite escapou-se.

Agosto 15. — Ainda no mesmo sitio á espera dos Cazembes. Ás onze horas da manhã chegaram alguns com cargas, e deram parte que hoje chegavam todos, o que se realisou á uma hora da tarde. Ás duas horas da tarde apresentou-se um Mútúme; isto é, um enviado do Mambo Capriméra, a saber o motivo da demora da expedição n'este sitio, o que attribuia a algum embaraço dos Túmbúcas, e sendo assim vinha auctorisado para castigar o culpado: respondeu-se-lhe que não havia outra causa mais do que acompanhar os Cazembes que conduzem as cargas da expedição, que não podem perder-se de vista. O mesmo Mútúme deu noticia de que João Pedro passára para o sertão, e que estando no Zimbáoé de seu amo com tenção de demorar-se alguns dias, logo que soube da nossa proximidade, abalára como fugido, e dissera, que não queria encontrar-se com a expedição.

Agosto 16. — Pela manhã deixámos o campo, e seguimos a NNO. Teriamos andado uma legoa, quando seguimos o rumo de O., e apenas com meia legoa tomámos o de N., com o qual haviamos andado anteriormente; meia legoa depois passámos um pequeno valle formado por duas serras isoladas; a da direita fica a cento e cincoenta passos a L. do caminho, e terá umas quarenta braças de alto, com rochas visiveis, e por entre ellas arvoredo, e a da esquerda, que fica na mesma distancia do caminho, mas para O., e terá umas sessenta braças de alto, em relação ao plano adjacente, tambem de rochas e arvoredo como a outra. A meia legoa ávante d'este valle passámos pelo Zimbáoé do Mambo Capriméra, e a meia legoa ao N. d'elle, na margem do riacho Rúcúzi, antes de passa-lo formou-se o campo no logar que pouco antes João Pedro havia occupado.

Este riacho está secco, e apenas conserva algumas lagoas; parece ser a direcção da sua corrente para L.; tem seis braças de largo e tres de alto.

Este Mambo é subordinado ao Mucânda, mas esta subordinação é apenas apparente e moral, porque é tão poderoso como elle. Ha aqui grande falta de viveres por causa da praga dos gafanhotos, a que chamam Zomba, e por não ter havido chuvas, e affirmam que para diante, até passar o rio Aruângoa, ha a mesma escacez. Por falta de conductores não podémos levar fornecimento, como dizem que fizera João Pedro, para oito dias, que tantos asseguram serem precisos para vencer este transito em que faltam os viveres.

Agosto 17. — Ficámos no mesmo sitio. Pela manhã enviou-se a Chipáta ao Mambo, composta de tres quartos de Zuarte, dois Chuábos de missanga, um rozario de coral falso, um panno de Calaim, o qual depois de a receber mandou dizer que lhe faltava um panno bom para elle vestir, e mandaram-se-lhe mais seis lenços, com o que ficou satisfeito.

Pouco depois veio o Mambo ao acampamento: trazia vestido um panno de Zuarte, e por cima uma cabaia; isto é, tunica, de panno encarnado, e na cabeça um barrete arabe; e ao lado d'elle vinha um negro sustendo uma umbella muito velha, e que mal o abrigava dos raios do sol.

O Capriméra é já idoso, de maneiras agradaveis, e de todos os que temos encontrado, o menos impertinente, e de maior circumspecção e dignidade. Esteve algum tempo conversando com os empregados da expedição, e retirou-se sem pedir nada mais do que tabaco. É este Mambo o mesmo que hospedou o Doutor Lacerda quando por aqui passou em 1799; do que muito se vangloria.

Agosto 18. —Permanecemos no mesmo sitio á espera dos Cazembes. Ás onze horas da manhã chegaram parte d'elles, restando a reunir ainda alguns com cargas, motivo porque é forçoso demorarmo-nos ainda até amanhã.

De tarde fomos os commandantes e o interpretre á mussássa dos Cazembes para combinar sobre o caminho que devemos seguir, tendo em consideração a noticia de haver grande fóme no sertão, pelo espaço de oito dias de jornada. Finalmente concordou-se no caminho que parece mais favoravel, segundo as informações.

Agosto 19. —No mesmo sitio. Um negro que João Pedro tinha emprestado ao interprete, disse aos presos que estão na gargalheira por quererem desertar : «Vossês andam sós e não sabem fugir; por sua causa é que nós vamos para o sertão.» Ao proferir estas palavras foi preso, e o commandante mandou-o metter na gargalheira com os mais, reservando-lhe o castigo para logar deserto. Distribuiram-se aos Cazembes carregadores, fazendas ou generos, para comedorias para oito dias, sendo dez fios de missanga e trinta Cauris para cada pessoa. Á revista da tarde faltaram o soldado José de Avelar, e oito negros bagageiros. Passei a tomar conta do armamento e correame, que achei completo.

Agosto 20. — Tendo-se disposto a marcha para hoje, deu-se contra-ordem para providenciar a conducção das cargas d'estes desertores, assim como por haver um Milando entre o Capriméra e os Cazembes, que não se podem desamparar por causa das fazendas que conduzem. Observámos que tem questões com quasi todos os Mambos por onde passam.

Representaram os Cazembes que o seu chefe lhes ficára com a fazenda para comedorias que hontem se lhe entregou, e que sómente dera vinte Cauris e quarenta fios de missanga para cada dez pessoas. Ao que se lhes respondeu que nada tinhamos com isso.

O chefe Cazembe Ampata mandou pedir que esperassemos ainda amanhã por elle, mas respondeu-se-lhe negativamente, porque hoje tinha muito tempo para acabar o que tinha a fazer, e que amanhã mandasse conduzir as cargas para irem com a expedição.

VII.

Agosto 21. — Pela manhã marchou a expedição, seguindo a nossa jornada com o rumo de N., e ávante meia legoa passámos por uma pequena serra por nome Capíre-Minhanga, que terá umas vinte braças de altura e meia milha de comprimento; corre N. S. e estará a uns duzentos passos á direita do caminho. Continuando a nossa viagem, haviamos andado uma legoa d'aquella serra, quando encontrámos muitos e pequenos outeiros espalhados d'um e d'outro lado do caminho, e que elevando-se na planicie parecem postos pelos homens, e todos correm com direcção de N. S.

D'aqui tomámos o rumo de NNO., e uma legoa ávante n'este rumo passámos o riacho Rúcúzi, secco; mostra a direcção da corrente para OSO. e tem aqui a mesma largura e altura que no outro sitio. A legoa e meia de distancia passámos outro, por nome Macânga, que corre para o S. com tres braças de largo e duas de alto, mas sem agua, e proximo a elle formou-se o campo na margem do riacho Rúcúzi, em uma curva que faz n'este sitio, ficando o Macânga a uma milha para L. do caminho.

Começa o paiz a ter menos habitantes, e por isso ha falta de viveres. Já principiam a apparecer aves, o que não acontecia no grande povoado dos Chévas, assim como quadrupedes silvestres, mas estes ainda não foram vistos por nós; observámos, porém, muitos rastos d'elles.

Tem causado um mal extraordinario á expedição a demora com que tem marchado, mal que tem ainda de continuar, e que é indispensavel soffrer, por causa dos Cazembes que não se podem desamparar em consequencia das fazendas que conduzem. Sendo, porém, forçoso tomar um expediente para abreviar a viagem, o commandante propoz, ou antes ordenou, que amanhã marchasse parte da expedição com as cargas que tem transportado os Cazembes, e com ella uma guarda e os dois commerciantes Montalvo e Dias, e que tendo feito uma marcha regular escolhesse o campo para a expedição, e que deixando n'elle a escolta, fizesse voltar os negros para irem no dia seguinte com o resto da expedição; modo este de andar, a que chamam Intutíra. D'esta fórma perde-se um dia em cada jornada; isto é, gastam-se dois dias para fazer o caminho de um; o que convem mais do que perder quatro e cinco, como até aqui tem succedido esperando pelos Cazembes. Ás dez horas da noite houve parte de que o Mambo Capriméra esperava fóra do campo, e quéria fallar ao commandante. Indagando-se o motivo de tão inesperada visita, soube-se que era para offerecer-lhe um escravo de presente. O commandante, fazendo-se desintendido, mandou dizer-lhe, que a esta hora não podia fallar-lhe, e que só pela manhã o poderia fazer.

Agosto 22. — Continuaram os dois commerciantes a marcha com as suas cargas, e as que conduziam os Cazembistas. Apresentou-se o Capriméra com um escravo de presente para o commandante que o acceitou por não desgosta-lo, e segundo a prática, recompensou-o com o dobro do valor do mesmo escravo. Sendo esta recepção o fim principal com que os cafres fazem taes presentes. Ás cinco da tarde voltaram os negros que conduziram as cargas, em companhia dos commerciantes. Ás onze da noite houve um rumor no campo, e veio parte, de que um negro, saíndo para fóra da trincheira, accendêra lume, e estava-se aquecendo a elle, tendo comsigo as suas armas, e prompto para desertar; e que estava d'alli desinquietando os mais para o acompanharem, dizendo-lhes, que os que fossem para deante haviam de morrer de sêde, porque não achariam senão ourina de elephante. Os que o ouviram, admoestavam-no ou para que voltasse para o seu logar, ou que fugisse só, e foi quando as sentinellas do campo deram parte; em consequencia do que foi logo mettido na gargalheira.

Agosto 23. — Pela manhã levantou-se o campo, e marchámos para O. 4.ª SO., e tendo avançado legoa e meia por caminho despovoado, vimos uma pequena serra que demora a NE. do caminho, e a sua direcção é de EO.; continuámos a nossa derrota, e depois de termos caminhado uma legoa da serra tomámos o rumo de NO.; e apenas tinhamos andado uma legoa, que vimos outra pequena serra que

demora a SO. do caminho, com a direcção N.S. D'aqui tomámos o rumo de NNO. com que andámos uma legoa ávante,
e passámos o riacho.Cámirávi, com a direcção da corrente
para o N. e com tres braças de largo e duas de alto, e apenas
tem algumas lagôas: áquem d'elle achámos o acampamento dos
commerciantes, que deram parte de não ter havido novidadé.

Agosto 24. — Pela manhã marcharam os commerciantes
como antes de hontem. Ás duas horas da tarde chegou o
chefe Cazembista só, e ás quatro horas da tarde chegaram
os carregadores que foram acompanhar os commerciantes,
conduzindo as fazendas.

Agosto 25. — Pela manhã apresentou-se o chefe Cazembe
Ampata, representando ao commandante, que assim que lhe
constára que a expedição seguia para a frente e o deixava,
elle logo se pozera a caminho para acompanha-la, porque
não queria que se dissesse ao Muata Cazembe, isto é, ao
seu rei, que elle a desamparára. A resposta foi, que nós marchavamos por não se poderem já soffrer as suas demoras, e
que se lhe queria provar que, apesar de elle ter já recebido
a paga da conducção das fazendas, não se precisava d'elle.
Então allegou que hontem chegára só, e parte da sua gente
de noite, e que o resto ainda não tinha chegado, que por
isso não podia hoje marchar, mas que ámanhã iria reunir-se
á expedição para a acompanhar sempre.

Partimos pelas sete horas e meia da manhã, e marchámos para NNO., e meia legoa ávante repassámos o mesmo
riacho Cámirávi, que corre aqui para O. com quatro braças
de largo e uma de alto, porém secco; e a meia legoa d'elle,
com o mesmo rumo, encontrámos uma pequena Muzi de
Túmbúcas, que demora a NE. do caminho; d'aqui tomámos
o rumo de NO., com que marchámos uma legoa, e encontrámos muitas Muzis de Túmbúcas, e tomámos então o rumo
de E., com que caminhámos meia legoa para passar pela
Muzi do Túmbúca Chácuíacuti, que está na extremidade
occidental da serra Muxinge; d'esta Muzi descemos a ponta
da serra com o rumo de N., e em um valle formado por
ella estava o acampamento dos commerciantes, que deram
parte de não ter havido novidade.

Esta serra Muxinge corre EO., é extensissima, e serve de limites aos Mambos Mucânda, a cujo dominio chamam Cháuna, e ao Mambo Muásse, a quem pertence já o terreno onde estamos.

A esta serra deu o Dr. Lacerda o nome de cordilheira Carlotina, como se vê no seu diario do dia 18 de Agosto, em memoria da Princeza D. Carlota, esposa do Principe Regente de Portugal. Este illustre viajante, desde o Zimbáoé do Capriméra, seguiu um caminho mais ao Nascente do que aquelle que nós hoje seguimos; e entre os dois pontos em que elle e nós atravessámos esta serra medeam alguns dias de jornada. Pela descripção do mesmo viajante vejo que a dita serra, no logar onde elle a passou, tem ramificações, o que não acontece no ponto em que estamos, que é o seu extremo occidental, não formando aqui senão uma só montanha, que é de accesso suave: todavia, á proporção que se vae alargando a vista, observa-se grande altura, e em sitios tem grandes quebradas, segundo dizem. O nome por que é conhecida dos cafres é Muxinge.[1]

[1] O Dr. Lacerda e Almeida, nas suas viagens de Moçambique a Tete e de Tete ao Cazembe em 1797 e 1798, fez as seguintes observações:

Nomes dos logares	Latitude austral	Longitude oriental de Lisboa	Variação Noroeste da agulha
Ponta de Tangalane....	18° 0′ 18″	»	»
Quilimane (villa)......	17° 54′ 24″	45° 42′ 15″	22° 42′ 36″ (muito irregular)
Chupanga, margem do Sul do Zambeze......	18° 18′ 0″	44° 23′ 30″	23° 37′ 0″
Sena (villa)..........	13° 39′ 50″	43° 53′ 10″	»
Ilha de Moçambique, no Zambeze, no sitio da Lupata.............	16° 30′ 58″	»	»
Maxinga (serra).......	15° 19′ 15″	»	22° 50′ 40″
Mazavamba (aldêa).....	12° 33′ 0″	41° 26′ 30″	21° 58′ 30″
Moiro Achinto (idem)..	10° 20′ 35″	39° 10′ 0″	»

Agosto 26. — No mesmo sitio para fazer o fornecimento de viveres que se podérem conduzir, visto que d'elles ha aqui abundancia. A agua aqui acha-se em Mixeires abertas em greda, o que a faz ser côr de leite.

Agosto 27. — No mesmo sitio. Ás duas horas da tarde chegou o chefe da cáfila Cazembista com parte da sua gente, e formou a sua Mussássa ao S. do nosso acampamento, mas mui proximo d'elle, e ás quatro horas já tinha toda a sua gente reunida.

Agosto 28. — No mesmo sitio. Temos feito fornecimento de viveres, comprados com missanga, Calaim e Cauris. Ás quatro horas da tarde ouviu-se na Muzi Chácufacúti o toque de Imbire-bire, que é um tambor muito grande, que corresponde á Goma dos Maraves, e que serve para dar rebates e fazer chamadas, ao qual na Mussássa dos Cazembes se respondeu com o Mondo, que é um instrumento de pancada, mas sem pelle. Apoz isto veio o Cazembe chamado Mutéva, da parte do seu chefe, participar ao commandante, que o Chácufacúti lhe pedíra auxilio para um ataque que fa fazer a outro chefe Túmbúca, o que lhe mandava participar para pedir-lhe a sua approvação. A isto o commandante respondeu que não lhe importava que fosse ou deixasse de ir, mas que convinha que reflectisse que a sua gente é pouca, e que está obrigada a conduzir as fazendas da expedição; e, por outro lado, que não se devia intrometter no que se passava nas terras dos Túmbúcas, e nos negocios que entre si poséam ter; que elles são meramente Butongas; isto é, colonos, dos Chévas; demais, que se nós fossemos atacados e pedissemos o seu auxilio, de certo elles no-lo recusariam; que, feitas estas considerações, obrasse como entendesse, porque desde já o fazia responsavel pelo resultado. Julgou-se depois que seria melhor ir o segundo commandante e o interprete expôr estas mesmas razões ao Cazembe Ampata, o que fiz promptamente; conseguindo resolve-lo a recusar o auxilio requerido pelos Túmbúcas.

Agosto 29. — Pela manhã pediu o commerciante Paulo dispensa de acompanhar hoje a expedição, por lhe faltarem alguns negros dos que foram procurar viveres, e que ainda não recolheram, dizendo que amanhã iria reunir-se a ella: foi-lhe concedida.

VIII.

Pela manhã marchou a expedição, e andámos para o N. uma legoa, e d'ahi tomámos o rumo de O., e tendo caminhado com elle legoa e meia, subimos uma encosta suave de um monte sem pedras, muito cheio de arvoredo, e cuja direcção é de N. S. na extensão de algumas legoas; depois de o termos subido marchámos para o N., e pouco haviamos andado, quando atravessámos o riacho Muáua, sem agua, que mostra a direcção da corrente para o S., tem quatro braças de largo e duas de alto, e tomámos o rumo de NNO., e ayançando com elle legoa e meia descemos este serro, e ávante meia legoa formou-se o campo no sitio do Chinguengué; assim chamado do Túmbúca d'este nome que tem aqui a sua Muzi, que é muito antiga, e está proxima ao nosso acampamento.

Desde o riacho Muáua até ao fim da descida, encontram-se grandes pedras dispersas a um e outro lado do caminho, porém, não ha signal algum de pedreira: a pedra é similhante á de Tete; isto é, uma especie de lava, mas mais rija. A marcha de hoje foi por despovoado. Os Cazembes tomaram novamente conta das cargas que conduziam. Logo que acampou a expedição, soubemos que o Mambo Muásse, a quem o Dr. Lacerda chamou Masse, estava n'esta Muzi, e indagada a causa, por ser extraordinario o estar tão distante do seu Zimbáoé, informaram-nos o seguinte.

O Fumo Capinda, subordinado ao Muásse, governa um districto que confina com o dominio do Mambo Canhúca, ambos Chévas, mas este é independente, e ha muito tempo que anda em diligencia de apossar-se do dito districto, a que nunca deixou de chamar seu, sem ter comtudo passado a vias de facto. Aconteceu ha pouco tempo morrer um elephante no dito districto. Ora, quando um elephante ferido por caçador, ou preso em laço, ou por doença, vae morrer em uma terra, ao senhor d'esta pertence toda a metade que descança sobre o chão, inclusivè o dente correspondente, e a metade de cima pertence ao caçador ou dono do laço; mas sendo achado morto por pessoa do Mambo, e não havendo quem reclame uma parte, pertence tudo ao dono da terra, ou ao Mambo, e nunca ao Fumo; se, porém, é achado por pessoa estranha, pertence-lhe então toda a metade superior, como se fosse o proprio caçador; e para fazer-se esta divisão, é de uso dar parte ao Fumo mais proximo para assistir a ella, e o mesmo se pratica a respeito de toda a qualidade de caça grossa. Aquelle que achasse um elephante morto ou outro qualquer animal, e se utilisasse d'elle sem haver dado a parte referida, teria um Milando, pelo qual ficaria escravo, com toda a sua familia, do dono da terra.

Tambem em Rios de Sena, nos prazos da corôa, continua a praticar-se este costume cafrial.

Muitas vezes encontram-se os dois dentes n'um estado que parecem queimados pela influencia atmospherica ao pé da ossada do elefante, por nunca ter sido achado.

O Capinda como delegado do Muásse tomou conta do elephante, e o Canhúca que o soube, arguiu-o por não lhe ter dado o marfim que caíra na sua terra; mas elle defendeu-se, allegando que a terra era do Muásse a quem sómente reconhecia como Mambo, e foi este o principio da questão. Como o Fumo não tinha força sufficiente para defender-se do seu inimigo de quem estava ameaçado, e em quanto esperava soccorro do Mambo, soube que na Muzi do Chácuícúti do seu districto e seu Butônga, estavam amussassados os Cazembe, que são afamados pela excellencia das suas estupendas Magónas, e mandou pedir ao dito Túmbúca, que em seu nome, e no do Mambo, os convidasse para o ajudarem contra o tal inimigo; e foi em consequencia d'isto que o Cazembe Ampata mandou dar parte do convite, que não acceitou em consequencia das reflexões que se lhe fizeram. A participação que do caso teve o Muásse determinou-o a vir logo para esta Muzi, onde está juntando gente para ir em auxilio do seu Fumo. Pelo que temos visto, a sua força é insignificante, provavelmente porque os seus dominios estão quasi desertos, segundo parece.

Pouco depois de acamparmos mandou participar o Mambo

que hoje marchava para a guerra; ao que lhe respondemos
que amanhã se lhe mandaria a sua Chipáta.

IX.

Agosto 30. — Pela manhã mandou-se a Chipáta, que constou
de um Xaile, uma Ardiam, dois Capotins, dois Chuábos de
missanga, e um panno de Calaim. Foi então que se soube
que de noite marchára para a guerra com toda a sua força.
As nove horas da manhã chegou o commerciante Paulo, assim como os Cazembes, que formaram a sua Mussássa proximo ao nosso acampamento. De tarde mandou o enviado
dar parte que seguia para a frente, e por isso mandava
despedir-se. Perguntando-se o motivo, respondeu o mensageiro, que, tendo o dito enviado chegado á Mussássa, não achou
barraca para alojar-se, sendo aliàs costume acha-la feita; e
que perguntando o motivo, responderam-lhe os Cazembes que
ha dias não têem de comer, e por isso não podiam trabalhar; e como, por esta desusada resposta, via a sua gente
insubordinada, lhes dissera que seguia só para a frente, e
os abandonava; mas que elles lhe responderam que não tinham outra causa para não trabalharem senão a falta de sustento, e por isso não podiam fazer cousa alguma. O commandante disse aos Cazembes, por conhecer que era estratagema d'elles, que nós não tinhamos culpa do seu chefe lhes
ter ficado com as fazendas que se lhe deram para comedorias no Zimbáoé do Capriméra, e que em quanto não se
chegasse ao rio Aruângoa não receberiam outras.

Tendo-se retirado com esta resposta, pouco depois constou
que elles queriam desamparar o Cazembe Ampata e passa
para diante. Attendendo-se que são já passados doze dias
que se lhes deram comedorias, mandou dizer-se ao enviado
que agora era noite, mas que ámanhã marchava a expedição, e no sitio onde acampasse dar-se-lhes-hiam novas: com
isto terminou a questão.

Á noite espalhou-se a noticia de que o Muásse, indo reunir-se
ao Fumo Capinda, o achára fugido, e os seus inimigos já
de posse da Muzi: de fórma que, inadvertidamente, se lhes

foi metter nas mãos; porém que ainda podéra salvar-se, se bem com muito custo, largando as proprias armas; e contam que o arco lhe rebentára na occasião de disparar uma flexa, pela efficacia das Magônas do seu inimigo; e que tambem perdêra a Goma; tambor de guerra que acompanha sempre os Mambos e Fumos, com que animam a sua gente, e a que attribuem virtudes, por motivo das Magônas que lhe põem; instrumento que, entre estes cafres, anda tão acautellado como entre nós as bandeiras. Em uma palavra, foi totalmente surprehendido e derrotado sem fazer resistencia. Com o auxilio da noite pôde chegar só a esta Muzi, d'onde algumas horas antes saíra cheio de confiança e orgulho: aqui já se lhe tem reunido alguma gente que escapou; e elle espalha o boato de estar ajuntando nova força; mas, segundo elles mesmos dizem, nada fará, tanto pelos poucos meios que tem, como pelo desalento dos seus.

Ás duas horas da noite apresentou-se um Cazembe mandado pelo enviado, pedindo que se lhe entregassem os objectos que iam de presente para o Muata Cazembe, remettidos pelo governador, para os fazer conduzir pela sua gente, e quanto aos mais, que não mandava carregar nenhuns outros.

No resto da noite não nos foi possivel descançar, pela multidão de idéas penosas que se nos apresentavam á mente. Estavamos na alternativa, ou de muitas das cargas não terem quem as conduzisse, attendendo á grande distancia em que estavamos; ou de ficarmos na dependencia absoluta dos Cazembes, que, orgulhosos por verem sortir bom effeito d'este seu primeiro ensaio, augmentariam as suas exigencias. De tudo isto podia resultar, ou a retirada, ou o descredito da expedição, que custou tão grandes sacrificios á Fazenda Publica, e que tem até aqui vencido immensos obstaculos. Emfim, a nossa imaginação não nos deixava entrever senão um futuro desastroso.

Agosto 31.—Pela manhã mandou-se dizer ao Cazembe Ampata que eram horas de marchar, e que declarasse se estava resolvido a mandar conduzir as fazendas. Respondeu negativamente. Então nós, os commandantes e o interprete, cheios de indignação, fomos á sua Mussóssa, e tendo-se-lhe feito a mesma pergunta teve esta igual resposta. O commandante ouvindo-o, não se póde conter que lhe não chamasse ladrão; dizendo-lhe que tinha ido a Tete enganar o Governador, e que havendo recebido adiantada a paga da condução das fazendas, agora recusava-se a faze-las carregar; e que visto proceder assim podia continuar a marcha só, porque a expedição ía mudar de destino, pois que para commerciar não precisava ir ao Cazembe, muito principalmente estando perto dos Muizas com quem o podia fazer.

Ditas estas palavras rompeu o Cazembista em satisfações, tornando-se de feroz leão em manso cordeiro; e revelou então tudo quanto acontecêra em Tete, tanto com a compra do marfim que elle levára, como a respeito da insinuação que teve para pedir brancos da parte do Muata Cazembe, etc., etc.

A revelação publica que elle fez, e o conhecimento da ambiciosa traição que se praticou comnosco, produziu a opinião geral de que a expedição devia retirar-se immediatamente para Tete. Mas a ordem expressa que havia de que ella, para bem do real serviço, seguisse até ao seu destino, custasse o que custasse, e a honra dos commandantes, determinou estes a esgotarem todos os meios possiveis para levar a effeito a dita ordem. Firmes n'este principio voltámos para o acampamento, e nos reunimos em conselho para deliberarmos o que convinha fazer em tão melindrosas circumstancias, tendo mais de cincoenta cargas sem haver quem as conduza, nem esperanças d'isso.

Deliberou-se, como ultimo recurso, fazer constar que se mandavam pedir negros a Pedro Caetano Pereira, a quem os cafres só conhecem pelo nome cafrial de Xavatâma, e que é irmão do capitão-mór dos sertões Manoel Caetano Pereira, o qual habita n'um logar do territorio dos Chévas, situado a alguma distancia d'aqui, onde reside constantemente, vivendo como um cafre, seguindo todos os seus usos e costumes, e por isso sem occupação alguma, tendo pouca ou nenhuma correspondencia para Tete, d'onde está affastado a mais de cento e doze legoas, para com os ditos negros irmos para a sua povoação, onde depois tomariamos o

9

destino que nos conviesse: o que logo foi divulgado com todas as apparencias de realidade.

De tarde mandou o enviado chamar o interprete, mas o commandante não consentiu que lá fosse, e mandou-lhe dizer que não era seu criado, e se quizesse alguma cousa de particular lh'o communicasse, porém, que se fosse para despedir-se podia ir. Este recado produziu o desejado effeito, porque logo em seguida apresentou-se o enviado, sem formalidade nem estado algum, deixando as suas armas, duas azagaias, a grande distancia, o que nunca acontece senão por obediencia ou grande respeito. Começou dizendo, que vinha dar uma satisfação aos Mozungos, pelo que se tem passado, que a causa principal era a fome que tinham os seus Cazembistas; porém, que elle não queria desordens, e que a sua gente estava prompta para carregar.

O commandante respondeu-lhe com toda a gravidade: — que já não precisava gente para carregar, porque tinha dado providencias para a marcha da expedição para a povoação do Xavatâma, e que d'alli, o presente destinado para o Muata Cazembe, voltaria para Tete; e a expedição seguiria para onde lhe convisse ir comprar marfim.

A este dito mostrou-se sentidissimo, e começou dando novas satisfações, e por fim pediu ao interprete que intercedesse em seu favor para com o commandante a fim de continuar a marcha em sua companhia, dizendo que promettia não ter mais desavença alguma. Finalmente o commandante cedeu, declarando, porém, que o primeiro desaforo que lhe fizesse, seria motivo para a retirada da expedição, fosse qual fosse o logar em que se achasse, e que o deixaria; e tambem que se lembrasse que tinha sahido de Tete com ella, e que, pois que procedia assim em dominios estranhos, devia recear-se do que faria o Cazembe nos seus. == A isto replicou elle com vivacidade. == Que o Mambo Cazembe não matava gente. == O commandante, retorquindo no mesmo tom, disse: == Que não havia aqui ninguem com medo de morrer, porque se o tivesse não viria cá; e que se elles tinham armas, nós as tinhamos tambem, e para que visse, lh'as mostraria. == Então, lançando mão d'uma clavina de percução, de dois canos, que tinha proximo a fi, disparou um tiro, e depois outro. E accrescentou, que primeiro que nos matassem haviam de morrer, porque os Mozungos costumam morrer matando.

O enviado, e a sua comitiva, que a pouco e pouco se tinha reunido, assim como muito Chévas e Túmbúcas, que tambem estavam no acampamento, mostraram grande admiração por verem uma arma dar dois tiros, sentindo o zunido das balas. O enviado pediu para ver a espingarda, e quando a examinou é que foi o geral espanto que todos os cafres mostraram por verem que dava fogo sem pedreneira, e que não o negava; requereu a explicação, que o commandante lhe deu nos termos seguintes. == Que aquelles fechos não precisam escorva, e que ainda mesmo com chuva, nem se molham nem ella embaraça o dar fogo. == N'estas e outras conversas, todas ellas dirigidas a infundir força moral, gastou-se algum tempo, depois do que pediu o enviado que se lhe mandassem dar as cargas, o que se fez, pondo sobre cada uma um Chuábo de missanga para comedorias dos carregadores, e para que o seu chefe lh'as não dizimasse, ou que elles podessem pretextar que não haviam recebido, e tudo ficou prompto para amanhã continuarmos a marcha; para o que deu-se ordem ao Chirambaúno. D'este modo acabou uma questão, que, de outra fórma, podia ter consequencias funestas.

Como temos agora tratado mais particularmente d'este Cazembe, a quem havemos denominado enviado, passaremos a explicar o motivo porque assim o intitulâmos. Quando o Cazembe, ou Muata Cazembe, ou Mambo Cazembe, titulos porque é designado o chefe, rei ou imperador do territorio Cazembe, tem determinado mandar a qualquer parte uma expedição de guerra ou de commercio, a força que a compõe é formada por contingentes fornecidos pelos Quilolos, ou nobres, seus subditos. Cada um d'estes contingentes é commandado por um chefe, o qual toma na expedição o nome do seu respectivo Quilolo, e o Muata Cazembe nomeia um chefe geral que o representa, e que toma o titulo de Cazembe Ampata, a quem obedecem cegamente os seus subordinados; e elle deve desempenhar cabalmente o serviço de que foi encarregado, sob pena de severo castigo. Como este Cazembe-Ampata, cujo nome era Canhimbo, foi enviado a Tete com a expedição commercial, por isso lhe chamamos o enviado.

X.

Setembro 1. — Pela manhã levantou-se o campo, marchando para NNO., sempre por serros que não formam cordilheira; o terreno é desigual, e a natureza do solo de greda; encontram-se grandes pedras isoladas a um e outro lado do caminho. Logo que começámos a marcha passámos pelo meio da Muzi do Chinguengúe, onde ainda está o Mambo Muásse, o qual, durante a nossa passagem, se conservou recolhido em uma Nhumba, envergonhado, talvez, da sua derrota. A Muzi consta de quarenta a cincoenta Nhumbas, e a gente que vimos serão umas cento e cincoenta pessoas, pouco mais ou menos, mas quasi tudo homens. Passando os leitos seccos de varios regatos, formados pelas vertentes dos serros na estação chuvosa, e depois de termos caminhado tres legoas, passámos o riacho Capêta, que corre para o N. com sete braças de largo e tres de alto, mas sem agua; d'aqui caminhámos para O. duas leguas, e então passámos o ribeiro Xicuruáze, que corre para E. com quatro braças de largo e quatro de alto, mas igualmente secco.

Pelos indicios, e mesmo por informações, parece que para a frente não se encontra agua até grande distancia, e aqui mesmo apenas ha uma Mixeire que se esgota facilmente. Agora que é meio dia, que o sol é ardentissimo e o calor abrazador, a gente toda está com uma sêde devoradora, e como falta a agua, deita-se de bruços e chupa a arêa humida da Mixeire, no que sente algum refrigerio. Houve quem dissesse que perto havia uma Muzi onde se poderiam tomar informações d'onde haverá agua; porém, esta noticia foi falsa. Tomou-se o expediente de espalhar gente em todas as direcções para a descobrirem; mas isto não sortiu effeito algum, porque recolheu sem havê-la achado; o que produziu uma apathia e desanimação geral, porque a certeza da sua falta augmentava muito mais a sêde, e ainda porque a que vertia a Mixeire, além de ser com a maior escacez, era amargosa, por causa das raizes entre as quaes corria, e de que tomava pessimo sabor.

Então eu disse ao commandante, que, visto não haver outra agua, e a hora do dia achar-se adiantada, convinha tomar uma resolução, e que entendia, que o melhor seria acampar aqui, experimentando se seria possivel obter-se mais abundancia d'ella, posto que má, abrindo-se novas Mixeires por entre as pedras onde houvessem indicios d'ella. Este parecer foi adoptado, e os nossos desejos coroados pelo melhor resultado, pois que, ainda que com muito trabalho, foi comtudo apparecendo agua, mas sempre com máo sabor; e quando se viu que já a havia sufficiente, formou-se o campo. Todo o transito de hoje tem sido por caminho deserto.

Setembro 2. — Assentámos em mandar dois soldados para a frente em procura de agua, afim da expedição acampar no sitio em que a houver, o que se pôz em pratica. Ás cinco horas da tarde voltaram os soldados sem terem obtido resultado algum da sua commissão; em consequencia do que deliberou-se fazer ámanhã uma marcha forçada até ao rio Rucusúzi, que fica ainda a grande distancia, que é necessario vencer de dia, por causa da grande copia de elephantes e outras feras do deserto.

Setembro 3. — Ás cinco horas da manhã deixámos o campo, ficando n'elle uma escolta com as fazendas que conduzem os Cazembistas, visto não estarem ainda todos reunidos; e caminhámos para NO. Tendo avançado duas legoas passámos o riacho Catéte, secco, com oito braças de largo e quatro de alto: não podémos perceber para onde será a sua direcção. D'aqui tomámos o rumo de E., e depois de termos avançado muito pelo deserto, observaram-se caminhos em todas as direcções, mas mais largos e seguidos do que os que temos andado até hoje; e como todos são trilhos feitos pela caça, achámo-nos perdidos, sem poder descobrir o verdadeiro, apesar de marcarmos os rumos da agulha. Temos a receiar a sêde, por não haver indicios nenhuns de agua. O sol está ardentissimo; são apenas nove horas, e não corre uma aragem sequer; parece que as folhas das arvores estão coladas umas ás outras, porque não têem movimento algum. O calor não se póde supportar; a gente toda, principalmente a das cargas, está desfallecida pela sêde. Os commandantes, assim como os mais brancos, que todos têem caminhado a pé a subir e descer outeiros, estão mui fatigados. A nossa marcha tem tido differentes rumos, até que, manifestando-se a desanimação da gente, por estar exhausta de forças, ordenou-se que fizesse alto; e pelos mesmos soldados de hontem, que já transitaram por aqui em tempo que tinhamos um estabelecimento na margem do rio Aruângoa do Norte, mandou-se procurar o verdadeiro caminho.

Uma hora depois voltaram com a noticia de o terem achado, em consequencia do que marchámos para O., e com uma legoa n'este rumo chegámos ao logar indicado e conhecido pelos soldados, que era o sitio onde outr'ora fôra o Zimbáoé do Mambo Muásse, antecessor do actual, do qual não resta vestigio algum. A estas Muzis abandonadas chamam Térre. Aqui conheceu-se que se tinha perdido o caminho no riacho Catéte, que fica proximo: então foi indispensavel fazer alto para dar descanço á gente, que está abatida de sêde e fadiga, e deixar passar a força do sol, que está insupportavelmente abrazador.

Os caminhos, feitos pela caça no deserto, a que chamam Guára, illudem o homem mais prático do sertão, porque em nada se differençam dos caminhos mais trilhados, ou seguidos pela gente.

Ás duas horas da tarde continuámos a andar para o N., e, depois de termos avançado duas legoas e meia, chegámos ao rio Monguróze, que está secco, e mostra a direcção para E.; tem de largo vinte braças e oito de alto. A fadiga e desalento é geral, mas torna-se mais sensivel nos negros carregadores. Não faço menção das legoas percorridas na sua totalidade, e só sim das que andámos a caminho, porque, a fóra o tempo em que se fez alto, todo o dia andámos pelo sertão; e posso assegurar que andámos o dôbro das duas legoas e meia que calculo termos avançado. Fez-se um ensaio, abrindo uma Mixeire no leito do rio, que, com muito trabalho e profundidade, sortiu effeito, apparecendo boa agua, o que animou muito a gente, que tinha perdido as esperanças de encontra-la. É pela segunda vez que se me deve o have-la, porque no meio de toda a desanimação eu perseverei e influi para continuar-se o ensaio, a que tinham dado de mão. Na margem N. do mesmo rio acampou a expedição, onde parte d'aquella gente, com a guarda da retaguarda, chegou de noite.

A marcha de hoje foi igualmente por deserto, e démos n'um labyrintho de veredas feitas pelos animaes silvestres, de que não saíriamos a não ser o expediente que tomou o commandante de mandar fazer alto e procurar o verdadeiro caminho, quando se conheceu que andavamos perdidos, o que suspeitámos, observando arvores arrancadas, pernadas e ramos partidos pelos elephantes. Entretanto nunca vimos caça alguma, porque n'este tempo da secca ella procura as proximidades dos rios onde ha agua.

Hoje vimos o Cuco-indicador (Cuculus indicator) a que os cafres chamam Issái; é do tamanho de um pardal, côr verde-claro, e as pennas da cauda raiadas de branco. Logo que percebe gente começa a piar com impaciencia, e parece dizer Chire-Chire; de fórma que mesmo quem não tem prática do sertão nota, á primeira vista, este costume, fóra do commum das mais aves, porque se aproxima muito dos caminhantes, e parece mesmo chama-los. Quem tem prática responde-lhe assobiando, e vae-o seguindo, e elle vae voando e pousando de arvore em arvore; se, porém, perde de vista o homem que o segue, volta logo a procura-lo, até que o conduz á arvore ou logar onde estão as abelhas, e para mostrar-lhas chega á abertura ou logar de entrada do enxame, e com muita bulha e impeto arremessa-se a elle, até que o homem se aproxima. Então retira-se, indo pousar em logar d'onde observe, agitando sempre as azas e fazendo muita bulha, até que, feito o saque, vae aproveitar-se dos despojos que ficaram. Se o viajante não faz caso d'elle quando apparece, e vae seguindo um caminho opposto, ou que por ser muito longe deixa de continuar a ir atraz d'elle, parece mostrar então impaciencia, pela força com que dobra os pios, e chega quasi a tocar na pessoa que o abandona, não poupando diligencia para o excitar a aproveitar-se do thesouro que tem descoberto, mas de que não se póde utilisar sem auxilio.

Todavia, é preciso ter muita prática e prudencia para seguir o Issái, porque, mostrando ordinariamente os enxames de que tira proveito, comtudo conduz da mesma fórma ào logar onde se acha um leão, tigre, elephante, bufalo, etc. É sómente a prática que ensina a conhecer, quando o cuco se vae aproximando ao objecto que indica, se elle conduz a logar em que está um enxame de abelhas, ou sitio em que existe algum animal feroz.

O methodo seguido pelos cafres para tirarem o mel dos enxames das arvores é o seguinte: alargam o buraco que serve de passagem ás abelhas, com a machada, se é pequeno; depois com pavêas de palha accesa lançam fogo ás abelhas, e quando estão já os favos desembaraçados d'ellas, que ficam queimadas no chão, vão comendo os favos com a mão, e por esta fórma, tanto a cavidade da arvore como o solo, ficam alastrados de abelhas e bocados de favos, de que a ave se aproveita.

XI.

Setembro 4. — Pela manhã continuámos a marcha, e andámos para o N. uma legoa, seguindo o rumo NNO., e ávante uma legoa passámos o regato secco, por nome Muíta, que não é mais que um rego á superficie da terra, por onde apenas corre a agua no tempo das chuvas. Este regato serve de limites ás terras do Mambo Muásse, ultimas dos Chévas, e ás da nossa feira, hoje deserta, do Aruângoa do Norte, cujo territorio se chama Marambo. D'aqui tomámos o rumo de NO., e apenas haviamos andado meia legoa, deu parte a guarda da vanguarda que víra tres negros emboscados, que bradaram (talvez persuadidos que não havia mais gente do que a mesma guarda) que não queriam vêr n'esta terra Muzungos nem Checundas, e que iam continuando a gritar; até que vendo augmentar-se a gente, fugiram; em consequencia do que mandei fazer alto para reunir, dando parte ao commandante; reunida a expedição continuámos a marcha em columna, com a força dividida em tres partes, frente, centro e retaguarda, tendo adiantado vedetas e batedores, e caminhando a toque de caixas; assim marchámos meia legua, até que chegámos ao Térre, ou sitio onde foi o estabelecimento da feira, de cujas casas de madeira se encontram alguns vestigios, existindo ainda o páo da bandeira.

Aqui fizemos alto, e mandaram-se escoltas a descobrir o campo, e mesmo observar se haviam Muzis, aonde, e a sua força: pouco depois recolheram, dando parte que haviam algumas palhotas, mas insignificantes, e que estavam desertas.

Assentou-se que convinha ficar a expedição hoje n'esta terra, onde já não apparecem brancos ha muito tempo; em consequencia do que continuámos a marcha em demanda de agua, andando para NO. uma legua, e acampámos na margem oriental do rio Rucusúzi, a que o Dr. Lacerda chamou Irpcûze: o campo formou-se com trincheira capaz de receber o inimigo se com effeito apparecer. Logo que tudo esteve prompto e em ordem, mandou-se novamente observar, e procurar meio de se fallar com os colonos, e saber a causa do estranho encontro que teve a expedição em um terreno que pertence ao dominio portuguez. Além do rio ha algumas palhotas, porém desamparadas.

Os que foram observar viram alguns colonos que procuraram desculpar-se; mas isto de longe e em fugida.

A posse d'este terreno foi havida pela fórma seguinte. Sendo em 1824 governador de Rios de Sena o benemerito coronel José Francisco Alves Barbosa, e querendo promover o commercio do marfim com os povos Muizas, porque se fazia com muito incommodo, risco e dispendio; lembrou-se de formar um estabelecimento, que, sendo portuguez, chamasse ahi o commercio, onde se faria com mais vantagem e segurança; o logar mais proprio era na margem do Aruângoa do Norte. Tanto pela grande distancia de Tete, como por muitas outras razões, impossivel era a sua conquista, porque, além de grandes sacrificios que devia custar, sempre se teriam a esperar máos resultados; o que, sendo tudo maduramente ponderado por este prudente governador, depois de ouvir os homens praticos, de quem podia haver esclarecimentos, assentou que era mais barato e conveniente comprar o terreno para este estabelecimento, do que conquista-lo.

Por varias e repetidas vezes representou esta necessidade, tanto para a côrte como para Moçambique, sem que nunca tivesse decisão a sua proposta; como, entretanto, se estivessem perdendo interesses e vantagens, mandou elle comprar um terreno conveniente para o dito estabelecimento, á custa da sua propria fazenda, o que logo se effectuou, comprando-se este ao Mambo Muásse, antecessor do actual. Quando realisou esta acquisição, em 1825, foi rendido pelo brigadeiro Manoel Ignacio de Avelar Brotero, que certamente teria levado a effeito este tão importante estabelecimento, se a morte o não colhêra poucos dias depois de ter tomado posse do governo, e com ella a esperança do povo de Rios de Sena, a qual foi destruida com a successão do coronel de milicias da Manica, Francisco Henriques Ferrão. Este governador mandou para alli em 1827 uma pequena força militar para tomar posse do terreno; porém nem mandou commerciantes com fazendas para se estabelecerem e chamarem o commercio, nem fez disposições algumas que lhe podessem dar caracter commercial; e, para cumulo de infelicidade, occorreu isto no tempo em que os Muizas andavam envolvidos em guerras, e, portanto, sem commercio: todavia a posse tomou-se formalmente da propria mão do Mambo, e a força conservou-se alli mais de dois annos, até que, por muitas representações dos officiaes que alli estavam guardando o deserto, sem utilidade alguma, e soffrendo privações, teve ordem para retirar-se, sem que tirasse resultado algum, em quanto que os que lá estiveram foram victimas da fome, e de immensos incommodos que soffreram.

Desde 1829, ou 30, estes poucos colonos que aqui ficaram conservaram-se disfructando a terra como sua, utilisando-se dos elephantes mortos, etc., etc., e julgando-a inteiramente abandonada, como com effeito está; e agora, á chegada dos soldados da vanguarda, suppondo serem só os que viam, para intimida-los, e para não serem visitados, fizeram os ameaços que referi; porém, tanto que conheceram que a força era maior, puzeram-se em fuga, abandonando as palhotas; e por mais diligencias que se tenham feito para fallar-lhes, todas têem sido inuteis, porque fogem para os bosques. Não ha cultura alguma, e os colonos sustentam-se de fructos silvestres, raizes e da carne deixada pelos leões.

Setembro 5. — Quando se acabou de tocar a alvorada deu-se um tiro de mosquete, com o qual rebentou a arma pelo terço do seu comprimento, saindo-lhe um bocado do cano de um palmo de comprido, e fazendo-se todo o resto em pedaços: por fortuna não offendeu nem o negro que o disparou, nem pessoa alguma das muitas que estavam proximas: a arma era do soldado desertor José de Avelar.

XII.

Pela manhã marchámos, seguindo a nossa derrota para NO.; passámos o rio Rucusúzi, secco e só com pequenas lagôas; mostra a direcção da corrente para O., e tem oitenta braças de largo e oito de alto. A umas cinco legoas para L. d'este logar fica o sitio onde existiu a povoação do Mazavamba, na qual esteve o Dr. Lacerda em 20 de Agosto de 1798. Parece-me conveniente indicar esta circumstancia, que poderá tornar mais util o meu trabalho, visto medear mui pouco espaço entre os dois pontos.

Seguimos ávante a nossa marcha duas legoas e meia, e chegámos ao rio Aruângoa do Norte, que limita esta terra do dominio portuguez.

Passámos o rio a váo, e na margem do N. formou-se o campo no dominio do Mambo Cazembe-Muiza. O rio n'este logar dá passagem, tem cento e cincoenta braças de largo, e as suas barreiras doze de alto, mas as aguas tomam dois terços da sua largura; todas estas dimensões são no termo medio, porque tem sitios de mais, e outros de muito menos.

A corrente n'esta curva que o rio aqui faz é para o S., porém, o seu curso geral é para o Poente, indo desaguar ao

Zambeze, tendo na sua foz a ilha do Zumbo, que é formada na confluencia d'estes dois rios.

A sua agua é magnifica. O logar onde passámos não tem mais de tres palmos e meio de altura de agua: todavia quando o rio enche na estação invernosa sae do seu leito e innunda uma porção consideravel do terreno das suas margens, pelo que se torna arriscado o atravessa-lo, ainda mesmo embarcado, pela velocidade da corrente; e é n'essa estação que se poderia navegar até ao Zumbo, d'onde não dista este terreno do Marambo, segundo penso, mais de sessenta legoas. Agora na estação em que estamos poder-se-ía navegar até alli, mas só em pequenas almadias, e com muita difficuldade; todavia o encanamento e abertura d'este rio d'aqui ao Zumbo, parece que não seria muito difficil e de grande despeza, porque o seu leito é todo de arêa, e desembaraçado de arvoredo. Aqui ha grande abundancia de caça de todas as especies: os leões andam em rebanhos, tanto de um como de outro lado do rio; a noite passada ouviram-se rugir em todas as direcções, e em muita proximidade do acampamento.

Ha a notar n'este sitio duas singularidades. É uma andarem os leões em rebanhos, encontrarem-se a cada passo, e fugirem da gente como timidos cordeiros, ainda que seja um só homem desarmado. É outra, e esta muito mais maravilhosa, habitarem nas lagôas do rio Rucusúzi e n'este Aruângoa, crocodilos de todos os tamanhos, de enorme corpolencia, que todos fogem da gente que se vae banhar, a ponto d'ella os perseguir mesmo dentro d'agua, sentindo os nadadores no corpo o contacto das duras couraças, sem comtudo fazerem o mais pequeno uso dos agudos dentes, com fórma de bulbos, e de dois gumes, nem das largas e curvas garras, de consistencia rigissima, assim como da forte e vigorosa cauda de dois gumes, de que esta especie de amphibios, em toda a Africa, se serve para derribar para a agua os animaes que incautos se chegam ás margens dos rios; mas n'esta paragem são inoffensivos para o homem. Em todos os rios e sertões, só a suspeita da existencia proxima d'uma d'estas terriveis feras, é bastante para aterrar grande numero de homens.

Com effeito parece fabula o que menciono, mas não o é porque foi presenciada por todos esta maravilha, nem descancei em quanto a não vi praticada, porque sempre duvidei da sua realidade, até que os negros e soldados que já tinham estado no estabelecimento de Marambo, para mostrarem a verdade lançaram-se á agua á porfia, e mergulharam, desinquietando os crocodilos que fugiam d'elles; e os outros negros, convencidos pelo que viam, lançaram-se tambem denodadamente na agua. Com os leões acontecia, que em os soldados e negros os vendo, corriam sobre elles; e elles fugiam como o mais timido rebanho de fracos animaes. Os cafres attribuem este phenomeno á superstição, dizendo que a causa d'estes ferozes animaes não fazerem mal, provém de serem Muzimos. Todavia a opinião mais razoavel para a explicação d'esta estupenda raridade, é, que, por este deserto, poucas vezes transita gente, e quando isto succede, é sempre em força; a falta de costume de a verem, e juntamente a abundancia de sustento que aqui acham, são a causa porque a especie humana é respeitada.

Em quanto aos leões, quasi que acontece o mesmo nos dominios do Monomotapa; entre tanto succede ás vezes, posto que muito raras, matarem negros; e quando isto acontece, os Munhaes apressam-se a applacar o Muzimo com algumas offertas, libações, etc. Alli encontram-se os leões reaes de grande corpolencia, que os negros veneram como almas dos seus Mambos. A abundancia que ha d'elles e de caça, maiormente bufalos, é tal, que da carne que resta das suas presas, aquelles povos tiram uma boa parte da sua subsistencia.

Logo que os Munhaes descobrem leões a devorar a presa, ajoelham em distancia, e começam a andar de rastos para elles, batendo palmas, e pedindo-lhes com humildade, que se lembrem des seus escravos que estão com fome, e que quando eram Mambos sempre tinham sido generosos, etc., etc., até que retirando-se os leões, elles aproveitam-se da carne que deixaram. Comtudo nunca se atrevem a correr apoz dos leões como nas margens do Aruângoa do Norte.

Em quanto aos crocodilos não me consta que haja exemplo igual ao que fica referido.

Ha n'este sitio de um e outro lado do rio uma sorte de passaros, pouco mais pequenos do que pardaes; a sua fórma é exactamente a dos periquitos, mas são muito mais pequenos que elles; juntam-se em bandos tão grandes que parecem nuvens, e no logar onde poisam, sendo cultivado e havendo grão, por mais breve que seja a sua demora, fica tudo limpo. Matam-se estas pequenas aves a tiro com escumilha ou missanga; tem a carne negra e durissima, custa muito a cozer, mas é saborosa.

Não posso dar com exactidão a demarcação na largura do nosso terreno de Marambo, porque a não sei; em comprimento é o que andámos de tres e meia a quatro legoas desde o regato Muíta até ao Aruângoa, e a sua largura, que é de Nascente a Poente, não parece consideravel. O seu solo pela maior parte é arenoso, e por consequencia pouco susceptivel de grandes culturas. É todo coberto de mattas, mas não tem madeiras que mereçam attenção em quanto ao volume das suas arvores. Este ponto só póde ser importante pelo lado commercial, e muito mais por ser susceptivel de transportes pelo rio Aruângoa, melhorando-se a navegação d'este rio. Aqui podia-se fazer grande provisão de carnes e couros.

Visto termos saído das terras dos Chévas, tambem habitadas por colonos Túmbúcas, convem fazer aqui a sua descripção, posto que tenham muita affinidade com os Maraves, parecendo ser a mesma raça.

CAPITULO IV.

Usos e costumes dos Chévas e Túmbúcas.

I.

O territorio occupado pelos Chévas confina pelo S. com o dos Maraves, de quem o divide o riacho Xombúe; pelo N. o regato Muíta separa-o do territorio chamado Marambo do Aruângoa do Norte, pertencente aos dominios portuguezes. A serra Muxinge, que corre de Nascente a Poente, é o limite entre a Cháua do Mucânda, ao S., e o territorio do Muásse ao N. De Nascente a Poente dizem ter muito mais extensão; ao Nascente parte com os Maraves, e ao Poente com os Sengas, que são um ramo dos mesmos Maraves com outro nome.

O paiz que occupam os Chévas, posto que seja muito mais pequeno que o dos Maraves, é sem contradicção muito mais povoado e cultivado; e por isso não tem grandes arvoredos. É em geral plano e cortado de rios, e gosa de um clima temperado, que tem mais de frio do que de quente. É escaço de ouro, e abundante em ferro, e se ha vantagem de riqueza no territorio Marave, é unicamente em metaes preciosos. Entretanto, os Chévas devem-se considerar mais felizes, porque gosam de riquezas reaes, de que tiram toda a utilidade, satisfazendo as suas primeiras necessidades. Tem poucas aves e poucos animaes ferozes. Os Chévas merecem especial attenção: e ainda que muito similhantes aos Maraves, têem, comtudo, certas virtudes sociaes, de que estes carecem; sendo, aliàs, como elles, selvagens e grosseiros. O seu governo é absoluto, e exercido por Mambos e Fumos com o conselho dos anciãos. A auctoridade faz-se respeitar com mais regularidade do que entre os Maraves. A successão segue a mesma ordem que entre estes. A sua legislação é tradicional, e, com pequenas excepções, como a dos povos visinhos. A força da nação está na muita população que a compõe; ella é de um caracter pacifico e hospitaleiro, que a distingue dos mais povos cafres; o que lhe tem grangeado a paz e amizade de todos os seus visinhos. A força armada compõe-se dos mesmos elementos que a dos Maraves, porque ao toque do Imbire-bire toda a gente se reune prompta para combater. Não usam de armas defensivas; as offensivas são as mesmas dos Maraves.

Não ha entre os Chévas fazenda publica. Todos os rendimentos que os Mambos e Fumos recebem provém das mesmas fontes que entre os Maraves, e dão-lhes as mesmas applicações. O terreno é propriedade commum, porque, assim como no povo visinho, cada individuo, ou familia, póde estabelecer-se e cultivar aquelle que quizer, independente de licença ou formalidade, uma vez que esteja inculto ou devoluto. A sua população é composta de agricultores e de pastores, que simultaneamente se empregam em extrair o ferro, forja-lo, etc., assim como em tudo aquillo de que carecem. Posto que os Túmbúcas muito avultam pela sua lavoura e industria, formando um parte da nação, todavia reservâmos para elles um artigo separado, visto serem colonos dos Chévas. Estes carecem de religião, pois que não se lhes conhece culto algum; sómente offerecem dadivas e primicias aos seus mortos; e, posto que muito supersticiosos, não o são tanto como os seus visinhos. A lingua tem alguma similhança com a dos Maraves, e por isso entendem-se facilmente. Não usam de caracteres ou jeroglyphicos para representarem as suas idéas.

II.

Pela sua propria industria estes povos fabricam todos os objectos de que carecem para seu uso, tanto de primeira necessidade, como de commodidade e luxo. Da agricultura tiram quanto precisam para sua subsistencia, e para vender com abundancia, devendo-se este resultado á sua actividade, muito maior que a dos mais povos africanos que conheço, e á fertilidade do solo. Raras vezes matam gado vaccum; a sua comida ordinaria consiste em gallinhas, ou em carne de cães, que capam e cevam para d'elles se alimentarem, e á qual dão a preferencia como mais especial do que a dos outros animaes. Geralmente todos os cafres d'esta parte da Africa comem e gostam muito da carne de cão; mas sómente os Chévas e Túmbúcas os castram e cevam para este uso. Em quanto a expedição marchou pelas terras d'este povo, os nossos cafres e soldados banqueteavam-se todos os dias com esta carne, como a mais delicada, e fizeram fornecimenso de cães, de que se vão valendo, e que servirá de grande auxilio, visto que grande provimento d'elles se póde fazer para a passagem do deserto. Provei esta carne assada: não deixa de ser saborosa, e não tenho escrupulo de come-la, ainda mesmo em concorrencia com outras iguarias. Os Chévas usam o seguinte methodo particular de matar os cães para comerem: dão uma pancada forte na cabeça do animal, com a qual fica atordoado, e immediatamente fazem-lhe um golpe no lado esquerdo entre as costellas, e por elle pucham o coração para fóra, que seguram com um páo pequeno ponteagudo que cravam no ligamento, ficando por isso fóra das costellas; tudo isto é feito com muita rapidez; em seguida cortam-lhe as guelas para o sangrarem., e depois chamuscam-n'o, como na Europa se faz aos porcos. A raça de cães que geralmente ha é — a dos gôsos e podengos, que são mui mansos e gordos.

As colheitas que fazem não as guardam com segurança.

Deixam-n'as apenas amontoadas em espiga, e preservadas
do tempo no meio das ruas da Muzi; e d'alli vão tirando o
que precisam, e não receam que n'ellas se commetta o mais
pequeno roubo. Todos os animaes granivoros da povoação
sustentam-se do mantimento que está amontoado, sem que
a gente se importe com isso.

Pouco uso fazem de pelles para vestir-se, pois que geralmente usam de Nhandas, as quaes obtêem das diversas qualidades de arvores de que abunda o sertão. Para as fabricar
extraem da arvore o tecido cellular em pedaços do comprimento de palmo e meio a dois palmos, o que praticam na
estação da seiva, porque a experiencia lhes tem ensinado
que é então que elle se despega com mais facilidade e mais
direito: para isso cortam pequenas pernadas de duas pollegadas de diametro, ou ainda menos, pois que quanto mais
grosso é o lenho, mais grosseiro e ordinario é o pano. Feita
esta primeira operação, e obtidos os bocados de tecido cellular, fazem d'elles grande sortimento, que guardam, depois
de bem seccos á sombra, e que conservam assim muitos
mezes, e mesmo annos, segundo a precisão que têem. Em
quanto estão seccos, como havemos dito, tanto na côr, como
na configuração, parecem bocados e molhos de canella, mas
sem cheiro algum, e apenas têem um pequeno gosto adstringente.

O segundo processo consiste em metter a porção d'estas
cascas seccas, e de que carecem, em um rio ou lagôa, sendo
enterradas na arêa ou lôdo, debaixo d'agua, onde as conservam o tempo necessario para adquirirem a flexibilidade conveniente, e quando se acham promptas as tiram e enchugam
levemente; depois, sobre uma pedra liza, as vão batendo
com macetes de páo, feitos expressamente para este mister,
pela mesma maneira e com o mesmo fim que se pratíca nas
fabricas de sola depois d'esta estar cortida, para a alizar
e estender. Com esta ultima operação estendem-se e ali-
zam-se as Nhandas, de modo que ficam similhantes a uns
pannos côr de ganga torrada, ou côr da terra em que estiveram enterradas. Se, por acaso, rebentam em alguma parte,
como nos logares onde ha nó; em summa, se apparece al-

gum buraco, cozem a parte rota, ou remendam-na com fazenda da mesma especie, usando de linha grossa enfiada em agulha feita de páo ou bambú. A estes pannos assim cozidos uns a outros dão o tamanho de que precisam para seu uso e vestuario, sendo sempre quadrilongos. Quasi todos os cafres d'esta parte da Africa para o norte dos Maraves, e estes tambem, são fabricantes d'esta fazenda. Das madeiras fazem os Chévas os mesmos instrumentos que os Maraves. Dos mineraes apenas empregam o barro para louça, e para os fornos de derreter o ferro, pelo modo que havemos descripto.

O Imbire-bire, ou grande tambor, que lhes serve para tocar a rebate, é um instrumento feito de um só páo, de figura conica (A) [1]. Usa-se pondo-o com o vertice (d) para baixo e a base voltada para cima, a qual é coberta com uma pelle de vacca ou pelle de orelha d'elephante (a), sendo suspenso por uma corrêa de couro crú (e) em uma forquilha cravada no chão (b-b). Ordinariamente o instrumento tem uma braça de altura e tres palmos e meio de diametro na base. Quem o toca bate com toda a força na pelle com dois páos (d), que servem de baquetas.

III.

Os Chévas fazem pouco ou nenhum commercio, a não ser de viveres. Sómente alguns Mambos e Fumos mandam comprar e vender marfim, o que praticam com mais actividade desde que os Muizas emigrados povoam as suas terras, e são elles os Moçambazes que o vão comprar onde sabem que o ha, acon tecendo muitas vezes andarem um mez, e mais, de jornada para chegarem onde o possam obter mais em conta, e o mesmo fazem para o vender melhor. Vendem-no regularmente aos Angúros, povos que habitam as margens do Nhanja-Mucúro, ou Nhanja-grande, como havemos já mencionado.

A nação dos Chévas gosa nesta parte da Africa de uma consideração politica muito vantajosa; o que é devido á sua numerosa população, ao modo como mantem a sua indepen-

[1] Veja-se estampa VIII.

dencia, e a não accommetter povo algum por ambição de conquista, e tambem porque as guerras civis não são frequentes entre elles. Por todos estes motivos a sua importancia é maior do que a dos seus visinhos Maraves. O seu caracter moral distingue-se pela moderação, sobriedade, industria e actividade. Virtudes estas que, bem que entre elles existam em gráo mui diminuto, são comtudo bastante sensiveis, para os distinguir dos seus visinhos, que carecem totalmente d'ellas.

Os seus usos são mui similhantes aos dos Maraves.

A hora de tomar a refeição é ao sol posto, e consiste em Sima, gallinha ou cão cozido. As suas Muzis são mais espaçosas e em campo aberto, e vivem em maiores sociedades. As Nhumbas têem a mesma fórma, mas maior segurança e espaço, e tem sómente um Orimbo, Chupáta, ou porta: as alfaias com que as guarnecem são da mesma fórma e especie.

As regras de cortezia entre os Chévas e Túmbúcas são quasi similhantes ás dos Maraves, com a unica excepção de não darem as palmas pausadas, mas sim seguidas; e quando se dão, quem as recebe, fazendo o mesmo, diz: Éiá, que significa — isso.

Os casamentos e nascimentos celebram-se como os dos Maraves, e de igual modo os funeraes dos individuos ordinarios; mas se o defunto é um Mambo ou Fumo, então pratica-se o seguinte.

IV.

Desde o momento da morte, todas as mulheres que tinha o finado são guardadas com a maior vigilancia, e retidas nas suas Nhumbas, e não n'aquella em que está o cadaver.

Antes de occorrer o obito, é a Mussâno, ou primeira mulher, que está com o enfermo, juntamente com outra ou outras que são por elle mais estimadas; e todas estas continuam a ficar da mesma fórma depois do seu fallecimento. Em quanto o obito está occulto; ás perguntas que se fazem ao morto, responde algum confidente com voz contrafeita, imitando a d'este: o que se faz, para illudir o povo que desconfia de que o fallecimento teve logar. Finalmente, depois de juntos todos os parentes, Mambos, Fumos, etc. publica-se a morte; e desde esse momento todas as mulheres são encerradas na mesma Nhumba onde está o cadaver. Quando tudo está prompto para o enterro, é o cadaver conduzido de mesma fórma que os dos Mambos Maraves; e todas as mulheres seguem o defunto, umas com as panellas do liquido suppurado, outras com pannos, etc. Se acontece que durante esta transito alguma d'estas infelizes tem a fortuna de espirrar, está salva, porque foi rejeitada pelo Muzimo do finado.

Chegado o sequito ao logar da cova, depois d'esta feita com a capacidade sufficiente, desce a Mussâno, ou mulher principal, e senta-se á cabeceira com as pernas estendidas para a parte em que hão de ficar os pés do cadaver, e logo uma das mulheres mais estimadas senta-se da mesma fórma, mas da parte opposta, ficando voltadas, com os pés estendidos uma para a outra. Se ha muitas mulheres, são postas duas aos pés e duas á cabeceira, do modo indicado, e duas de cada lado da cova com os pés para o centro, formando assim um estrado as oito desgraçadas, sobre cujas pernas estendem um ou mais pannos, e em cima põem o cadaver e as panellas, e cobrem tudo com outros pannos. Feito isto, lançam mão das mulheres restantes, e especialmente das que o defunto mais estimava, se ainda restam algumas, e as lançam á cova até ao numero de seis, torcendo-lhes antes d'isso os pescoços, e as vão pondo sobre o cadaver, e cobrindo logo todas com pannos. Segue-se taparem immediatamente a cova com terra, o que fazem n'um momento, porque toda a multidão se presta a isso.

Para concluirem o funeral apanham dois negros escravos, que sejam ainda jovens, e a cada um torcem-lhe o pescoço e o empalam com um páo ponteagudo, que introduzem pelo anus até chegar ao craneo, e cravando a parte opposta no chão, ficam ambos em pé um á cabeceira e outro aos pés da cova, voltados um para o outro. A um d'estes põem ao pescoço uma pequena Goma ou tambor, e um páo na mão direita, ficando com esta levantada, na acção de tocar a Goma: e ao outro armam de arco e flecha na acção de disparar o tiro.

As mulheres enterradas com o cadaver, são as que devem acompanhar o Mambo ou Fumo para não estar sem ellas, e não andar o seu Muzimo sem estado. Os dois negros que ficam sobre a cova, são destinados a afugentar as Quizumbas, quando vierem para desenterrar o cadaver. Quando se acaba este barbaro cerimonial, vê-se por algum tempo a terra que cobre a sepultura mover-se, e ouve-se um sussurro surdo subterraneo que horrorisa. Parece que a mesma terra se envergonha e repelle de si tão atroz solemnidade.

Um enterro tal qual o acabo de referir foi feito ao Mambo Muásse em 1828, assistindo uma escolta de soldados nossos, e o major Monteiro que era então commandante da feira do Marambo, e hoje o é d'esta expedição, e elle vendo que não era possivel salvar nenhuma das infelizes que estavam destinadas áquella morte atroz, retirou-se quando já se achavam as quatro mulheres na cova; o mais que se passou foi referido pela escolta. Quanto mais poderoso é o Mambo, maior é a barbaridade do funeral, pelo numero das victimas que são enterradas.

V.

Os espectaculos publicos consistem em bailes, toques de Goma e cantigas, como entre os Maraves. São pouco frequentes as queimas pelo crime de feiticeria. Quanto á versificação, ha a dizer o mesmo que se disse dos Maraves: carecem como elles de monumentos e de moedas metallicas. A sua historia jaz igualmente na obscuridade, e nada sabem da sua origem. Parece ser uma supposição bem fundada que elles e os Maraves descendem de um mesmo mesmo povo, como indica a similhança da lingua e dos costumes.

Os Chévas são geralmente de estatura regular, côr azevichada, e tanto um como o outro sexo pouco se distingue dos Maraves pelas feições; apenas differem em não terem tão elevados os riscos ou lanhos que fazem para ornato da cutis. O vestuario e mais enfeites de que usam são os mesmos em quanto á fórma de os trajar, mas em quanto á materia são de fazenda de algodão, ou de Nbanda. As donzellas, a que chamam Chitunturo, usam de um cinto de

Caurís, e muitas trazem tambem colar e pulseiras dos mesmos Caurís; mas o rigor é o cinto, do qual deixam de usar logo que casam. Os Chévas são mais aguerridos e valentes que os Maraves.

VI.

Os Túmbúcas formam uma tribu distincta, e vivem como colonos nas terras dos Chévas, em Muzis separadas, que são, comtudo, situadas entre as Muzis d'estes, e n'estas tambem frequentes vezes ha alguns Túmbúcas. Estes ignoram a causa por que os seus antepassados emigraram para viverem aqui como Butongas; isto é, colonos; dizem apenas que as terras de que vieram são muito distantes. A supposição mais bem fundada é que a emigração foi motivada por algum conquistador, como acontece hoje aos Muizas, que os obrigou a procurar este paiz onde habitam. São altos e robustos, de feições miudas, e côr azevichada. Vivem, como os negros, em polygamia; amam o trabalho, e são dados á creação dos gados. São aguerridos e turbulentos: frequentemente andam em guerras civis, nas quaes os Chévas nunca tomam parte. A sua população avulta muito, mas é em boa parte distraída pelas guerras que tem entre si. Quando os Túmbúcas vão para o trabalho levam sempre as suas armas, que nunca largam, mesmo em quanto trabalham. Ellas constam de Mutúmba ou Carcaz com flechas, que trazem sempre ás costas, o arco a tiracolo, e uma faca á cinta. Logo que sentem qualquer motim largam o trabalho, e com cuidado vão observar a causa.

Estão sempre mui prevenidos, porque sempre têem rixas e Milandos, os quaes nunca são julgados pelas auctoridades sem primeiro se terem batido uns com outros, envolvendo cada um dos auctores na sua causa parentes e amigos; e, depois de o terem feito, e esgotado todas as forças, queixam-se então do Milando, o qual é julgado com as mesmas formalidades e regras que se usam entre os Maraves. Quando os litigantes comparecem depois de citados, não se encontram, nem se apresentam ambos ao mesmo tempo, mas vem um em quanto o outro está occulto, e em distancia que não vê nem póde ser visto pelo seu contendor; e depois que um tem fallado retira-se, e vae occultar-se da mesma fórma, em quanto vão chamar o outro, que falla igualmente; e se por acaso se avistam, ainda que seja na presença do Mambo, batem-se como se fosse no calor da mais encarniçada guerra, para a qual estão promptos, porque as suas armas são sempre de si inseparaveis seja onde fòr. Finalmente sentencêa-se o Milando, e vem um por cada vez ouvir a sentença; á qual raras vezes obedecem logo; antes pelo contrario novamente se hostilisam; e repete-se o julgamento do Milando, e isto successivas vezes, até que, cançados e destruidos, cumprem a sentença, que cada vez se torna mais onerosa para o réo. Os contendores nunca se avistam sem ella estar totalmente cumprida, e satisfeita a pena

De todas estas questões tiram os Mambos uma boa parte dos seus rendimentos, porque o sangue que se derrama, e o julgamento dos Milandos, tudo é pago pelas partes em fazendas, mantimento, gado, mulheres, etc.

Uma singularidade curiosa que aqui existe é a seguinte: os Túmbúcas costumam ir das sete para as oito horas da manhã para os seus trabalhos agricolas; e, ou seja para evitarem as surprezas do inimigo, ou para se occuparem na lavoura, vão para o campo todos os individuos da povoação, sem excepção de sexo ou idade; deixando-a deserta e as palhotas abertas. Comtudo ella fica na maior segurança possivel, porque logo que para alli se aproxima qualquer pessoa estranha, seja ou não preto, os cães, gallinhas, cabritos, pombos, etc., etc., que nella ha, tudo se põe em fuga, fazendo um motim extraordinario; pelo que os habitantes conhecem logo que chegou gente estranha á povoação, e vão observar com cautela. Isto não acontece em uma ou outra; succede geralmente em todas.

Distinguem-se essencialmente os Túmbúcas pelos seus grandes Nhunzos, que são formadas pelos cabellos que deixam crescer, e que dividem em madeixas mui finas, que enrolam com folhas seccas e amarelladas da palma, a que chamam Michéo. Fica-lhes a cabeça toda cheia de delgadas e

Tumbuca conduzindo uma carga.

compridas pontas erguidas em todas as direcções e semelhantes
de porco espinho. [a]

A palmeira Miches e seu pequeno arbusto, semelhante
nas folhas á palmeira ...., mas que não excede, acres-
tado do seu maior crescimento, á .... palavra de altura,
dá-uns cachos com fructos de tamanho de pero e feitos
de côcos, mas que para nada ...., tendo ficou uma
pollegada de casca esponjosa, que ....
simo, e dentro d'elle uma .... Esta
palmeira é de grande utilidade .... fazem esteiras e cordas, de que se ....
atar tudo quanto querem; vem .... No territorio Chéva ha escacez d'estas palmeiras, e que lá .....
pram as folhas que os ....
cuidado de lhes levar para lhes ....
....

Os Nbunzos, são o luxo principal dos ...., pois que
não carregam nada á cabeça, ainda que ....
maior conveniencia, mas sim aos hombros por meio de um
pão, da mesma maneira que fazem os cadoreiros que vendem peixe em Lisboa. A este modo de carregar chamam
Cimbo. As suas Chibantares; isto é, donzelas, porque tambem
tem este nome entre elles, usam dos mencionados cestos,
feitos de Coará, que deixam logo que casam.

Das mulhéres, tantas Chévas como Túmbécas, umas andam completamente nuas, outras cobrem as nadegas com
um pequeno panno seguro ao cordão da cintura pelas duas
pontas superiores, ficando as duas inferiores .... a orla
da parte superior do panno fórma uma curva .... grande
que deixa descobertas todas as fórcas e .... das nadegas, e pela frente, na parte central, ... uma
tira de panno da largura de dois dedos, ...
mulhér, segura sómente ao cordão por uma ....
des, ficando a outra dependurada, de fórma que ....
vento lhe dá; ou quando .... segura ....
hoje, para onde é impellida. .... com que
....

a. Veja-se a estampa IX.

Tumbuca conduciendo una carga

compridas pontas eriçadas em todas as direcções á similhança de porco espinho. [2]

A palmeira Michéo é um pequeno arbusto, similhante nas folhas á palmeira brava, mas que não excede, no estado do seu maior crescimento, a dez palmos de altura; dá uns cachos com fructos do tamanho de peros e feitio de côcos, mas que para nada servem, porque têem uma pollegada de casca esponjosa, que envolve um caroço rijissimo, e dentro d'elle uma amendoa ôca e coreacea. Esta palmeira é de grande utilidade pelas suas folhas com que fazem esteiras e cordas, de que se servem todos os cafres para atar tudo quanto querem; mas apodrece facilmente. No territorio Chéva ha escacez d'estas palmeiras, e por isso compram as folhas que os passageiros experimentados têem o cuidado de lhes levar para lhes venderem a troco de mantimentos.

Os Nhunzos são o luxo principal dos Túmbúcas, pelo que não carregam nada á cabeça, ainda que n'isso tenham a maior conveniencia, mas sim aos hombros por meio de um páo, da mesma maneira que fazem os cabazeiros que vendem peixe em Lisboa. A este modo de carregar chamam Càzôzo. As suas Chitunturos; isto é, donzellas, porque tambem têem este nome entre elles, usam dos mencionados cintos, feitos de Caurís, que deixam logo que casam.

Das mulheres, tantos Chévas como Túmbúcas, umas andam completamente nuas, outras cobrem as nadegas com um pequeno panno seguro ao cordão da cintura pelas duas pontas superiores, ficando as duas inferiores caídas; e a orla da parte superior do panno fórma uma curva bastante grande que deixa descobertas todas as fórmas e contornos das nadegas, e pela frente, na parte central, deixam pendente uma tira de panno da largura de dois dedos, a que chamam Camuhère, segura sómente ao cordão por uma das extremidades, ficando a outra dependurada, de fórma que, quando o vento lhe dá, ou quando fazem algum movimento, assim se move para onde é impellida. Do estado de nudez em que

[2] Veja-se a estampa IX.

andam não mostram o menor signal de pejo; e se alguem
fizesse reparo n'isso, ou lhes dissesse qualquer cousa, um tal
acto seria tomado como a maior affronta, que não deixa-
riam impune. Em geral, tanto umas como as outras, são
castas, mas as Túmbúcas mais que as Chévas: é rarissimo o
adulterio. Umas e outras, e tambem os Chévas, costumam
trazer o cabello dividido em tranças delgadas, mas sem serem
ligadas com folhas de palma, sendo sómente seguras com
o mesmo cabello, e por isso ficam brandas, e caídas como
cordões, a que chamam Mabanduas, em que de tempos a
tempos deitam azeite.

O viajante que fôr para o paiz dos Chévas póde aproveitar
toda a trapagem velha que tiver de quatro dedos de largura
para cima, e com ella comprará viveres de todas as especies.

VII.

Nas terras dos Chévas até ao rio Rucúzúzi não ha aves
damninhas, nem outros animaes que lhes destruam as searas.
e por isso semêam e colhem sem outro prejuizo, além do
que lhes póde causar a estação. O modo de cultivar é fazendo pequenos montinhos de terra, nos quaes semêam; as
encbadas de que usam são grandes e com o cabo comprido,
de fórma que trabalham de pé, fazendo uma pequena curva
com o corpo.

N'este paiz estão apparecendo continuamente pequenos
redomoinhos que progressivamente engrossam, a ponto tal
que cada um d'elles parece uma grossa columna, a qual vae
levando quanto encontra, ainda mesmo grandes arvores, mo-
vendo-se com uma rapidez incrivel até perder-se de vista.
A gente tem muito cuidado de desviar-se d'elles para não
ser envolvida. Apparecem tambem sem fazer vento algum,
e então são mais pequenos e menos densos. Se, porém, o
vento sopra e cresce em força, assim elles vão tambem engrossando e augmentando em força; todavia, em todos os casos são temiveis. Muitas vezes aconteceu principiar um d'estes
redomoinhos sem vento algum, proximo do nosso acampamento, e ir-se engrossando, e ao mesmo tempo crescendo o vento

prodigiosamente. Todos os objectos que o redomoinho encontra arrebata a si, e depois de os haver attrahido eleva-os ao ar, onde se conservam em continuado movimento circular, sem nunca abaixarem, antes pelo contrario elevando-se cada vez mais. Estes redomoinhos apparecem ordinariamente nos Dambos e outras extensas planicies. É só nas terras dos Chévas, e d'estas, nas que são mais povoadas, que os temos visto. Dizem estes povos, quando lhes perguntâmos a sua opinião sobre este phenomeno, que são as almas dos feiticeiros que andam errantes.

CAPITULO V.

I.

Setembro 6. —Continuámos a demorar-nos no mesmo sitio da margem do N. do rio Aruângoa, á espera dos Cazembistas. para combinar com elles o caminho que devemos seguir.

Ás oito horas e trinta minutos da manhã chegou um dos soldados da escolta que ficou com as cargas, a dar parte que elles tinham posto vinte e nove das mesmas cargas no acampamento que deixou a expedição no rio Rucúzúzi, e que voltaram a conduzir o resto, e acompanhar o enviado, deixando alguns Cazembes e os soldados de guarda a ellas, e que mandavam pedir ao commandante que as fizesse conduzir para aqui; ao que este annuiu para abreviar a marcha.

Hoje officiou-se ao governador de Rios de Sena, por via de escravos de Pedro Caetano Pereira, que encontrámos, e recolhem du sertão.

Setembro 7. —No mesmo sitio pelo motivo referido.

Assentámos em mandar d'aqui mesmo a Chipáta ao Mambo Cazembe-Muiza que fica a dois dias de jornada, isto para evitar demoras no caminho; e como não ha quem saiba lá ir, mandou-se procurar um guia, que se achou na Mussássa de caçadores de cavallos-marinhos, que fica a pouca distancia; ao qual se deu um Capotim de gratificação, e despediram-se os portadores para amanhã marcharem com a Chipáta, que consta de meia peça de Zuarte, um Xaile, uma Ardian, dois quartos de Zuarte, um panno de Calaim, e quatro Chuábos de missanga.

Este sitio está quasi deserto, apenas podémos saber que o Cazembe-Muiza tem forças bastantes, e que tanto elle como os seus vivem de caça e fructos silvestres, e que são insignes salteadores.

A terra chama-se Cháua: e para differençar-se da do Mucânda, accrescentam-lhe o nome do Mambo, dizendo = Cháua-a-Mucânda, Cháua-a-Cazembe-Muiza = advertindo, que só se conhecem estas duas terras com e·te mesmo nome. Segundo nos informaram, este territorio é pequeno, e confina ao N., Nascente e Poente com os Muizas, e aqui pelo S. com o rio Aruângoa. Estes povos descendem dos Sêngas, que habitam mais ao Poente.

Ás oito horas da noite veiu o soldado José da Guia, camarada do commandante, dar-lhe parte, que alguns dos seus escravos estavam combinados para fugirem de noite; em consequencia do que deram-se todas as providencias, mandando-se cercar o campo pelo destacamento e negros fieis, e procedendo-se a uma escrupulosa indagação, teve o resultado de se conhecerem os cabeças, os quaes foram postos de gargalheira: não houve mais novidade.

Setembro 8. —No mesmo sitio. Ás nove horas da manhã chegou o enviado Cazembista.

Como a Mussássa dos caçadores de cavallos-marinhos fica a pouca distancia do acampamento; nós, os commandantes, e o interprete, depois de ter-se providenciado a segurança do campo, fomos ver a dita Mussássa, levando em nossa companhia seis dos melhores atiradores, com boas armas. A duas milhas ao Poente, na descida do mesmo rio, e na sua margem, estavam os caçadores, que eram Muizas, Sêngas e Chévas, sendo cincoenta o seu numero total; e tinham por abrigo pequenas barracas de folhagem, que só servem para os preservar do sol. Na extensão do rio cuja margem occupavam, haviam grandes lagôas, bastante fundas, e-o rio n'este sitio tem umas oitenta braças de largura: nas lagôas se achavam muitos hippopótamos que continuamente vinham respirar fóra d'agua, e aos quaes se póde atirar á queima-roupa. Nós iamos fazer uso das nossas quatro espingardas, quando os caçadores nos pediram encarecidamente que não atirassemos, porque então no dia seguinte não estaria já alli nenhum, e que fugiriam de noite para outras lagôas, o que lhes daria grande trabalho, tanto para encontra-los como para estabelecerem Mussássa e laços. Annuimos promptamente ao pedido, e estivemos conversando com elles ácerca d'esta caça, do modo de a fazer, do proveito que d'ella tiram, etc.

O cavallo-marinho ou hippopótamo é ambibio, como se sabe, e no logar onde acha commodidade de sustento é onde presiste mais tempo. Se vive em rios cujas margens são povoadas de gente, ou mesmo sendo desertas, se elle percebe gente, não sae da agua de dia, e só de noite; e nunca passa senão por trilho onde acha rasto igual, e assim se introduz muito pela terra dentro. Como o Aruângoa n'esta estação do estio está mui baixo, e só conserva grandes fundões ou lagôas de distancia em distancia, onde se podem recolher, todas estão povoadas por elles, e para todas ha caçadores. Uma vez avesados a uma lagôa com difficuldade mudam, excepto se alli os incommodam.

Os caçadores acampam na proximidade d'ellas, em sitios d'onde possam observar os seus movimentos; e todos os dias, já com sol alto vão visitar os caminhos ou trilhos dos cavallos-marinhos sobre os quaes, em arvores altas (1), armam laços[3] com uma corda fina (2), cuja extremidade prendem a um tóro de madeira (3) que fica sobranceiro ao caminho (4); na parte inferior do tóro está um ferro her-

---

[3] Vide estampa X.

Laços para a caça.

...do (5) de três a três collocadas de comprido, com a ponta
corpada, e ligeiramente cravado no tenhão a corda que o segura dá uma volta ao corredor (6), na extremidade (...) a árvore,
em quanto a outra extremidade vem segurar ou prender o
delgado pao (7), que atravessa o trilho, seguro a duas estacas (8) na altura de palmo e meio do chão. Quando o animal
passa, como (...) todo alto por cima, por ter as (...) muito
curtas, quebra o pão atravessado, o que é quanto basta para
(...) a corda e cair-lhe sobre as espadas o ferro,
(...) pelo seu peso, lhe crava no corpo (...)
(...) ligeiramente unido ao ferro (...)
(...) não. Então o animal, impelido (...)
(...) para a agua, o que accelera o (...)
(...) de sete e quatro horas (...)

senão fos e o effeito do veneno, o ferro só (...)
bastante para dar a morte a um animal tão corpulento; mas
o veneno produz este effeito, e parece que o (...)
(...)

Os cafres servem-se d'estes mesmos laços para a caça dos
elephantes, mas como estes não (...) agua passam se mais de (...) antes de morrerem.

Logo que apparece morto o cavallo marinho vão-n'o buscar
na terra em almadias que para isso têm (...) na terra
e cortam toda a carne em tiras, e, sem sal, a seccam ao sol.
Não se acha outro signal de destruição em um animal assim morto, senão, na circumferencia do ferro, umas duas
pollegadas de carne desmaiada, que inutilisam.

Tornam a reformar o laço, que acham caido, a (...)
novo ferro que têm de prevenção, e assim continuam
em quanto o rio não toma agua. Com a carne (...)
tamos os caçadores vão comprar mantimentos, (...)
pos, e mesmo marfim. Os gentes d'este (...)
aqui procurados, e por isso deitaram (...)
tirarem da cabeça, (...) fica (...)
é enterrada, em razão (...) que os miolos (...)
veneno mui forte.

Depois de termos gasto algum tempo em conversa sobre
este objecto e indagar o estado do caminho, recolhemos ao

Lugar para a caça.

vado (5), de duas a tres pollegadas de comprido, com a ponta farpada, e ligeiramente cravado no lenho: a corda que o segura dá uma volta de correr (6), n'uma pernada da arvore, em quanto a outra extremidade vem segurar ou prender um delgado páo (7), que atravessa o trilho, seguro a duas estacas (o o) na altura de palmo e meio do chão. Quando o animal passa, como não póde saltar por cima, por ter as pernas muito curtas, quebra o páo atravessado, o que é quanto basta para desprender a corda e caír-lhe sobre as espaduas o lenho, que, pelo seu peso, lhe crava no corpo o pequeno ferro, o qual estando ligeiramente unido ao tóro se separa d'este, que cae no chão. Então o animal, impellido pelo susto e pela dôr, foge para a agua, o que accelera o effeito do veneno; e no fim de vinte e quatro horas apparece boiante.

Senão fosse o effeito do veneno, o ferro só per si não era bastante para dar a morte a um animal tão corpolento; mas o veneno produz este effeito, e parece que a agua concorre para a abreviar.

Os cafres servem-se d'estes mesmos laços para a caça dos elephantes, mas como estes não fogem para a agua passam-se mais dias antes de morrerem.

Logo que apparece morto o cavallo-marinho vão-no buscar para terra em almadias que para isso têem varadas em terra, e cortam toda a carne em tiras, e, sem sal, a seccam ao sol. Não se acha outro signal de destruição em um animal assim morto, senão, na circumferencia do ferro, umas duas pollegadas de carne denegrida, que inutilisam.

Tornam a reformar o laço, que acham caído, mettendo novo ferro que têem de prevenção, e assim continuam a caça em quanto o rio não toma agua. Com a carne dos hippopótamos os caçadores vão comprar mantimentos, escravos, roupas, e mesmo marfim. Os dentes d'este amphibio não são aqui procurados, e por isso costumam enterra-los sem os tirarem da cabeça, porque esta logo que fica limpa de carne é enterrada, em razão de acreditarem que os miolos são um veneno mui forte.

Depois de termos gasto algum tempo em conversar sobre este objecto e indagar o estado do caminho, recolhemos ao campo, onde não achámos novidade. De tarde mandou-se dizer ao enviado que a expedição tem estado aqui demorada á sua espera, e que, visto ter chegado hoje, ámanhã devíamos continuar a marcha, para o que se lhe exigia um guia para o caminho. Respondeu que o guia estava prompto, mas que elle tinha muita gente doente, e por isso lhe faltava para conduzir as cargas. Á vista d'esta resposta foram os commandantes e o interprete á sua Mussássa, e conveio-se finalmente em que não podíamos, nem devíamos ir separados, porque os povos por onde vamos transitar são muito ladrões. O mesmo enviado disse que os seus doentes ainda não tinham chegado, porque não podiam andar senão a curtas jornadas, e por isso pedia que se lhe désse a gente que estava presa na gargalheira, para conduzir as cargas dos doentes, até que se restabelecessem; que então voltariam, e que este era o meio de irmos reunidos.

Ainda que esta requisição parecesse razoavel, não achámos que fosse decoroso entregar escravos nossos presos aos Cazembes, assim como não convinha solta-los. Em consequencia d'estas reflexões assentou-se em lhe prometter dez negros, que tanto era o numero dos seus doentes, e estes que se lhe dão são tirados das Maxilas que vem de sobrecellente para o caso de alguem cançar ou adoecer, porque desde que começou o deserto todos marchámos a pé. Participou-se ao enviado que se faria este sacrificio com a condição de irmos reunidos. Elle annuiu, mas disse que era preciso demorarmo-nos ainda ámanhã para esperar os seus doentes, que ainda não chegaram; e d'esta fórma ficou combinada a marcha.

Como aqui é deserto tem-se mandado fazer fornecimento de viveres para além do rio, e em grande distancia, e não sei como ha de ser para a frente, se o deserto se fôr dilatando muito. Mataram-se algumas Antilopes, que serviram de grande auxilio.

Nas margens d'este rio ha grandes bosques, e pela maior parte as arvores nos pareceram ser das mesmas especies que as que temos visto em todo o sertão. N'este tempo do estio reune-se aqui grande numero de animaes que fogindo da secca vem procurar a agua. Encontram-se quasi todas as especies de quadrupedes africanos dos tropicos, com excepção da Girafa, que, pelo menos, ainda não foi vista, nem dão noticia d'ella; mas sobre todas as especies as que mais abundam são as das Antilopes, cuja variedade é extraordinaria, começando pelo Mirú, que é do tamanho de uma vacca, e acabando no Nazorro, que tem o corpo de um coelho e as pernas excessivamente delgadas, e de mais de um palmo de comprimento. As aves observam-se em especies variadas e abundantes, distinguindo-se muito os pequenos passaros pelo seu canto e plumagem. Não démos, porém, noticia de Avestruzes. Abunda muito este sitio em reptis, e os mais notaveis são as cobras, entre as quaes se encontra a que os portuguezes chamam Madeira e os cafres Sáto; havendo-as aqui de extraordinaria corpulencia, mas só são perigosas aos quadrupedes. Poucos peixes observámos n'este rio.

Em plantas nada achámos de notavel, a não ser o terreno coberto de bosques, nos quaes não vimos corpulentas arvores. Pareceu-nos escasso este paiz de substancias mineraes interessantes, pelo menos não tivemos noticia de metal algum, nem de pedreiras notaveis. Estou persuadido que n'este sitio ha todas as proporções para um naturalista fazer importantes descobertas, principalmente nos dois reinos organicos, que muito adiantariam a sciencia: talvez achasse especies novas que nós não soubemos distinguir, por falta de conhecimentos especiaes. Sómente podemos dizer que este paiz parece o mais rico no reino animal de todos quantos até aqui temos visitado.

Setembro 9. — No mesmo sitio. De tarde houve noticia de estarem perto os doentes Cazembes, em consequencia do que mandou-se avisar o enviado, para ámanhã continuarmos á marcha, e para que mandasse buscar as cargas e désse o guia, para assim seguirmos o mesmo caminho, no que elle concordou, pedindo que se lhe deixasse uma escolta, porque marchando a expedição na frente, tinha receio de ser assaltado, o que não será tão facil ficando elle com soldados; ao que promptamente annuiu o commandante, mesmo porque já d'antemão estava determinado a faze-lo, ainda que elle o não pedisse.

11

II.

Setembro 10.—Ha dias que o commerciante Joaquim dos Santos Montalvo anda doente com uma catarral, queixando-se muito das entranhas, e tendo o ventre excessivamente elevado; mas hoje levantou-se convulso, e desconfiando-se muito da sua vida, dissemos-lhe, e fomos de parecer, que elle não estava em estado de marchar, e por isso que seria melhor demorar-se ainda a expedição até ver se melhorava. Ellé, porém, disse que não se achava bom, mas que com o exercicio da maxila talvez lhe passasse a convulsão em que estava, que julgava ser nervosa. Mandaram-se as cargas para a Mussássa dos Cazembes, e com ellas a escolta.

Ás sete horas da manhã marchámos para NO., e quando tinhamos avançado duas legoas e meia por um arido deserto, topámos uma pequena povoação com cinco palhotas, mas sem haver vestigios alguns de cultura na sua visinhança, e proximo a ella passa o rio Pamázi, que corre ao S. com cento e vinte braças de largo e cinco de altura de barreiras, e apenas com um palmo de altura d'agua, sendo a sua largura muito irregular. D'aqui marchámos para NNO. uma legoa, e então mudámos para NE., e começámos a ver algumas povoações, mas poucas e insignificantes, e sem vestigios alguns de culturas; e tendo avançado legoa e meia n'este rumo, andámos para o N. meia legoa, e chegámos á margem do mesmo rio Pamázi onde acampámos antes de o haver passado: corre aqui para O. com oitenta braças de largo e quinze de altura de barreiras, e leva bastante e optima agua, mas com pouca altura.

O commerciante Montalvo com a agitação da maxila ficou peior e perdeu os sentidos, e n'este estado chegou aqui, e foi a causa porque se acampou. Com todo o cuidado foi posto em um logar o mais accommodado que era possivel, mas continuando no mesmo estado e em convulsões, falleceu pelas duas horas e vinte minutos da tarde. Este companheiro e amigo diligente, que com tanto carinho e incommodo seu me tratou na perigosa molestia que tive no Missále, deixou hoje de existir no sertão d'Africa, e fui eu mesmo que tomei á minha conta o cuidado de acompanha-lo na hora derradeira. A terra lhe seja leve. Talvez não seja o unico, visto o aspecto medonho que apresenta o começo d'este deserto. Apenas falleceu fez-se uma falla aos negros que o acompanhavam, que são trinta e dois, pertencentes a Candido José da Costa Cardoso, a quem pertencem tambem as fazendas, por ser em logar do dito Cardoso que vinha o fallecido; expoz-se-lhes que as fazendas são de seu senhor, e que não eram do fallecido, e que se elles fugirem ou as desampararem a perda será d'elle, etc., etc. Passou-se ordem para ninguem fallar em tal morte, porque, segundo o costume do sertão, seria preciso pagar grande somma de fazenda, tanto pelo individuo ter morrido, como para ser sepultado.

Ás tres horas e trinta e cinco minutos da tarde chegaram os portadores que tinham ido levar a Chipáta ao Cazembe-Muiza, o qual ficou satisfeito. De noite mandou-se abrir a sepultura junto a um cannavial, que está na margem d'além do rio, e que serve de signal, sendo feito o enterro com o maior segredo.

Setembro 11. — Pela manhã levantou-se o campo, e caminhámos para o N. tres legoas, e depois seguimos para NO., e pouco haviamos andado n'este rumo até ás onze horas e quinze minutos, hora em que já se não podia supportar a força do sol, quando, em um bosque, proximo ao mesmo rio Pamázi, fizemos alto para esperar que o calor abrandasse mais.

Desde a povoação do Chinguengue encontram-se grandes bosques e mattas; e na parte mais arida do sertão das margens do Aruângoa apparecem amendoeiras das que dão as amendoas chamadas durazias em Portugal. Estas arvores n'este tempo estão sem fructo, mas vêem-se estes seccos pelo chão, e são mui procurados pelos elephantes.

Ás tres horas da tarde, estando ainda o calor excessivo, mas todavia supportavel por causa da briza, que, posto que mui fraca, moderava a sua força, continuámos a marcha com o rumo de NNO., e quando tinhamos caminhado uma legoa chegámos á margem do mesmo rio Pamázi, que corre aqui para SE. com oitenta braças de largo e seis de altura, e com a mesma cópia, acima referida, de boa agua: formou-se aqui o campo. Continua o deserto, e não se encontram vestigios de habitações nem de cultura.

Setembro 12. — Antes de se levantar o campo apresentaram-se os guias Cazembes, dizendo que o caminho por onde queriam guiar a expedição está deserto, mas que tem noticia de que aqui perto estão Muizas amussassados, que andam á caça, e que seria bom pedir-lhes um guia para nos conduzir por caminho povoado. O commandante observou-lhes que tomassem sentido com os Muizas, porque como andam dispersos não ha que fiar n'elles, depois de receberem a paga, podem facilmente fugir. Os Cazembes ficaram de fazer o ajuste para se lhes pagar depois de se ter chegado ao caminho indicado. Pouco depois voltaram com um Muiza já justo para servir de guia.

Ás sete horas e trinta e cinco minutos da manhã deixámos o campo, e andando para o N. duas legoas, passámos pela primeira vez o rio Pamázi, que corre aqui para ESE. com noventa braças de largo e dez de alto. Este rio vae desaguar no Aruângoa, e posto seja mui largo, n'esta estação é innavegavel ainda pelas mais pequenas almadias: a maior altura d'agua que lhe achámos foi de tres palmos e meio, e em partes apenas tinha quatro dedos de altura; na estação das chuvas, porém, deve ser caudaloso. A agua é excellente e muito crystallina. D'aqui fizemos caminho de NO. duas legoas, e depois marchámos para NNE. meia legoa, e avistámos uma pequena povoação, á vista da qual fugiu o guia sem procurar pela paga.

Mandou-se a ella tomar noticia do caminho e pedir um guia; voltaram os portadores com alguns Muizas, que disseram, que todo este caminho está deserto em consequencia das guerras que tem havido entre os Muizas e os Muembas, que estes tinham invadido e destruido todas as povoações, que por isso todas estão abandonadas, e que aquella que está á vista é do Fumo Mongulúé, o qual está n'ella por ter vindo tomar conta de uma Butáca de um parente seu; porém, que tencionava deixa-la amanhã e retirar-se para a sua Mossumba, que está na serra Muxinga. Dão o nome de Mossumba á povoação em que reside um Mambo ou um Fumo Muiza. Em consequencia d'esta informação assentou-se em acampar aqui para se obter um guia, que nos conduza por caminho que seja menos deserto. Depois de feito o acampamento vieram dizer os Muizas que o Fumo queria vir ver os Mozungos, mas que o não podia fazer sem o auctorisarem, mandando-lhe a sua Chipáta; o que se satisfez, remettendo-se-lhe um Capotim. Depois de tê-lo recebido veiu ao acampamento, e nos informou com individuação do estado do caminho: pelo que conhecemos ter mentido o guia que veiu até aqui, e que só tinha em vista receber alguma cousa, porque todo o paiz é deserto. Soubemos tambem que o rio Pamázi serve de limites ás terras do Cazembe Muiza, e ás dos Muizas. Pediu-se um guia, e o mesmo Fumo se offereceu, visto que amanhã tenciona ir para a sua Mossumba, e disse que no caminho, além d'ella, se achavam algumas Muis; isto é, povoações, onde se poderiam encontrar alguns viveres, o que ficou justo.

Ha quatro dias que estamos experimentando falta de viveres, nem temos esperanças de os haver.

Setembro 13. — Pela manhã vieram os Muizas para acompanhar-nos, e seguimos a nossa derrota com o rumo de ONO., e tendo caminhado uma legoa, começámos a seguir o rumo de SE. E vendo eu, que com este rumo contramarchavamos, fiz alto, e mandei parte ao commandante; em seguida pedi explicações ao guia, e d'ellas colligi, que como este Fumo é parente e subordinado do Mambo Muiza Xingára, que reside a grande distancia para a retaguarda, queria conduzirnos lá para ter Chipáta; á vista do que, deixámos o guia e seguimos a corta-matto para NNE., sem haver um só individuo que soubesse o caminho, e como tomámos esta deliberação, veiu o Fumo pedir ao commandante que o seguisse, mas este recusou por não ser o nosso caminho, e elle insistiu com empenho, affirmando que não enganava. Tornou-se então a seguir tomando outro caminho, porém, em breve retomou o outro que fôra reprovado; á vista do que o deixámos para não mais o acompanhar, e retomámos o rumo de NNE.

a corta-matto, guiados sómente pela agulha, e tendo caminhado assim tres legoas, encontrámos o mesmo rio Pamázi, que atravessámos; elle corre aqui entre rochas para SE. com trinta e cinco braças de largo e doze de altura de barreiras. Fizemos alto n'este logar para se mandar ver se apparece algum caminho para o quadrante de N., mas em pouco tempo voltaram os que foram n'esta diligencia sem resultado algum. Continuámos a andar com o mesmo rumo, até que, com duas legoas de marcha, encontrámos um caminho que tomámos por ser o nosso rumo. Como, porém, a gente está mui fatigada pelo trabalho da marcha, e a poucos passos encontrámos agua em Mixeires, formou-se o campo. Não temos observado vestigios de povoação alguma, e a fome começa a fazer-se sentir com força, tornando-se mais sensivel por não haverem esperanças de soccorro.

Ás cinco horas da tarde ouviu-se um grito de quem pedia soccorro: immediatamente mandaram-se escoltas para ver o que era, porque o grito foi mui proximo: pouco depois voltaram trazendo em braços um escravo do commandante, que tendo ido procurar fructos, encontrou um bufalo que o accommetteu, e querendo subir para uma arvore, não o pôde fazer tanto a tempo que primeiro não lhe atravessasse uma côxa com o chifre, e o teria morto a não ser o prompto soccorro que teve, que desviou a fera.

III.

Setembro 14. — Pela manhã seguimos a marcha para NNO., já por caminho trilhado mas desconhecido, e quando haviamos andado legoa e meia passámos o rio Mutinondo, que corre para L., com boa agua, tendo de largo cincoenta braças e seis de altura de barreiras; vae despejar no Aruângoa, e não é navegavel n'este tempo. Ávante uma legoa passámos o ribeiro Muróbuẹ, que corre para SE., com boa agua; tem de largo doze braças e oito de alto, e vae desaguar no Aruângoa. Aqui vimos culturas antigas, e julgámos, pelas informações havidas, que não podia estar mui distante a Mossumba do Mambo Muiza, Cháro-Choróra, e estando n'esta duvida encontrámos Muizas que passavam, e d'elles soubemos, tanto os nomes dos rios mencionados, como não se acharem viveres senão depois de passar o rio Chambéze, d'onde ainda estamos distantes; como os guias Cazembistas que trazemos não sabem o caminho, resolveu-se esperar o enviado, que deve vir a pouca distancia, e mandar a Chipáta ao Mambo, que com effeito não dista muito, segundo disseram os Muizas, e pedir-lhe um guia para nos dirigir onde se possa fazer algum fornecimento, mesmo porque é impossivel atravessar vastos sertões sem pessoa alguma que os conheça. Marchámos, pois, para a margem do mesmo ribeiro Muróbue, e havendo andado meia legoa formou-se o campo. Todo o transito tem sido por deserto coberto de bosques e mattas.

O estado em que nos achâmos é da maior consternação, por não haver que comer; estão todos a desfallecer de fome, e não ha esperança alguma senão na Providencia divina.

Setembro 15. — No mesmo sitio. Mandou-se a Chipáta ao Mambo (o que se escusava fazer se não houvesse a dependencia do guia); consta de um Xaile, um Capotim e meia Ardian. Chegaram dois negros de Pedro Caetano Pereira com a mesma correspondencia que do Aruângoa se tinha expedido a seis do corrente para o dito Pereira enviar para Tete, e deram o simulado recado da parte de seu amo, de que o portador que fôra com as cartas tinha sido morto no caminho, e o companheiro não sabia para quem ellas eram. Á vista d'isto conheceu-se que era um grosseiro subterfugio para não enviar a correspondencia, receiando, talvez, que tratasse d'elle; mas o commandante dissimulou, e, sem se dar por achado, fez outro officio para o governador, dando-lhe parte do succedido e das apertadas circumstancias em que nos achâmos, mas sem esperanças algumas de que tivesse melhor resultado esta segunda remessa, porque os negros o não levariam.

Voltaram os portadores da Chipáta, e deram parte de haverem encontrado uma pequena povoação, onde sómente habita o Mambo com algumas mulheres, um filho e um sobrinho, os quaes estavam morrendo de fome, e a terra inteiramente deserta; e em quanto ao guia que se lhe pedia, que dissera o mandaria immediatamente. Passando-se muito tempo, e não permittindo o nosso estado o continuar a marcha sem elle, e mesmo porque estamos proximos á serra Muxinga, de uma altura prodigiosa, cujo comprimento se perde no horisonte; deliberou-se mandar-lhe ámanhã um Capotim, para assim o mover a prestar o guia.

Setembro 16. — No mesmo sitio.

Pela manhã achou-se a correspondencia na barraca onde tinham dormido os negros de Pereira, que se evadiram de noite, realisando-se por este modo a suspeita de que elle não se encarregava de manda-la; o que não é de admirar, porque a sua côr, vida e costumes são como os dos cafres, e estes, e os seus Mambos e Fumos, não pegam em cartas, nem as consentem na sua povoação, por julgarem que são feitiços dos brancos. Mandou-se um Capotim ao Mambo para se lhe tornar a pedir o guia; do que não resultou effeito, porque o não quiz receber, e mandou dizer que não confiava gente sua para ir com Cazembes; que se fossem só Mozungos estaria prompto, porém que os Cazembes tinham-lhe roubado um pouco de tabaco e mantimento que lhe trazia uma mulher sua, e era esse o motivo porque não confiava seus filhos para irem com tal gente. Disseram mais os mensageiros que na dita povoação encontraram um Cazembe dos do Mutéva, que é o Muaniancita, ou pratico do caminho, emprego que occupa na cáfila dos Cazembes; o qual estava alli por causa do tal Milando do tabaco, e aquelle, perguntando onde estava a expedição, logo que lhe disseram o logar em que se achava e o motivo da sua ida alli, se admirára muito, e mais ainda porque os Cazembes contavam encontrar-nos nas margens do rio Chambéze. Recommendou que dissessem ao commandante que o Mutéva chegava hoje ao rio Mutinondo, e que ámanhã estará na Mussássa dos Mozungos, e que é elle quem sabe todos estes caminhos.

Com esta inesperada noticia houve um transporte geral de alegria, apesar da fome que se experimenta, e de não sabermos onde, e quando, se hade saír de tão critico apuro. Temos, comtudo, agora um raio de esperança pela confiança que nos merece este Cazembe Mutéva, que já anteriormente gosava de boa reputação.

Ás sete horas da noite deram parte ao interprete que os negros da sua bagagem, que são dezoito, querem fugir esta noite por causa da fome. Immediatamente foram mettidos na gargalheira. Apesar da firmeza com que manifestámos o proposito de não voltar para a retaguarda, estamos esperando a cada momento uma sublevação geral, motivada pelo desesperação. Sabemos que a gente diz já sem rebuço, e em voz alta, que não é possivel proseguir tal marcha por onde é certa a mortandade e destruição de todos pela fome. Temos declarado á gente que, nós os commandantes, ou havemos de chegar ao nosso destino, ou ficar mortos, porque em quanto um de nós fôr vivo a marcha ha de continuar. Estamos, porém, bem receiosos de que a expedição venha a ser aniquilada, porque a fome é extraordinaria, e não vemos probabilidade de melhorar de sorte.

Á uma hora da noite incendiou-se a barraca do interprete, mas felizmente acudiu-se-lhe a tempo, e não houve estrago no acampamento.

A nossa posição vae-se aggravando de momento a momento, e torna-a mais critica ainda a revelação publica que fez o enviado Cazembe no sitio do Chinguengoe do que com elle se passou em Tete, o que diminuiu muito a força moral. Este estado de cousas, e a fome que se soffre, tem servido de pretexto para apoiar a retirada.

O muito cuidado que ha em applicar o castigo com promptidão, quando é indispensavel, e em fingir que se ignora o que se póde disfarçar; mas principalmente a igualdade na distribuição de viveres, quando os ha, por mais diminuta que seja a sua quantidade, tudo isto tem concorrido para a gente conservar até agora respeito e dedicação aos commandantes.

Setembro 17. — Ás nove horas e trinta e cinco minutos da manhã chegou o Mutéva, e, depois de se lhe ter contado qual é o nosso estado, disse elle «que respeitava muito os seus grandes, mas que logo que soube que o enviado tinha mandado com a expedição taes brutos para guias, esperou isto mesmo, de que o resultado seria dizer-se que o Cazembe Ampata (o enviado) vinha em companhia dos Mozungos para os fazer morrer no caminho. E que elle se julgava muito feliz pelos livrar do perigo em que estavam, bem como pelo serviço que n'isso fazia ao Muata Cazembe: que ámanhã deve saír d'aqui a expedição com elle, e que a conduzirá por onde houver mais povoado. »

Isto alentou muito a gente, pela esperança que todos conceberam. Ora, como esta se acha sem forças para ámanhã poder marchar, porque ha já dias que não se come senão fructos silvestres, e esses mesmos já são raros e queimados; hoje de tarde deu-se o resto que havia de rolão[1] e a farinha de páo que estava reservada para algum doente, o que tudo produziu vinte e quatro tigelas de quartilho; mataram-se tambem duas ovelhas que se haviam conservado para o mesmo fim; e tudo se mandou cozer juntamente, estando sempre um dos commandantes de sentinella para que nada se tirasse das panelas antes de cozido, e para impedir que os negros se lançassem á comida. Logo que esta esteve cosinhada repartiu-se com igualdade, tocando a cada individuo, sem distincção de classe, a porção que levava uma chavena pequena da India. E isto depois de cinco dias de rigoroso jejum. Ficou de reserva uma pequena ovelha e um caixotinho com biscouto, que é o unico alimento que tomámos uma vez ao dia, e ás escondidas. Estamos perfeitamente a pão e agua.

IV.

Setembro 18. — Ás seis horas e vinte minutos da manhã marchámos, e seguimos o rumo de NNO., e ávante uma legoa passámos um pequeno regato que só corre no tempo da chuva; e d'aqui tomámos o rumo de O., no qual, tendo andado uma legoa, principiámos a subir a grande serra Muxinga, caminhando para NNO. A esta serra chamou o Dr. Lacerda Muchingua, e a denominou cordilheira Antonina;

---

[1] Na Africa oriental o bom pão é feito do rolão, e o pão de rala faz-se da flôr da farinha.

mas nós não lhe alterâmos o nome por que é conhecida pelos cafres. Tendo nós avançado por ella meia legoa, passámos o riacho **Muxinga**, com muita e optima agua; dizem que sae debaixo de uma rocha que está na crista da serra; elle corre aqui para o S. com oito braças de largo e tres de alto. Formou-se aqui o campo por dizerem que não ha agua perto, e acampámos n'uma quebrada da serra, que ainda continua. N'este sitio por onde vamos subindo é onde mostra menor altura.

A extensão d'esta serrania continua até se perder de vista. Dizem que atravessa todo o territorio que foi Muiza; que chega ao sertão do Zumbo, e que da outra parte do Zambeze vae encorporar-se com as cordilheiras da Chedima, nome que tem o territorio dos Munhaes em que reina o Monomotapa. No logar em que estamos mostra-se uma serra unida com pequenas quebradas.

Continua o deserto e a fome. Por aqui nem fructos se encontram.

Setembro 19. — Pela manhã seguimos ávante para NO., e quando tinhamos marchado uma legoa sempre em subida, chegámos ao cimo da montanha, onde haviam dois caminhos a seguir; um que passa por uma abertura circular, de tres palmos de diametro, feita pela natureza em um grande rochedo isolado, a qual é como a porta do extenso desfiladeiro da serra; e outro que gira em torno do mesmo rochedo, mas por onde não é possivel subir sem fazer uso das mãos para com ellas se ir segurando cada um ás raizes que alli ha, havendo a receiar um despenhadeiro temivel, que tem sotoposto um abysmo, onde o infeliz que escorregasse se faria em pedaços. Como a gente é muita, e que indo toda pelo passadiço causaria isso grande demora, uma parte d'ella passou pelo perigoso desfiladeiro, mas felizmente não houve resultado algum desastroso. A marcha de hoje até aqui tem sido muito difficil e trabalhosa, porque quanto mais temos avançado pela serra, mais ingreme a temos achado. Vencido que foi este obstaculo, no que se gastou muito tempo, continuámos a caminhar com o mesmo rumo pelo cume da serra, mas a subir e a descer outeiros. E depois de cinco legoas de enfadonha marcha encontrámos um pequeno regato com boa agua, que se perde a pouca distancia. Ávante com o mesmo rumo, e tendo percorrido mais uma legoa, encontrámos outro, de que nos não souberam dar o nome, e corre para SO. com quatro palmos de largo e dois de alto, e na sua margem formou-se o campo.

A marcha tem sido atravez da serra, do modo que fica dito. Continua o deserto, e é grande a fome. Um negro do commandante veiu apresentar um pequeno caixote arrombado, que contém um prato grande travessa, uma porção de Calaim, e fragmentos de biscouto. Este caixote era do commerciante Paulo Leonardo Dias, e havia sido conduzido por um negro seu, o qual o arrombou, e, tirando d'elle todo o biscouto e o mais que quiz, fugiu. Este desastre privou-nos do ultimo recurso que tinhamos n'este biscouto, que guardavamos como um thesouro.

Ha dias que grassa na expedição uma intumecencia de ventre, que dá cuidado pela forte constipação que causa, sendo alguns negros atacados, os quaes têem soffrido muito d'este mal. Temos-lhes applicado varios remedios, sendo o ultimo, que se dizia ser o mais efficaz, a agua do tabaco de que usâmos para fumar; a qual obra como emetico e laxante. Os cafres desfazem em agua o tabaco preparado, e dão esta infusão como remedio para taes molestias, e em geral tiram bons resultados; mas infelizmente na expedição não deu nenhuns, nem a molestia tem obedecido. Até hoje ainda ninguem morreu, mas receiâmos que assim aconteça. A causa d'esta doença parece ser o uso que se tem feito dos fructos silvestres como alimento, mas principalmente de uma especie a que chamam Chênge, que é muito similhante ás sorvas.

Setembro 20. — Pela manhã continuámos a marcha para NO., e ávante meia legoa passámos pelo meio de dois serros que estão isolados, e a poucos passos corre para L. um regato com duas braças de largo e meia de alto, do qual nos não souberam dar o nome; e a uma legoa ávante d'elle encontrámos outro com a mesma direcção, e correndo apenas á superficie da terra: continuando a andar meia legoa encontrámos outro tambem de pouca consideração, e com a mesma direcção de corrente; proseguindo a jornada legoa e meia, subimos uma montanha em que andámos uma milha, e é aqui a crista extrema da grande serra Muxinga, que agora começámos a descer, e n'este logar tem a direcção de NE. SO., e o rumo que seguimos d'aqui foi para NO.: tendo caminhado legoa e meia por um desfiladeiro bastante ingreme, chegámos ao valle, e já fóra das montanhas continuámos a marcha por uma extensa planicie pelo espaço de meia legoa, e chegámos a uma pequena Mui do ex-Fumo Muiza d'este districto, por nome Chinto-Capenda; a duzentos passos a L. d'ella formou-se o campo.

Tanto sobre a serra, como desde lá até aqui, temos visto de espaço a espaço muitas ossadas humanas, que nos disseram serem de Muizas e Muembas mortos nos differentes combates que tiveram. Este Muiza submetteu-se ao vencedor, e aqui se conserva com mulheres e filhos, não emigrando por ser muito velho.

D'áquem da serra o territorio pertence ao Fumo Muemba, por nome Simucamba, que tem n'este districto outro seu subordinado. Por ora o conquistador ainda não penetrou a serra, o que hoje não lhe será difficil, porque está quasi deserta.

Graças á Providencia, porque depois de tantos dias de jejum rigoroso encontrámos esta pequena povoação, onde, apesar de não haverem recursos sufficientes, já hoje podémos comprar algum Mendobim e milho, ainda que mui caro e em mui pequena quantidade. Entretanto, pelas informações obtidas, temos esperança de achar soccorro sufficiente a um dia de jornada. Ora, sendo necessario mandar explorar o logar indicado, torna-se por isso indispensavel que tenhamos aqui alguns dias de demora, tanto para restabelecer a gente, que se acha no ultimo estado de abatimento e cansaço, como porque o sitio do fornecimento fica muito fóra do caminho.

Apesar de haver jejum, a esperança tem reanimado a gente com a idéa de ámanhã matar a fome.

Logo que chegámos mandou-se á Mui comprar todos os viveres que houvesse para serem repartidos com igualdade por todos os individuos da expedição. Voltaram os que foram a esta diligencia, e deram parte de que os habitantes não queriam receber tabaco nem missanga, que são os generos por que deviam vender, mas que queriam fazendas, porque era com que um Mozungo tinha comprado. Indagado o caso, soube-se que o commerciante Paulo Leonardo, tendo chegado em seguida á vanguarda, mandára fazer compras sem olhar a preço, nem haver combinado com o chefe da expedição. Em consequencia do que o commandante o reprehendeu, e lhe disse que o tornava responsavel pela fazenda que gastasse aqui em compra de viveres, e lhe ordenou que immediatamente apresentasse todo o mantimento que tivesse comprado para juntar-se ao mais que se recebesse. Elle affirmou ser verdade o ter dado fazenda para isso, mas que ainda lh'o não tinham trazido, o que passava a examinar; pouco depois voltou com um Capotim que lhe tinham trazido de retorno, o qual era a fazenda que dera, mas que não tinha sido empregada.

Setembro 21. — No mesmo sitio. Expediram-se compradores de viveres.

Segundo informações obtidas, é ao Fumo Muemba, por nome Muênha, que pertence a Chipáta: pelo que se lhe mandou um quarto de Zuarte.

Pouco depois voltaram os portadores com dois Muembas, que vinham da parte do Fumo agradecer a Chipáta, e dizer que sentia que os Mozungos viessem á sua terra em tempo de fome, e que em signal da amisade, que queria ter com elles, lhes mandava tres tiras de carne secca de elephante (pareciam achas de páo ébano) e aquelles dois filhos seus para acompanharem a expedição até ao rio Chambéze, guiando-a por caminho povoado.

Os cafres que são donos de povoação chamam filhos a todos os mais que vivem n'ella. Este costume tambem existe nos sertões d'Angola.

Perguntando aos dois Muembas pela causa da guerra que tem feito aos Muizas: disseram que estes tinham sempre muitas e boas fazendas por estarem perto dos Mozungos, e que querendo elles tambem ir vender-lhes marfim os não deixavam passar, e que èsta fôra a causa principal da guerra, a qual não acabará em quanto não chegarem ao rio Aruângoa.

Setembro 22 e 23. — No mesmo sitio. Este logar onde está o acampamento faz parte de uma planicie que para o Norte e Poente se dilata até perder-se no horisonte, tendo ao Nascente uma grande matta, e ao S. a grande serra sempre coberta de nevoa. O terreno está todo inculto e cheio de abrolhos, mas por qualquer parte por onde se passe mostra que não ha muitos annos que deixou de ser cultivado.

Conversando nós com o ex-Fumo Muiza, elle informou-nos de que ha dois annos que a terra não é cultivada, e disse que no tempo dos Muizas havia n'este sitio muitas Muis, assim como na serra, e que tanto esta como a planicie estavam então bem cultivadas, e que desde essa época está tudo como vimos; povoadissimo sómente de cadaveres, porque foi aqui onde os Muizas se reforçaram e fizeram a ultima e maior resistencia; mas que a final, depois de continuos combates, em que os Muembas perderam muita gente, os Muizas succumbiram; e que elle, tendo a tão avançada edade de oitenta a noventa annos, e tendo nascido alli, se submettêra ao vencedor para acabar o resto da vida no logar onde nascêra. Este Muiza tem a cabeça e barba branca, e parece gosar de boa saude e robustez: apenas mostra uma pequena curvatura no dorso.

Setembro 4. — Hoje morreu um negro. Ás tres horas e trinta minutos da tarde chegaram os compradores de viveres, trazendo sómente meio alqueire de milho, e deu parte o commandante da escolta que os foi acompanhar, que faltavam parte dos negros, que desappareceram hontem pela manhã do acampamento onde tinham dormido, e que não sabia se fugiram, ou se tinham ido fazer compras mais adiante.

Este mantimento que trouxeram aggrava mais o mal, porque, não chegando para nada, desvanece as esperanças que se haviam concebido.

Temo-nos alimentado aqui com fructos do Mucuyo, sorte de figueira brava mui corpulenta, cujas folhas são grandes e quasi em fórma de coração, de côr verde-claro; produz os fructos immediatamente do lenho, tem a mesma fórma dos figos, mas não tem mucilagem alguma, e por isso são mui seccos; as suas granitas são mui rijas, e o gosto é quasi insipido. Todos os fructos têem bicho. Como este fructo já não se póde comer crú, coze-se e desfaz-se, e assim feito em papas é que o usâmos, e posto que tenha um sabor desagradavel, comtudo, á noite, quando se toma este alimento, unico que temos, sabe menos mal, e aquece o estomago.

Setembro 25. — Hoje tornou-se a mandar o Muanamambo com varios negros de confiança, e fazenda, em busca de viveres, e levou ordem de comprar, seja por que preço fôr, com tanto que traga alguma cousa.

Ás oito horas e quinze minutos da manhã chegaram os Cazembes, e deu parte o commandante da escolta que acompanha as fazendas que elles conduzem, de ter fallecido no dia 23 do corrente o soldado Gonçalo Ferrão de Abreu, que fazia parte da mesma escolta, sendo a molestia diarreia. De tarde chegou o Muanamambo, e trouxe uma quarta de feijão, que foi o que pôde comprar; a qual foi logo repartida, e coube a cada tres pessoas uma chavena da India cheia.

Setembro 26. — Pela manhã veiu o Cazembe-Ampata ao acampamento, e disse: que ámanhã queria seguir para a frente, e que podiam ir com elle alguns Mozungos, ao que não foi possivel annuir, por causa da gente que anda em diligencia de mantimentos, que são nada menos de setenta pessoas pertencentes a diversos da expedição. Elle respondeu que tambem tinha quinze Cazembes empregados na mesma diligencia, e concluiu pedindo fazenda para comedorias dos carregadores.

Possuimos ainda uma pequena ovelha, que tanto pelo seu tamanho como mansidão se tem poupado, achando-se destinada a servir para alguma molestia, ou outro caso em que podesse salvar-se a vida a alguem; finalmente hoje, havendo, por falta de alimentos, uma especie de desespero geral, matou-se a ovelha, da qual o mesmo escremento não foi lançado fóra, porque os negros, recolhendo-o em vasilhas, o pozeram a cozer, e o devoravam ás mãos cheias, dizendo que lhes sabia a carne.

De tarde fui com o interprete á Mossumba dos Muizas para diligenciar, por todo o preço, e a titulo de amisade, alguma cousa de viveres; e achando n'isso difficuldade dei um Xaile ao ex-Fumo, e com boas maneiras, a muito custo, e por muito favor, pude obter cem maçarocas, ou espigas, de milho, que depois de debulhadas produziram uma oitava de grão, que foi repartido por todos.

Setembro 27.—De madrugada mandou o Cazembe-Ampata dar parte que seguia para a frente, e que ficava o Mutéva para acompanhar a expedição. Mandaram-se dois soldados com alguns negros para procurarem e abreviarem a volta da gente que foi ao mantimento.

Ás oito horas da manhã chegou parte da gente que faltava, e o resto não pôde chegar, mas ficou perto. Estes que vieram participaram a fuga de quatro negros dos encarregados de compras, levando a fazenda que tinham para ellas, e que fôra outro negro com elles, mas que este nada tirára. Os que vieram trouxeram pouco mantimento, mas apesar d'isso serviu de muito, porque a nossa situação é bastante apurada. Parte dos que foram ás compras não voltaram, porém, não fugiram, e consta que só depois de amanhã chegarão, porque se internaram mais pelo sertão, e não podemos marchar sem elles porque são quinze. Os soldados que foram procura-los não se encontraram com elles.

Setembro 28.—Ás nove horas da manhã chegou o resto da gente que ficou pelo caminho, e os que foram em sua procura. Depois de tomadas todas as contas acharam-se quatro alqueires e meio de feijão e milho, que custaram cento e oitenta fios de avelorio, tres Chuábos de missanga, oito Bandas de tabaco, que tudo importa em 92$000 réis, dinheiro fraco, ou 36$800 réis em dinheiro forte; o que corresponde a perto de 8$200 réis por alqueire, quantia exorbitante.

Reunimo-nos hoje em conselho em consequencia da noticia, ou antes denuncia, que teve o commandante, de que o commerciante Paulo Leonardo queria desertar, levando tudo quanto lhe pertence. Lavrou-se um termo pelo qual elle era tornado responsavel pelos resultados de tal proce-

12

dimento; mas declarou-se no mesmo termo que logo que se verificar ser falsa a noticia, se faria outro em que o accusado seja justificado.

Houve informação de estar morto em uma pequena Munda dos Muizas um negro da expedição; e verificando-se esta noticia, achou-se ser um dos da Real Fazenda. O Muiza dono da Munda quiz arguir Milando, mas o Mutéva foi-lhe fallar, e julgamos que não haverá máo resultado. A expedição deve muito a este Cazembe, porque tanto com o enviado, como por todos os povos por onde temos transitado, pune, defende e engrandece os Mozungos como se elle mesmo o fôsse.

De noite houve parte de ter recolhido toda a gente que faltava; e tambem de que um negro dos que ainda restam da Real Fazenda estava quasi morto, ignorando-se a molestia; e com effeito morreu pouco depois, e mandou-se deitar, com muito segredo, em logar occulto.

V.

Setembro 29. — Pela manhã seguimos a marcha para NNE., e tendo avançado legoa e meia encontrámos uma pequena Mui de Muembas que é a Mossumba da Fumo-Acaze Muênha, a quem mandámos a Chipáta do sitio do Chinto-Capenda. Esta mulher que aqui governa é irmã do Simucamba. A Mui está fechada por uma estacada ou trincheira de grossos e altos páos cravados no chão, e ponteagudos na extremidade superior. É d'esta fórma que estes povos se fortificam nas terras conquistadas, e mesmo nas suas Mussássas quando andam em guerra. Consta-me que esta especie de fortificação tambem se usa nos sertões de Benguella.

Continuando a nossa derrota, um pouco ávante da Mui passámos o riacho Mufutíze que corre para L. com oito braças de largo e duas de alto, e na distancia de legoa e meia da Mui passámos pela Mossumba do Fumo Simucamba que tem a trincheira meia feita. Fomos convidados pelo Fumo para prenoitar ahi, o que não foi possivel acceitar por ser ainda cedo, e querermos adiantar caminho; mandou-se-lhe de Chipáta um quarto de Zuarte e meia Ardian. Proseguindo o nosso caminho, tres legoas ávante da Mussumba, passámos o rio Ruítiquira, que corre para NNO. com muita e optima agua, com trinta braças de largo e quatro de alto. Este rio é muito caudaloso, e n'este sitio em que o atravessámos apenas tem tres palmos de altura d'agua, mas corre com muita velocidade por entre pedras; mas mais acima ou abaixo não dá váo. Na margem d'elle vimos duas pequenas Muis de Muembas. Depois de passarmos o rio formou-se o campo, e mandou-se á procura de viveres, o que foi sem resultado, porque esta gente ha pouco tempo que está aqui. Dizem os Muembas que este rio é abundante de pescado, e o dono d'estas Muis é o Muemba Mutucúta. Vimos hoje em distancia um grande bando de Cruanes, que nos parecem ser da especie *Ardea Pavonia:* são umas aves grandes, matizadas de côres com um leque na cabeça; o seu canto é lugubre, e expressa a palavra que lhe dá o nome.

Setembro 30. — Pela manhã continuámos a nossa marcha para NNE., por terreno que mostra não haver muito que deixou de ser cultivado, e ávante tres legoas e meia passámos o regato Canuampungo, que corre para L. com uma braça de largo e meia de alto, com boa agua; acampámos n'este logar, porque o Mutéva disse que a agua fica mui longe d'aqui, e não se póde chegar onde a ha antes da noite. Não temos visto vestigios, nem de povoações, nem de culturas; e temos caminhado por um deserto.

Outubro 1. — Pela manhã continuámos a nossa marcha para NNE., e tendo andado duas legoas passámos um regato secco, por nome Cabullambuça, que corre para O. com tres braças de largo e duas de alto; e pouco ávante d'elle vimos um negro Muiza quasi á borda do caminho e debaixo de uma arvore, morto de pouco tempo; estava nú e com a Nhanda pendurada na arvore, e ao pé de si tinha um rôlo de palha que parecia ter alguma cousa dentro: parece ter morrido de noite, e apenas tem um buraco na côxa esquerda; julgâmos que fôra morto ou por fera, ou de quéda da arvore. Adiante d'este sitio legoa e meia passámos o riacho Canxevia, com bastante e boa agua, que corre para O. com sete braças de largo e cinco de alto. Proseguindo a marcha duas legoas e meia, chegámos a um sitio onde encontrámos cinco Palhotas feitas de ramos, nas quaes estavam alguns Muizas refugiados, e pouco ávante passámos um regato, por nome Chirângoa ou Chipembére, que corre para O. com uma braça de largo e outra de alto, e na margem d'elle acampámos a tresentos passos ao N. das ditas Palhotas.

Tendo a guarda da retaguarda chegado ao sol posto, e dando a parte diaria do costume, de não ter deixado ninguem atraz, achou-se, comtudo, que faltava um negro que carregava um Motôr (trouxa) de fazenda. Mandou-se logo gente em sua procura, e ás sete horas da noite voltou esta com o dito negro e a carga, que foram achar desviado do caminho, e disse, que estando cançado se retirára da estrada para descançar á sua vontade. Para exemplo mandou-se metter na gargalheira. Continua o deserto, e vae apertando a fome. Morreu um negro por falta de alimento e de cançaço. Os Muizas estão refugiados pelo sertão, para se subtrahirem á perseguição dos Muembas, e vivem de fructos silvestres.

VII.

Outubro 2. — Pela manhã deixou o campo a expedição, e marchámos para O. meia legoa, depois andámos para NO. meia legoa, e entrámos n'um grande Dambo, no qual corre com direcção a O. um arroio de excellente agua, chamado Camofambué; d'aqui tomámos o rumo de N., largando o Dambo; e tendo andado tres legoas com este rumo tornámos a encontrar o mesmo Dambo, que fomos torneando, seguindo a direcção do mesmo arroio.

É tão extenso que se perde no horisonte, e não se vê n'elle o mais pequeno arbusto; apenas ha relva que não tem mais de meio palmo de altura. Elle tem proporções para dar pastagem a muitos milhares de cabeças de gado de toda a especie.

Quando principiámos a tornear o Dambo andámos para NNO. uma legoa, até que encontrámos o rio Ruareze, que não passámos, e que corre para NE. com doze braças de largo e tres de alto, e na margem d'elle formou-se o campo. Este rio leva muita e boa agua, e em partes é profundo; e observando n'elle cardumes de peixinhos, determinámos acampar aqui. Ninguem se poupou ao trabalho de os apanhar com pannos, arrastando-os como se fossem redes; o quê produziu bom effeito, porque se apanharam alguns, que mesmo vivos passavam para as brazas, e em poucos instantes foram devorados. Representaram os cafres que já não podiam com a fome; mas como se conheceu que isto era pretexto para haver aqui demora por causa do peixe, respondeu-se-lhes que sendo elles mesmos que levam as cargas, por isso muito bem sabem que não ha mantimento. É, porém, certo que a necessidade de alimentos cada dia se tem tornado mais sensivel.

Outubro 3. — Pela manhã marchámos para NNE. quatro legoas, seguindo a NNO., e pouco haviamos andado quando encontrámos uma pequena Munda; e tendo caminhado uma legoa n'este rumo, sempre pelo grande Dambo, chegámos a uma grande Mui de Muembas, e a duzentos passos ávante d'el'a formou-se o campo. A Mui é grande e tem muita gente; dizem que proximo ha muitas outras. Á vista do tamanho d'ella, e pelas noticias das outras, nutrem-se lisongeiras esperanças de grande soccorro e fornecimento de viveres. Logo que acampámos veiu o Fumo ao acampamento para nos vêr, sendo esta a primeira vez que via gente branca, assim como os seus; e depois de pouca demora retirou-se.

Mandou-se-lhe a Chipáta de dois Capotins e meia Ardian, e com ella gente para comprar mantimento, e para isso mandou-se Avelorio e missanga, mas esta veiu recambiada; e apenas com Avelorio compraram algum mantimento, mas mui pouco e mui caro. Sómente querem fazenda de algodão ou Dróra, que é um canutilho da mesma massa da missanga, mas de uma pollegada de comprimento e quatro a cinco linhas de grossura, e de diversas côres, como a missanga. O que os nossos emissarios compraram com missanga foram gafanhotos, que serviram de sustento para alguns, porque outros nem isso tiveram. O Fumo chama-se Intúca; mostra ter setenta annos; é grosso, muito agil e robusto: a povoação tem mais de cento e cincoenta Palhotas; não tem trincheira, e tem muita gente.

Outubro 4. — No mesmo sitio para fazer fornecimento.

Pela manhã deu-se a cada Insàca de negros um Capotim para elles mesmos se proverem, e para cada quatro soldados um Zuarte, visto não poderem fazer fornecimento de outra fórma.

Felizmente já hoje se comprou algum mantimento, ainda que em pouca quantidade e muito caro; todavia todos comeram.

Ao meio dia chegaram uns Muembas mandados pelo Fumo Refunso, a convidar-nos para a sua Mossumba, porque queria ver-nos, e tinha muito negocio. O commandante, informado que esta povoação fica já para a retaguarda, mandou-lhe dizer que a expedição não vem aqui fazer negocio, mas vae de passagem para o Cazembe, e por isso não podia ir á sua Mossumba por não estar já em caminho, mas que o faria na volta; e, para lhe mostrar o seu reconhecimento, ámanhã lhe mandará lá gente para comprar mantimentos.

Outubro 5. — Pela manhã distribuiu-se fato, avelorio e missanga, para compra de viveres na povoação do Refunso; e sendo preciso dar-lhe Chipáta, mandaram-lhe dois quartos de Zuarte e duas meias Ardians, e tambem se lhe mandou o mesmo recado que se havia dado aos seus portadores, pedindo-lhe que protegesse a compra de viveres.

Á uma hora da tarde chegaram os Cazembes, os quaes fizeram a sua Mussássa proximo ao nosso acampamento. Ficou tudo prompto para ámanhã continuar a marcha.

Pelas oito horas da noite começou a passar muita gente da Mui, d'ambos os sexos e de todas as idades, e todos levavam cestos, panelas, etc., e íam apanhar gafanhotos, que tinham pernoitado a pouca distancia. Os negros da expedição pediram licença ao commandante para irem tambem, ao que annuiu, attenta a falta de viveres que ha: e deixou ir toda a gente que se podia dispensar. Como tudo estava disposto para a marcha d'ámanhã, tinham-se de tarde distribuido as cargas (como é costume), em consequencia do que cada carregador tem a sua no logar onde dorme, e todas estão

dentro do cordão das sentinellas que guardam o campo. Ás
tres horas da noite em um dos ranchos dos negros caíu um
páo da barraca, o que os fez acordar, e, sentindo passos de
quem fugia, não poderam vêr ninguem por causa da escu-
ridão da noite, mas acharam logo falta de um Motôr de fato,
que era o Motôr n.º 9, de fazenda branca de algodão, que
continha cem pannos pertencentes á Real Fazenda.

Outubro 6. — Pela manhã mandou-se parte ao enviado
Cazembe e ao Fumo do roubo feito de noite: este veiu logo
para a Mussássa d'aquelle, onde estiveram tratando d'este
Milando, e por fim o Fumo man lou dizer que não tinha podido saber quem era o ladrão; e que os Mozungos Ombe-
zassem, para descobrirem o ladrão, que elle promptamente
o entregaria. Assim podemos perder as esperanças de recuperar a fazenda roubada.

De todas as superstições que os Gangas praticam, e de
que se vangloriam, é a Ombezação uma das principaes: ella
é usual em todos os paizes da Cafraria por onde temos tran-
zitado. Já em outro logar fallámos n'esta sorte de adivinhação: agora indicaremos a maneira e as ceremonias com que
elles a executam. Fazem uso ordinariamente de cinco pedaços, ou marcas, de concha de cágado ou de buzio, de fórma
circular, pouco maior do que um duro hespanhol, os quaes
ajuntam entre ambas as palmas das mãos, e depois lançam-nos
em terra, estando elles sentados no chão de pernas cruzadas.
Segue-se a isto entrarem a fallar mysteriosamente como em
conversação, com as mesmas marcas, cada uma das quaes
tem um nome, e designação, propria. Tendo concluido o
supposto dialogo, interpretam e explicam a adivinhação que
fizeram, attribuindo tudo á virtude e encantamento das
marcas.

Como tenho sido encarregado de fazer todas as observações da marcha, trago sempre na frente da expedição um
preto com a agulha de marear; e nas margens dos rios, e
nos mais logares que convem marcar, ponho a agulha sobre
um plano, e na pedra escrevo as direcções e as notas que
tenho a fazer; do que dou parte ao commandante. Isto tem
feito com que os cafres me tenham dado a consideração de

Ganga da expedição; e como até hoje ainda não appareceu Ganga algum branco, maior admiração lhes tenho causado. Em quanto a expedição andou por paiz povoado, onde não faltavam viveres, e que por isso não havia maior motivo de desgosto, servia a credulidade dos cafres para me entreter e aos meus companheiros; mas depois que a necessidade começou nunca mais me lembrei de tal.

Uma vez, quando marchavamos pelas terras dos Maraves, appareceu no nosso acampamento um Ganga que tinha grande fama e reputação de Ombezar. Chamei-o para nos entretermos, e tambem para o observar. Dando-lhe dois fios de missanga (que é o preço da operação), elle, sentando-se com as pernas cruzadas, metteu logo a mão no seu Inhâbúdo (bolça) e tirou para fóra um páo rectangular de um palmo de comprido e uma pollegada de largura e grossura, e outro mais curto e cylindrico, que tinha um rosto humano toscamente entalhado n'uma extremidade. Depois, assentando a outra extremidade sobre uma das pontas do primeiro páo, e tendo a outra ponta d'esta segura na mão direita, pô-los assim em equilibrio, formando os dois páos um angulo maior ou menor, segundo a inclinação que dava movendo a mão, sem que nunca perdessem o equilibrio. Logo que acabou este ensaio perguntou o que eu queria saber, porque estava prompto. Interroguei-o então sobre varias cousas de que estava certo, e uma d'ellas foi, que desejava que me informasse se minha mulher já estava em viagem, porque a tinha mandado chamar, e como tardava queria saber se ella se demorava por estar doente, (eu era então solteiro). Respondeu a isto de fórma satisfatoria para os cafres, dizendo, que ella não vinha, não por doente, mas sim porque tinha um Mambo que lhe dava muito, e de quem já estava gravida. Nós todos applaudimos grandemente esta resposta, com a qual me mostrei satisfeito.

Depois de lhe ter feito muitas outras perguntas de similhante natureza, e a que elle respondeu com igual precisão; perguntei-lhe com a maior seriedade se elle sabia quem eu era; ao que replicou dizendo, que eu era um Mozungo. E instando eu se nada mais sabia, respondeu que não. Tornei-lhe então: «Sou o Ganga d'esta expedição, a qual vem da Manga (reino de Portugal), de proposito para ir ao Cazembe; e é por isso que vou saber se tu és ou não Ganga verdadeiro. Se o fôres has de vêr impunemente fazer os meus encantamentos; mas se o não fôres, apenas elles começarem, e por virtude sua, has de immediatamente morrer.» A isto, elle respondeu com um riso sardonico.

Chamei então o negro meu servidor para que trouxesse a caixa dos Arungos, nome que, como já disse, significa, segundo a crença cafrial, as almas dos mortos, que se téem debaixo de diversas figuras e fórmas, e com que, desde o principio da nossa marcha, designei a bussola. Assim que esta foi apresentada, e que elle a viu mexer-se por si só, levantou-se do chão e sentou-se sobre os calcanhares, olhando para ella de bôca aberta, tendo a seu lado o Inhâbúdo e os instrumentos da Ombezação; parecia que todas as suas faculdades intellectuaes estavam suspensas ou sem acção. Tirei então o relogio, que era de sabonete, e cheguei-lh'o ao ouvido, do que se mostrou ainda mais absorto. Seguiu-se o tocar-lhe eu na mola, com o que se abriu, e lhe fiz reparar no ponteiro dos segundos por mover-se visivelmente, e abrindo-lhe a fabrica fiz-lhe vêr o movimento da palheta. O pobre selvagem ficou como pasmado, e parecia uma estatua de marmore preto. Eu então, fechando o relogio, pondo-o sobre a bussola, lançando mão do quaderno das notas da marcha, e apontando para a agulha, exclamei com emphase: «Vou principiar o encanto. Se tu és verdadeiro Ganga, e sabes Ombezar, nada te acontecerá estando aqui presente; mas se tu és um impostor, ficarás morto pelo poder dos Arungos que aqui estão.»

Apenas acabei de dizer isto, o famigerado Ganga pôz-se repentinamente em pé, e deitou a fugir, deixando todo o seu trem, e sendo saudado na sua retirada por uma assuada geral dos negros e soldados do acampamento, que o excitava a correr com dobrada força, sem olhar para traz; porque se o fizesse conheceria que não era seguido. Parou sómente depois de se achar já a grande distancia e de haver reconhecido que ninguem o perseguia; mas nada houve que fosse capaz de o fazer tornar a encontrar-se comnosco, e a muito custo recebeu o Inhâbúdo e o mais trem, sendo para isso preciso ir um negro fóra do acampamento, lançar-lh'o no chão e retirar-se; e só quando este se affastou consideravelmente é que elle o foi apanhar.

Era com estes e outros passatempos que nos entretinhamos nas horas vagas, quando traziamos o estomago cheio; agora, porém, n'este deserto, com elle vazio, cessaram todos os divertimentos.

Ás oito horas da manhã chegaram os negros que foram apanhar gafanhotos, e trouxeram uma quantidade extraordinaria d'elles, de fórma que, lançados no chão, ficaram em montes, como cereaes nas eiras: foram logo torrados para enfardar, e foi este principal fornecimento que podemos fazer para o caminho. Camarões do campo, foi o nome que lhes démos.

Os gafanhotos são uma praga que tem flagellado a Africa Oriental desde 1827, e apparecem em tal quantidade que formam nuvens que escurecem o sol. O terreno ou arvoredo onde pousam fica sem verdura alguma; commummente o espaço que tomam abrange mais de uma legoa de extensão.

Nos annos de secca este mesmo mal é um recurso para estes povos, que observando onde pernoitam, auxiliados por fachos, os apanham facilmente por estarem entorpecidos com o fresco da noite, e os recolhem em cestos, panellas, etc., e depois os torram ou os seccam ao sol, e assim os guardam, e d'elles vão fazendo uso para seu sustento, comendo-os moidos e feitos em papas, ou assados. Eu quiz vêr se nos era possivel fazer uso d'esta comida: mandei torrar alguns com sal, e n'este estado tinham uma vista agradavel, mas o gosto era pessimo, e nauseabundo.

De tarde mandou dizer o Cazembe-Ampata que lhe tinham ficado no caminho dois Motôres de fato, de dois negros que lhe tinham morrido, um de fome e outro de molestia, e que pedia dois negros para os irem buscar. Foram-lhe mandados, mas voltaram por não terem sido precisos. Seguiu-se a isto virem alguns Cazembes com as suas cargas para se guardarem no acampamento, trazendo recado do enviado de que não podia marchar ámanhã; ao que se respondeu que pouco

-importava que seguisse a expedição, porque esta desde o rio Aruângoa até aqui tem vindo só, e que o mesmo póde fazer para diante.

VIII.

Outubro 7. — Antes de levantar-se o campo, marchou o enviado, e ficou o Mutéva esperando os dois Motòres que estão na retaguarda.

Ás seis horas e quarenta e cinco minutos da manhã marchou a expedição, e andando para o N. uma legoa passámos o riacho Calumuína, que corre para NO. com oito braças de largo e duas de alto, e ávante d'elle duas legoas encontrámos uma pequena Mui de cinco palhotas de Muembas, e a poucos passos ávante d'ella passámos o ribeiro Cacancálla, que corre para O. com quatro braças de largo e duas de alto; d'aqui tomámos o rumo de NO. com que andámos meia legoa, depois do qual tomámos o caminho de NNO. com que andámos duas legoas para chegar á margem do riacho Caluêssi, que não passámos, costeando-se ao O. d'elle, e na sua margem formou-se o campo. Elle faz grandes curvas, e n'esta corre ao S.; tem seis braças de largo e cinco de alto. A uma milha a L. do campo está a Mossumba do Fumo Muemba, por nome Murumbo. Pouco depois da nossa chegada aqui houve noticia de terem roubado no caminho um Motôr de fazenda e um sacco de sal ao Cazembe Ampata; o qual foi logo dar parte ao Fumo.

Estando os commandantes dirigindo e determinando a formação do acampamento como costumam, e achando-se alguns Muembas observando o trabalho, o que acontece sempre onde ha povoado, viu um dos nossos negros um Muemba, que estava proximo a nós, esconder um machado debaixo da sua Nhanda. Tirou-lh'o o negro immediatamente, e o Muemba foi logo amarrado: mandou-se depois tocar o tambor de guerra com a Gomma, que tambem trazemos, e pondo a gente em ordem foi o ladrão remettido ao Fumo, com o roubo, e com o recado de que a terra dos Muembas era de ladrões, porque na povoação do Intuca tinham furtado um Motôr de fato; que hoje tinham furtado outro, e um sacco

de sal, ao Cazembe-Ampata (que alli estava tratando esse -
Milando); e que agora mesmo de dia, e á vista de todos,
tinham vindo roubar ao acampamento, e que por isso se
pedia satisfação. Respondeu que ficava certo e daria satisfação.

A Mossumba é pequena mas tem muita gente, e é cir-
cumdada por outras muitas pequenas Muis, que todas hão de
ter para mais de mil pessoas.

Depois de estar formado o campo mandou-se de Chipáta
ao Fumo um quarto de Zuarte e duas meias Ardians; e o
Fumo teve o despejo de dizer que não estava satisfeito, e
que queria baeta encarnada e pedras; pelo que foi preciso
chamar outra vez a questão dos roubos; e por fim disse-se-
lhe que não havia.

Ás quatro horas da tarde ouviram-se cantigas em tumulto,
e viu-se que se vinham aproximando ao campo uns trinta
negros Muembas armados de arcos e flechas, e que no meio
d'elles caminhava um Muemba já de idade, com as mãos
amarradas atraz das costas e totalmente nú, e passando proximo ao acampamento, dirigiram-se a uma das pequenas
povoações, visinha á do Fumo, onde este estava com muita
negraria reunida. Logo que o infeliz chegou, cravaram-lhe
uma faca no pescoço, cortaram-lhe a cabeça, e arrancaram-
lhe o coração: e deixaram ficar o cadaver para amanhã ser
queimado publicamente. O crime é de feiticeiria; e foi o caso
o seguinte:

Na Mossunda de um outro Fumo todos os dias morria
gente de molestia, de fórma que se ía extinguindo a povoação. O Fumo mandou Ombezar para saber a causa da
mortandade; e o Ganga pronunciou este negro como feiticeiro, pelo que lhe deram o Muáve; cujo effeito fazendo ra-
tificar a pronuncia, foi por isso destruida e saqueada a sua
Mui, e elle mesmo foi conduzido para aqui, onde o assassi-
naram pelo modo referido.

Desde que sahimos do Intuca temos encontrado mattos de
urze (Érica), e temos visto alguns passaros similhantes aos
da Europa, como Cartaxos, Ferreiros e Fuinhos. É este o
unico sitio da Africa onde temos visto estas especies.

Outubro 8. — Como o Mutéva está na retaguarda com dois Motôres de fazenda, e estes povos são muito ladrões, assentou-se em demorar hoje a expedição para o esperar.

Tem-se comprado algum mantimento, mas pouco e muito caro. Os generos que tem melhor saída entre estes povos são, Doróra ou canutilho de todas as côres, Roncalha azul, missanga de côres, principalmente preta, e avelorio tambem de côres.

Houve noticia de que o Mutéva passára por outro caminho.

Hoje foi queimado o cadaver do negro que hontem foi morto. Tendo posto sobre elle a cabeça e o coração, e coberto tudo de lenha largaram-lhe fogo, e não fizeram mais caso d'elle, nem houve cerimonial algum. A causa real da desgraça d'este homem foi a inveja, segundo a informação que tivemos. Elle era laborioso, e pelo seu assiduo trabalho conseguiu viver sempre em abundancia; e isto deu motivo á sua pronuncia e morte.

Outubro 9. — Estando nós para levantar o campo mandou dizer o Cazembe Ampata que não sabia o logar onde o rio Chambeze dava váo, e que o Fumo não só recusava um guia, mas que lhe mandou dizer que os Mozungos só lhe tinham dado tres peças, e que tendo mandado pedir mais duas não lh'as deram, e que por isso as mandava pedir a elle enviado, e que se lhe fossem recusadas, que queria ver por onde elles haviam de passar.

Sendo ouvido este recado pôz-se a expedição em armas, e o commandante mandou dizer ao enviado, que dissesse ao Fumo que já se lhe tinha dado a Chipáta, e que não dava mais nada, e que podia vir buscar o que quizesse. Pouco depois veiu segundo recado do Fumo, o qual mandava dizer que não tinha exigido por força, mas que instava sómente que os Mozungos lhe dessem um panno bom para mandar ao seu Mambo principal, o Chiti-Muculo; e que em quanto ao guia estava prompto. Este pedido foi novamente recusado mas veiu pessoalmente o Cazembe-Ampata pedir ao commandante e aos mais, que lhe dessem as duas peças, mesmo porque o Fumo as pedia com humildade, e sobretudo por precisar-se o guia para passar o rio Chambeze. O commandante mandou dar um Xaile, e meia Ardian ao enviado, e disse que para mostrar a condescendencia que tinha para com elle, as dava a elle e não ao Fumo, e que d'ellas fizesse o que quizesse, e que mesmo as guardasse, porque a elle só as dava.

Pouco depois vieram dois guias, e ás oito horas e quinze minutos da manhã marchámos seguindo o rumo ONO. costeando-se um grande Dambo que tinha algumas pequenas povoações situadas entre o matto que borda esta planicie.

Concorria muita gente d'ambos os sexos e de todas as edades a ver a expedição, que marchava na melhor ordem possivel, vindo os dois commandantes na retaguarda; e o enviado, com parte dos seus Cazembes, em um corpo que seguia a certa distancia. Como a vanguarda se tinha adiantado, iam logo na nossa frente alguns Cazembes com cargas, os quaes marchavam encorporados na expedição. Ao encontro d'estes sahiu um Muemba, e principiou a altercar com um d'elles pelo seguinte motivo.

Passando este pela povoação do mesmo Muemba, e travando conversa, disse-lhe que era Ganga e que tinha encantos para matar caça; e o Muemba credulo, pediu-lhe que lh'os ensinasse, e deu-lhe de signal uma pequena porção de mantimento, do qual o supposto Ganga ainda conservava um resto, logo que este o recebeu não tratou senão de o comer; e como o Muemba viu que hoje marchava, veiu espera-lo ao caminho para fazer o seu Milando.

Quando os commandantes chegaram ao logar da contenda e examinaram o caso, ordenou o chefe que carregasse o Motôr um outro negro que trazia pequena carga, e disse ao Muemba que se tinha algum Milando com o Cazembe fosse representar ao chefe d'este; ao que elle pareceu annuir, e retirou-se. Pouco tempo havia decorrido quando se ouviu um grande motim na frente, causado pelo mesmo Muemba que tinha sahido ao encontro do negro que carregava o Motôr, e que queria tirar-lh'o: mas este e os mais o matariam, senão acudissemos logo; o que não foi tanto a tempo que o podessemos livrar de muita pancada que já tinha levado e que o tinha prostrado. Em toda esta questão se gastariam quinze minutos.

Depois proseguimos a nossa marcha, e tendo avançado uma legoa deixámos o Dambo, depois de o atravessarmos, assim como o mesmo rio que temos vindo costeando até aqui. Em seguida andámos para O. e tendo caminhado uma legoa n'este rumo passámos outro Dambo, e andámos para o N. duas legoas, até que chegámos á margem do suspirado rio Chambeze que costeámos com o rumo de O. para procurar o logar do váo, e a legoa e meia de marcha achámo-nos no logar da passagem.

O Cazembe-Ampata tinha pedido que ninguem passasse o rio antes d'elle chegar a fim de fazer as suas cerimonias; e nós, tanto por condescender, como para observar os seus costumes, fizemos alto. Logo que se aproximou da sua margem fez as suas deprecações ao mesmo rio, e deitou-lhe algumas mãos cheias de mantimento crú e tabaco, que para isso trazia. Estas offertas eram para as almas dos mortos a quem o rio tem servido de sepultura. Toda a cerimonia terminou com cantigas, findas as quaes passámos o rio, e formou-se o campo na margem d'além.

O rio Chambeze corre para O., e tem de largo oitenta braças, e de alto cinco; o leito é de pedra e muito povoado de ostras (ostrea) e mexelhões (mytilus) e copioso de optima agua, e n'este sitio do váo, onde a agua é mais baixa, tem tres palmos e meio de altura, mas corre com grande velocidade, que não é inferior á do Zambeze, que está observado ser em alguns logares de nove milhas por hora. Os cafres chamam Cono a este marisco d'agua doce, assim como aos caracoes.

Logo que acampámos despediram-se os guias, dando a cada um meia Ardian. Tivemos hoje um explendido banquete de ostras, e posto que insipidas por serem d'agua doce, todavia como ha muito tempo que não ha outra iguaria senão milho cozido (quando a ha), este pareceu-nos hoje o melhor manjar do mundo. Este rio é consideravel, e ha poucos sitios onde dê váo, mesmo n'este tempo que é a força do estio, em que todos os rios empobrecem; deve ser rico de pescado, cavallos-marinhos e crocodilos. Não posso calcular onde será a sua foz, mas seja onde fôr, ou ha de ser n'algum grande rio, o que julgo mais provavel, ou na costa; n'este caso a sua navegação, que parece não ter outro obstaculo senão o da corrente, e curtas obstrucções, seria de muita importancia. Talvez que vá desaguar no Zambeze, o que não julgo impossivel, posto que isto não seja mais do que uma supposição em razão da direcção do seu curso, ignorando-se onde é o manancial d'este, pois que só se sabe que acima do Zumbo ainda é muito consideravel.

Calculo que desde Tete até ao logar em que hoje nos achâmos temos andado umas duzentas e tres legoas.

IX.

Outubro 10. — Pela manhã marchámos, passando para a frente o Cazembe-Ampata, e tomámos o rumo de NO., e tendo caminhado legoa e meia, entrámos n'um grande Dambo cortado de arroios e regatos, o qual na sua extensão L. se perde no horisonte. Atravessámos aqui o Dambo, no qual andámos meia legoa para N. 4.ª NO., e na borda do mesmo encontrámos o dito enviado, que tendo perdido o caminho o havia mandado procurar, e logo depois seguimos para ONO., e pouco haviamos andado quando o tornou a perder, ou antes reconheceu não o ter achado. Este engano fez-nos andar tres legoas e meia em differentes rumos, sem caminho, até que démos n'um Dambo extensissimo, em cuja borda estava uma pequena matta mui serrada, e proximo a ella havia agua estagnada e lodosa. O Cazembe-Ampata ponderou que seria bom acampar aqui para se procurar o caminho, em razão de não saber onde se acharia agua, ao que foi forçoso annuir.

Outubro 11. — Pela manhã marchámos, indo este Cazembe na vanguarda; andando para NNE. meia legoa, passámos o rio Ruancêze, que corre para O. com muita agua, e tem de largo vinte braças e de alto seis; d'aqui caminhámos para o N., e pouco ávante encontrámos uma espaçosa lagôa, que terá uma milha de comprido, e pouco menos de largo; deve ter peixe, e é mui povoada de aves fluviaes. Continuando a nossa derrota pelo mesmo Dambo, a meia legoa do rio deixámos de andar por elle; e seguimos um caminho coberto de mattas, mas desconhecido aos Cazembes, e ávante meia legoa fizemos alto em quanto o enviado mandou reconhecer o terreno; pouco depois seguimos para NNO., e havendo caminhado uma legoa, tornámos a entrar no grande Dambo, onde achámos agua estagnada em tantas poças quantas eram as pegadas de elephantes, e foi d'ella que bebemos; depois andámos para o N. uma legoa, e ao meio dia, estando o sol tão excessivamente forte que se não podia supportar, fizemos alto, e descançámos debaixo de um grande arvoredo que está na orla do Dambo.

Ás duas horas e trinta minutos da tarde continuámos a marcha com o rumo de O., e tendo caminhado legoa e meia, chegámos a uma grande lagôa que está no Dambo, e que dizem ser feita pelo rio Rucúto, o qual não vimos: dentro d'ella estavam duas almadias com pescadores, que soubemos serem Muizas de uma povoação, que, tendo sido grande em outro tempo, hoje se acha insignificante por haver sido destruida pelos invasores. A lagôa tem mais de uma legoa de comprimento e pouco mais de uma milha de largo; mostra, porém, que no tempo das chuvas se dilata muito mais, porque desde muita distancia o terreno é lodoso, e não se póde chegar a ella senão pizando lodo mui alto. É mui abundante de peixe e aves fluviaes, e o Dambo mui povoado de quadrupedes, geralmente antilopes.

As especies de peixe de que vimos maior quantidade são o Munhe-munhe, similhante ao enxarrôco, mas de differente especie, e o Pende, que é algum tanto similhante á dourada de Portugal. As aves são pela maior parte garças de muitas especies, e os chamados patos sacos, e patos de differentes especies.

No meio do Dambo e o mais perto possivel da lagôa, formou-se o campo. A guarda da retaguarda deu parte de não ter deixado ninguem para traz; mas na revista conheceu-se a falta de alguns negros com cargas e outros doentes, sendo uma das cargas um caixote em que vem um espelho grande, e outros objectos mandados pelo governador ao Muáta, ou imperador do Cazembe; mas como é já noite, e ha por aqui

13

muitos leões, não se póde enviar ninguem, o que se fará ámanhã.

De noite chegou um dos doentes que faltavam, o qual disse que os mais não estão mui distantes, mas que não podem chegar hoje. Comprou-se algum peixe aos cafres das almadias, que são Muizas, e da antiga povoação do Fumo Chama, que outr'ora foi de muita consideração, mas hoje pela conquista dos Muembas ficou destruida. Esta terra chama-se Loumbo. N'este Dambo ha grande abundancia de Turba.

Outubro 12.—Pela manhã mandou-se em procura dos negros que faltam uma escolta, que voltou á uma hora da tarde, trazendo o caixote referido, que foi encontrar arrombado no matto e fóra do caminho, e ao pé d'elle estava um Cazembe que disse o víra abandonado, e que suppunha que o conductor fugíra. Acharam-se quebrados, uma jarra da India e dois copos, e faltaram seis copos. Este carregador desertou, assim como outro que conduzia a bagagem de um dos soldados europeus. Á noite veiu o Muanamambo dar parte de terem morrido dois negros de fome. Esta vae-se tornando mui forte, e pondo a gente em desalento.

Mandaram-se hoje os melhores atiradores ao Dambo para matar alguma caça de tanta que hontem havia, mas que hoje já não apparece; comtudo, ella não póde estar longe. Com grande trabalho mataram uma pequena gazella, que para nada chegou. Talvez que a comida de carne fresca fosse a causa da morte dos dois negros, e que o seja ainda de mais alguns, porque a experiencia nos tem mostrado que a carne verde sem sal e mal assada, ou antes sómente quente, em um estomago fraco e falto de alimento, causa a morte; e é por isso que se não faz muita diligencia pela caça quando ha aperto de fome.

Outubro 13.—Estando nós para marchar mandou dizer o enviado que estava doente, e não podia partir hoje. Respondeu-se-lhe que hontem morreram dois negros de fome, e que os mais estavam no maior apuro, e que por isso a expedição precisa ir para logar onde ache algum soccorro. Com esta resposta pôz-se a caminho, e a expedição marchou. To-

mámos o rumo de ONO., com que andámos duas legoas
para acabar de átravessar o grande Dambo, e tomámos então o rumo de NNO. e ávante meia legoa encontrámos uma
Mussássa de Muizas, e pouco adiante mais duas; proseguindo
a marcha uma legoa chegámos ao sitio Rovumbo, e proximo
ao riacho Rússúlo formou-se o campo, porque o enviado está
doente, e não póde caminhar mais. As Mussássas, ou acam-
pamentos dos Muizas, que temos encontrado são pequenas barracas feitas de folhagem, que lhes servem de abrigo, porque
andam errantes e escondidos dos Muembas, alimentando-se
de fructos silvestres, e peixe que apanham no riacho Rússúlo e na lagôa que hontem deixámos.

Não havendo nada, absolutamente, que comer, nem mesmo
fructos, mândou-se aos Muizas, para se diligenciar a compra
de peixe, fructos, ou outra qualquer cousa, com tanto que
servisse de alimento, e a muito custo e mui caros poderam-se
obter cento e tantos pequenos Pendes (peixes), sómente a
troco de fato e sal, porque, sendo o peixe o unico sustento
d'esta gente errante, este mesmo alimento não o têem em
abundancia, porque receiam sempre ser surprehendidos.

Conservam o peixe seccando-o ao fogo e fumo sem sal,
tendo-lhe antes tirado os intestinos. Assim preparado, além
de ser summamente secco, contrahe um gosto amargoso e
pessimo. Feita a divisão, pertenceu um peixe para cada tres
pessoas. Houve falta de um Quissápo (sacco feito de palma)
com missanga, de um Quitundo (cesto feito de bambu) e
de um caixote. Mandou-se immediatamente uma escolta em
procura d'estes objectos, a qual voltou ás dez horas da noite
com o Quissápo e Quitundo, conduzidos pelos proprios carregadores, não dando, comtudo, noticia do caixote, que é
do commandante: os negros foram encontrados ao pé das cargas vencidos pela fome e cansaço.

Outubro 14. — Ao romper do dia foi outra escolta em
procura do caixote, e estando para levantar o campo mandou
dizer o enviado que se sentia peior e não podia marchar, e
mesmo porque era preciso mandar dizer ao Fumo Muiza
Messire-Chirumba, ou Chama, que não tivesse receio quando
visse muita gente, porque era a expedição; pois que a não

preceder aviso persuadir-se-hia que era guerra. Mandou-se comprar mais peixe, mas não se achou por preço algum. Nada ha que comer, e os brancos apenas temos um resto de peixe de hontem que poupámos para hoje. Sendo noite comprou-se algum peixe, mas mui pouco, por isso nada satisfaz. Choveu pela primeira vez, mas pouco.

Outubro 15. — Pela manhã marchámos para NO. meia legoa, e deixando o grando Dambo tomámos o rumo de O., com que caminhámos duas legoas, e então andámos para NO. meia legoa, e chegámos a uma Mussássa de Muizas, que, como os mais, andam errantes pelo deserto: ahi encontrámos o enviado, que estava esperando a gente da retaguarda, e logo começámos a atravessar um grande Dambo, que supponho ser o mesmo de que hoje saímos: era todo cheio de lodo, que atolava até ás coxas, e por isso experimentámos na marcha muito trabalho, gastando uma hora para andar meia legoa, depois do que seguimos para O. meia legoa, e chegámos á Mossumba do Fumo Muiza Messire-Chirumba, ou Chama, e proximo a ella formou-se o campo.

O Dr. Lacerda, que esteve n'este logar em 20 de Setembro de 1798, designa-o no seu Diario com o nome de Mouro-Achinto, talvez por ser esse o nome do Fumo que então governava. Aquelle que hoje aqui domina chama-se Messire-Chirumba. O nomé de Chama é, porém, o que pertence a este districto. Aqui fez o viajante portuguez a observação astronomica, que em outro logar mencionámos, e que para este nosso trabalho é tambem muito util, porque fixa um ponto da derrota que seguimos.

Enviou-se de Chipata ao Fumo um quarto de Zuarte e meia Ardian. Elle mandou pedir um panno branco, que se lhe prometteu remetter ámanhã. Tambem se lhe requereu um portador para ir em procura do carregador e do caixote que se perdêra no seu districto. Hoje trovejou e choveu, mas pouco. A fome vae-se tornando insupportavel.

O Cazembe-Ampata quer que se demore aqui ámanhã a expedição para mandar o Messuápo (participação ou mensagem) ao Muata-Cazembe; mas o commandante não quer annuir, tanto por causa da fome, como por estarmos ainda a muita distancia. Aquelle, porém, insiste, e manda o Carama-Ussico com o seu Messuápo para obrigar assim a ir alguem da expedição.

Já se disse o modo como aquelle imperante designa o chefe de alguma cáfila, e porque se dá a este o titulo de Cazembe-Ampata. O seu sequito é composto de individuos que tomam todos os titulos com que na sua côrte se serve o Cazembe. Além d'estes ha um outro, que é ordinariamente servidor do mesmo Muata, a quem elle confere o titulo de Carama-Ussico, o qual é um fiscal inseparavel da pessoa do Cazembe-Ampata. Elle nunca o contraría em cousa alguma; no fim, porém, da viagem dá conta ao Mambo de todas as acções do enviado, sendo positivamente um espião, mas conhecido, de que tem um titulo. É este que vae com o Messuápo para de tudo quanto se tem passado informar o Cazembe.

X.

Outubro 16.—Pela manhã saímos do campo e andámos para NO. legoa e meia, depois caminhámos para O. uma legoa, e passámos proximo a uma Mussássa de Muizas, errantes como os mais; aqui retomámos o rumo de NO.; andámos por elle duas legoas e meia, e acampámos proximo a uma Mussássa de Muizas errantes. O enviado demorou-se na Chama para tratar tanto das suas cargas, como do caixote que nos falta. Resolveu-se mandar d'aqui o Messuápo ao Muata-Cazembe, o que se fez da fórma seguinte:

O commandante deu:—Um Xaile—dois Capotins—quatro meias Ardians—um Capotim de Botiam—um dito Dotim.—Total nove peças.

O segundo commandante:—Um Xaile—tres Capotins—duas meias Ardians.—Total seis peças.

O interprete:—Um Xaile—um Capotim—duas meias Ardians.—Total quatro peças.

Da fazenda de Candido José da Costa Cardoso, que vinha a cargo do fallecido Montalvo:—Dois Capotins.

O commerciante Paulo Leonardo:—Um Capotim—meia Ardian.—Peças duas.

Toda esta fazenda, em numero de vinte e tres peças, ficou prompta e entregue ao Muanamambo, que, com outros negros, marcha ámanhã em companhia do Carama-Ussico e mais Cazembes, que o enviado manda com o seu Messuápo, porque elle mesmo não é isento d'isso.

É uma etiqueta que é indispensavel cumprir antes de entrar nos dominios do Cazembe, que cada um dos individuos que tem representação mande uma porção de fazenda, segundo a sua ordem e classe, a qual vae adiante como participação da sua chegada. O Muata faz tomar conta dos presentes, e, segundo os quinhões que recebe, manda promptificar alojamentos e tudo mais que é necessario, conforme o numero de individuos que mandaram Messuápo. É isto o que dizem os Cazembes.

De noite apresentou-se um Muiza, que diz chamar-se Mununga, e ser o chefe da familia alli amussassada, trazendo para offerecer aos Mozungos uma pequena quantidade de gafanhotos seccos e umas cincoenta Maúras; que são fructos com o feitio, côr e tamanho de pequenos damascos, de gosto aromatico, mas que apenas tem tres a quatro linhas de grossura de polpa, tendo no interior um caroço rijo, que partido, apresenta tres pevides ou amendoas, com a mesma fórma, tamanho e sabor de pinhões; e disse que era o que tinha, e de que comia. Foi recompensado, e muito se lhe agradeceu a lembrança.

A fome vae produzindo o desespero, porque a mesma fructa silvestre falta. Antes de ter chegado ao acampamento onde estanceámos, vimos dois leões que estavam devorando uma peça de caça: immediatamente todos nós, excitados pela fome, os fomos accommetter para lhes tirar a presa, o que conseguimos com a maior facilidade, porque espavoridos fugiram: infelizmente não achámos senão os ossos descarnados de uma gazella.

Que tristes reflexões nos opprimem! A fome é quasi insupportavel! A que excessos não é ella capaz de conduzir o homem ainda de sentimentos os mais rectos! A fome fórça-o a esquecer-se de todos os seus deveres e a arrostar todos os perigos! A nossa sorte é a mais cruel, por-

que, além do mal proprio, estamos vendo continuamente quatrocentas e tantas pessoas a gemerem, padecendo o mesmo
mal, e olhando para nós como causa d'elle, por insistirmos
em uma empreza temeraria. Muitas vezes temos receiado
uma insurreição funesta para nós, causada pela desesperação.
Tem-nos valido seguramente a rectidão e igualdade com
que são repartidos os alimentos que se podem obter, por
poucos que sejam. O nosso quinhão é igual, e muitas vezes
inferior, ao dos mais individuos. E não deixamos de applicar
o castigo quando a culpa, por sua gravidade, não póde ser
disfarçada.

Aqui no acampamento achámos umas arvores, a que os
cafres chamam Sáre, similhantes a Acacias, que dão vagens
como as das hervilhas, mas muito mais chatas, cujos grãos
têem a circumferencia igual á dos tremoços e a grossura
das lentilhas, os quaes, sendo torrados, têem o gosto da fava
torrada e a mesma dureza d'ella em quanto estão quentes,
mas á proporção que vão esfriando adquirem uma rijeza
extraordinaria, de fórma que quando mornos não ha dentes que os triturem, e quando frios talvez que nem uma
mó o possa fazer. Como alimento tem-nos servido hoje de
grande soccorro, e por ora nenhum mal tem causado, a
não ser certo apêrto de ventre.

XI.

Outubro 17.—Pela manhã partimos e caminhámos para
NO., e tendo avançado uma legoa n'este rumo encontrámos
a pequena Mossumba do Fumo Muiza Calâmo, que está quasi
deserta, e proximo d'ella, n'um bosque que fica á borda
de um grande Dambo, formou-se a campo.

Pela dependencia de obter um guia, mandou-se de Chipáta ao Fumo um quarto de Zuarte; e tendo-o elle recebido
pediu um panno branco; pelo que se lhe mandou um quarto
de Dotim. Quando chegou a retaguarda houve parte de faltarem seis carregadores com as cargas seguintes: um Motôr
de fato, dois Quissapos de sal, um dito de missanga, um
dito com arroba e meia de Calaim, e a bagagem de um dos

soldados europeus. Mandou-se logo uma escolta em sua procura.

A fome está no seu maior auge; e tudo nos infunde o receio de em breve perdermos a existencia, e de ficarem perdidos tantos trabalhos e fadigas, mesmo porque não ha esperanças de soccorro, ou de melhorar a nossa sorte, porque os dominios do Cazembe estão ainda mui distantes, e a mesma fructa silvestre falta. N'este estado de cousas é preciso applicar todos os meios, e fazer todos os esforços possiveis para salvar o maior numero d'estes infelizes. Reunimo-nos pois em conselho para discutir o que convem fazer em tão apertadas circumstancias. Deliberou-se finalmente que eu marchasse até ás terras do Cazembe, para fallar ao Muanempanda; isto é, ao commandante em chefe das armas do Muata-Cazembe, que governa o districto da fronteira, que do titulo d'este chefe recebe o nome; nome que será substituido por outro, quando houver novo possuidor ou senhor d'este territorio: com o fim de lhe pedir providencias para obter os alimentos, e tambem a gente precisa para as cargas, porque a nossa não está já em estado de as conduzir.

Ás oito horas da noite chegou a escolta, e não trouxe noticia alguma nem da gente nem das cargas: pouco depois chegou o enviado, e disse ter visto andar um negro pelo matto com um Motôr, que elle vae só, e que se fôr já alguem em seu alcance o encontrará, porque não está mui distante. Mandaram-se logo dois soldados em seu seguimento.

XII.

Outubro 18. — Logo que chegou o guia, que levou meia Ardian, deixei a expedição, e segui para a frente com a minha comitiva que consta de cinco soldados e vinte negros; ás sete horas da manhã começámos a andar para NO., e a poucos passos entrámos n'um grande Dambo, e tendo andado uma legoa encontrámos uma pequena Mussássa de Muizas. Então o guia disse que não podia seguir, e que queria dar um parente seu que estava alli, o qual sabia melhor o caminho, e pediu que lhe déssemos alguma cousa. Affligi-me bastante com este primeiro tropeço, mas como não tiravamos vantagem alguma de não concordar com a proposta, prometti-lhe o que pedia, mas com a condição de lh'o não dar senão no logar destinado do Muanempanda, e de lhe pagar segundo o seu merecimento; e, com esta condição nos acompanhou o novo guia. Então continuámos com o mesmo rumo de NO., e tive o cuidado de fazer marcar muitas arvores com cruzes, abertas com machada, a fim de servirem de guia á expedição; e tendo caminhado uma legoa passámos o riacho Ruéna que corre para L., e tem de largo tres braças e duas de alto, e ávante d'elle legoa e meia deixámos o grande Dambo que temos vindo costeando, e andámos para o N. e entrámos em um outro Dambo.

E estando proximos a uma pequena lagôa que fica a tresentos passos do caminho, encontrámos os portadores do Messuápo; e sem nos intromettermos com elles seguimos a nossa derrota, e ávante tres legoas e meia, vimos uma pequena Mussássa deserta, contendo cadaveres nas barracas, e junto a ella havia um pequeno terreno, que tinha sido cultivado de batatas doces (convólvulus patata). Logo que a gente que levavamos viu indicios d'ellas, não houve fôrça para a conter; foi toda cavar o terreno, onde se acharam algumas, mas em mui pouca quantidade e mui pequenas, e eu mesmo me occupei em executar este trabalho: e por fim, querendo seguir para diante, disse o guia que não era possivel encontrar agua senão muito de noite, e por isso não havia outro logar para ficar senão aqui: forçoso foi ceder, mesmo porque não havia poder que tirasse a gente do logar onde outr'ora houveram batatas.

Pelas nove horas da noite aproximaram-se muito de nós uns poucos de elephantes, o que nos obrigou a dar um tiro para os desviar; mas ou fosse por não darem attenção, porque a esse tempo estava trovejando, ou porque nunca tivessem ouvido tiros, o certo é que mais se aproximaram, a ponto de os estarmos vendo perfeitamente, apesar do escuro causado pela trovoada. Mandei dar outro tiro, que os fez retirar.

Outubro 19. — Ás duas horas e quinze minutos da manhã pozemo-nos em marcha, caminhando para NNO. duas legoas e meia; ahi disse o guia que não podia andar, porque tinha muito frio, e no fim de grande contestação não tivemos outro remedio senão accender lume para elle se aquecer, junto ao qual esteve até ás cinco horas e vinte e cinco minutos da manhã, em que, com muito custo, o podémos fazer continuar a marcha; e seguindo o mesmo rumo, depois de caminharmos tres legoas, passámos o riacho Cáuere com agua corrupta: mostra dirigir-se para E. 4.ª de NE., tendo de largo duas braças e de alto uma; d'aqui marchámos NNE. uma legoa, e passámos o riacho Chifuésca, com agua tambem estagnada e corrupta, e mostra a direcção de L. com cinco braças de largo e tres de alto: seguimos para NNO. duas legoas, e chegámos á Mossumba do Fumo Muiza Cheuhimbe; proximo a ella passámos o riacho Cáauemba com alguma agua; corre para o N. com oito braças de largo e tres de alto; e pela Mossumba ser grande resolvi ficar aqui para vêr se podemos comprar alguma cousa, tanto para nós, como para mandar, ou deixar á expedição.

Graças á Providencia, hoje achámos com que saciar a fome, mas essa mesma circumstancia excita em mim um penoso sentimento pela lembrança do estado de miseria em que se acham os meus companheiros.

No territorio em que estamos ha muitos vestigios de que existia aqui uma grande população. Fomos informados de que n'estes logares tem havido repetidos combates entre os Muizas e os Muembas, e de que, ficando estes vencedores, arrasaram tudo. Agora apparecem apenas alguns restos de destruidas culturas de mandioca.

A Mossumba está cercada de uma forte trincheira, e dizem os Muizas que estão promptos a resistir ainda, como têem feito até hoje. Além da trincheira tem um fosso, com que se julgam bem fortificados.

Logo que chegámos aqui foi o meu primeiro cuidado mandar meia Ardian ao Fumo para procurar a sua amisade e dar-lhe parte da vinda da expedição. Os generos que mais se apreciam são: sal, avelorio, tabaco, dórora, e sobre tudo o fato. Ás quatro horas da tarde veiu o Fumo ver-nos, e disse que mandára dizer aos seus parentes que trouxessem mantimento para vender; e, deixando-nos alguma esperança de soccorro, retirou-se. Comprámos hoje algumas raizes seccas de mandioca, mas poucas e caras.

Outubro 20. — Resolvi demorar-me aqui mais algumas horas para diligenciar a compra de alguns viveres para a expedição; o que não tendo resultado algum até ás quatro horas da tarde, tinha já tudo disposto para continuar a marcha pela fresca, quando descobrimos a alguma distancia o commerciante Paulo com uma escolta e alguns negros. Fiquei surprehendido com esta inesperada apparição, que attribui a grande novidade, em consequencia da qual vinham em nosso alcance. Logo que esteve em distancia de ser ouvido, disse o dito Paulo, que era a vanguarda da expedição; o que me surprehendeu ainda mais por ella vencer o mesmo caminho que nós, e com as mesmas jornadas; o que foi obrigada a fazer por causa da agua.

Na Mossumba já não se póde comprar nada senão por excessivo preço, mas assim mesmo não é possivel achar sufficiente mantimento, porque ha mui pouco. Eu tinha comprado algum, que, comtudo, não basta para um dia de fornecimento á expedição, mesmo fazendo-se a distribuição com parcimonia. Chegava, porém, para alguns dias para a minha comitiva. Entretanto, apenas soube que vinha a expedição, destinei para ella este mantimento, porque ao menos servirá para a gente aquecer hoje o estomago, que desde muitos dias não recebe alimento quente.

Na retaguarda da expedição marchava o commandante n'um estado que mettia dó. Trazia os pés e pernas gotejando sangue, o fato todo rasgado e coberto de pó e suor. Logo que chegou deitou-se por terra, e a primeira cousa que perguntou foi se havia alguma cousa que dar de comer á gente, a qual ha tantos dias tem carecido de comer feito ao lume; e ha tres dias nada absolutamente tem comido. Eu animei-o, dizendo-lhe que havia alguma cousa; è que para diante, segundo as noticias, se encontrava provimento; do que se mostrou satisfeito. E disse então que se aqui não achasse algum soccorro, seria impossivel resistir, pelo estado de fraqueza em que geralmente estão todos; e que tinham trazido uma marcha forçada, com a esperança de achar aqui auxilio; que no caminho ficaram alguns individuos que, por mais fracos, succumbiram; e que ficará aqui a maior parte se não houver viveres para distribuir.

Depois de lhe ter dado cónta da marcha até este ponto, mandei procurar mais alguns viveres por todo o preço; e po-démos obter algumas raizes de mandioca. Houve uma especie de revolta logo que appareceram, porque muitos se lança-ram a ellas, querendo-as devorar sem esperar que se cozes-sem, sendo preciso muita diligencia, e até pancada, para os conter.

Este alimento, apezar mesmo de ser tomado em pequena quantidade, produziu, pelo estado de fraqueza em que se acham os estomagos, terriveis e assustadores effeitos.

Como fica dito, o fornecimento que a minha comitiva ti-nha para alguns dias, serviu de muito, porque salvou uma grande parte da gente de uma morte miseravel.

Ás nove horas da noite chegou a guarda da retaguarda, e deu parte de ter deixado alguns doentes no caminho por não poderem marchar.

Outubro 21. — No mesmo sitio.

Ás dez horas da manhã chegou o Cazembe-Ampata. O commandante ordenou-me que continuasse a marcha; que comprasse os viveres que podesse; e que os fosse deixando até chegar ao Muanempanda, onde deverei esperar a expe-d ção. De tarde passou-se revista aos caixotes que trazem vi-dros, por se sentir que estes estavam quebrados; o que se achou realisado em consequencia dos muitos tombos que têem levado.

O commandante remetteu de Chipata ao Fumo um quarto de Zuarte e meia Ardian, mandando-lhe ao mesmo tempo pedir um guia para o caminho. O mesmo Fumo offereceu-se para ir até ao Muanempanda, para o que recebeu um quarto de Zuarte.

O enviado mandou um Cazembe para me acompanhar, e para expôr ao Muanempanda o nosso estado; mas não sabe os caminhos, porque nunca por aqui passou.

XIII.

Outubro 22. — Pela manhã, deixando a expedição, prosegui a marcha com a mesma comitiva que d'antes trazia. Caminhámos para NNO., e a meia legoa encontrámos uma pequena Mui de Muizas, e pouco ávante d'ella atravessámos o regato Cambáre, que corre para O. com tres braças de largo e meia de alto, e a meia legoa ávante da Mui passámos o riacho Ruêna, que corre para O. com cinco braças de largo e tres de alto, e tomámos o rumo de N., com que caminhámos uma legoa para passar o regato Carúa, que corre para O. com duas braças de largo e meia de alto, e ávante d'elle meia legoa atravessámos o regato Buangoa, que corre para NO. com duas braças de largo e uma e meia de alto. D'aqui caminhámos para NNE. duas legoas e passámos o regato Camugômbe, que corre para NE. com uma braça de largo e duas de alto, e a meia legoa ávante encontrámos uma pequena Mussássa de Muizas errantes, proximo á qual formámos o nosso campo.

Tomámos informação dos Muizas se poderiamos achar viveres, e aonde. Responderam-nos negativamente, e disseram que o seu alimento consistia em fructos, e que esses mesmos já faltavam, excepto um a que chamam Fungo. Este é de côr rôxa, e tem o tamanho, pelle e feitio de ameixa reinol, mas de sabor agro mui parecido ao de ginja, e a arvore é mui similhante á ameixieira.

Outubro 23. — Pela manhã pozemo-nos em marcha, andando para O. meia legoa; depois mudámos para NO., e caminhámos tres leguas e meia até atravessarmos o regato Chambáta, que corre qara o S. com duas braças de largo e uma de alto, e a trinta passos d'elle encontrámos umas cinco palhotas desertas, e ávante uma legoa andámos para SO. meia legoa, e atravessámos o regato Ruêna, ou antes Luêna, que corre para SO. com uma braça de largo e outra de alto.

Notarei aqui que os Muizas e Cazembes não pronunciam o R, e que em seu logar usam do L; por isso em logar de

Ruêna, de Revugo; dizem, Luêna, Levugo, etc., etc. N'este Diario adoptei, em geral, a pronunciação dos Maraves.

Do regato Ruêna caminhámos para NO. uma milha, e principiámos a subir a serra Chimpire, à qual corre N. S. com declive suave, e terá de altura trinta a quarenta braças, em relação ao terreno plano adjacente, e em quanto á sua extensão fica a perder de vista; é cheia de pedras, mas dispersas. Depois de have-la subido, não achámos descida sensivel; e tendo caminhado por um plano duas legoas e meia, chegámos á Mossumba do Fumo Muiza Chicumbi, e ávante d'ella cem passos, encontrámos o regato Invúa, que corre para O. com uma braça de largo e meia de alto, e na sua margem formámos o campo.

Esta povoação é de Muizas, mas estes vangloriam-se de terem os usos e costumes Cazembistas. De tarde veiu o Fumo ver-nos, e levou um pedaço de tabaco e um rosario de avelorio.

Outubro 24. — Estando para continuar a jornada, mandou-me dizer o Fumo que esperasse, porque estáva diligenciando juntar viveres, mas como conheci que era um pretexto para nos demorar, não annuimos, e proseguimos e marcha para O.; tendo caminhado uma legoa passámos o regato Vúa, que corre para o S., e a sua largura e altura não excede a tres palmos; começámos d'aqui a caminhar para N. meia legoa, e passámos o riacho Ruvúo, que se dirige para L. com dez braças de largo e tres de alto; corre por uma rocha viva com grande velocidade e abundancia de bella agua. D'aqui caminhámos para SO., e pouco ávante encontrámos uma pequena povoação de Muizas, e a meia legoa do riacho passámos o regato Cazimo, que corre para o S. com meia braça de largo e dois palmos de alto, e a meia legoa d'elle chegámos á Mossumba do Fumo Muiza Cancôma, que está cercada de estacada, e tem um pequeno fosso que a circumda.

Posto que sejam onze horas, como o tempo ameaça chuva, e mesmo por ser aqui o sitio indicado onde devemos achar viveres, resolvi ficar n'esta Mossumba. Consta ella de trinta Gandas (casas) com cincoenta a sessenta pessoas. O Fumo disse sèr subordinado ao Muata-Cazembe, mas é agora em consequencia da invasão dos Muembas, porque ainda aqui não chegaram, mas que não tardarão. Se com effeito acharmos algum fornecimento para a expedição havemo-nos de demorar amanhã. Veiu o Fumo visitar-me á Palhota onde estou. É bastante cioso, e diz ter fallado com o Doutor Lacerda, quando este veiu ao Cazembe.

Outubro 25. — Pelas esperanças que dá o Fumo resolvi ficar aqui hoje. Tem apparecido algum mantimento, mas por tanta porção quanto póde ser um salamim de milho, querem uma braça de fato, que corresponde na primeira mão a 500 réis fracos, ou a 200 réis fortes, mas aqui em razão dos carretos deve reputar-se valer o dóbro. Até agora, que é uma hora da tarde, nada temos comprado por não haver.

Mandou-me o Fumo de presente dois frangos, e tanto como uma quarta de milho. A vista dos frangos causou-me um sobresalto como poderia experimentar com a apparição de um thesouro inesperado, porque ha muito tempo que o estomago não recebe tão delicado alimento; todavia guardei-os com todo o cuidado, sem matar nenhum d'elles, lembrando-me que poderão ser necessarios a alguns dos meus companheiros que esteja doente, e que a esta hora nem milho terá talvez. De noite trovejou e choveu muito.

XIII.

Outubro 26. — Pela manhã pozemo-nos em marcha, sentindo não ter eu podido deixar soccorro algum á expedição, e caminhámos para O. uma legoa; depois mudámos para NNO., e tendo caminhado duas legoas atravessámos o regato Campemba, que corre para O. com tres braças de largo, mas sem profundidade sensivel: d'aqui seguimos para NO. meia legoa, e passámos o regato Camocantanca, que corre para SSO. com uma braça de largo, mas sem profundidade notavel, pois que corre como o outro á superficie da terra; a duas legoas ávante d'elle passámos o riacho Ruóngo, que corre para L. com cinco braças de largo e uma de alto, e abunda em excellente agua; e diz o guia que tem sitios onde ha peixe. A uma legoa de distancia d'elle tornámos a passar o regato Campemba, que corre aqui tambem para O. com duas braças e meia de largo e duas de alto, e ávante legoa e meia começámos a caminhar por terreno desigual e montuoso, e fazendo uma legoa n'este terreno repassámos o riacho Ruóngo, que corre aqui para O. com sete braças de largo e quatro de alto, mas com menos agua do que no outro sitio onde o passámos; e aqui abarracámos.

Outubro 27. — Ás cinco horas e cincoenta e cinco minutos da manhã continuámos a marcha para NNO. meia legoa, e passámos o riacho Cábua, que corre para SSO. com oito braças de largo e tres de alto, e ávante meia legoa chegámos á falda da serra Chirungúta, que corre LO., e que terá cincoenta braças de alto. É de argila vermelha, e muito coberta de arvoredo. Fomo-la costeando por algum espaço com o rumo de O., e depois a atravessámos com o rumo de N.; e tendo caminhado uma milha estavamos na falda opposta.

N'estes valles observámos algumas culturas e indicios de gente. E tendo caminhado meia legoa desde a serra, passámos o regato Carancoróra, que corre para L. com uma braça de largo e meia de alto, e a meia legoa d'elle chegámos á Mui do Cazembe Pungo, que é a primeira que encontrámos pertencente ao estado do Muata.

Não podémos conter a extraordinaria satisfação que sentimos quando o guia nos disse que pouco já restava a andar, vendo o Cazembe, que nos acompanha, saudar e abraçar os seus compatriotas.

Continuámos a marcha, e tendo andado tres legoas e meia, passámos o riacho Ruó, que corre para O. com quatro braças de largo e uma de alto; mais adiante legoa e meia, chegámos á Mui do Cazembe Muóra, onde ficámos em Palhotas por estar máo tempo.

Desde a primeira Mui Cazembista até aqui todo o paiz é povoado, e cultivado de mandioca.

Pela manhã seguimos o nosso destino caminhando com o rumo de N. duas legoas, e repassámos o mesmo regato Ruó, que corre para O. com uma braça de largo e outra de alto;

e a meia legoa d'elle, indo sempre por paiz povoado, e por entre uma continua cultura de mandioca, chegámos á Mui do Muanempanda, a qual é pequena, porque este chefe não vive aqui, mas sim em Lunda, que é a côrte ou residencia do Muata, e tem n'este logar um administrador a que chamam Inticálla, o qual em seu nome governa esta terra de que o outro é donatario. É este o sitio onde devo esperar a expedição; mas o principal ponto da minha commissão é que resta cumprir, e é o que mais desejo satisfazer.

Apparecem já as barbaridades do Cazembe. Vi hoje um negro, que terá de 16 a 18 annos de edade, com as orelhas, mãos e membro viril cortados. Disseram-me que fôra amputado por ter cohabitado com uma das mulheres do Muata, de quem era escravo e servidor domestico; e sendo depois abandonado, ganha a sua vida fazendo recados.

O Inticálla enviou-nos uma porção de farinha de milho, e outra de raiz de mandioca verde, e mandou dizer que nos não podia fallar porque não quer que o accusem ao Muata de elle ficar com alguma fazenda dos Mozungos; e não foi possivel vê-lo.

Outubro 29. — Como o Inticálla hontem não quiz ver-nos por não ter chegado o Cazembe que veiu em nossa companhia mandado pelo enviado, que só chegou de noite, mandámos uma braça e meia de Botiam e um rosario de missanga de presente ao dito Inticálla, e a requisição de providencias em favor da expedição, a qual ou deve já estar aniquilada, ou achar-se perto d'este logar, mas exhausta pela fome.

Mandou dizer que já ouvíra isso, e que por esse motivo hontem mesmo ordenára aos seus subordinados que ajuntassem mantimentos, e logo que cheguem mandará as providencias pedidas, e entretanto que ía cuidar em fazer casas para a expedição, como é do seu dever. De noite mandou-nos viveres.

Temos achado aqui a mesma liberdade e respeito ás nossas pessoas como se estivessemos nas terras portuguezas; e os negros da expedição colhem e comem o que querem, sem que ninguem lhes diga nada; todavia tenho prohibido todo o genero de abuso, por insignificante que seja.

14

Outubro 30. — Tornei a requisitar ao Inticálla providencias para a expedição, declarando que se não fossem tomadas as mandaria pedir ao Muata, que reside a tres jornadas d'aqui, e a quem igualmente ia dar parte do seu procedimento. Mandou a mesma resposta; isto é, que tinha feito juntar mantimentos, mas que estes ainda não tinham chegado, e que logo que viessem no-los enviaria. Continua a mandar-nos viveres, mas com escacez.

Outubro 31. — As palhotas em que residimos abundam em toda a qualidade de insectos, sendo os que mais incommodam, pelo seu excessivo numero, os carrapatos, piolhos, pulgas e persevejos. Os carrapatos não têem differença alguma dos que na Europa se encontram no campo e nos gados; porém na Africa Oriental, principalmente em Sena e n'esta parte do territorio Cazembe, é tal o seu numero nas casas, e são tão venenosas as suas mordeduras, que nos europeus recem-chegados causam a morte, se não são immediatamente tratadas com o contra-veneno que ha' para isso; e não poucos têem morrido de mordeduras de carrapatos: mas depois de serem curados d'ellas, já não fazem mal algum, excepto o incommodo da comixão. Isto acontece em Sena. Aqui não ha perigo do veneno, porque todos nós estamos costumados a elles; mas ha o incommodo de não se poder dormir nem socegar senão na rua. Nunca, como aqui, me vi coberto de tantos insectos de diversas especies; e não sendo possivel resistir-lhes, mudei para uma das barracas novas que se fizeram para a expedição.

Despedi dois soldados para irem ao encontro da expedição até á ultima povoação de Cazembes, e por esses participei ao commandante qual tem sido o procedimento do Inticálla, que até hoje não deu providencia alguma, apesar das continuas instancias que tenho feito. Partiram os soldados ás sete horas e trinta minutos da manhã. Recebemos do Inticálla uma panellinha de Pombe, com o recado de que ia com a sua gente á caça para os Mozungos. Mandámos dois rosarios de avelorio e dois de missanga para comprar mantimento; o que foi sem resultado, porque ninguem o quiz vender com medo do Cazembe, o qual sabendo de qualquer transacção castigaria severamente o vendedor. Tal é o respeito que lhe tem.

Novembro 1. — Pela manhã mandou o Inticálla uma pequena peça de caça, já esfolada e sem cabeça, de um quadrupede a que chamam Zôve, que é do tamanho de uma cabra; e uma porção, que seria tanto como um selamim, de farinha de milho.

Eu não quiz receber o presente em razão de não ser nada para vinte e tantas pessoas; e mandei-lhe dizer, que nós não exigiamos que nos désse cousa alguma, que bastava que no-lo vendesse; o que não tinhamos podido conseguir, porque ninguem queria vender com receio de ser isso sabido pelo Muata, ou de lhe constar que os Muruundas; isto é, os Cazembes, acceitavam fazenda dos Mozungos; e que este seu procedimento nos obrigava a ir para Lunda queixar-nos ao Muata de tudo quanto elle Inticálla tem praticado; tanto do mau tratamento que nos tem dado, como da falta de providencias para a expedição.

Pouco depois voltaram os emissarios com o mesmo presente, e mais uma pequena quantidade de milho, dando muitas satisfações, e a mesma desculpa de não estar ainda junto o mantimento que mandára promptificar.

Ás dez horas da manhã tive informação de que a expedição chegava aqui hoje, e que esta noticia fôra dada por dois Cazembes do enviado que chegaram. Ao meio dia chegou a vanguarda, e á uma hora e trinta minutos o commandante; mas a retaguarda só appareceu á noite. Faltaram algumas cargas, sendo uma d'ellas um caixote com tres espelhos grandes pertencentes ao governador.

Depois de ter dado ao commandante uma parte circumstanciada de quanto se tem passado até hoje, e do procedimento do Inticálla, o que tudo lhe havia já participado pelos soldados, que não encontrou, por trazer outro caminho: disse o commandante, que a expedição vem na ultima miseria por causa da fome; que depois da nossa separação todos os dias tinha morrido gente por este motivo; e que traz muitos individuos com chagas escorbuticas, a que chamam Gindas.

O Inticálla nenhuns viveres mandou hoje.

Novembro 2. — Fizeram-se a esta auctoridade novas requisições para dar ou vender viveres, mas sem resultado algum. Chegaram dois soldados que o commandante tinha mandado para a retaguarda em procura das cargas que faltavam, das quaes não deram noticia. Mandou-se parte d'isto ao enviado, e este ao Inticálla, que ficou de mandar gente em procura d'ellas, e assegurou que não se podem perder.

Novembro 3. — Apresentaram-se os soldados que eu havia expedido no dia 31 de Outubro.

Não se tem podido obter viveres alguns do Inticálla.

XIV.

Novembro 4. — Antes de levantar o campo mandaram-se entregar ao Inticálla dezeseis cargas e vinte e cinco negros, que pelo seu estado, nem sem cargas podem andar, ficando uma escólta de tres soldados para mais respeito. O commerciante Paulo pediu ao commandante a permissão de ficar hoje aqui para procurar duas escravas que lhe desappareceram; o que lhe foi concedido.

Como desde que chegou a expedição nada se lhe tem fornecido para comer, é por isso que tem havido muitos roubos, que não é possivel castigar, nem mesmo deixar de tolerar; e muito faceis se tornam elles, porque as Gandas (casas) dos Cazembes não tem portas, e as Mundas não são guardadas. Não tem havido Milandos, porque os individuos da expedição são aqui tratados como hospedes do Muata; mas não é possivel deixar de roubar mantimento, pois de outra fórma não se póde obter. Para se evitarem, porém, mais roubos, deliberou-se marchar para a frente até encontrar os portadores do Messuápo, com os quaes devemos achar providencias a nosso respeito.

Pelas sete horas da manhã seguimos a nossa derrota para NNE., e a meia legoa entrámos n'um grande Dambo, pelo qual caminhámos duas legoas e meia até ao rio Luêna, que corre ao S. pelo meio do Dambo, e que n'esta estação tem a agua estagnada e cheia de plantas, e cujo nivel é.pouco inferior ao do terreno adjacente.

Effectuámos a passagem sobre Golfão *(Nymphœa)* e outras plantas aquaticas fluctuantes, que têem força bastante para susterem um homem em pé, pela densidade com que vegetam, formando assim uma massa compacta. Todavia, se o caminhante põe o pé em logar onde ha menos espessura, vae para baixo, o que se evita deitando-se logo de bruços com os braços abertos, e d'esta fórma fica fluctuante sobre as plantas; e puchando para si maior corpo d'estes vegetaes, firma-se sobre elles, e levantando-se com cuidado, continua a andar; estas quedas, porém, acontecem a cada momento.

N'esta passagem andámos meia legoa, que tanta é a largura do rio, mas gastamos n'isso algumas horas. A profundidade da agua em algumas partes excede a seis braças, e não se observa n'ella curso algum; mas os Cazembes dizem, que no tempo das chuvas é que corre, e indicam a direcção S. A grande manta de arbustos fluviaes que fluctua, apesar da sua espessura, cede ao peso do corpo, de fórma que este entra na agua até á barriga da perna, e ás vezes mais acima, no que se soffre muito, pelo excessivo numero de sanguesugas, que immediatamente se pegam ás partes mergulhadas, e que não se podem tirar senão em terra para se não perder o equilibrio.

Foi n'esta passagem que ao jumento em que tenho vindo, pertenceu ser carregado, o que elle mesmo fez, lançando as patas sobre os meus hombros, e deixando-se ir fluctuando; e quando eu caía ou parava para melhor me firmar, então elle com a maior sem ceremonia, me empurrava com o focinho.

Logo que chegámos á margem opposta, o que, como fica dito, foi depois de algumas horas de trabalhosa passagem por causa das cargas, deixámos o Dambo, que se estende até se perder de vista. Tendo caminhado meia legoa desde a margem do rio, chegámos a uma pequena Mui, que dizem ser de um irmão do Muanempanda, e a legoa e meia d'ella passámos o regato Cassumba, que corre para L. com uma braça de largo e outra de alto, e ávante d'elle meia legoa, chegámos a uma Mui abandonada que está na margem do regato, mas proximo a ella haviam povoações habitadas; para aproveitar as barracas mandámos fazer alto, e formou-se o campo por estar ameaçando chuva. A Mui que está mais proxima, dizem ser do Quilôlo Câllúlua.

Nada ha de comer senão raizes de mandioca, do campo da Mui abandonada e das visinhas, mas estas mesmas são furtadas, porque os habitantes não querem vender nada por medo do Muata-Cazembe, pois que por ordem sua ninguem póde receber fazendas, por qualquer motivo que seja, sem seu consentimento; sob pena de morte.

Novembro 5. — Pela manhã, estando para marchar, acharam-se embriagados muitos dos nossos negros pelo narcotico das raizes de mandioca verde que tinham comido; em consequencia d'isto foi preciso chamar Cazembes para hoje transportarem as cargas, que pela maior parte são da Real Fazenda; e deu-se a cada um d'elles um rosario de avelorio.

Ás sete horas e dez minutos seguimos o nosso destino andando para NO., por caminho despovoado, tres legoas e meia, e chegámos á margem do regato Muênzi, que corre para O. com duas braças de largo e uma de alto: n'este logar encontrámos dois Cazembes, que vem com providencias para os seus compatriotas que nos acompanham; e com elles nos informámos se encontrariamos hoje algum logar povoado: responderam que só amanhã poderiamos chegar ao logar onde hoje hão de pernoitar os portadores do Messuápo, que vem de volta com providencias para a expedição. Em consequencia d'esta noticia fiz alto para esperar o commandante.

Ao meio dia chegou elle; e dando-lhe eu parte das noticias que tive, mandou formar o acampamento, por vir a maior parte da gente da expedição muito distante.

De tarde senti frio, que foi seguido de uma grande febre; e quando estava na transpiração começou a chover com muita força, e a agua molhou toda a roupa com que me achava coberto, por não ter abrigo algum. A chuva principiou ás cinco horas da tarde, e só ás onze horas da noite é que cessou, e foi então que se pôde accender lume; e despindo o fato, que todo estava ensopado, o estendi em torno do lume, ficando ao pé d'elle completamente nú, por não ter nada enxuto que vestir. Como a barraca em que estava abrigado foi feita á pressa e debaixo de chuva, e era de ramos e folhagens, por isso a agua da chuva juntando-se nas folhas fazia peso, inclinava-as e caía em goteiras sobre os membros nús, e parecia que cortava de fria; ao que eu não punha outro obstaculo senão fugir com o corpo para outro lado; onde depois me acontecia o mesmo; e assim estive até á madrugada sentado sobre a terra molhada, tendo muito cuidado de conservar o lume que era o meu unico abrigo. Pela manhã tornei a vestir a mesma roupa, que ainda estava humida, e começou novamente a chover, mas por pouco tempo.

Novembro 6. — Proseguimos a marcha. O estado de doença em que me acho impossibilita-me de continuar este Diario.

Novembro 9. — A molestia fez crise felizmente. Ella, ainda que de curta duração, foi comtudo perigosa, e mais ainda pela falta de todos os recursos. Acho-me já em convalescença, o que devo á natureza, e á constituição muito robusta de que sou dotado.

N'estes tres dias não houve acontecimento algum de consideração.

Chegámos á pequena serra Chempire. O logar em que estamos, pertence ao Fumo Insipo, o qual é um Quilôlo de segunda ordem. Esperâmos a ordem do Muata para marcharmos para Lunda.

Diz-se que a nossa demora aqui é motivada por não estarem ainda feitas as casas, em que na capital deve residir a gente da expedição.

CAPITULO VI.

Descripção dos Muizas, territorio que occupavam, seus costumes, etc.

I.

Sendo a serra Chimpire o limite, por este lado, do paiz em que outr'ora viviam os povos Muizas, ou Muvizas, ou Invizas, nomes estes por que são conhecidos, aproveitarei o descanço que a expedição deve ter n'este sitio, para d'elles dar uma breve noticia; pois que, ainda que se achem dispersos, merecem, pelo seu numero, caracter e costumes, que se faça d'elles menção especial.

Os Muizas foram obrigados a abandonar o paiz que habitavam em consequencia da invasão dos Muembas, tambem chamados Auembas e Moluanes, povos que se conservam independentes, e que começaram a conquista por motivo de uma desavença occorrida na fronteira, que agora, em 1831, se acham de posse de quasi todo o territorio Muiza, e que são governados por um chefe intitulado Chiti-Muculo, o que em portuguez significa, páo, ou arvore grande.

Os Muizas emigrados affluiram em maior numero ás terras dos Chévas.

O territorio que elles occupavam confina pelo S. e O. com os povos Sengas e Arobzes, pelo N. com os Cazembes, e a L. com o rio Aruângoa, abrangendo uma grande superficie.

Este territorio é geralmente plano, cortado de rios e regatos que o fertilisam, e tem um clima agradavel: n'elle observámos vestigios de grandes e continuadas culturas, que mostram que ha ainda pouco tempo que foram abandonadas por uma grande população; mas hoje está deserto.

Os Muizas, assim como todos os cafres conhecidos, carecem de caracteres, ou jeroglyphicos, pelos quaes communiquem as suas idéas.

II.

O seu governo era exercido por Mambos e Fumos, que consultavam os conselhos ou juntas de anciãos, os quaes gosavam de maior liberdade de opinião do que entre os Maraves. A auctoridade dos Mambos era hereditaria, passando do tio ao sobrinho, filho de irmã; e na falta d'este ao irmão do morto. Houve uma época em que esta nação esteve reunida sob o mando de um chefe supremo, intitulado Mucongure, ao qual todos os Muizas rendiam vassallagem; mas nos ultimos tempos da sua existencia a obediencia era só nominal, e cada Mambo, tornado independente, governava o seu dominio, tendo maior ou menor número de Fumos seus subordinados. Á povoação onde residia o Mambo ou Fumo chamavam Mossumba.

Todos os Muizas podiam usar do vestuario que lhes agradasse, sem restricção alguma de côr, ou qualidade; todavia usavam geralmente de Nhanda, o que ainda hoje fazem. A esta dão uma fórma quadrangular, e cingem-na ao corpo, ficando as duas pontas superiores entaladas uma com outra na cintura, ou apertadas a esta pelo cotovelo esquerdo. E se acontece terem precisão de correr ou de fugir, largam uma d'estas pontas, ficando a outra segura com o mesmo cotovello, que não a abandona por mais que corram, acontecendo, ás vezes, ficar a Nhanda espedaçada pelo matto, em quanto que aquella ponta se conserva segura ao corpo.

Distinguem-se os Muizas dos mais povos cafres pelo enfeite que trazem na cabeça, o qual tem quasi a figura de uma ellipse [1], com um palmo de largura e dois e meio de comprido. A este adorno chamam Chinguengue (fig. 1). Para o fazerem dão-lhe primeiramente a fórma com um bambú fino, que vão enchendo de cabellos tecidos entre si, até que todo o espaço seja occupado; e então parece um pedaço de panno de saragoça muito encorpada, e fica seguro á cabeça pelo proprio cabello entrelaçado pela parte inferior (fig. 2), onde ha a cava da Chinguengue, um pouco acima da nuca, ficando algum tanto inclinada para o dorso, e formando um angulo obtuso com o plano horisontal que passasse pelo alto da cabeça.

Juntam a este, outro enfeite, que é geralmente usado, e que consiste em dois corpos maciços, com figura de meia canna, do comprimento de meio palmo, feitos tambem de cabello, que põem obliquamente de cada lado da cabeça, desde a orelha até por cima do olho (fig. 3).

Tanto este enfeite, de que nos não recordâmos o nome, como a Chinguengue e o resto da cabeça, são tintas de escarlate com o páo Mucúra (sorte de páo Brasil) moido com agua e arêa, de que resulta uma massa de côr mais ou menos viva; e d'esta massa, feita em bolas seccas ao sol e reduzida a pó, vão-se servindo para darem côr áquelles ornatos e ao resto do cabello.

Os individuos que, por serem escravos, ou não poderem arranjar os ditos enfeites, deixam crescer o cabello, fazem grossas tranças, a que chamam Mabanduas (fig. 4), e completam este adorno untando-as com gordura, sobre a qual deitam o referido pó. Esta sorte de penteado é, comtudo, mais usado pelas mulheres, seja qual fôr a sua condição; todavia algumas ha, ainda que d'estas poucas vimos, que usam da Chinguengue.

A população dos Muizas não era muito numerosa. Elles

---

[1] Veja-se estampa XII.

Muiza vestido com a Mumba e armado
com o Chiquenque

Os índios... por serem escravos, ou não... pelos... raç... os ... enfeites, deixa... em condição, fazer... os traços, a que chamam ... dos dias. , e ... esse adorno ... gradura, ... a ... refendo pó. Esta ... ... p... ad... é, contudo, m... pelas mulheres, ... p... fr a sua condição: todavia ... h... ... dos povos, vimos, que usam da ... ...

A população dos ... não era muito numerosa.

1 Veja-se o mapa XII.

Muiza vestido com a Nhanda e ornado com o Chinguengue.

Muiza vestido com a Nhanda e orna=
do com o Chinguengue e com outro enfeite

Muixa vestido com a Nhanda e or-
nado com Mabanduas.

viviam em paz e amisade com todos os seus visinhos; nunca tinham guerras senão defensivas, e mantinham fidelidade áquelles povos com quem commerciavam. D'estas circumstancias, e do seu muito patriotismo e assiduo trabalho, provinha a força da nação. E quando eram obrigados e defender-se concorriam todos armados. A invasão e conquista dos Muembas ou Moluanes mostrou bem o seu caracter, porque uma grande parte d'elles succumbiu nos campos de batalha, e os mais não desistiram senão quando conheceram que já não podiam defender-se. Foi sómente então que uns emigraram e outros ficaram vagando pelo sertão, sendo raros os que se submetteram.

Não tinham força alguma militar organisada, nem disciplina, e a sua tactica era como as dos mais povos cafres, combatendo em debandada. Não têem armas defensivas, e as offensivas são: arcos, flechas e azagaias. Eram chamados para a guerra pelos toques de Imbiribire, instrumento que sempre havia nas Mossumbas dos Mambos e Fumos. As suas rendas publicas e despezas dimanavam das mesmas fontes e tinham a mesma applicação que entre os mais povos mencionados. E tambem, como entre estes, a sua legislação era tradicional. Os criminosos que puniam mais severamente eram os ladrões e os adulteros. As questões relativas a feiticeiros eram menos frequentes que entre os povos seus visinhos.

III.

Os Muizas dividiam-se em duas classes, commerciantes e agricolas. Os primeiros andavam sempre por fóra, indo comprar marfim, especialmente onde sabiam que o podiam obter mais barato, ainda que para isso gastassem mezes na jornada, e iam vende-lo onde o podiam fazer por melhor preço, mesmo quando para isso houvesse igual difficuldade de transito. Hoje ainda se empregam da mesma fórma, mas com menos amplitude de commercio, porque não podem passar para o Norte sem grande risco.

Quando saíam das povoações (o que ainda praticam) era em ranchos, ou cáfilas, elegendo um d'entre si para governar, ao qual dão o nome de Chevinda-muculo, o que significa, commerciante grande ou chefe dos commerciantes.

Regularmente passam nas suas povoações os tres mezes em que cáe a maior força das chuvas, que são Dezembro, Janeiro e Fevereiro, e o resto do anno andam em jornadas; mas acontecendo demorarem-se por fóra mais tempo do que costumam, então invernam fóra.

N'esta parte da Africa Oriental ha sómente duas estações: uma, a que os portuguezes chamam o inverno, começa regularmente em Outubro e acaba em Março; n'ella ha chuvas e calores intensos, e quanto mais copiosas são aquellas mais fortes são estes: a outra estação, que começa em Março e acaba em Outubro, é o estio; e n'ella ha mais ou menos frio; o qual em Tete, Sofala e Lourenço Marques se faz sensivel. Na estação chuvosa floresce a larangeira e muitas outras arvores, e ao mesmo tempo ha muitas fructas maduras, como a Manga, o Cajú, etc.: de Junho até Outubro não ha fructas; mas estas podem ter-se todo o anno regando as arvores.

Ha já alguns annos que os Muizas tomaram o caminho de Leste, e vão vender o marfim á costa de Zanzibar, porque é onde se paga melhor este genero, pelos arabes, para o venderem aos inglezes e americanos, que têem casas commerciaes na ilha. Os Muizas não commerciam no marfim pelo peso, mas sim pelo volume e qualidade, e estão tão praticos que só lhes basta levantar um dente a prumo para conhecerem o seu valor, não sendo facil illudi-los.

A outra classe, que é de agricultores, comprehendia mulheres, velhos e creanças, e todos aquelles que não mercadejavam empregavam-se em extensas culturas, que lhes davam abundancia.

Viviam em grandes sociedades, e por isso as suas povoações eram respeitadas.

Distinguem-se os Muizas pela sua côr rubro-fusca ou fula, estatura alta, posição perpendicular e esbelta. Em geral não se lhes vê o cabello quando têem todos os seus adornos de cabeça, mas quando os não têem, mostram um cabello comprido e lanoso, caído em grossas tranças, ou Mabanduas;

têem a cabeça erecta, testa prominente, olhos horisontaes, faces abatidas, nariz chato, beiços delgados.

Não usam de signal, ou lanho algum, e só de umas pequenas elevações ponteagudas, do tamanho de ervilhas, que vão desde a testa, em linha recta, até á ponta do nariz. Usam os dentes ponteagudos, o que fazem raspando-os com instrumento cortante, desde creanças, até que fiquem como os dentes de uma serra.

As mulheres usam o mesmo enfeite de dentes agudos e elevação de nariz. O vestuario d'ellas consiste em duas tiras de Nhanda, ou panno de algodão, postas, uma na parte posterior, de palmo e meio de largura, caída sobre as nadegas, e a outra na parte anterior, de duas a tres pollegadas de largura, que unicamente cobre a parte sexual; ficando descobertos todos os mais contornos. As mulheres são muito castas, e é rarissimo o adulterio entre ellas.

O caracter dos Muizas é em geral docil e agradavel, e com facilidade se familiarisam com os estrangeiros; observam a hospitalidade, e não gostam de commercio de escravos. Acreditam na existencia de um Ente Supremo, a que chamam Pâmbi; têem superstições grosseiras, mas que, comparadas com as dos outros cafres, são em gráo muito menor. Crêem na metempsycose, e offerecem libações e primicias aos seus mortos. Os seus funeraes são como os dos Maraves; e não matam ninguem para acompanhar o defunto.

A lingua Muiza é pobre, como todas as outras d'estas partes; carece de verbos regulares e declinações dos nomes; falla-se nas terceiras pessoas dos verbos: todavia é suave e abunda em vogaes. Do rio Aruângoa para o Norte esta lingua é vulgar.

IV.

A industria d'este povo limitava-se ao necessario: e ou seja por falta de materia prima, ou por outro qualquer motivo, ella estava mais em desprezo do que entre os outros povos visinhos, a quem compravam o que lhes era mister, como objectos de ferro, manilhas de marfim, de cobre, etc., empregando-se unicamente no commercio e agricultura.

A sua riqueza era proveniente da fertilidade do seu solo, e do seu assiduo trabalho e commercio. No seu territorio não se trabalhavam os mineraes. Dados ao trabalho, poucos eram os pleitos ou Milandos que tinham. Naturalmente amigos da sua independencia, tratam com desvelo os seus maiores, mulheres e filhos, e geralmente todas as pessoas de quem não tenham offensa.

Como os mais povos que havemos mencionado, fazem uma refeição á entrada da noite, com a Sima dos Maraves, a que elles chamam Buále, mas é sempre acompanhada de carne, ou peixe fresco, ou legumes. Carecem de sal, e o compram mui caro. Pela abundancia que possuiam de mantimentos, tinham Pombe todo o anno; e posto que muito ebrios, não o são tanto como os mais cafres.

Como commerciantes possuiam sempre fazendas da India e da Europa com que negociavam, e ás quaes pouco ou nenhum uso davam para seu vestuario, que é sempre a Nhanda. As suas Muis ou povoações constavam de grande reunião de palhotas mui juntas, e construidas da mesma fórma que as dos Chévas, mas maiores, e com uma só porta. Chamam ás casas Ganda, e á porta Muliango. Costumavam ter em cada Mui uma, ou mais, arvores grandes para as suas reuniões. A mobilia dos Muizas era igual á dos povos descriptos. Como este territorio é uma continua planicie, preferiam fazer as povoações nas proximidades dos Dambos.

Os seus casamentos eram feitos com as mesmas formalidades e ceremonias que entre os Chévas, só com a differença de ser maior o preço que recebia o Táta, que é o mesmo que o Dumpse dos Maraves. Mui frequentemente eram os consorcios contractados entre os paes na juventude dos filhos. Os Muizas são polygamos, e á primeira mulher, ou mulher principal, chamam Muári. Cemo já dissemos, os seus funeraes são similhantes aos dos Chévas, e em vez de raparem a cabeça tiram d'ella todos os adornos. As horas de ociosidade, que ordinariamente eram á noite, passavam-as em cantigas, toques de tambor e danças.

Assim como os outros cafres, não estavam isentos de charlatães, adivinhos ou Gangas, mas estes eram em muito menor numero. Tinham tambem vadios e tangedores, que ainda tem, os quaes só vivem de tocar e cantar, andando errantes pelas povoações dos Mambos, Fumos e casas de pessoas ricas: elles trazem suspenso por um couro cru, encostado ao ventre, e um pouco inclinado para a direita, um tambor feito de uma só peça de páo á similhança de um grande gral, coberto sómente na parte superior onde se fere, e na parte inferior acaba como o fundo de um gral, tendo ahi um buraco de uma pollegada: a este tambor, que tocam com ambas as mãos sem auxilio de baquetas, chamam Xinzete. A pelle de que é coberto pela parte superior provém de uma especie de lagarto amphibio, a que os cafres chamam Muanze, e os portuguezes Tragóia; não sei d'onde nos veiu este termo, mas julgo que é tomado da India, onde ha estes animaes com este nome. Tocando este tambor, que se ouve a grande distancia, e cantando, apresentam-se nas povoações todas as vezes que o chefe d'ellas apparece; mas a maior honra e grandeza consiste em tocar á porta da casa onde o mesmo grande dorme, desde as tres horas da manhã até ser dia claro. Em quanto estes tangedores se demoram nas povoações, são alimentados pelos grandes ou donos d'ellas, e não se retiram sem serem despedidos, o que nunca acontece antes de tres dias, e recebem então uma paga avultada, que é sempre relativa á cathegoria de quem a dá, mas nunca menor do valor de um escravo, o que corresponde a cinco ou seis mil réis da nossa moeda.

O uso do Muáve era raro entre os Muizas.

V.

As suas regras de cortezia são as seguintes: Quando dois Muizas se encontram e querem conversar, ambos ajoelham com os dois joelhos, e descançam as nadegas sobre os calcanhares, e ao mesmo tempo batem as palmas, não muito alto, mas sempre do lado opposto áquelle em que está quem recebe a saudação, acompanhando esta acção com um som de beiços similhante áquelle que faz quem, rapida e repetidamente, dá beijos com ruido. Depois d'isto offerecem-se mu-

tuamente tabaco de pó, e tendo-o sorvido, fallam então.
Acabada a conversa, cada um se retira pelo seu caminho,
mas de fórma que parece que nunca se viram nem conheceram.

De ordinario, quando dois Muizas passam por pé um do
outro, comprimentam-se, mas sem deixarem de andar, cur-
vando os joelhos, e dando com a palma da mão na côxa correspondente; isto é, do lado opposto d'aquelle por onde passa
quem recebe a saudação, sendo acompanhado este comprimento com o dito som labial.

Quando a saudação é feita a um Mambo ou Fumo, aproximam-se a elle e sentam-se no chão, e depois deitam-se
de costas com os pés voltados para o Mambo ou Fumo, e ao
mesmo tempo tocam amiudadas vezes com a palma da mão
direita na côxa do mesmo lado, fazendo o susurro labial, e
aquella auctoridade, com todos os mais que estão com ella,
correspondem batendo palmas e fazendo igual susurro labial, mas conservam-se da mèsma fórma que estavam, sem
mover-se ou tomarem outra posição.

. VI.

A sua chronologia é a mesma que a dos mais povos descriptos. E da sua historia não pude obter esclarecimentos
alguns. Não conservam monumentos nem usam de moeda.

Parece terem algumas poesias, mas carecem absolutamente de rima. Cantam o louvor ou o vituperio, empregando epithetos e analogias tiradas da natureza. Por exemplo,
louvando um Mambo, dizem: É temivel como o leão, e como
elle despresa os pequeno sinimigos. É forte como o elephante;
feroz como o tigre, etc., etc. No vituperio dizem. Fraco como
a rola; vil como a Quizumba; traidor como o macaco; ladrão como o rato, etc. Tudo isto ordinariamente é recitado
em cantigas.

Os Muizas, como deixamos dito, viviam em grandes sociedades, e talvez por isso eram mais permanentes as suas
habitações; todavia acontecia muitas vezes mudarem de local,
mas nunca o abandonavam totalmente, porque sempre ficava

alguem na povoação; porém, quando tal mudança acontecia era já depois de cançados de soffrer uma calamidade ou perseguição: e ultimamente, apesar da invasão e estrago, encontrámos ainda povoações, com os mesmos individuos Muizas, ou os seus descendentes, e nos mesmos sitios, em que estavam em 1814, quando aqui veiu o interprete que acompanha hoje a expedição, com a differença, porém, de serem as povoações insignificantes, e de estarem os seus habitantes em contínuo receio de serem surprehendidos.

15

CAPITULO VII.

I.

Ao nosso acampamento na serra Chimpire, onde estamos desde hontem, chegaram hoje de tarde alguns Cazembes, portadores de um presente mandado pelo Muata; o qual consistia em uma porção de raiz de mandioca secca, outra do carne secca de caça, e outra de peixe secco, o que tudo era destinado para a gente da expedição; e traziam mais uma pequena panella com favos de mel, duas pelles de tigre e uma barrinha de cobre para o commandante.

Os portadores disseram que o Cazembe manda pedir uma espingarda, polvora, pedreneiras e copos de vidro; e que ordena que a expedição se demore aqui em quanto em Lunda se acabam as casas que lhe são destinadas, e até que chegue o Muteva, que ainda se acha na retaguarda.

Esta primeira mensagem do Cazembe desvaneceu totalmente em nós a idéa que tinhamos da grandeza e generosidade que a fama tem apregoado d'este potentado; o que não nos foi possivel dissimular aos portadores, dizendo-lhes que, ou o Muata estava mudado, ou que não era exacta a fama que d'elle se tem espalhado. E que entretanto tudo quanto pedia lhe seria mandado na manhã seguinte por portadores da expedição.

Novembro 11. — Pela manhã apresentou-se um dos soldados da escolta que havia ficado no Muanempanda acompanhando quatro caixotes, e deu parte de ficarem as mais cargas na povoação do Câlûlua, guardadas pelos restantes soldados em quanto estavam juntando gente para as conduzirem aqui.

Mandou-se ao Cazembe uma espingarda, tres pedreneiras, um frasco de polvora e tres copos ordinarios.

Novembro 12. — Não houve novidade.

Novembro 13. — Pela manhã chegou o Muteva ao campo dos Cazembes, e com elle dois negros pertencentes ao commandante, um dos quaes carregava um caixote com louça, e veiu sem elle, dando por desculpa que por causa da fome o largára por não poder com o peso.

Novembro 14. — Mandaram-se negros para conduzirem as cargas que estão na povoação do Câlûlua.

Desconfiando que havia louça quebrada nos caixotes, passou-se-lhes revista, e achou-se que quasi tudo estava inutilisado, existindo apenas uma pequena porção inteira.

Á noite chegaram os portadores que levaram a espingarda e mais objectos ao Muata, dando parte de virem acompanhados de alguns Cazembes que traziam ordem de conduzir a expedição para Lunda; e participaram que elle mandava dizer aos Mozungos: — «Que este tempo era differente d'aquelle em que governava seu pae, quando aqui vieram outros Mozungos. Que todo o negro que fôr apanhado a furtar será logo decapitado. Que todo o soldado ou negro, que tiver coito com qualquer mulher, quer seja d'elle Muata, quer seja de algum dos seus Quilôlos, lhe serão cortadas as orelhas e orgãos genitaes, menos o scroto; e que não lhe faria cortar as mãos, porque sem ellas não poderiam servir os Mozungos. Que ordenava que o Muaniancita (interprete) não ensinasse ao Geral (o commandante) os costumes antigos, porque sendo todos os Mozungos novos, se não fosse elle, estes lhe teriam já dado muita fazenda; e que a não quer rasgada e feita em pedaços; nem quer missanga em Chuábos, mas quer peças inteiras, e missanga em maços; e que não quer fazenda preta, porque essa só serve para os seus escravos; mas sim Loupas, Panninhos, Chitas, etc.

Um dos nossos portadores accrescentou que estas exigencias do Cazembe são procedidas d'elle não ter marfim, nem generos para comprar fazenda, pois que não esperava a expedição. Que soubera isto confidencialmente de um Quilôlo do Muata, por nome Capance. O mesmo portador deu parte de ter fallecido o capitão dos escravos de Paulo Leonardo, o qual, tendo ido com o Messuápo, não voltou por doente, e falleceu hoje.

Novembro 15. — Pela manhã veiu o Carama (ou immediato do Cazembe-Ampata, que acompanha a expedição) com uns portadores do Cazembe, que trouxeram para o commandante um dente de marfim e uma escrava: para o segundo commandante, um escravo: para o interprete, um escravo: para o commerciante Paulo, um pequeno dente de marfim, e para o commerciante Montalvo (que, apesar de ter fallecido, representa como se èxistisse) outro dentinho de marfim; e trouxeram mais uma cabra, tres frangos, um cesto de raizes de mandioca secca, uma porção de rodas de mandioca, e mendobim cozido e misturado com mel; uma panella de Pombe misturado com mel, a que chamam Casoilo; e quatro pedacinhos de tabaco. O marfim e escravos era a bôca com que o Muata chamava os Mozungos para Lunda. E accrescentaram os portadores, que depois que os Mozungos tivessem comido, voltariam elles para darem o recado que traziam do Cazembe, e retiraram-se.

Como é quasi noite, e os portadores não apparecem, mandou perguntar o commandante ao enviado se podia marchar ámanhã a expedição: e este respondeu que não devia marchar sem que primeiro ouvisse o recado do Muata. Voltaram os negros com as cargas que estavam na povoação do Câlûlua.

Novembro 16. — Pela manhã apresentaram-se os mensageiros do Cazembe, com o enviado que acompanha a expedição, para darem o celebrado recado. Consistia este em uma advertencia ao Muaniancita (o interprete): — « De que, como pratico, não fizesse o mesmo que fez João Vicente da Cruz, quando, com o mesmo interprete, viera aqui commerciar (em 1814), o qual, tendo feito numerosos Milandos, se retirára sem lh'os pagar: e que queria que elle Muaniancita lhe mandasse um Motôr de fazenda, para lhe pagar os ditos Milandos; e que tambem queria que o Carama (segundo commandante), o Tora-na Meço (fiscal do governador), nome com que designam Paulo Leonardo, e o Cana-ampundo (nome que tinham posto ao finado Montalvo), cada um lhe mandasse mais fazenda, para elle ficar satisfeito: e que em quanto ao Geral (chamam assim ao commandante, porque representa o governador dos Rios de Sena) estava contente d'elle. »

Toda a Cafraria d'esta parte de Africa conhece o governador de Rios de Sena pelo unico titulo de ⹀ Geral ⹀ talvez corrompido da palavra portugueza ⹀ general. ⹀

Á vista do procedimento e exigencias do Cazembe, dissemos aos mensageiros que o Muata não éra o que diziam, e que não parecia ser mais do que um Mambo como outro qualquer: e perguntámos se era assim que elle queria fazer commercio e amisade com os Mozungos.

Assentámos entre todos mandar-lhe mais algumas peças de fato, o que fizemos, e ficou tudo disposto para marcharmos ámanhã para Lunda.

De noite fugiram tres escravos dos que mandou o Cazembe.

Novembro 17. — Pela manhã continuámos a marcha para NNE., e a uma legoa de distancia passámos o riacho Chitambo com agua estagnada, mostrando pela corrente dirigir-se para O. com quatro braças de largo e duas de alto: a cem passos ávante d'elle passámos por uma pequena povoação situada n'um logar a que chamam Casôro-mulanda; e a legoa e meia de distancia começámos a encontrar povoações que pertencem ao sitio dos Máxámos, a que o Dr. Lacerda chama Massanza, e que são os jazigos dos Muatas, que os Cazembes reverenceam como logares sagrados.

Aqui mandámos vestir os soldados com o uniforme, que com muito cuidado se tem conservado; e regulando a ordem da marcha com o apparato possivel, começámos o caminho para O.: tendo feito uma legoa chegámos aos Mâxâmos, onde fomos recebidos com Tunguros; isto é, alaridos de alegria, vindo os Cazembes, sem distincção de sexo e edade, em tropel ao caminho, estando todos barrados da cintura para cima, sem exceptuar a cabeça, uns com terra molhada, e outros, por maior grandeza, de um pó branco como gesso, a que chamam Impemba.

Depois de formado o campo no logar que nos foi indicado pelos mensageiros, veiu o Fumo Insipo, que é o encarregado de acompanhar-nos a Lunda, pedir ao commandante que mandasse os Mantembos (soldados) aos Mâxâmos; o que fez, sendo eu mesmo que commandei este destacamento para maior respeito e regularidade.

Conduziram-nos em primeiro logar ao Mâxâmo, onde está sepultado o Muata Canhembo, que foi o terceiro reinante d'esta monarchia: e ahi foram dadas tres descargas, depois do que eu dei um presente e o interprete, outro: constou o primeiro de um Capotim, dois copos e um espelho pequeno, e o segundo de um copo e meia Ardian, que mandámos pôr diante de um cafre que estava sentado de pernas cruzadas sobre uma pelle de leão, da parte de fóra da porta exterior do Mâxâmo, e todo barrado de Impemba, ao qual chamam Muine-Mâxâmo (servidor e guarda do Mâxâmo).

Este, depois de examinar os presentes, disse que era pouco, e que para pode-los apresentar, precisava mais tres peças pelo menos; as quaes eu mandei dar, sendo tres meias Ardians.

Logo que as recebeu entrou para o Mâxâmo com os presentes, e pouco tempo depois mandou-nos entrar. Fóra d'esta primeira porta avulta um monte de caveiras. Ella dá entrada para um espaçoso largo quadrado, que tem uns cem passos em cada face, fechado por um recinto feito de folhas entrelaçadas a arvores e estacas arranjadas com tal arte, que parece uma parede de buxo mui bem aparado. Esta praça acha-se no maior accio possivel. No centro ha um grande

casa redonda, coberta de colmo; fronteiro á porta d'esta
vê-se outro monte de caveiras. Esta casa é o Mâxâmo ou
jazigo onde está sepultado o Muata Canhembo. O logar é
triste e sombrio, e mais ainda por estar cercado de arvoredo mui denso e copado. A casa, como havemos dito, é
grande, e dentro d'ella ha outra feita de esteira de Bambu,
formando uma especie de tumulo, mas sem ornato algum
mais do que duas columnas pintadas que servem de portico:
dentro d'esta especie de tumulo, que é de fórma cylindrica
e estava totalmente vazio, achava-se o Muine-Mâxâmo sentado de pernas cruzadas, com os presentes referidos diante
de si, e depois de algum tempo de silencio, em que parecia
estar entregue a uma profunda meditação, de espaço a espaço ouvia-se murmurar algumas palavras; e por fim excla-
mou em voz alta ═ Averié ═ que significa muito obrigado;
e voltando-se para nós disse: «O Muzimo fica muito agradecido aos Mozungos, e ao Cazembe-Ampata pelos trazer.»
Em seguida houve grande bulha de palmas, e gritos de ═
Averié ═ dados pelos Cazembes da nossa comitiva; e acabada que foi esta ceremonia, saímos todos, e os Cazembes
foram tomar as suas armas, que tinham deixado fóra do recinto exterior, porque a ninguem é permittido entrar com
ellas. Recolhemo-nos ao acampamento, e pouco depois man-
daram-nos alguns viveres.

Novembro 19. — Pela manhã fomos intimados para ir ao
Mâxâmo do Muata Lequéza, quarto soberano, e pae do actual,
que reinava quando aqui veiu o Dr. Lacerda, ao qual eu e
o commerciante Paulo devemos dar presente, sendo esta ceremonia reservada para hoje, em razão de estar em segundo
logar, por este ter sido filho do Muata Canhembo, e por isso
pertence-lhe hoje. Os nossos presentes foram postos diante
do tal Muiné-Mâxâmo, que estava, como o outro, sentado
á porta exterior do recinto sobre a pelle de leão, e com um
panno de baeta encarnada cingido em torno da cintura: este
terá uns trinta annos de edade. Depois de vêr os presentes,
disse que era pouco (o que já esperavamos), e que não se
atrevia a ir apresentar tão pouco ao Muzimo, porque o Lequéza foi o primeiro Cazembe que viu e fallou com Mo-

zungos, e é elle quem agora os guarda e protege. Forçoso foi augmentar os presentes, com os quaes se retirou para dentro, em quanto o destacamento deu as tres descargas.

Este Mâxâmo dista uns duzentos passos para o N. do outro, e é em tudo similhante a elle, fazendo-se notar por mais duas caveiras que estão postas sobre uma arvore, que dizem terem pertencido a dois poderosos Mambos, conquistados ou vencidos por Lequéza. As ceremonias praticadas foram as mesmas. Encostados ao cenotaphio estavam trinta canos de espingarda, sendo alguns muito bons, mas como aqui não têem concerto, depositam-os n'este logar como tropheos dedicados ao fallecido conquistador.

Havia alli um tangedor do instrumento chamado Gómáti, o qual se assemelha a dois grandes chocalhos [1] feitos de uma só peça de ferro, unidos por uma peça curva (2), do mesmo metal, que serve ao tangedor de segurar o instrumento, ficando este com as extremidades abertas (3,3) para cima, encostando a curva (2) ao ventre com a mão esquerda, em quanto que com a direita tira d'elle sons lugubres e monotonos com o auxilio de uma baqueta (4), que na extremidade tangente (5) tem uma pequena massa feita de gomma elastica, a que chamam Impira. Não tenho visto até agora instrumento algum mais proprio e adequado do que este para ser usado em um cemiterio.

Concluidas as ceremonias, voltámos para o acampamento, a fim de hoje mesmo seguir para Lunda, como nos foi dito; mas tivemos ordem contraria; e para marchar carece-se de nova ordem do Cazembe, a qual não póde tardar, pelo que devemos estar promptos.

De tarde chegou um mensageiro do Muata com uma escrava para o commandante, a fim de que ella lhe ensinasse o caminho, e mandou-nos duas peças recambiadas por serem pequenas. Dissemos-lhe que eram da mesma grandeza com que se receberam, e que se mandaram por serem finas. Mas para o satisfazer, enviaram-se-lhe dois Xailes em logar d'ellas.

[1] Veja-se estampa XI.

Todas as offertas feitas nos Máxâmos tornam-se de proveito para o Cazembe, que é quem as recebe.

Novembro 19. — Pela manhã marchámos, e andámos para O. por uma estrada de sessenta palmos de largura, e tendo caminhado legoa e meia fez alto a expedição por estar proxima de Lunda, a fim de a reunir e formar de modo que faça a sua entrada na cidade na melhor ordem possivel.

Estando tudo prompto mandaram-se dar dois tiros pela guarda da vanguarda, como nos foi indicado, e continuámos a marcha em columna. A guarda da vanguarda rompia a marcha, e immediatamente a ella ía eu, e em seguida os carregadores. Marchava depois o commerciante Paulo com a guarda do centro, e apoz esta os carregadores. Em seguida a elles vinha o commandante geral e o interprete, e depois o tambor e pifano a tocar, sendo coberta a expedição pela guarda da retaguarda. N'esta ordem continuámos a andar para O.

Já fiz menção de um burro que tinha trazido o commerciante Montalvo, e de que ninguem se serviu, porque todos tinhamos Maxilas em quanto andámos por paizes povoados e abundantes: todavia, eu tive como um presentimento de que a gente que me transportava havia de faltar, e por isso desde o principio da marcha renunciei á commodidade de andar deitado, e sujeitei-me a andar mal montado em um jumento sem ensino nem arreios, sendo preciso fazer uma enxerga que serve de sella, e um freio de couro crú, o que foi arranjado do melhor modo possivel, em ordem á commodidade. Foi no deserto que conheci quanto tinha ganho em haver-me privado da commodidade que gosavam os meus companheiros: o burro tem-se tornado tão manso com o ensino, que nada deixa a desejar. Esta especie de animal é desconhecida no Cazembe. Eu, sem perder a sua posse, tenho-o offerecido muitas vezes aos meus companheiros, quando opprimidos pelo cansaço, o que tem servido de muito por terem faltado quasi totalmente todos os meios de transporte. Agora accrescentei-lhe o novo adorno de uma pelle de tigre em fórma de teliz.

Nós todos, os cinco brancos, que vamos na expedição temos deixado crescer as barbas e o cabello; e o meu, caíndo sobre os hombros, iguala em comprimento uma espessa barba que passa do peito. O meu uniforme é uma fardeta de Loupa (ganga azul) e calça branca; como banda, levava na cintura uns cordões e borlas encarnadas. Na cabeça um bonet de pelle de lontra, e ao lado pendia-me uma boa espada, cuja bainha de ferro a influencia do clima tinha tornado da côr dos habitantes. Vestido com este grande uniforme, e montado no burro ajaezado como fica dito, fiz a entrada solemne na cidade maior, talvez, da Africa austral.

Eu marchava logo em seguimento da guarda da vanguarda, e attrahia a attenção geral pelo trem em que ía, e excitava na multidão muitas questões. Uns diziam: «É um homem com seis pés.» Outros: «É um animal que come ferro.» Outros: É homem de guerra,» etc. A grande multidão reunida, a algazarra que se ouvia, e o aperto, que causava quasi a impossibilidade de abrir caminho, tudo isto havia excitado o espirito do jumento a tal ponto, que para se desembaraçar ía accelerando o passo e abrindo a bôca como para beijar os circumstantes, e muito a miudo manifestava a sua alegria pelos prolongados orneios, que faziam a admiração dos cafres. Seguramente, se alguem apparecesse n'este estado em uma povoação da Europa, seria escarnecido; pelo contrario, aqui partilhei com o burro os applausos do povo a ponto d'este não dar importancia nem attenção ao resto da expedição.

Emfim, basta de digressões. Esta, porém, era essencial, em razão da parte muito distincta que ao meu conductor coube na solemne entrada em Lunda.

Continuando a marcha, e a pouca distancia do logar em que haviamos parado, entrámos em uma comprida rua, formada por tapumes feitos com estacas seguras na terra, e entrelaçadas de colmo na altura de dez a doze palmos, que pela igualdade com que estão feitos parecem paredes. De um e outro lado vêem-se pequenas portas abertas no alinhado recinto de palha que fórma a rua, cujo comprimento será de uma milha. No fim da rua está uma pequena barraca quadrangular, aberta sómente pela parte que está voltada para

O., no centro da qual, sobre uma base de madeira, está um busto de figura humana toscamente feito de páo, da altura de tres palmos, e diante da abertura da barraca, pela parte de fóra, está um monte com mais de tresentas caveiras.

Esta barraca termina a rua, que dá n'uma grande praça quadrilonga, que tem oitocentos palmos de comprido e quinhentos de largo; n'ella ha a maior limpeza, não se vendo alli uma só herva que seja. No fim d'esta grande praça avulta um espesso e alto arvoredo disposto em quadrado, em cuja borda de L., fronteira á barraca, se vê uma larga porta aberta em um recinto feito de folhas, ao qual serve de apoio o dito arvoredo, que é fabricado de um modo engenhoso e com segurança. Na parte exterior do recinto, aos lados da porta, seguras a elle, e postas em linha, vêem-se trinta caveiras que servem de ornato.

Logo que cheguei ao principio da praça fui intimado pelos conductores, ou introductóres, da expedição, para mandar dar uma descarga, o que recusei fazer sem ordem do commandante geral, a quem communiquei esta exigencia. Elle, porém, mandou-me dizer que seguisse para a frente; continuei, pois, a marcha pela dita praça, cortando-a em diagonal: ella é cercada de um fosso, que se acha quasi entulhado; segui depois, costeando o grande recinto e arvoredo, pelo lado esquerdo, fazendo sempre caminho para O., e andei depois uma milha para o S. até um logar onde havia quatro barracas quadradas feitas de colmo e mui mal construidas. Aqui parei, porque os conductores disseram que estas eram as casas que nos estavam destinadas. Distam uma legoa do sitio onde fizemos alto para reunir a expedição.

Finalmente, depois de tantos trabalhos, fomes e fadigas, estamos no logar do nosso destino. Só a honra e a perseverança foram capazes de fazer vencer tão extraordinarios obstaculos.

Duzentas noventa e quatro legoas tenho marcado n'este Diario, além das que andámos e que não mencionei pelo estado de molestia em que estive, e que foram seis pelo menos; por isso seguramente pódem contar-se, de Tete a Lunda, côrte do Cazembe, tresentas legoas portuguezas de dezoito ao gráo:

tantas, pois, temos andado; e n'esta longa marcha havemos arrostado grandes perigos, privações, encommodos e miserias. Oxalá que os nossos trabalhos possam servir de utilidade á nossa patria! É a ella a quem offereço os serviços que acabo de prestar, e prestarei. Os indicios que observámos são, porém, de máo agouro, porque o procedimento anticipado do Cazembe para com a expedição, o continuo apparato e ornamento de caveiras que vemos por toda a parte, e outras circumstancias, tudo nos indica que estamos na região da barbaridade.

Tendo parado junto ás barracas, fiz entrar em ordem a gente, á medida que se foi reunindo. O commandante, logo que chegou, mandou dar outra descarga; depois do que foi designada a cada um de nós (os quatro brancos) uma barraca, tendo precedido a ceremonia de ser dada uma escrava ao commandante, que diziam ser destinada a mostrar-lhe a dita barraca. Elle disse aos conductores que era preciso igualmente que as barracas fossem mostradas aos mais Mozungos.

, Pouco depois voltou o mesmo mensageiro com o Fumo Ancéva. Este funccionario tem a seu cargo vigiar e responder por todos os estrangeiros que vem a Lunda, e é por sua intervenção que elles pódem dirigir-se ao Muata. Na sua companhia vinham muitos negros carregados de viveres de toda a qualidade e em abundancia, dos que no paiz havia. Traziam tambem dois escravos para o commandante, e um para cada um de nós tres. Mandou-se agradecer verbalmente este presente ao Cazembe.

Temos já uma quantidade consideravel de escravos, e não sabemos o que d'elles havemos de fazer; porque recusar recebe-los seria uma offensa que o Muata não perdoaria; larga-los, seriam de novo apanhados e nós tornariamos a paga-los; conserva-los, não temos sustento para elles.—Em taes circumstancias só nos resta esperar que o tempo nos depare meio de sair d'este embaraço.

Novembro 20.—Pela manhã fomos avisados para ir á presença do Muata-Cazembe, que esperava as pessoas principaes da expedição. Como já d'antemão estavamos prevenidos, marchámos com o apparato possivel, indo o destaca-

Grande Audiencia do Muata Cazembe.

Chegámos a Kassongo, capital de Mamba, e quando o Muata vinha saber que nos estava chega... de immensa gente...

... livre um espaço pequeno ... circular ... da porta ... Leste do Cha...

... que os combatentes ... ... sómente no Chipe... ... ... residencia do Muata, retirámos-... ... ... na parte ... dezena d'... ... de N ..., e ... ..., mais alto, e de me... ... ...

... de guerra, ... força é o ... ... em Lunda, ... um exercito a seis mil homens ... ... dos de ... ... Poucié e Azansas: todos ... ... a pé, sem ... ... de disciplina militar. ... ... estava sentado ao lado esquerdo de porta, de ... ... d'estofas muitas ... ... de ... ... as cardas ... ... fóra, as quaes formavam uma ti... ... ... estrella figu... no centro, e ... de estas ..., ... uma enorme pelle de leão fig. 4, e sob... ... ... coberto com um amplo pano... ... ... sorte de ... estava sentado o Muata, ... por uma elegancia e apparatosa gran... ... ... não ... — Mando algum.

... ... -lhe a cabeça uma e... por... ... ... altura de dois palmos, ... de uma cor mui viva fig. ... Cinquen... ... ... de pedras, que pela ... edade de ... ... fazia uma vista muito brilhante (2. ... ... cabeça erguia-se da nuca uma tira de ... ... de um leque 3 ... ... por duas pes...

... ... Estampa IX

Grande Audiencia do Muata Cazembe

mento com armas commandado pelo seu respectivo chefe; e tendo-nos sido indicado que cada um de nós devia levar alguma cousa para offerecer ao Muata, a fim de elle saber, em vista das offertas, quantas e quaes eram as pessoas cóm quem devia corresponder-se, cada um de nós levou uma peça de fazenda.

Chegando á Mossumba (residencia do Mambo), entrámos na grande praça, que já estava cheia de immensa gente, collocada de modo que no meio d'ella havia livre um espaço pequeno quadrangular defronte da porta de Leste do Chipango, nome que os Cazembes dão aos recintos que fecham os suas habitações; mas quando fallam sómente no Chipango é entendido que tratam da residencia do Muata: referindo-se a uma residencia particular, dizem o Chipango de N..., etc. Este é excessivamente maior, mais alto, e de melhor construcção que nenhum outro.

A gente de guerra que estava postada na praça é a força que está em Lunda, e formaria uns cinco a seis mil homens, todos armados de arcos e flechas, Poucué e Azagaia: todos estavam em pé, sem apparencia alguma de disciplina militar. O Muata estava sentado ao lado esquerdo da porta de Leste da Mossumba: serviam-lhe de alcatifas muitas pelles de tigre postas com as caudas para fóra, as quaes formavam uma figura de estrella (fig. *a*) no centro, e cobrindo estas pelles, havia uma enorme pelle de leão (fig. *b*), e sobre ella um tamborete coberto com um amplo panno verde (fig. *c*). N'esta sorte de throno estava sentado o Muata, o qual se achava vestido com uma elegancia e apparatosa grandeza, como ainda não vi a Mambo algum.

Ornava-lhe a cabeça uma especie de mitra de fórma pyramidal, de altura de dois palmos, feita de pennas escarlates de uma côr mui viva (fig. 1). [2] Cingia-lhe a testa um diadema feito de pedras, que pela variedade de côres e suas qualidades fazia uma vista muito brilhante (2). Na parte posterior da cabeça erguia-se da nuca uma tira de panno verde do feitio de um leque (3), sustido por duas pequenas

[2]   Veja-se a estampa IX.

flechas de marfim. O pescoço e hombros estavam cobertos com uma especie de murça, cuja parte superior era feita de fundos de buzio (4): seguia-se uma faxa de lindas pedras falsas de vidro (5), e na parte inferior havia uma guarnição de pequenos espelhos redondos e quadrados, postos alternadamente e com symetria, que caía igualmente sobre os hombros, peito e costas, com o que rematava a murça (6), e onde não se podia fixar a vista quando por acaso lhe chegava algum raio do sol. Em cada braço e acima do cotovello tinha posta uma faxa de panno azul da largura de quatro pollegadas (7), cujas bordas eram guarnecidas com tiras mui finas de pelle, cujo cabello, de quatro a cinco pollegadas de comprimento, é de côr branca e preta, mas que á primeira vista parece uma franja, adorno de que só o Mambo Cazembe e os seus proximos parentes podem usar, porque é uma insignia real. Do cotovelo até ao pulso o braço estava ornado com um fio de pedras azues-claras (8).

Do embigo até aos joelhos cobria-lhe o corpo um panno amarello (9) com duas orlas de cada lado da largura de quatro dedos cada uma, sendo a superior azul e a outra encarnada (10). Tendo este panno umas poucas de braças de comprimento, a maneira de o vestir é ajustando uma das extremidades ao corpo, a qual é pregada ao mesmo panno com uma pequena flexa de marfim posta por cima do embigo, e sobre este ponto se vae colhendo todo o resto do panno em pregas miudas e muito iguaes (11), e quando está todo assim colhido, é cingido por uma tira de couro crú, formando por isso as pregas uma roseta. Ao panno chamam Mucônzo, e á cinta de panno Insipo.

Esta tira é cortada da pelle de um boi em todo o comprimento do espinhaço, desde o cachaço até á cauda inclusivè, ficando com a largura de cinco a seis pollegadas. Quando o Insipo cinge o Mocônzo, fica a borla da cauda (12) caída debaixo da roseta ou leque de pregas mencionado. O Muata tinha pendente no lado direito, e seguro ao Insipo, um fio de pedras, em cuja extremidade estava uma pequena campainha que, quando elle andava, tocando-lhe nas pernas, se fazia ouvir compassadamente e por intervallos. Dos joelhos

para baixo, em torno das pernas, trazia uns fios de pedras
iguaes ás dos braços (13). Vestido e ornado d'esta maneira
não apparecia nú senão o rosto, mãos e pés. Tudo o resto
do corpo estava coberto com muita elegancia e bom gosto.

Serviam-lhe de docel, abrigando-o dos raios do sol, sete
umbellas ou grandes chapéos de sol de varias côres (14),
que estavam seguros na terra por compridos bambus reves-
tidos de fazendas de côres (15), que são fabricadas pelos
mesmos Cazembes. Em torno das umbellas estavam doze
negros vestidos com simplicidade e aceio, cada um dos quaes
tinha na mão uma cauda de Nhumbo do feitio de uma vas-
soura, tendo a parte que lhe servia de cabo forrada de missanga de côres, matizadas com symetria. Estas caudas eram
agitadas a um mesmo tempo, como para desviar as moscas,
quando o Cazembe dava signal com outra mui pequena que
tinha na mão (16). A pouca distancia d'elle, outros doze negros com vassouras andavam a passos vagarosos olhando para
o chão, varrendo e juntando todas as hervinhas e outras cousas, por mais insignificantes que fossem, que achavam; e
eram seguidos por outros dois, que caminhavam com a mesma
gravidade, trazendo cada um d'elles suspenso aos hombros
um cabaz, no qual recolhiam tudo quanto os primeiros jun-
tavam. Tanto uns como outros nada tinham a fazer pela limpeza que havia, mas a etiqueta não dispensa estes misteres.

Das extremidades da cadeira do Muata partiam duas curvas (17) que se iam encontrar a uns vinte palmos em frente
d'elle. A linha da esquerda era descripta por um risco aberto
na terra, e a da direita feita com a Impemba, que é uma
sorte de giz. Em frente do Cazembe, fóra das linhas curvas,
estavam postas em duas fileiras parallelas varias figuras (o)
que partiam do lado das curvas; formando uma ala de tres palmos de largura. O tamanho das figuras, todas em meio corpo,
era de dois palmos, e estavam seguras em páos cravados na
terra. Estas figuras eram toscamente feitas, tinham todas as
feições cafriaes, e estavam adornadas com pontas de animaes.
No meio da ala, e na sua extremidade mais proxima ao
Cazembe, estava uma gaiola com o feitio de um barril, dentro da qual havia outra figura mais pequena (18). Junto ás

ultimas duas figuras exteriores que terminavam a ala, estavam dois negros sentados no chão e voltados para ellas, e diante de si tinham um pequeno vaso de barro com brasas, em que continuamente deitavam folhas que produziam um espesso fumo aromatico (19). Todas estas figuras estavam com as costas voltadas para o Cazembe. Debaixo da ultima da direita, que estava ao pé do perfumador, saía uma corda fina que chegava aos pés do Muata. Não vi qual fosse a sua serventia.

A porta do Chipango achava-se aberta, e no meio d'ella estavam sómente as duas principaes mulheres do Muata; a primeira á direita, sentada em um tamborete e envolvida em um grande panno verde, tendo os braços, pescoço e testa ornados com pedras de differentes côres, e na cabeça um ornato de pennas escarlates similhante ao do Cazembe, porém mais pequeno; esta primeira mulher tem a denominação de Muáringômbe. A segunda mulher, que estava á esquerda e sentada no chão sobre uma pelle de leão, vestida simplesmente com um panno, e sem ornamento algum, tem a denominação de Intemèna. Por traz d'ellas estavam mais de quatrocentas mulheres de varias edades, todas em pé e vestidas de Nhandas, as quaes todas são mulheres do Chipango ou serralho, porque aquella palavra tem esta significação. As ditas mulheres estão divididas pelas quatro mulheres grandes, de quem são servidoras.

Ao lado esquerdo do Cazembe estava sentada no chão sobre uma pelle de leão uma negra ainda moça, á qual abrigavam do sol duas umbellas, e achava-se vestida como a Muáringombe; ella tem o titulo de Nine-amuana (mãe do Muane ou Muata), e atraz d'ella estavam em pé umas duzentas negras vestidas de Nhanda, as quaes lhe serviam de estado. Este titulo que tem pertenceu-lhe por herança em razão do proximo parentesco, quando falleceu a verdadeira mãe do Cazembe.

Dentro do quadro formado pela guarda estavam em semi-circulo, em torno do Muata com frente para elle, e a distancia de trinta passos, todos os Quilôlos, ou Vambires, que são os grandes da côrte, sentados em pelles de leão ou tigre, tendo cada um d'elles a sua umbella; e estavam vestidos do mesmo modo que o Mambo, com excepção da murça e das pennas escarlates, porém com muito aceio e apparato, e postos em ordem segundo a sua jerarchia. No meio de simicirculo, fazendo parte d'elle, distinguiam-se dois, que pelas pennas escarlates e faxas nos braços, similhantes ás do Muata, mas mais pequenas, davam logo na vista; estes eram seus parentes; um d'elles era seu tio, chamado Calúlûa, e o outro sobrinho, por nome Suana-Murôpue.

Entre o Cazembe e os Quilôlos estavam os musicos divididos em córos, tocando instrumentos de differentes fórmas e sons, sendo todos muito differentes dos que temos visto entre os outros povos por onde transitámos, cujos sons variados produziam um motim confuso, por tocar cada côro sobre si; mas applicando a attenção a um só côro, achava-se uma certa harmonia e consonancia agradavel.

Por entre os musicos, e proximos ao Muata, andavam varios bobos cobertos ridiculamente com pelles de tigre deitadas pelas costas abaixo, e com as cabeças d'estas pelles cobriam as suas proprias cabeças, trazendo nú o resto do corpo. Outros tinham a cabeça enfeitada com pontas de animaes, e traziam algumas palhas negligentemente postas na cintura, como se devessem servir-lhes de compostura, mas que pelos modos por que estavam postas pareciam indicar a descompostura. Outros apresentavam-se com umas tiras de pelles caídas da cintura, mas da mesma fórma inteiramente nús, tendo o corpo todo pintado de riscos encarnados e brancos. Outros, finalmente, andavam com as cabeças e rostos cobertos de hervas, e o resto do corpo nú. Ornados por este modo, todos estes bobos faziam gestos e tomavam attitudes ridiculas, ao que, porém, ninguem dava, ou parecia dar, attenção.

O grande numero de individuos reunidos e esta variedade de ornatos, apresentava uma perspectiva confusa, mas apparatosa.

O Muata-Cazembe representa ter cincoenta annos, mas, segundo informações, tem muito mais edade. Usa as barbas grandes, que já são encanecidas. É grosso e de estatura alta,

16

e conserva uma robustez e agilidade que promette longa duração; o seu ar é agradavel e magestoso; e o seu estado e tratamento é, a seu modo, apparatoso. O que é certo é que nunca
esperámos achar tanta etiqueta, ceremonial e ostentação no
potentado de uma região tão remota da costa maritima, e
em uma nação que parece tão barbara e selvagem.

Quando chegámos diante do Cazembe, e estando entre
elle e os Quilôlos, fizeram-nos parar, e então o commandante mandou apresentar armas, e fez dizer ao Mambo que
isto era continencia feita a elle; ao que correspondeu com
uma grave cortezia de cabeça, e mandou agradecer.

Como todos nós estavamos em pé, o Muata ordenou que
um dente grande de marfim, coberto com uma pelle de tigre, fosse posto ao pé do commandante, mandando-lhe dizer
que era para elle se sentar; mas como não deu assento para
mais nenhum de nós, pelo que, ou haviamos ficar em pé, ou
sentados sobre a terra, representou o commandante que não
podia sentar-se em quanto os mais Mozungos estivessem em
pé, e que isto não era praticavel entre nós; ao que respondeu com um sorriso, e mandou para cada um uma pelle de
tigre.

Depois de estarmos sentados defronte d'elle e proximos
ás figuras, fez um leve signal com a cabeça, e logo romperam os toques e danças, que duraram muito tempo; divertimentos estes que são totalmente differentes dos que vimos
entre os mais povos. Quando o Cazembe-Ampata, isto é, o enviado que nos acompanhou de Tete, saíu a dançar diante do
Cazembe, este estendeu para elle ambas as mãos, e disse-
lhe ═ Uávinga ═ palavra que litteralmente significa ═ Fi-
zestes bem ═ (o que é a maior honra que elle costuma fazer):
Immediatamente o enviado e todos os mais da sua comitiva
prostraram-se no chão e barraram-se com terra da cintura
para cima, gritando amiudadas vezes ═ Averié, Averié. ═

E logo, voltando-se o Mambo para um e outro lado, e dirigindo-se aos Quilôlos, fez-lhes um signal, em consequencia
do qual todos se levantaram e vieram saudar o enviado; o
qual para os receber ficou de joelhos. Então os de superior
ou igual jerarchía, cada um de per si, chegaram-se a elle, e

mutuamente enlaçaram os braços, segurando-se os sangradouros com as mãos. Os Quilôlos de jerarchia inferior, porém, não lhe tocavam, mas chegando-se diante d'elle levantavam ambos os braços, estendendo as mãos abertas para o ar; ao que elle correspondia da mesma fórma a cada um, conservando-se entretanto sempre de joelhos. Foi sómente quando acabaram todos de o saudar, e que findou a ceremonia, que elle se levantou. O commandante fez então dizer ao Muata que o queria tambem saudar com uma descarga, o que approvou; e logo que esta se deu, pediu que désse outra, o que se fez. E concluida assim a solemnidade, despediu-nos, e mandou de presente ao commandante uma escrava.

A Mossumba onde está o Chipango, ou serralho, do Mambo Cazembe, é bastante grande, e chama-se Lunda, e os seus habitantes têem os nomes de Lundas, Murundas, ou Arundas. Está assentada em uma vasta planicie na margem de L. do grande lago, ou rio Môfo, que corre, segundo dizem, para o N., e tem aqui mais de quatro legoas de largura; não percebi n'elle corrente alguma, e por isso parece antes um grande lago do que rio; as suas margens orientaes são baixas; isto é, sem barreiras, e muito lodosas. A agua é turva e tem mau gosto; é abundante em peixe, crocodilos e lontras.

Os peixes que temos visto pescados n'este lago são das mesmas especies que os dos mais rios de agua doce, mas têem dobrado tamanho, são sem sabor e faltos de gordura. As mais communs são, uma que se assemelha á dourada da Europa, tem o lombo alvadio e a barriga branca; e outra que não tem escamas, e que chega a ter quatro palmos de comprido. Estas especies são chamadas em Rios de Sena a primeira Pende, e a segunda Munhe-Munhe, a qual no Brasil tem o nome de Mulato-Velho. Não me lembra como são denominadas pelos Cazembes, os quaes dão a todo o peixe o nome generico de Massave.

Nem no lago Môfo, nem nos rios que passámos desde o Zambeze, tenho visto uma enguia electrica, que n'este rio é commum, e que é de um gosto saboroso, a qual, tendo apenas um palmo de comprido, tem tal força electrica que a transmitte pelo anzol e linha á mão do pescador.

Abunda o lago Mófo em aves fluviaes. N'elle ha muitos quadrupedes de uma especie a que chamam Zôve, os quaes são amphibios, que vivem mais tempo fóra de agua do que dentro d'ella. São do tamanho de grandes cabras, com duas pontas redondas e lisas; a côr do pello, que é espesso e comprido, é parda; os pés fendidos e muito pequenos na sua base, como os da gazella, tendo as unhas de grande comprimento. São ruminantes, e fóra d'agua, no lodo, ou terreno pantanoso, correm com uma velocidade extraordinaria; porém em terreno secco e duro apenas podem andar; e por isso raras vezes se encontram em taes terrenos, excepto quando são surprehendidos na passagem de uns para outros pantanos.

Hoje fomos avisados para ámanhã levar os Mirambos; isto é, presentes, ao Muata.

II.

Novembro 21. — Pela manhã apresentaram-se uns poucos de mensageiros da parte do Cazembe para verem os Mirambos que se lhe haviam de offerecer. Traziam ordem para nos declarar que seu amo queria dez Motôres de fazenda da conta do Geral (o governador de Rios de Sena), cinco do commandante da expedição, quatro do segundo commandante, tres do interprete, e dois de cada um dos commerciantes; e tambem que elle não queria a missanga em Chuábos, nem as pedras em fios, mas sim em massos como vem de fóra; e que queria a polvora em barris, a louça em caixas tal como vem, porque toda a fazenda fôra carregada pelos seus Murundas; e que o Geral havia dito em Tete ao seu Cazembe-Ampata, que tudo quanto este lhe tinha pedido, elle remetteria pela expedição, a qual era para esse fim que tinha sido mandada; que por isso tudo quanto conduz a expedição era seu. Que advertia o interprete de que se abstivesse de nos insinuar que lhe dessemos pouca fazenda, porque se o fizesse manda-lo-ía para Tete acompanhado por um Quilôlo.

Este recado produziu geral indignação, o que deu logar a

responder-se aos mensageiros que não voltaria o interprete só, mas que com elle iria toda a expedição. Depois suscitou-se uma questão, quando se quiz convencer os mensageiros de que nada deviamos ao Cazembe, e que o Mirambo é um presente cuja importancia depende da vontade de quem o dá; e que, segundo fôr o seu valor, assim poderá ser retribuido. Mas como o fim da mensagem é sómente extorquir o que podér, a nenhumas rasões os brutos se moveram. Mostrou-se-lhes então o Mirambo, que consistia em fazendas tecidas, missangas, pedras, louça, espelhos, etc. Depois de ser tudo bem examinado por elles, declararam que era pouco, e que o Mambo não podia ficar satisfeito.

N'esta occasião chegou o enviado que nos acompanhou de Tete, e perguntou com arrogancia ao interprete onde se tinham deixado as fazendas que elle fizera conduzir do Missále, e que eram do Rei. Ao que elle respondeu, que a fazenda do Rei era assim chamada por ser applicada para os soldos que o Rei dos Mozungos dá aos empregados da expedição, e não porque seja para o Cazembe como elles julgavam. Havendo começado a questão pelas oito horas da manhã, acabou sómente ás duas da tarde, que foi quando a final veiu ordem para irem os Mirambos.

Pozemo-nos logo em marcha, e entrámos na Mossumba pela porta de L.; e tendo percorrido ruas e travessas, em fórma de labyrintho, chegámos a uma praça espaçosa, onde achámos o Muáta sentado, sem apparato algum, á sombra de uma arvore. Logo que nos sentámos, fez-se abrir o Motôr do governador, e o Cazembe mandou contar as peças uma a uma; e como se fosse uma simples peça foi contado tambem um colete de cazimira branca bordado de ouro, fazendo-o confundir com um Capotim, e mostrando dar-lhe valor igual ao d'esta pequena peça de fazenda. E successivamente mandou fazer o mesmo aos mais Motôres.

Assim que concluiram a contagem, voltou-se para nós; e repetiu o que hoje nos mandára dizer, accrescentando: « Que dirá um estrangeiro que chegando a uma terra é alli hospedado com Mássa e carne de cabra no primeiro dia, e que depois lhe dão gallinha, carne de vacca, e outras cousas boas? » —

E continuando, disse : — « Por tanto os Mozungos não devem esconder aquillo que depois me hão de dar, e poupem-me o incommodo de estar todos os dias com os olhos e sentidos na sua habitação, e de uma vez dêem-me tudo quanto me hão de dar por muitas vezes. »

Logo que acabou de proferir estas palavras levantou-se arrebatadamente e retirou-se, mandando-nos igualmente retirar. Ao mesmo tempo, porém, saíram de uma casa alguns negros presos pelo pescoço, trazendo quatro dentes de marfim, e pararam voltados para nós. E como não faziamos caso d'elles, o enviado nos advertiu que olhassemos. Então não foi possivel deixar de lhe dizer, que o que se nos mostrava era tão insignificante, que bem longe de dever considerar-se com attenção, nos confirmava na persuasão, em que já estavamos, da pobreza do seu Muata, porque qualquer pequeno Fumo Marave ou Chéva, sem difficuldade, podia mostrar o mesmo, ou talvez mais do que aquillo que se apresentava com tanta ufania: e que a nossa vinda aqui fôra em cumprimento das ordens do nosso governo, unicamente com o fim de estabelecer com o Mambo Cazembe uma amisade permanente, porque se fôsse unicamente para procurar marfim e escravos, não tinhamos precisão de vir cá, porque proximo a Tete ha tudo isto.

Em seguida retiramo-nos cheios de indignação, que subiu de ponto, quando, ainda antes de chegar aos quarteis, fomos intimados para entregar essa mesma fazenda que era para o pagamento dos soldados; allegando-se que o Muata tambem é Rei, e irmão do nosso Rei; e que elle bem sabe o que ha de fazer.

Logo que chegámos a casa determinámos augmentar todos os Mirambos, e principalmente o do governador, por ser d'elle que o Mambo exige dez Motôres de fazenda. E, como por todas as noticias que temos colhido, não ha esperança de fazer commercio, e estamos em poder de um poderoso e barbaro ladrão, de quem não é possivel obter a mais pequena vantagem, para evitar um rompimento que seria funesto para a expedição, começou-se immediatamente a apromptar tudo; o que se concluiu já quasi pela manhã.

Tendo-se proposto ao Cazembe fazer uma convenção de commercio, elle respondeu; que o que queria era que lhe dessem fazendas finas tecidas.

Sendo necessario, para a todo o tempo salvar a responsabilidade dos commandantes, e que conste legalmente o acontecido, lavrou-se um termo, em que tudo se menciona muito por extenso, o qual, assim como todos os mais termos, é assignado por todos os principaes individuos livres, incluindo os soldados da expedição.

Novembro 22. — Tivemos noticia de que o Muata prohibíra, sob pena de morte, que se nos vendessem viveres, ou outro qualquer objecto; para assim nos obrigar pela fome.

Pela manhã vieram novamente mensageiros para verem os Mirambos, que já estavam promptos, e cuja quantidade era em dôbro da de hontem. Além d'isto, e com auctorisação da gente do destacamento, e em seu nome, preparou-se um Motôr com cem pannos de fato de lei que vinha destinado para soldos da mesma gente.

Em quanto os mensageiros estavam revistando os Mirambos, chegaram outros trazendo duas grandes trouxas de fazendas de seda e de lã, sendo estas pannos finos de todas as côres, e dez caixas cheias de pedras de todas as côres e qualidades; quarenta espingardas de munição muito bem limpas, e seis clavinas de caça, mettidas em capas de panno com vivos de galão. Tudo isto nos mandou mostrar o Muata por ostentação, e para nos provar que tinha muitas cousas. Não mostrámos dar attenção a nada, se bem que nos causou muita admiração vê-lo possuidor de todos estes objectos.

Havendo os Mirambos sido bem examinados, foram os mensageiros dar parte ao Cazembe, o qual logo mandou ordem para lhes serem levados; e tambem ordenou que fossem os soldados para lhe darem descargas; o que assim se fez. E pondo-nos em marcha, fomos introduzidos pela outra porta, opposta á primeira, que é a de Oeste; e tendo passado por outro igual labyrintho de ruas e travessas da Mossumba, chegámos ao mesmo logar onde hontem nos recebeu; e alli o achámos do mesmo modo sem a sua côrte, apresentando, comtudo, certo arranjo. Logo que chegámos foram-lhe apresentados os Mirambos; e elle fez separar o que pertencia a cada um, sem abrir a fazenda, mandando sómente tirar a louça e outros effeitos dos caixotes; e esteve examinando os differentes objectos, não dando attenção, nem mostra de apreço, senão a um copo grande dourado do governador, e a um quadro do commandante.

Assim que acabou de examinar tudo, disse que estava satisfeito. Fez-se então dar uma descarga, que elle mandou repetir. Depois deu ao commandante, seis escravos e um dente de marfim; ao segundo, tres escravos e um dente de marfim; e ao interprete, dois escravos, um pequeno dente de marfim e uma barra de cobre; ao commerciante Paulo, dois escravos e um pequeno dente de marfim; e ao Cardoso, uma escrava e um pequeno dente de marfim; mas ao destacamento, nada deu e só prometteu. Disse então que isto não era recompensa, mas sim um signal de ficar contente.

Dizem que a recompensa dos Mirambos costuma da-la na occasião da despedida.

Pouco tempo depois de termos chegado aos quarteis mandou-nos viveres. Todas as vezes que nos tem mandado comestiveis, tem sido com tal escacez, que não chegam para a expedição dois dias se alimentar.

Á noite ouviu-se tocar o Môndo, que é um instrumento de páo, de que tiram diversos sons, os quaes combinados entre si, lhes servem para transmittirem avisos que comprehendem perfeitamente. Ao mesmo tempo veiu o Fumo-Anséva dar a explicação d'estes toques, a qual era, que o Muata estava satisfeito com os Mirambos dos Muzungos. Disse mais o mesmo Fumo-Anséva, que os negros da expedição deviam responder gritando==Averié==isto é, muito obrigado; o que se mandou fazer.

III.

Novembro 23.—Pela manhã mandou o Cazembe um escravo para vender por polvora, dando a entender que era para abrir a porta ao negocio. E como se lhe fez saber que não havia polvora, porque toda se lhe tinha dado hontem, elle mandou preguntar o que tinhamos feito á primeira porção que lhe tinhamos levado antehontem. Respondeu-se que essa se tinha juntado ao resto com que se encheu o caixote que elle havia recebido.

Não ficando satisfeito com a explicação, mandou então pedir a vasilha que contivera a dita polvora, para a conferir com o caixote, a fim de conhecer se o tinham roubado (formaes palavras). O commandante mandou-lhe dizer que a vasilha estava prompta, e que elle queria assistir á conferencia; mas a isto replicou o Mambo, dizendo, que não era preciso, e que queria missanga pelo escravo. Os commerciantes eximiram-se de fazer tal compra, porque escravos, nem mesmo sendo dados, lhes convem. Por isso forçoso me foi o compra-lo, porém, para não figurar em tal foi o interprete incumbido d'este negocio, o qual começou offerecendo dez Chuábos de missanga; mas os mensageiros disseram logo que traziam ordem de seu amo para levarem dez maços inteiros; comtudo a offerta foi augmentada até vinte Chuábos, e elles repetiram que não podiam levar menos de dez maços: em consequencia do que o interprete lhes disse que, como o Mambo só queria missanga, lhe dava aquella de presente, e que podiam levar com ella o escravo, mesmo porque era genero que nos não convinha comprar. Mas elles disseram que não podiam voltar com o escravo para seu amo, e só sim dar-lhe parte. E partiram, levando a missanga.

Direi agora o modo de fazer o commercio entre os cafres. É pela maneira seguinte; o comprador principia pondo no chão uma quantidade mui pequena de fazenda, que vae augmentando ao passo que o vendedor, examinando-a, vae diminuindo o preço do objecto; e quando a offerta se aproxima da conta que quer, elle reserva sempre um resto para ceder na conclusão do negocio. Mas esta especie de ajuste leva muito tempo, e precisa-se ter muita paciencia para o terminar. Acontece fréquentes vezes, que depois de muitas horas de regatearem impertinentemente, retirarem-se os contractadores sem fazer negocio algum.

Este costume é geral entre todos os cafres para a venda de todos os generos; porém no ajuste do marfim é usual gastarem-se dois e tres dias, sendo necessario uma paciencia incrivel para comprar um dente. Succedendo que sob algum insignificante pretexto, e quando a venda está quasi concluida, em algumas occasiões, o comprador ou o vendedor abandona o ajuste. E por isso, comprar a cafres só a gente do paiz o póde fazer, porque um europeu, ainda que antigo na terra, e habituado aos usos e costumes d'esta gente, raras vezes póde tirar vantagem, por falta de paciencia.

Os mensageiros voltaram á noite para levarem o escravo, e prometteram tornar ámanhã de manhã.

De noite appareceu o Fumo-Anséva no nosso acantonamento, parecendo que andava de ronda. Ora, como temos observado que elle nos é affeiçoado, assentámos que seria conveniente excitar esta sua affeição, para que nos instrua do que se passar a nosso respeito; e como julgâmos que para isso não ha melhor agente do que o interesse, por essa razão fez-se-lhe o presente, a titulo de amisade, de um quarto de peça de chita portugueza, um copo, um espelho e dois Chuábós de missanga.

Hoje lavrou-se um termo, annullando outro que se lavrou em 28 de Setembro, e dando por falsa a denuncia da fuga do commerciante Paulo.

Novembro 24.—De manhã apresentaram-se os mensageiros do Muata, trazendo o mesmo escravo e mais outro, este para ser vendido por dez rosarios de pedras leite (cada rosario tem cem pedras). E disseram que seu amo manda estabelecer os preços seguintes: por um bom escravo oito peças de fato; por um mediano sete; por um muleque cinco; por uma boa negra doze; por uma negra velha dez; e por uma muleca, ou negra pequena, dez: e isto fóra effeitos, (chamam-se effeitos á missanga, pedras, louça, etc.). Quando acabaram de nos intimar a tarifa, respondeu-se-lhes que nós não queriamos escravos, nem bons, nem maus, nem ainda mesmo dados; e que se pedia ao Mambo, como particular favor, que não nos mandasse nenhum.

Estamos convencidos de que este pedido não terá resultado, porque elle não quer outra cousa senão fazenda, e não lhe importa os meios por que a ha de haver; e como não tem com que a compre, vale-se da força; e estamos bem certos de que, pela parte commercial, já a expedição tem concluido a sua commissão, comboiando-lhe as fazendas desde Tete até aqui.

Forçoso foi, comtudo, que deixassemos acabar o roubo começado, dando aos mensageiros sete peças de fazenda; que levaram a seu amo para se saber se elle as queria, e pouco depois voltaram dizendo que o Mambo recebêra aquella fazenda como presente, e que em recompensa d'elle mandava os escravos; e que se se tratasse de negocio não quereria acceita-la por tal preço.

De tarde apresentou-se um escravo, chamado Uconde, dos que faltaram no deserto com cargas, o qual deu a noticia de que outro escravo que carregava um Motôr de fazenda, tendo-se desviado do caminho para o não obrigarem a andar, fôra roubado pelos Muizas errantes; mas que encontrando o Cazembe Mutéva com a sua gente, queixou-se-lhe e pediu-lhe providencias; que este logo as dera, indo buscar a fazenda aos Muizas; mas que depois elle mesmo o matára, assim como a outre que tambem conduzia um Motôr de fazenda; que por um acaso elle observára isto, e que para evitar igual sorte fugíra só, e que tem vindo até aqui, dizendo que por doente ficára no caminho.

Este é o Fumo Mutéva, que tão elogiado tem sido. Na verdade elle nos inspirava o melhor conceito pelo seu proceder para comnosco. E se este escravo não apparecesse e denunciasse os actos por elle praticados, que acreditámos por combinar a sua participação com diversos factos e circumstancias, nós continuariamos a fazer d'elle o mesmo bom conceito, de que apparentemente se mostrava digno. E agora verifica-se o rifão de que:—Em cafres não ha que fiar, porque são bons em quanto não podem ser maus.—O mesmo escravo deu noticia da morte de outros escravos, produzida por fome.

A primeira idéa que nos occorreu foi a de dar parte ao Cazembe do que o Mutéva havia praticado; mas meditando-se com madureza resolvemos guardar silencio, porque aquelle Fumo não podia utilisar-se d'essa fazenda impunemente, e muito provavelmente havia de entrega-la a seu amo, e n'este caso seria imprudente fazer ao Muata qualquer queixa por um tal motivo, porque, sem duvida, as consequencias d'ella haviam de ser sempre desfavoraveis para a expedição, e por isso achâmos que mais convem dissimular.

Novembro 25.—De tarde veiu um mensageiro pedir todos os escravos com os seus capitães para irem ao Chipango receber mantimentos. Pouco depois voltaram trazendo comida já cosinhada. O mesmo mensageiro participou que ía buscar comida tambem para os soldados; o que fez em pouco tempo: era da mesma especie que a que receberam os negros, e foi repartida pelo destacamento.

Fomos visitar o Muata, levando-lhe alguns objectos de presente, e depois que nos retirámos mandou-nos alguns viveres crús.

Lavrou-se hoje um termo relativo a setenta e dois negros que perdeu a expedição no deserto, e até aqui.

Navembro 26.—Pela manhã foram os negros levar as vasilhas que hontem trouxeram com o comer, indo elles barrados de terra molhada da cintura para cima, o que é de etiqueta de todo o negro, sem excepção, que recebe d'este Muata qualquer cousa, por mais insignificante que seja; e cada vasilha levava dentro meia Ardian, e os negros dos soldados foram da mesma fórma, mas sem levarem nada nas vasilhas. Quando todos chegaram á primeira porta exterior do Chipango, onde está a primeira guarda de eunucos, esta foi passando revista ás vasilhas, e deixando entrar os escravos; mas tendo examinado as dos soldados, que nada levavam, não deixaram passar os negros que as conduziam, e disseram-lhes que lhes fossem pôr dentro alguma cousa, e por isso forçoso lhes foi darem um Capotim.

De tarde mandou o Cazembe quatro negras vestidas de Zuarte, e com o recado, de que eram para nossas mulheres; isto é, uma para cada um, as quaes vinham acompanhadas pela grande executora, porque todas ellas pertenciam ao serralho.

A grande executora é uma negra que tem por insignia uma grande faca curva á similhança de um foicinho. Reside no Chipango, é inspectora das mulheres, e quem n'ellas

executa a justiça, ou antes a barbaridade do Muata, cor-
tando-lhes as partes sexuaes, as mãos e orelhas, por qualquer infidelidade, ou ainda pela mais leve suspeita de a
haverem commettido. É uma furia.

Respondeu-se á megéra, que voltasse com as negras; e
dissesse ao Cazembe que nós não podiamos ter mulheres pretas, nem tão pouco queriamos escravos. Ao que replicou um
dos que a acompanhavam, que não rejeitassemos as negras
visto serem dadas pelo Mambo. Mas, apesar de tudo, fizeram-se voltar. N'este procedimento não ha outro fim senão
mostrar sensivelmente ao Cazembe que não queremos escravos por modo algum, nem ainda mesmo dados, porque
aliás insensivelmente nos enche d'elles pela facilidade que
tem de os haver.

Pouco depois voltaram os mesmos com o enviado que nos
acompanhou de Tete, que nos aconselhou a acceitar as negras, e francamente lhe dissemos que o nosso desejo é que
o Muata fique convencido que não queremos escravos. Por
fim ficaram as negras, mas soltas e sem guarda.

Novembro 27. — Como o Cazembe por vezes tem insis-
tido para que se lhe entregue a fazenda que vem em deposito destinada para o pagamento da folha militar, assentou-se em fazer hoje a distribuição dos onze mezes vencidos
em Tete, e que por isso se acham atrazados; e esta foi feita
no quartel do commandante geral, logar mais commodo e reservado, por ser preciso fazer-se ás escondidas e com pre-
caução, para que os soldados não sejam vistos com as fazendas, pois que o Mambo diz, que tudo quanto a expedição
traz é d'elle; e como tal, que não quer que nada seja distribuido a ninguem, seja porque titulo fôr, nem ainda mesmo
para compra de viveres; por cujo motivo tem feito a mais
restricta prohibição de se nos vender cousa alguma.

Novembro 28. — Pela manhã apresentou-se o enviado
que acompanhou a expedição, com uma espingarda para entregar ao commandante; e disse que tendo-a comprado em
Tete a Candido Cardoso por um escravo para o Muata, este
agora a não queria receber por não prestar, e tambem porque com ella queria polvora: e como na expedição está o

capitão dos escravos do dito Cardoso, vinha-lh'a trazer para que elle lhe désse outra melhor, e a polvora que falta. Sendo chamado o dito capitão, este certificou a verdade da troca, e reconheceu a espingarda, mas declarou que não a podia trocar, porque não tinha outra, nem polvora. O commandante, para evitar pretextos de reclamações, disse ao enviado que lhe daria uma das suas particulares em logar d'aquella; porém, que em quanto á polvora não a tinha para lh'a dar, como já lhe havia dito, e que só conservava um pequeno resto, reservado para descargas quando a expedição fôr despedida na volta para Tete, segundo a ordem que para isso tem do seu governo, mas que d'essa mesma lhe daria uma pequena quantidade, e então o enviado retirou-se.

Hoje de tarde fomos ao rio Canengoa que fica ao S. de Lunda a pouco mais de uma milha; terá umas cincoenta braças de largo, com bastante altura de barreiras, e não dá váo em tempo algum; corre para O. com muita velocidade e cabedal de agua, abunda em peixe, e despeja no Môfo; é navegado por almadias, e tem agua para o ser por lanchas.

Novembro 29. — Fui hoje á Mossumba acompanhar o commandante, o qual levou a arma e um pequeno frasco de polvora, e jurou ao Cazembe, pelo Mozimo do Muata Lequeza, de que não tinha mais polvora. E disto o mesmo Cazembe pareceu ficar satisfeito. Quando o Dr. Lacerda veiu a estas paragens, governava aquelle Muata que era pae do actual, e por isso o juramento em nome d'elle é de grande importancia para o filho; e este juramento não foi falso, porque realmente o commandante não tem polvora alguma que seja sua. O Mambo estava em audiencia particular com todos os seus Quilólos, sentados no chão por ordem, mas sem apparato algum, e na distancia de mais de cem passos d'elle. Depois que acabou de nos fallar principiou a discorrer com muita pausa, mas em lingua totalmente estranha para nós e para o mesmo interprete; dirigiado sempre a palavra a um ancião que o ouvia com muita attenção.

A lingua em que o Muata fallava é a mesma de que usa a sua côrte, e chama-se = Campocólo = nome, que, por ex-

cellencia, se dá tambem aos subditos do Muatianſa, potentado de que mais adiante trataremos.

Quando terminou o seu discurso, fomos informados de que
era um Milando que estava julgando, no qual elle mesmo é
parte e juiz; sendo a questão a seguinte. O ancião a quem
se dirigia tinha dado uma filha sua por mulher ao Cazembe,
a qual morreu de parto, e o filho não lhe sobreviveu. E
mandando o Muata consultar os Gangas, estes declararam
que os Mozimos dos antepassados do sogro se tinham apoderado da mulher, e que a tinham levado, assim como ao
filho do Cazembe. Recebida esta resposta, convocou hoje os
Quilólos, e em presença d'elles disse ao sogro, que como elle
estava aqui como constrangido, por isso lhe dava a faculdade
de poder ir para a sua terra, para não ser morto por vingança pelos Mozimos dos antepassados d'elle Muata, e tambem porque não queria que se dissesse depois que o Cazembe
matava filhos alheios. Esta frase é mui usada entre os cafres
quando se referem a quaesquer pessoas sobre quem, de direito, não tem jurisdicção. O Mambo mandou então dar ao
ancião um panno para se vestir, o que fez tambem aos mais
que o hão de acompanhar. E levantando-se fez-nos saber que
nos era permittido retirar-nos, porém, que podiamos voltar
de tarde.

Logo que chegámos aos quarteis recebemos do Cazembe
quatro pistolas para se lhe mandarem concertar. E mandou
pedir a lata em que lhe tinhamos levado a polvora no primeiro dia do Mirambo, que era para guardar as suas cousas.
O commandante prometteu que de tarde seria satisfeito.

Ao pôr do sol voltámos á Mossumba, levando-lhe o commandante a mencionada lata, e uma das pistolas concertada,
de que se mostrou mui contente, e os mais que fomos acompanhando o commandante, levámos algumas bagatelas, porque não é permittido ir á sua presença sem lhe levar alguma
cousa; e depois de pouca demora nos retirámos em boa intelligencia.

Hoje lavrou-se um termo, em que se mostra que não é
possivel fazer commercio algum, e muito menos em commum, como foi determinado pelo Governo dos Rios de Sena,

e que as fazendas que restam apenas chegarão para a subsistencia da expedição.

Novembro 30. — Passou-se sem novidade.

Dezembro 1. — O Cazembe pela manhã mandou pedir que se lhe mandasse o soldado que lhe concertou as armas, e quando este, que é serralheiro, se lhe apresentou, fez-lhe propostas de interesse para lhe concertar algumas; no que elle conveiu, depois de para isso haver obtido licença do commandante.

Dezembro 2. — O Muata mandou pedir que lhe enviassem Mantembos (soldados) para darem descargas na occasião das ceremonias que faz hoje aos seus Mozimos. Respondeu-se-lhe que os soldados estavam promptos, mas que não havia polvora, como já lhe tinha dito, e mandaram-se-lhe seis soldados, os quaes voltaram logo com alguns viveres, e com ordem para lá irem receber mantimento de cinco em cinco dias, porque não queria que morressem de fome nas suas terras.

Á vista d'isto entendemos que elle procurava modo de nos surprehender para haver a polvora, e para ter pretexto de nos roubar. Lavrou-se hoje um termo em que se designam as fazendas e effeitos que se perderam em extravios e roubos feitos no caminho até aqui, tanto dos pertencentes á Real Fazenda, como dos particulares, e tambem da louça e vidros que se quebraram, o que tudo mostra minuciosamente o dito termo.

Dezembro 3. — Pela manhã recebeu-se uma mensagem do Mambó n'estes termos: «Que hontem se lhe tinham mandado os Mantembos sem tambor nem polvora, dizendo-se que a não havia, quando é certo que os negros da expedição appareciam a comprar mantimento com ella, o que demonstra que a ha, e que não lh'a querem dar.» Respondeu-se que não admirava que os negros apparecessem com polvora, porque certamente a teriam furtado pelo caminho, assim como fizeram a muitas outras cousas, e que para se conhecer o culpado pedia-se que fizesse apparecer o comprador, ou outro qualquer que podesse reconhecer o negro que a tinha vendido.

Mandou dizer mais: «Que queria que todos os dias de madrugada fossem os Mantembos dar descargas á porta da Mossumba para o acordarem; e que estranhava muito que ainda se lhe não tenham dado camizas, nem Bájús (camizotes de que usam as mulheres do povo nas terras portuguezas da Africa e Asia).»

Nós não temos camiza para nosso uso, quanto mais para elle. Agora é bem applicada a metaphora de que até a camiza nos quer tirar.

Todos os dias este barbaro busca novos pretextos para nos incommodar com a pretensão da polvora, valendo-se de ciladas para se certificar da verdade. Elle diz-nos a nós mesmos: «Que tudo quánto aqui ha é seu, e que tudo lhe fôra mandado por seu irmão (o Rei de Portugal), porque assim o disse o Geral em Tete ao Cazembe-Ampata, e que nós nos temos apoderado de tudo que é seu, chamando-lhe nosso.»

Com este pretexto, os vexames e exigencias que faz são continuos, sem que ao menos nos possamos retirar. Se nos reduzimos ao silencio, não saíndo dos quarteis, ou não indo procura-lo, mata-nos á fome, porque, sob pena de morte, ninguem póde vender-nos cousa alguma, e por isso obriga-nos a dar-lhe fazenda para assim podermos obter o diario sustento, porque é só d'elle que nos vem, e esse mesmo com mesquinhez. Temos tambem uma fundada suspeita de que elle faz todo o empenho pela polvora, para nos desarmar, ficando por isso á sua discrição; estamos, porém, bem prevenidos a este respeito, e possuindo nós unicamente mil cartuxos embalados, estão bem reservados, para em ultimo caso nos defendermos com elles.

Dezembro 4. — De noite appareceu um pequeno dente de marfim para ser vendido por contrabando, e tanto por motivo de ser muito caro, como receiando-se ser cilada do Cazembe, ninguem o quiz comprar.

Dezembro 5. — O Muata mandou perguntar: «A razão por que lhe não levavamos Mirambos (presentes) cada um de nós de per si e de noite, porque indo todos juntos não póde ter cousas boas para satisfazer a todos ao mesmo tempo; mas

17

que indo cada um por sua vez, póde logo satisfazer a contento e agrado de cada um. »—Isto são laços armados para extorquir fazendas, mas que é preciso dissimular por causa da subsistencia. A mensagem dizia mais: «Que não quer fazer commercio com nenhum de nós, e só quer Mirambos, deixando aquelle para os seus Quilôlos quando para isso der ordem, o que ha de ser quando elle estiver satisfeito de fazenda. Que tambem mandava perguntar por que motivo não iam lá os soldados com as baionetas nas armas, sendo elle o Muata. »

A todo este aranzel deu-se a unica resposta de ficarmos scientes.

Soubemos hoje por alguns Lúndas, que temos com dadivas attrahido a nós com o fim de nos informar do que se passa, que o Cazembe dissera: «Que o interprete era a causa de se lhe não dar fazenda bastante, e que se não se abstivesse de nos aconselhar, lhe havia de mandar cortar as mãos e envia-lo para Tete, e que isto era cousa que lhe não custava.» Á vista d'isto determinou-se irmos hoje á noite á Mossumba, eu e o interprete, e levar ao Mambo alguma cousa para o ir entretendo, o que puzemos em execução. Sendo annunciados, não nos deu entrada, sob pretexto de ter apparecido a lua, e que por isto estava com os seus encantamentos. Soubemos, porém, depois que nos não recebeu por julgar ser pequeno o presente que levavamos, de cuja qualidade tinha sido informado.

Dezembro 6.—De manhã tornámos com os mesmos presentes largamente augmentados, e fomos logo introduzidos sem difficuldade, e recebidos com agrado. Retirámo-nos sem nos demorarmos.

Pouco depois mandou-nos os seguintes presentes, com o recado de «Que não era recompensa do que havia recebido, mas sim signal de estar contente.» É isto o que costuma dizer, para não pagar pelo seu valor aquillo que recebe. Para o segundo commandante uma escrava e um pequeno dente de marfim, e para o interprete uma escrava, uma pelle de tigre e uma enfiada de cascaveis de cobre.

Dezembro 7.—Pela manhã foram os soldados do destacamento, competentemente auctorisados, pedir viveres ao Cazembe, em consequencia d'elle ter dito que fossem de cinco em cinco dias; mas voltaram sem nada haver recebido, havendo-lhes mandado dizer: «Que os não attendia por não irem armados, a toque de tambor e com cartuxos para lhe darem descargas.» Apoz isto fez-nos intimar para que mandassemos os commerciantes levar-lhe Mirambos, ao que não foi possivel deixar de annuir; e elles lhe levaram umas peças de fato, pelo que tiveram de recompensa um escravo e um pequeno dente de marfim cada um.

Dezembro 8. — Passou-se o dia sem novidade.

IV.

Dezembro 9. — Recebemos convite do Muata para irmos assistir ao recebimento dos enviados do Mambo dos povos Arungos, prevenindo-nos de que queria lá os soldados. Quando chegámos á Mossumba achámos já o Cazembe sentado no logar do costume, na praça interior, ornado com apparato, e os Quilôlos vestidos tambem com aceio; estes estavam sentados sobre a terra e a grande distancia d'elle.

Apenas chegámos começou a fallar um Quilôlo, chamado Chembelênguêze, em lingua Campocóla; e soubemos que elle fôra o enviado que o Cazembe mandára ao dito Mambo a pedir-lhe tributo; o que este fez, porque sendo visinho, e tendo pouca importancia, não podia oppôr-se a ser seu vassallo. Esta arenga era a conta que estava dando da sua commissão, e ao mesmo tempo apresentou o tributo que trazia, o qual consistia em umas poucas de cabeças de gado miudo, alguns escravos, um negro corcunda e uma porção de Sambos de ferro.

Sambos são uns ornamentos usados em toda esta parte da Cafraria, para enfeitar os braços e pernas. São fabricados pelos mesmos cafres da fórma seguinte: o ferro é puchado pela fieira até ficar em arame delgado, e depois é enrolado, ficando muito unido a crinas da cauda de Bufalo, que servem para encher ou suster o arame na grossura de tres linhas, de fórma que fica com o feitio de um bordão

de instrumento de musica, e só com a differença da grossura, que é de cinco a seis linhas. Tambem os fazem de
cobre, pelo mesmo processo, e só ha a differença do metal.
D'estes Sambos servem-se os cafres em logar de manilhas
para enfeite dos braços e pernas, e conservam-nos sempre
muito limpos.

Acompanhavam estes tributos tres enviados mandados pelo
Mambo a render vassallagem ao Cazembe. Em seguida fez
este um longo discurso, que todo consistiu em mostrar a
grandeza do seu poder. E quando o acabou voltou-se para nós
e perguntou se os soldados tinham as armas carregadas; e
apenas se lhe disse que não, levantou-se arrebatadamente
e retirou-se, mostrando um gesto irado. Nós voltámos aos
quarteis.

Pouco depois chegou o enviado qué nos acompanhou de
Tete, com um recado de seu amo concebido n'estes termos:
«Que elle Muata ficára hoje envergonhado na presença dos enviados, por causa dos soldados não darem descargas.» O commandante respondeu-lhe: «Que nós tambem tinhamos ficado
envergonhados por elle nos tratar como escravos. Que o Muata
deve ficar certo por uma vez que, tanto aqui como em Tete,
os brancos são livres, e que o nosso Rei ou Muata trata a
todos os brancos como um pae de familia; e que quando
castiga os máos nunca o faz pela sua propria vontade e capricho. «O enviado, ao ouvir isto, retirou-se sem querer dizer
nem ouvir nada mais.

No Cazembe só o Muata é livre, e todos os mais viventes,
seja qual fôr a sua jerarchia ou condição, são escravos, de
cujas vidas e bens elle dispõe como quer, e a mesma idéa
faz do que se pratica entre nós; e por isso é necessario fazer-lhe saber o contrario, mesmo para nossa conservação e
segurança; todavia julgâmos que isto é bastante difficil.

Dezembro 10 e 11. —Falta de viveres.

Dezembro 12. — Hoje veiu uma intimação do Mambo para
o commandante levar Mirambo; sendo recebida pelo interprete, este respondeu que elle estava dormindo, mas que se
persuadia que lhe não levaria nada, em razão do descouten-
tamento que ha em todos, tanto por causa do mau trata-

mento que nos tem dado, como pela continua exigencia de Mirambos, sém recompensa, não fazendo mais do que pedir fazendas, e mandando apenas escravos; genero que nos não convem, como se lhe tem dito muitas vezes; e que das mercadorias que queremos, que são marfim, cobre e pedras verdes (Malaquites), ainda nada nos deu; e que em consequencia d'isso julgava que era escusado pedir Mirambo; comtudo, que daria parte ao commandante quando acordasse. Este achava-se occultamente ouvindo a conversa. Retiraram-se, e não houve mais novidade.

Dezembro 13 e 14. — Hoje de tarde recebeu-se do Muata um recado concebido n'estes termos: «Que o nosso Muata lhe mandára muita fazenda, sem que o conhecesse pessoalmente, mas sómente por ter ouvido dizer que elle era um grande Mambo, porém, que pelo caminho nós lh'a tinhamos roubado; e que a prova d'isto era o não lhe fazermos o mesmo, que fizeram os Mozungos quando aqui vieram em outra expedição com o geral Lacerda, que aqui falleceu; os quaes sendo, como agora, mandados pelo seu Mambo, todos os dias estavam presenteando o Muata seu pae, com Motôres inteiros de fazenda, maços inteiros de boas missangas de todas as côres, assim como de bonitas pedras de todos os tamanhos, e de pannos de pello de Catumbo (chamam assim á lontra, com cujo cabello julgam que são feitos os tecidos de lã); e que os Mantembos (soldados) todos os dias iam á Mossumba dar descargas, e que por esta fórma o presenteavam. E que elle os recompensava a todos com escravos e marfim. Que tudo isto elle presenceára porque já era homem. E que para nos certificarmos 'do que dizia perguntassemos ao Mantembo que veiu n'aquelle tempo, e que está tambem n'esta expedição: (o soldado do destacamento Diogo dos Remedios, de muito boa conducta e subordinação). Que nos queixamos por não estarmos satisfeitos com o que elle nos tem dado; quando é elle o queixoso. E que por isso tratassemos primeiro de o satisfazer para elle então nos contentar.»

Este recado com que fomos mimoseados deixou-nos mais convencidos de que o seu unico fim é roubar-nos.

Dezembro 15. — Não houve novidade.

Dezembro 16. — Pela manhã recebemos aviso do Muata para ir á Mossumba, levando cada um de nós algum presente; e indo os soldados com cartuxos. Partimos logo, levando-lhe alguns objectos; e sendo introduzidos, achámo-lo no logar do costume, dentro do Chipango, e cercado dos Quilôlos. Logo que nos sentámos, em tripós que levavamos, começou a fallar com um Quilôlo, que disseram ser um enviado do Muatianfa. Quando acabou chamou para perto de si o enviado que nos acompanhou de Tete, e tendo fallado com elle algum tempo, veiu este dizer ao interprete: «Que o Cazembe queria saber porque lhe não davamos bons pannos pintados e finos, pois estes que lhe damos os não veste, como bem vemos; e se eramos Moçambazes (commerciantes) para que escondjamos o que traziamos para commerciar? Mas, que não obstante isso queria-nos satisfazer, para não dizermos mal d'elle em Tete.»

Quando o commandante foi inteirado do referido recado, respondeu-lhe: «Que toda a fazenda boa que tinhamos já se lhe tem dado, e que a que nos resta é toda de qualidade igual áquella que elle diz que não veste, e que esta mesma é muito pouca, e que se de Tete não veiu mais da primeira, foi isso por não se saber alli qual era aquella de que gostava. Demais, que nós viemos aqui sómente com o fim de podermos informar o nosso governo se o seu enviado havia sido realmente mandado por elle Muata; e que sendo assim, para se saber quaes eram os effeitos e fazendas que mais apreciava, e para fazermos um ajuste de commercio, pelo qual elle promettesse vender os seus principaes generos sómente aos brancos, os quaes todos os annos viriam aqui compra-los. E como a esta parte da nossa missão elle Muata já respondêra, que não lhe importavam ajustes, e que o que queria eram fazendas; e como tambem nós já sabemos quaes são aquellas que pretende; e visto que não temos já quasi nenhumas d'essas mesmas ordinarias; o mais conveniente de tudo, para elle e para a expedição, seria retirarmo-nos, para que, depois da nossa chegada a Tete, possam vir outros Mozungos com o enviado que lá nos fôr acompanhar, os quaes deverão trazer bastante fazenda da que elle gosta, assim como tudo o mais que desejar, sendo para isso necessario que nos despeça com brevidade, para haver tempo de virem os outros Mozungos. »

Quando tudo isto foi presente ao Cazembe mostrou ficar satisfeito e acreditar. Foi então que lhe offerecemos os presentes que levavamos, e que recebeu com semblante alegre, dizendo: « Que agradecia » e em seguida mandou-se dar uma descarga; depois da qual pediu que queria ver marchar os soldados, o que se mandou fazer; prestando elle a isso muita attenção. Logo que findou a marcha retirou-se, e mandou esperar o destacamento para receber viveres. Pouco depois mandou ao commandante um escravo e um dente de marfim, e para cada um de nós um dente de marfim.

Á noite appareceu o Fumo-anséva, e chamando particularmente o interprete, disse-lhe: « Que trazia um dentinho de marfim que mandava o Muata para comprar polvora, ou a elle ou ao segundo commandante, mas que não queria que o commandante o soubesse. » Quando tive communicação d'esta proposta, que fiz saber ao commandante, respondi ao Anséva: « Que o dente era pequeno, mas que se fosse bom, poder-lhe-ia arranjar alguma pequena porção d'ella, debaixo, porém, de todo o segredo para o commandante o não saber, porque aliás eu seria castigado pela não ter dado quando o Cazembe outro dia a mandou pedir, e elle não a ter para lh'a dar. »

Á meia noite voltou com um dente de vinte e nove arratéis. Disse-lhe que a esta hora não podia mexer na polvora sem grande risco de fogo; que viesse de manhã. Não houve mais novidade.

Dezembro 17. — Pela manhã appareceu o Anséva para fazer o negocio. Dei-lhe tres arrateis de polvora que levou, mas pouco depois voltou exigindo mais, o que, comtudo, não pôde obter; e depois de muito tempo e impertinencias, com mais alguns effeitos que lhe dei, ficou, ou pareceu ficar, terminado o tal negocio.

Fomos informados de que um inimigo que continuamente nos está intrigando com o Mambo, é o enviado que nos acompanhou de Tete. Esta noticia nos fez vêr que é necessario tratar de o dispôr a nosso favor, o que talvez se consiga pelo interesse. Por esta consideração foi mandado chamar, e deram-se-lhe duas braças de chita portugueza, um espelho ordinario, dois Capotins, meia Ardian e dois Chuábos de missanga, tudo a titulo de amisade; e pediu-se-lhe que informasse o Cazembe de quaes são os preços rasoaveis das fazendas e effeitos, e tambem que nos participassse o que houver de novidade. Mostrou-se muito satisfeito do presente que recebeu, e prometteu fazer o que se lhe pedia.

Dezembro 18. — Voltou o Fumo-Anséva da parte do Muata, pedindo que se lhe désse uma garrafa de polvora, porque a de hontem era muito pouca, e dizendo que vendêra mal o marfim. Á vista d'esta nova exigencia entreguei-lhe o dente; mas elle não quiz recebe-lo. E foi-me insinuado que mandasse qualquer peça de fato para acabar a questão, o que se fez dando-se-lhe um Xaile; mas o Cazembe não o quiz acceitar, porque sómente receberia polvora. E mandou dizer: «Que estando hoje na sua Munda (seara, ordinariamente de milho) fóra lá um soldado com um Chuábo de missanga para resgatar um Inhabudo (sacco feito de pelle), que um escravo do mesmo soldado, que tinha lá ido roubar, havia deixado ficar; que elle não soubera d'isto, mas que o víra hoje pela indiscrição d'este soldado, porque os seus escravos lh'o tinham occultado; e que novamente mandava dizer que havia muita Munda onde fossem comer, porque lhe não importava que o fizessem; porém que á sua não queria que fossem, porque é para a expedição quando tiver de voltar para Tete, e que não voltassem lá, mesmo porque dera ordem para ser frechado o que lá fôr.»

Passámos logo a averiguar o caso, que achámos exacto, e que o delinquente fôra o soldado Lourenço do Rosario; o qual foi castigado com vinte e cinco chibatadas, tanto por ter mandado roubar, como por ter ido fallar ao Cazembe sem licença. Depois enchi uma garrafa de polvora, e com o mesmo Xaile mandou-se ao Cazembe de presente, acompanhado por um portador meu, e todos voltaram pouco depois, trazendo um pequeno dente de marfim que mandava de agradecimento; ao portador deu um dentinho de marfim e uma panella de Pombe.

Em seguida mandou intimar ao commandante para lhe levar Mirambo. Elle foi de tarde, e levou-lhe um colar feito de vidros; mas na occasião de o entregar rebentou o arame que os ligava, e por isso foi preciso traze-lo para se concertar.

Dezembro 19. — Hoje recebemos ordem do Mambo para mandarmos lá os capitães dos escravos para averiguar certo Milando. Estes, tendo ido, voltaram e participaram que o Muata dissera; «Que lhe constava que uma negra Cazembe vendêra uma pedra verde a um negro da expedição.» E que, tendo-se examinado o caso, se verificára ser falsa a accusação, e que a venda fôra de raiz de mandioca; do que ficou convencido o mesmo Cazembe; o qual então exhortou os negros para que não fossem roubar ás Mundas, a fim de não morrerem pelos feitiços que ha n'ellas, Depois d'isto foi o commandante levar-lhe o colar, de que elle gostou muito; e tendo-se retirado, recebeu uma escrava de recompensa, a qual elle agradeceu muito, mas recusou receber, porque já tem feito saber ao Muata que não recebemos escravos por não termos com que alimenta-los; e fez com que os portadores levassem a escrava.

Dezembro 20. — Mandou dizer o Mambo; «Que está satisfeito com o que se lhe tem dado, porque têem sido cousas boas; mas que ainda lhe faltava darem-lhe papel, e por isso pedia que cada Mozungo lhe désse um bocado grande para pôr na cabeça.» Mandou-se-lhe com effeito um quaderno d'elle.

Achou-se de tarde que faltava uma gargalheira de negras, as quaes, tendo ido apanhar hervas silvestres para comer, como é costume, foram acompanhadas e guardadas por duas negras mais antigas, que tambem desappareceram; nove das fugidas eram do commandante, e uma do Cardoso. Mandou-se logo parte d'este acontecimento ao Cazembe, o qual prometteu que mandaria procura-las.

Dezembro 21. — Este successo deu motivo a contestações, porque, longe de dar providencias para se acharem as negras que elle mesmo nos tem dado á força; argue-nos de que as negras fugiram porque os cafres que as guardavam estavam entretidos a roubar, e tinham destruido uma povoação. Foi facil provar-lhe o contrario; e pareceu ficar convencido da verdade e envergonhado da arguição que fizera. E mandou pedir informação circumstanciada do caso, para por ella dar as providencias, e com esta decisão foi lá o commandante, que pessoalmente o informou da dita fuga, e então, em presença d'elle, expediú dois portadores em procura das negras.

Pouco tempo havia decorrido, quando se apresentaram mensageiros com dois dentes de marfim grosso para o negociarem com o commandante, dizendo que o preço de cada um era vinte peças de fazenda, fóra effeitos: isto foi recusado; mas conferenciando os dois entre si, disseram que désse o que lhe fizesse conta. Então mandou-lhe dar doze peças de fazenda por ambos; sobre isto estiveram regateando até á noite, e para se vêr livre d'elles offereceu por cada um trinta e sete pannos, o que finalmente levaram. Porém, pouco depois trouxeram ordem para acceitarem esta fazenda, mas por um só dente, que pesa uma arroba e nove arrateis, ao que não foi possivel annuir, e levaram o marfim.

Apresentou-se um negro da expedição com a gargalheira quebrada, que achou no matto, e deu parte de que seguindo o rasto das fugitivas, foi dar a uma povoação, onde presume estarem refugiadas; á vista d'esta noticia ficou o commandante de dar ámanhã parte ao Cazembe, e pedir-lhe providencias.

Dezembro 22. — Pediram-se providencias, mas elle não deu audiencia com o pretexto de estar com os seus feitiços ou encantamentos.

Dezembro 23. — Sem novidade.

V.

Dezembro 24. — Logo pela manhã apresentou-se um mensageiro trazendo o colar que o commandante tinha dado ao Muata, e com o seguinte recado d'este: «Que como o Geral não tinha querido acceitar a negra, tambem elle não acceitava o colar, nem queria mais negocios com pessoa alguma da expedição, nem mesmo presentes; que fica tratando da recompensa dos Mirambos para nos despedir; e que assim procedia muito principalmente por lhe não querer o Geral comprar o marfim pelo preço que marcára.»

A resposta do commandante foi: «Que o que tinha dado de presente ao Muata não o tornava a receber; que se não quizesse o colar o désse ou o deitasse fóra; que em quanto ao marfim, não era isso negocio, mas sim o querer elle fazenda por força; que sendo esta a verdade escusava estar a incommodar-nos todos os dias, porque por uma vez a podia mandar buscar toda, ou tirar do nosso poder; mas que se devia lembrar que em Tete ninguem tinha obrigado os seus Cazembes a vender marfim á força; e finalmente, que muito obrigado lhe ficaremos por nos despedir.»

Os mensageiros retiraram-se deixando o colar. Pouco havia decorrido quando recebemos nova mensagem, concebida n'estes termos: «Que ninguem estimava os Mozungos mais do que elle, que o Geral fizera muito mal em lhe mandar a escrava, porque com isso os seus escravos perdiam-lhe o respeito por saberem que os Mozungos os não recebiam, o que o obrigava a continuar a mata-los, como fazia d'antes.»

Respondeu-se-lhe: «Que por muitos motivos não se podiam receber escravos, mas os principaes eram; o não haver que lhes dar a comer, e ser preciso te-los presos e bem guardados, porque em fugindo não tornam a apparecer:» e então referiu-se-lhe o como appareceu a gargalheira quebrada, e tudo mais que fica dito: e terminado que foi este enfadonho colloquio, retiraram-se os mensageiros.

Dezembro 25. — Temos noticia de que o Muata prohibíra a venda de viveres, e que dissera que comessemos a fazenda que não lhe queremos dar.

Hoje, que é o dia mais solemne de todo o Orbe Christão, tem sido para nós um dia cheio de amargura e tristeza.

Pelas duas horas da tarde reunimo-nos para o jantar; e este constou apenas de metade de uma pequena abobora menina cosida, sem mais tempero nem mistura alguma; e isto para quatro pessoas. O que, porém, mais nos afflige é o não haver meio de nos vermos livres d'este barbaro ladrão.

Ás cinco horas da tarde, por misericordia Divina, recebemos alguns viveres do Cazembe, acompanhados do recado seguinte: «Que o pae quando briga com os filhos não os deixa morrer de fome, porque se diria que mata os filhos. E que a desordem que nasce de regatear no negocio, não é desordem, mas sim diligencia que cada um faz. Que aquillo de que elle está mais sentido, é de não acceitarmos os escravos que nos manda, por haver n'isso muito máo exemplo; e que por esta razão os deviamos acceitar, e que quando morressem ou fugissem, lh'o dissessemos para dar outros em seu logar.»

Aproveitaudo-se a occasião, mandámos-lhe dizer: «Que hoje é um grande dia para os Christãos, e que bem claramente se mostra a bondade do nosso Deos pela inspiração que elle Muata teve de nos succorrer na occasião em que mais precisavamos de soccorro.» Dado este recado para o Mambo, dissemos aos mensageiros outras mais cousas sobre a excellencia da Religião Christã, qual a sua doutrina Evangelica, e os mandamentos em que ella se basea, do que estes barbaros se mostraram admirados: mas ficaram indifferentes para a abraçarem.

Tendo-se retirado, voltaram pouco depois, e pediram o colar; o qual se lhes entregou embrulhado em duas braças de chita portugueza, com o que partiram satisfeitos. Pouco depois voltaram com agradecimentos verbaes, e com duas braças de Saeta de listas, que o Mambo mandava ao commandante para d'esta fazenda fazer um colete, por ser hoje dia grande para os Mozungos. Assim acabou melhor o dia do que se esperava. Todavia, segundo a prática, não esperâmos muita duração a estes affagos.

Dezembro 26. — Fomos levar um presente ao Cazembe, que nos recebeu com affabilidade, e não houve mais novidade.

Dezembro 27. — Tornaram os mensageiros com um dos dentes para o commandante comprar, e pediram um exorbitante preço; o que bem se vê ser um pretexto para levantar novas questões, porque mesmo em Tete não se póde comprar marfim por tal preço; porém, os mensageiros desculparam-se, dizendo não o poderem alterar. Em attenção a isto mandou-se um Capotim de bôca para se dar este mesmo recado ao Cazembe, mas sem resultado, porque nem o quiz receber, nem diminuir o preço; e insistiu que era o que se lhe havia de dar.

Á vista d'esta determinação, e não se podendo resistir á força, deu-se uma porção de fazenda, não tanta como o Muata queria, mas em valor muito proximo, dizendo-se aos mensageiros: «Que isto era roubar, e não commerciar, e que podiam levar a fazenda e o marfim.» Elles queriam deixar este, mas o commandante os obrigou a leva-lo, o que fizeram; porém, largaram-no em casa do interprete.

Trouxeram depois uma das negras fugidas, e os portadores disseram, á parte, que, se lhes pagassem bem, todas as mais haviam de apparecer. Verificando-se assim o que esperavamos, de serem as negras entregues cada uma de per si para renderem mais.

Tornaram os mensageiros com a fazenda, e disseram que o Cazembe a não quer receber, por nós dizermos que vende marfim por força, e por isso que rouba; tambem traziam grandes pedaços de panno de differentes côres, uma grande coberta da India, e cousa de vinte covados de Saeta listada, mas de differente padrão do que deu ao commandante; o que elle mandou para se nos mostrar, como indicando que não precisava da nossa fazenda; e queriam dar da parte do Mambo dois lenços ordinarios inglezes, um ao commandante, e outro ao interprete. Mas estes recusaram recebe-los, por serem dados só para ridicularisar, e disse-se-lhes: «Que tendo o Muata tanta fazenda como ostentava, escusado fôra ter mandado convidar os Mozungos a Tete, para virem a Lunda, e que não necessitava reter-nos aqui.» Apoz estes e outros ditos, os mensageiros retiraram-se deixando a fazenda e levando o marfim.

Dezembro 28. —Vieram novos mensageiros, e entre elles o que nos acompanhou de Tete; e disse que vinha buscar a fazenda que hontem se tinha dado pelo marfim, assim como o Capotim que tinha sido mandado de bôca ao Muata para elle diminuir o preço, porque o negocio estava acabado. Que o **Mambo** dizia que os Moçambázes de Caquenque (assim chamam aos que vem das terras portuguezas da costa occidental) não lhe pertenciam, mas sim ao Muatianfa, porque os seus são de Tete; e que por isso não quer fechar este caminho; que pelo contrario, elle deseja sempre conservar a correspondencia e amisade como seu pae tinha feito, e que mandava os dois lenços (os mesmos de hontem) um para o commandante, e outro para o interprete, a quem pedia os acceitassem, porque os dava de boamente.

Por esta maneira de proceder ainda lhe devemos ficar obrigados por nos ter roubado.

Dezembro 29. — Mandou o Cazembe entregar quatro das negras fugidas, pelas quaes sómente se deu uma gratificação voluntaria, e não resgate.

Dezembro 30. — Pela manhã mandou pedir os capitães dos escravos para ouvirem um Milando. Estes, pouco depois, voltaram com dois escravos do Cardoso, presos, e trouxeram dois cestos de espigas de milho e algumas aboboras. Os mensageiros apresentaram duas facas, e disseram da parte do Mambo, que querendo com ellas mandar logo cortar as orelhas aos dois negros que foram apanhados a roubar na sua Munda, a Muár-Ingombe (a sua mulher principal) lhe pedíra por elles, e que tanto por isso, como para que os Mozungos não digam que elle castiga a sua gente, lhes manda as facas para estes cortarem as orelhas aos delinquentes, e os mensageiros para assistirem á execução.

Todos mostrámos indignação por esta exigencia, e foi-lhes declarado: «Que os Mozungos não costumam cortar membro algum aos escravos pelos crimes que commettem; que o castigo que se lhes dá por máos feitos, consiste em açoutes ou prisão, e que quando se não emendam, são vendidos. Que o matar e mutilar pertence sómente ao Pambi (Deos), porque é só d'elle que recebemos a vida; e que é elle que no'la conserva, tanto a brancos como a pretos; pois que todos somos creaturas suas. Que muito nos admira que elle não tenha sido informado d'estes nossos costumes por algum dos seus Lundas que tem estado em Tete, onde tem presenciado o nosso modo de castigar. Que o mandar-nos as facas era uma affronta que se nos fazia; e que os seus Lundas em Tete fizeram peior que os dois escravos, e comtudo, nunca lá foram presos nem arguidos. E que elle mesmo Muata é o culpado por nos não dar o necessario sustento, nem consentir que se compre, e que é por isso que alguma cousa que podemos haver, é comprada ás escondidas por excessivo preço, com muito risco, e em mui pequena quantidade. Que o remedio para tudo isto consiste em elle nos despedir com brevidade, pelo que todos ficaremos satisfeitos.»

Então o commandante mandou as facas com dois Capotins, e elles retiraram-se.

Pouco depois voltaram os mesmos, com as facas e Capotins, e o seguinte recado: «Que o Muata diz, que visto não querermos cortar as orelhas aos negros, mostravamos por isso que eramos conniventes nos roubos. E que, pelo recado que lhe mandámos, se mostra que nós os mandámos roubar, para isso servir de pretexto para sermos despedidos.»

Acabando de dar este recado apresentaram uma peça de chita ingleza que traziam, e continuaram, dizendo: «Que o Cazembe não faz caso de dois Capotins, e que tornava a mandar as facas para as guardarmos.»

O commandante recusou recebe-las, e disse-lhes: «Que não estava resolvido a soffrer insultos;» e accrescentou: «Que quando o Mambo se mandára queixar do soldado, este fôra logo castigado, assim como hoje o foram os dois escravos com cem varadas cada um. E que devia reflectir que a precisão em que tem posto a todos é que tem dado occasião aos roubos de viveres, porque não se acha quem os venda, em consequencia das ordens que elle tem dado.»

Retiraram-se com esta resposta; mas pouco tardaram em voltar com a nova mensagem de que: «Visto nós querermo-nos retirar, elle Muata destinava o dia de ámanhã para Tentamar (chama assim á audiencia publica que dá para receber ou despedir estrangeiros, ou enviados seus), a fim de nos entregar as fazendas que tem recebido.» A isto respondeu-se com dissimulação, por se conhecer que a mensagem é um pretexto para novos roubos. Os mensageiros retiraram-se.

De tarde voltaram, exigindo a ultima decisão sobre a nossa retirada, parà o Mambo entregar ámanhã a fazenda.

Como, porém, nem elle a tem, nem é capaz de a entregar; e mesmo porque se a exigissemos ficariamos perdidos inteiramente, assentámos como mais prudente dizer que bastava que elle nos despedisse quando o milho grosso estivesse sêcco; isto é, em Março. Com esta resposta retiraram-se.

Dezembro 31. — Um negro da expedição foi hoje espancado pelo Mutéva, o qual lhe tirou o que levava, por ser ordem do Cazembe fazer-se isto a todo o negro da expedição que buscar comprar viveres. O seu objecto é de nos forçar por todos os meios a dar-lhe tudo quanto temos.

De tarde foi apresentado um negro da expedição amarrado, e trazia um feixe de lenha, o qual foi encontrado a tira-la do recinto da Munda do Muata, o qual mandou dizer: «Que hontem fôra alli apanhado a roubar mandioca, e que os guardas o deixaram ir sem dar parte, porém, que hoje tornou a ser alli apanhado.» O commandante fê-lo castigar immediatamente com cincoenta chibatadas á vista do mesmo conductor; depois do que retirou-se este. O negro pertence a um soldado do destacamento, e elle mesmo pediu que o negro fôsse castigado.

Á noite fomos mimoseados com alguns viveres, mas em tão pequena quantidade, que para nada chegam.

O portador, para allegar serviços, contou que dissera ao Cazembe que o negro fôra castigado, e que os Mozungos não tinham que comer. E que então elle dera ordem para se nos trazerem estes viveres. Agradeceu-se ao mensageiro os bons officios, dando-se-lhe alguma missanga, com que se retirou satisfeito.

1832.

Janeiro 1. — Pela manhã mandou o Mambo buscar as facas; e da sua parte se nos fez uma arenga muito grande, que terminava, «queixando-se de não lhe termos dado bastante missanga em massos, e de não terem ido os soldados todos os dias acorda-lo com descargas. » Respondeu-se a tudo como convinha, com certa reserva.

Houve noticia de que o Cazembe apertára a ordem, já dada, para que nada se nos venda, sob pena de morte.

Para vermos se o podemos aplacar e resolver a revogar a ordem, mandaram-se-lhe algumas peças de fazenda, porque de outra fórma não é possivel obter viveres, nem as suas ordens podem agora ser illudidas por nenhum suborno.

Janeiro 2. — Hoje fez-se pagamento ao primeiro e ao segundo commandante de oito mezes de soldo, e ao destacamento de seis, ficando-lhe dois em arrecadação, para se lhe distribuirem nas proximidades da marcha.

Ha dias que eu me acho affectado de um forte ataque de escorbuto na bôca, mas de hontem para hoje tem augmentado muito, e dá cuidado como perigoso.

Janeiro 3 e 4. — Veiu um mensageiro e disse, que constando ao Muata que o segundo commandante estava doente, mandava saber o que tinha, e se queria um Ganga para o tratar. Deu-se a informação, e pediu-se-lhe o Ganga. Este, pouco depois, apresentou-se: era o Carâma (immediato do enviado) que nos acompanhou de Tete. Sem fé alguma no seu saber, informei-o, comtudo, do que soffria, e mostrei-lhe as gengivas inflammadas e denegridas, deitando continuamente sangue denegrido e em pedaços, e os dentes todos abalados o mais possivel; disse-lhe que tinha dores insupportaveis, e que ha dois dias, principalmente, que não dormia nem descançava um momento, e que eu contava ficar sem dente algum, o que preferia ás dores que supportava.

Depois que o Ganga se informou bem da molestia, disse, com emphase magistral, que de tarde voltaria com o remedio, e que, tomando-o, eu havia de descançar esta noite.

Com effeito, ao pôr do sol voltou com o remedio, que consistia em uns pedaços de Agarico e umas cascas finas de arvore, nas quaes havia signal de n'ellas ter estado pegado o Agarico, e por isso supponho ser elle tirado da mesma arvore. Com estas cascas, que muito se assimilhavam ás de ameixieira, fez o Ganga a preparação para repetir-se em sua ausencia, a qual foi a seguinte: queimou o Agarico até o reduzir

18

a carvão, e n'este estado moeu-o, juntando-lhe uma terça parte de sal, até ficar em pó o mais fino possivel, e com elle me esfregou as gengivas; depois lavou-me a bôca, e fez-me gargarejar com o cosimento feito da casca mencionada.

Parecia impossivel o poder esfregar as gengivas quando eu lhes não podia tocar, nem mesmo com a lingua; mas é facto que não senti dôr alguma, e tão sómente um estimulo como de pimenta, e esfregou-as quanto podia. O gargarejo produzia estimulo, mas não tão forte como os pós, todavia tinha mais adstringencia.

Janeiro 5. — Passei a noite n'um somno profundo e socegado, e só de manhã acordei com dores, mas não tão fortes como antes. Repeti o remedio, e este produziu um effeito repentino.

O commandante levou um presente ao Cazembe, que lh'o recompensou com o dente de marfim que deu causa á questão do dia 21 do mez passado. De tarde mandou o Mambo dois pequenos dentes de marfim para serem vendidos ao segundo commandante, e por cada um queria sete Mutávas de missanga de côres, coral, pedras, etc. Cada Mutáva são dez Chuábos, mas só se conta por Mutávas, quando se trata de missanga ou avelorio. Foi-lhe dado o que pediu, do modo o mais aproximado que foi possivel.

Estou perfeitamente bom, com as gengivas em estado natural, e os dentes firmes, como se tal affecção nunca tivesse existido.

Janeiro 6. — Vieram outros dois dentes para o commerciante Paulo comprar pelos mesmos effeitos, o que fez, sem occorrer nada de extraordinario. Apoz isto seguiu-se mandar o Muata uma escrava para o mesmo Paulo comprar pelos mesmos effeitos, o que féz tambem.

Janeiro 7. — Sem novidade.

VI.

Janeiro 8. — Pela manhã recebemos um convite do Cazembe para irmos assistir á ceremonia que hoje fazia de deitar Pombe aos Muzimos de seu pae o Muata Lequéza, e tambem pedia que fossem os soldados com cartuxos para darem descargas em honra do mesmo Lequéza, pois que foi o primeiro Muata que viu e fallou com Mozungos.

Fomos, e sendo introduzidos no largo interior da Mossumba onde nos costuma receber, achámos ahi, a um lado, uma barraca feita de folhas, e forrada de Manxilas e pannos brancos, servindo de reposteiro no logar da entrada, ou porta, uma coberta ingleza fina de algodão estampado: aos lados exteriores da porta estavam encostadas duas rodellas ou escudos, sobre cada um dos quaes descançava um feixe de azagaias mettidas em bem feitos saccos de baeta de côres, ao lado direito da porta havia um grande tambor, que tinha uns dez palmos de alto sobre quatro de diametro, e que estava posto sobre uma pelle de leão, que dizem, fôra trazido pelo Muata Lequéza da côrte do Muatianfa quando veiu ao Cazembe tomar as redeas do governo, e chamam a este tambor Chambançua, que então sómente se tocava em occasião de guerra.

Aquelle Muata, além de outras virtudes que possuia, segundo referem, tinha a de ser valente e humano; o que contribuiu a estender o seu dominio até ao rio Chambéze. Este tambor era sempre inseparavel d'elle. Por sua morte ficou em veneração; mas este seu successor faz d'elle um uso mui differente do que tinha no tempo de seu pae, porque então só dava signal á vista do inimigo, e tal era o terror que os seus sons infundiam, que passava como proverbio, que em tocando o Chambançua, o inimigo succumbia pelo effeito do seu toque.

Hoje, porém, este barbaro e cobarde só faz ouvir os seus sons quando está irado; e n'este caso não ha ninguem que se lhe apresente, sem que seja pessoalmente chamado, porque seria victima da sua ferocidade.

O toque d'este tambor dá sons fortes e lugubres, e pelo modo porque o Mambo o toca, o que só elle faz, ainda elles parecem mais lugubres; e são produzidos por meio de uma baqueta que tem uma maceta de gomma elastica na extremidade, com a qual elle vae dando pancadas compassadas sobre a pelle, a qual vibra com estrondo pavoroso.

Ao lado esquerdo da barraca estavam os tangedores de instrumentos, formados em grupos; e ao lado direito, mas mais distante, via-se o throno do Cazembe, porém, sem ornamentos, havendo simplesmente uma pelle de leão, sobre que estava a cadeira ou tamborete descoberto, o qual é de fórma quadrada, sem encosto, e feito dos páos das folhas da palmeira-tamareira silvestre; e é muito bem fabricado e forte.

Dentro da barraca estava o Muata com as suas quatro mulheres principaes e alguns servidores, os quaes não se viam de fóra por ficarem encobertos com o reposteiro. Ouvia-se um canto monótono e rouco, que era do Cazembe, ao qual respondiam em côro as mencionadas pessoas. Passado um longo espaço, em que durou a cantilena, ficou tudo em silencio; depois do que se ouviu o estrondo de palmas, e saíu um dos servidores, que veiu pedir ao commandante que mandasse dar uma descarga, o que se executou; depois d'isto continuou a cantilena por turnos, e com igual espaço de tempo, houve silencio, palmas e descarga.

Depois de uns vinte minutos de completo silencio, saíram dois negros, e postando-se aos lados exteriores da porta, correram o reposteiro, que levantaram ao modo de panno de theatro, e appareceu o Muata com o rosto barrado de Impemba, e vestido com o maior apparato; e apoz elle vieram as mulheres e os mais que lá estavam, porém, sómente as mulheres traziam os rostos barrados de Impemba.

Logo que o Cazembe saíu começou a passear pela frente da barraca a passos graves; e chamando para mais perto de si os Quilôlos, principiou a fallar em voz alta, mas em lingua Campocóla. Indagado o caso, soubemos que dera uma reprehensão aos mesmos Quilôlos, por lhe não apresentarem viveres, marfim, cobre e escravos, para dar aos Mozungos. O seu discurso era acompanhado com o accionado, muitas vezes repetido, de desembainhar o Poucué[2], que é uma especie de grande faca de dois gumes, de dois palmos de comprido e quatro pollegadas de largo, a qual anda mettida em uma

[2] Vide estampa XIII.

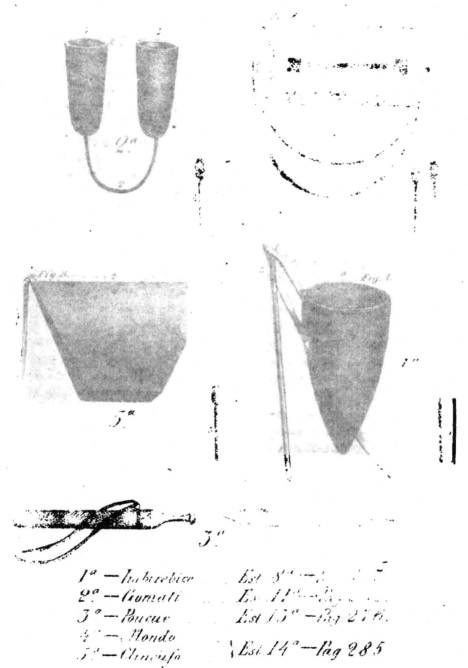

1ª — Inhirehire   Est 8ª — Pag.
2ª — Gomati   Est 11ª — Pag.
3ª — Poucue   Est 13ª — Pag 270.
4ª — Mondo
5ª — Chincufo   Est 14ª — Pag 285

. . . .
. . . .
. . . .
. . . .
. . . .
. . . .

. . . . . . sido . .
. . . . quaes . .
. . . com o . . . . .
. . . que era . . . . . .
. . . . Pas
. . . a canti . . . . fazer . . .
. . . . estrondo de palma
. . . . . . fazer o commandante ,
. . . . cutou: depois . 4 . .
. . . . com . . . espaço o
. . . . . .

. . . o campito silencio . cahi
. . . . tores da porta. e
. . . . . . eram ao modo de paine
. . . . . . com o resto . . . . . de t
. . . . o . . . ella va .
. . . . slavem, porim, só . ente
. . . . tornos de Inguaba.

. . . . se . . . que o passear pela trem
. . . . . . passos graves . . . . . . para mais perto .
. . . . em voz alta, mas em .
. . . . caso, soubemos que . era un
. . . . os Quiloios , por lhe n . . apresenta
. . . . . . partilhar, corn . e escravos, para dar ao . Mozun
O . . . . iscurso era acompanh do com o acci . . . do, mas .
vez . . . . . . do, de desem . linhar o Pou . uá [4] , que é uma c . . .
. . . . faca de d . . . gumes, de dois palmos de compr . . .
. . . . . . gadas de largo, a qual anda mettida em se . .

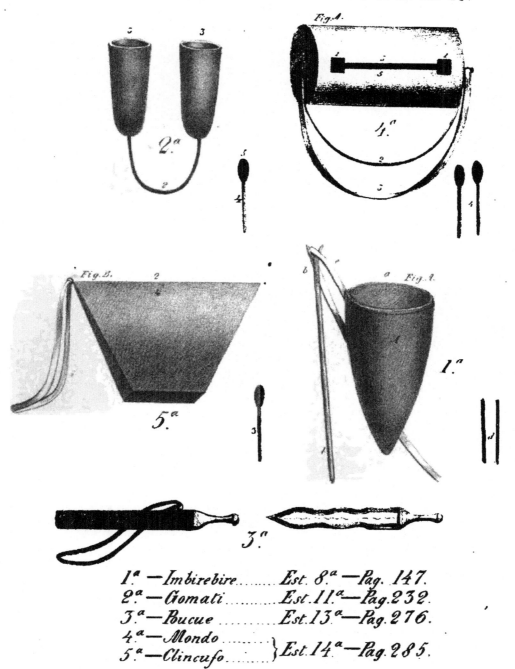

Cazembe ou t
zembambado,
do antes de pentes

Cazembe ou Lunda com o Pocué de-
zembainhado, e com o cabéllo atado antes de penteado.

Vergissmeinnicht

Tangedor de Clincufo.

bainha de páo forrada de couro, e suspensa ao lado esquerdo
por baixo do braço: esta arma só as auctoridades e empregados a podem usar; e cada vez que fazia o accionado, fallando com arrogancia, dizia que lhes havia de cortar a cabeça. Esta pratica, que durou um longo espaço de tempo,
foi feita andando o Muata n'um passeio continuo, sem que
nunca se sentasse, em quanto que os Quilôlos o ouviram no
maior silencio e submissão com os olhos baixos.

Depois aproximou-se de nós, e no mesmo idioma disse:
« Que não queria senão fazendas finas e pintadas, porque era
das que usava. Que os negros não fossem roubar ás suas
Mundas, porque haviam de morrer com os feitiços que elle
lá tinha. E que antes de nos despedir havia de mandar alguma gente adiante para ir prevenindo os Mambos do caminho até ao rio Aruângoa. E que depois d'isto feito é que
havia de marchar a expedição, acompanhada pelo seu Cazembe-Ampata, que ha de levar a sua mensagem ao Geral.
E que apoz a nossa saída havia de mandar outra força para
cobrir a retaguarda até ao mesmo rio. E que logo que receber participação de o havermos passado, iria elle mesmo
em pessoa fazer a conquista da terra até ao dito rio, d'onde
havia de mandar seus enviados ao Geral de Tete, para este
de lá marchar, e fazer a conquista da terra até ao Aruângoa,
onde viria fazer juncção com elle Cazembe. »

É este o bello plano imaginado por um despota cobarde,
que não é capaz de sair do serralho a mais de uma milha.
Acabou assim o seu discurso, que é sómente encaminhado
a extorquir fazenda.

Retirou-se então para ao pé da barraca, e logo começaram os instrumentos os seus toques marciaes. E ao compasso
d'estes o Muata sósinho começou a Tombucar uma dança de
guerra, o que fez por um grande espaço de tempo, durante
o qual se deram algumas descargas.

Em quanto elle Tombucava appareceram as suas duas primeiras mulheres apparatosamente vestidas, e com ellas outras muitas, mas só aquellas duas tinham na mão uma cauda
de Nhumbo, com que faziam a acção de enxotar as moscas
ao Mambo, em quanto Tombucava. Todas as vezes, porém,

que parava retiravam-se ellas, o que repetiram, até que elle tornou a entrar na barraca.

Pouco depois saíu, mas já com o rosto limpo e com um novo vestuario. Então sentou-se e mandou buscar algumas pelles que repartiu, dando duas ao commandante e ao segundo commandante, ao interprete e ao commerciante Paulo, uma de tigre a cada um dos tres; mas as que deu aos commandantes eram de uma especie de macaco, a que chamam Imperumba.

Este animal tem tres a quatro palmos de comprido desde a origem da cauda até á extremidade do focinho. Tem a ponta da cauda branca, e d'ahi até ás mãos tem o pello curto e preto; nas mãos, pescoço e cabeça tem crina d'um palmo de comprido, e de côr branca. Dizem os Cazembes que os macacos d'esta especie habitam no sertão dos dominios do Muatianfa, e que não se podem apanhar vivos por causa da sua mordedura ser mortal.

O commandante, aproveitando a occasião, que lhe pareceu opportuna, pediu ao Cazembe que revogasse a ordem que dera para serem roubados e espancados os negros que fossem comprar viveres; e tambem para dar licença aos seus para venderem os generos de commercio. Prometteu satisfazer a primeira parte, mas em quanto á licença para a segunda, disse que não, porque ainda não está satisfeito com a fazenda que tem recebido, e que quando o estiver, então franqueará o commercio. Com isto acabou toda a funcção, e nos retirámos.

De tarde mandou o Cazembe alguns viveres para os soldados, que se lhes distribuiram.

Janeiro 9 e 10. — Sem novidade.

Janeiro 11. — Mandou o Muata pedir alguns cartuxos, porque hoje fazia as suas ceremonias a seu avô o Mambo Canhembo. Mandaram-se-lhe oito cartuxos pelo motivo de não termos nada que comer; e aproveitou-se a occasião de pedir-lh'o. E com effeito remetteu uma porção de milho e um cordeiro.

Janeiro 12 até 17. — Não houve novidade.

Janeiro 18. — Quando o tambor tocava a recolher, veiu

um Lunda sustar o toque, em razão de estar o Mambo doente, e ser n'este caso absolutamente prohibido tocar instrumento algum: respondeu-se-lhe que ignoravamos isso, mesmo porque elle não mandára participação alguma.

VII.

Janeiro 19. — O Cazembe mandou participar que estava doente.

Janeiro 20. — Communicou que se achava melhor, e que o podiamos ir visitar, e que cada um de nós lhe levasse uma peça de fazenda para o Ganga. Fomos acha-lo sentado sobre algumas pelles de tigre estendidas no chão, vestido com simplicidade e aceio: preguntamos-lhe pela sua saude, e respondeu com agrado que estava melhor, mas que tinha tido muita febre, e dores de cabeça e por todo o corpo, porém, que achára o feiticeiro que o tinha feito adoecer, e era o enviado do Muatianfa.

Estavam com elle todos os Quilôlos vestidos de Manxilas. Informando-nos de qual será a sorte do intitulado feiticeiro, disseram-nos que não lhe acontecerá mais do que ser mandado saír, porque o Muata não costuma matar Campocólos. Depois de curta demora retirámo-nos.

Janeiro 21. — Mandou preguntar o Mambo: «Quem eram os Quilôlos por quem queriamos ser distribuidos, e qual a fazenda que lhes haviamos dar, porque tambem a queria ver.» Respondeu-se-lhe: «Que não tinhamos pedido distribuição pelos Quilôlos; mas que pedimos que elle abrisse Impanga; isto é, que désse licença aos seus subditos para venderem; e que nada mais se lhe pedira.» Mandou igualmente dizer: «Que não queria que fossemos á Mossumba com cadeiras, e que sómente levassemos pelles para nos sentarmos; porque estando elle e nós em cadeiras, não se sabia quem era o Muata, ou então que se podia cuidar que eram muitos os Muatas.» Replicou-se: «Que nós os Mozungos não temos o costume de nos sentar no chão, e que fôra elle mesmo que nos mandára dizer que as levassemos.»

Pouco depois tivemos nova intimação para apromptarmos

presentes para os Quilôlos, os quaes primeiro deviam ser vistos por elle; e em quanto ás cadeiras, que prohibia de apparecermos mais com ellas na sua presença.

Respondeu-se-lhe: «Que não conheciamos Quilôlo algum, e por isso que não tinhamos com quem fazer amisade, e quando elle abrir Impanga, então quem tiver que vender, que traga o que quizer; e que são estas as relações que queremos com os seus Quilôlos.» Os mensageiros notaram esta resposta, que foi dada com resolução e firmeza; e retiraram-se.

Tudo isto são idéas d'este ladrão, para saber se com effeito temos correspondencia com os seus Quilôlos; e estamos certos de que, se achasse alguma prova, ou tivesse suspeita de algum, aquelle em quem ella recaísse seria victima, e nós seriamos roubados; porque o não ter elle marfim, nem genero algum de commercio, o instiga a procurar pretextos para saciar a sua cubiça, e porque fere o seu orgulho o confessar que não tem com que comprar; e não lhe parecendo conveniente para elle o mandar-nos roubar á viva força, vale-se então de todos os meios que imagina, tanto para obter fazendas, como para nos ter seguros e nós não nos podermos retirar senão quando souber que já não temos nada. Infelizes aquelles que cá vierem sem força sufficiente para se fazerem respeitar.

Janeiro 22.—Mandou-nos o Cazembe uma escrava fugida, e a mesma intimação de apromptár os presentes para os Quilôlos. Foi-lhe transmittida a mesma resposta que já lhe demos.

Janeiro 23.—Vieram alguns viveres para o destacamento, e com elles uma intimação ou proposta ao commandante, para que se quizesse levar ámanhã um presente á Muar-Ingombe, (primeira mulher) o mostrasse ao mensageiro para elle o manifestar ao Muata. Não levou resposta alguma.

Janeiro 24.—Mandou preguntar: «Porque motivo o Canampundo (o commerciante Cardoso) o não ía Romburar (presentear): e se o commandante o prohibia de lá ir.» Teve a resposta seguinte: «Que como este commerciante não tem senão da fazenda, a que elle Mambo chama cabello de cabra, era este o motivo porque não tinha ido; mas que agora o faria.»

Janeiro 25 e 26. — Sem novidade.

Janeiro 27. — O Mambo mandou um chapéo de sol todo quebrado para ser concertado; mas o seu estado era tal que não tinha concerto; o que o commandante disse ao mensageiro: e accrescentou, que tinha dois dos ditos chapéos muito bonitos para vender; o que elle ficou de dizer a seu amo.

Entre as fazendas, e outros muitos generos de quinquilheria, louça e vidros, com que o governador dos Rios de Sena sobrecarregou a responsabilidade dos commandantes, dando ordem para os empregarem em objectos raros, vieram os ditos chapéos, pelos quaes ordenou que se não recebesse menos de dois dentes de marfim grossos, ou de lei. Elles iam sendo a causa da perda da expedição, como adiante se verá.

De tarde veiu o mensageiro com um pequeno dente de marfim para comprar um guarda-sol, que se lhe não deu, em razão da insignificancia do mesmo dente; e foi-lhe dito que o preço de cada um era um bom dente de marfim.

Janeiro 28. — O Cazembe mandou dizer: «Que queria que se lhe mandasse fazer uma cama e uma Maxila para andar; e que se lhe concertasse o guarda-sol.» Como foi o interprete que recebeu o recado, disse: «Que o commandante estava dormindo.»

Recebemos recado do Muata, de que: «Tendo chegado enviados do Mambo Cumuimba, que fica ao O. do Cazembe, e que é independente, amanhã ou depois lhes ha de dar audiencia, e que esperava que os Mozungos e Mantembos fossem assistir a ella; que aquelles podiam levar as cadeiras, e que mandava pedir, que agora mesmo de noite, se déssem dois tiros; para que os enviados saibam que tem amisade com os Mozungos, e que estes estão na sua terra.» O commandante mandou dar os dois tiros.

Janeiro 29 até 31. — Sem novidade, mais do que fugirem com a gargalheira seis escravos pertencentes ao interprete.

Fevereiro 1. — Quando o tambor estava tocando a alvorada, veiu o Fumo-Anséva obstar ao toque, pelo motivo, disse elle, de estar muito doente o Cazembe.

Fevereiro 2. — Pela manhã vieram mensagairos, sendo um d'elles o que nos acompanhou de Tete, com o recado seguinte: «Que tendo o **Muata** mandado Ombezar, para saber a causa da sua molestia, fôra dito pelo Ganga; que a doença era produzida pelo Muzimo do finado Montalvo; o qual saíndo de Tete para vir a Lunda, e morrendo no caminho, não fôra enterrado como devia ser, e que ficára exposto ás aves e feras, motivo porque agora o fizera adoecer; que para isto muito mais concorrêra o commandante por lhe não dar, logo que aqui chegou, algumas peças de fato por conta do dito finado, para fazer os seus feitiços.»

Isto já são laços armados aos chapéos de sol, mas como elles não são nossos, não se lhes podem dar senão na ultima extremidade, e forçoso foi dissimular o seu fim principal.

Respondeu-se-lhe por isso da maneira seguinte: «Que não era possivel ter-se-lhe communicado o Muzimo de um Mozungo que nunca o víra, nem morrêra nas suas terras. Que em Tete, durante o tempo que alli estivera o seu enviado, adoeceram e morreram varios Mozungos, e que nem por isso o enviado fôra jámais arguido. Que tendo lá mesmo morrido alguns Lundas, nunca os seus foram arguidos por terem os Muzimos dos mortos feito adoecer Mozungo algum. Que elle Muata por causa dos seus Gangas, ficará livre de ver estrangeiros nos seus dominios, pois que, já outro dia deram como origem da sua molestia o enviado do Muatianfa, e agora o Muzimo do nosso companheiro.»

Além d'estas razões deram-se outras, que os mesmos mensageiros não poderam contradizer, mostrando-se vexados por serem portadores de tal mensagem. E sem nada responderem, retiraram-se.

De tarde veiu novo recado: «De que os Mozungos não tivessem receio, porque os não mandou arguir, e só sim participar-lhes o que o Ganga dissera, e que por isso não fizessem caso.» Depois de pequenos ditos retiraram-se. E nós ficámos mais convencidos de que elle vale-se de todos os pretextos e ciladas para nos roubar.

Fevereiro 3. — Soubemos que o Cazembe está perfeitamente bom, e que nunca estivera doente; mas está mortificado por não obter o resultado que esperava.

Fevereiro 4. — Mandou preguntar o Muata: «Qual era

o motivo porque ha tantos dias não lhe levávamos presentes.» Respondeu-se-lhe: «Que por não haver já que lhe dar, e mesmo por elle não recompensar os presentes que se lhe tem levado.»

Fevereiro 5. — Hoje foi o commandante levar ao Cazembe um lustre de nove lumes, e fomos todos em sua companhia, mesmo para se lhe pedir que abra Impanga, e franqueie o commercio. O commandante apresentou-lhe o lustre, que ía desarmado, mas elle pediu que o queria ver armado, o que se fez, e logo que o viu, mostrou ficar surprehendido de admiração, apesar de ter outro, porém, mais pequeno e mais singelo. Chamou para perto de si todos os Quilôlos que alli estavam, para admirarem de mais perto; e depois de muitos espantos e reflexões dos circumstantes, principiou a fazer-nos perguntas, taes como: «Se o lustre fôra feito pelos homens, ou pelos Muzimos; se á enchó, ou com que instrumentos.» E continuou fazendo outras de igual natureza. A todas respondemos. Por fim disse com enthusiasmo: «Que de Angola nada d'isto lhe traziam, e que os Muizas só lhe apresentavam Manxilas.»

Aproveitámos a occasião para lhe dizer: «Que de tudo isto podia ter com abundancia, fazendo um tratado, pelo qual se obrigasse a mandar todos os annos os seus enviados a Tete com marfim, cobre e pedras verdes; isto é, Malaquites, a que os Cazembes chamam Chifuvia, e não vendendo estes generos senão aos Mozungos: e para esse fim concertar os caminhos; o que significa povoa-los, desde aqui até ao rio Aroângua, para se poder transitar sem o obstaculo causado pela fome; que d'esta fórma todos os annos podia ter Mozungos na sua côrte; e além d'isto que não haviam de fazer-se Milandos. Que são estas as principaes condições do ajuste que temos a propor-lhe, segundo os desejos do nosso governo. Que é, porém, preciso que este se faça solemnemente, e que, como ha de ir á presença do nosso grande Rei, seja escripto n'um papel ao nosso uso, no qual, tanto elle como todos os seus Vambires hão de tambem pôr um signal, a fim de ter toda a validade, e para não se alterarem estas condições de reciproca amisade e interesse.»

Ouviu tudo com attenção, e disse que approvava a proposta, e prometteu annuir a ella, porém, que primeiro queria consultar os seus Vambires, e que na occasião da despedida tratará d'este negocio.» O commandante disse-lhe então: «Que por todo o mez que vem devemo-nos retirar em cumprimento das ordens do nosso governo, e por isso novamente lhe pedia que abrisse Impanga, para se poder vender esse resto de fazenda grossa que resta.» «Prometteu fazer tudo quanto se lhe pediu.» Veremos o que fará; comtudo, hoje concebemos algumas esperanças de melhoramento.

Chegaram os negros que tinham ido com um portador do Cazembe em procura do espelho do governador, caixotes e negros que faltaram, do que nenhuma noticia trouxeram; mas em logar d'isso, vieram cobertos de bexigas, pelo que foram postos em uma palhota desviada do acantonamento, para evitar que se communique o contagio.

Fevereiro 6. — Mandou o Muata entregar quatro negras das que tinham fugido ao commandante, o qual deu ao portador um quarto de Dotim.

Veiu ao quartel do commandante o principe Suana-Murôpue, a titulo de visita: deu-se-lhe meia Ardian, um espelho ordinario e um Chuábo de missanga; com o que se retirou satisfeito.

Fevereiro 7. — O Cazembe mandou dizer: «Que hoje dava audiencia aos enviados do Mambo Cumuimba, e que pedia que fossemos assistir, e os soldados com cartuxos: que o principe Calúlua seu tio, é quem fa presidir, o que elle não fazia por certos motivos.» Receio de feitiços.

Quando chegámos á Mossumba achámos o Calúlua sentado em um tamborete mais baixo do que aquelle em que se costuma sentar o Muata, e collocado ao lado direito da porta de Leste do Chipango, na grande praça exterior, e vestido com simplicidade, mas aceio. O tamborete estava sobre uma unica pelle de leão, e quatro grandes umbellas faziam-lhe sombra. Os Quilôlos ou Vambires, estavam em semicirculo em distancia d'elle, sentados no chão, mas sem adornos. No centro d'elles, e defronte do Calúlua, estavam cinco negros, sendo um d'elles o enviado que o Muata mandára ao dito Mambo, e os outros quatro os enviados d'este ao Cazembe. Todos estavam igualmente barrados de terra desde a cabeça até á cintura.

Logo que nos sentámos, começaram os Quilôlos, e depois o povo, a Tombucar, ameaçando com os Poucues e azagaias os mesmos enviados; e depois de grande espaço que durou a dança, veiu um recado do Muata para se dar uma descarga; e dada que foi, aproximaram-se os enviados ao Calúlua, e o do Cazembe principiou a fallar, e depois de uma longa prática, em que deu conta da sua commissão, foi exigida outra descarga; e depois d'ella os enviados apresentaram ao Calúlua o presente que traziam, o qual constava de uma porção de esteiras muito finas e da côr natural da palha, do tamanho de guardanapos; um papagaio cinzento; um Mondo, e um Chincúfo. E logo em seguida, sem mais formalidade, retirou-se o Calúlua para o Chipango; e nós igualmente nos retirámos.

O Mondo é um instrumento de páo de uma só peça, da figura de um cylindro, maior ou menor, feito de madeira rija, todo aberto por dentro, ou ôco; tem uma abertura sómente, feita ao comprido, de uma pollegada de largura, e nas extremidades d'ella termina em um quadrado de duas pollegadas de face [5]. A figura *A* mostra o instrumento todo prompto; 1-1, são as extremidades quadradas da abertura; 2, um arco de bambu para desviar o instrumento da barriga do tangedor; 3, corrêa de couro cru com que fica suspenso o instrumento ao pescoço do tangedor; 4, as duas maças ou baquetas de gomma elastica com que se tange em 5-5.

Com este instrumento, que se ouve a grande distancia, transmittem os Cazembes, pela combinação dos sons, todos os avisos que tem a dar, e que entendem perfeitamente, mas só os que sabem a lingua Campocóla. Serve unicamente para este fim, não se empregando em outro objecto.

A figura *B* é um Chincúfo prompto. Este instrumento é igualmente feito de uma só peça de páo ôco e aberto só-

[5] Veja-se estampa XIV.

mente pela parte superior, em todo o comprimento : esta
abertura não tem mais de uma pollegada de largura ; tem
a figura de uma caixa de páo de chapéo armado ; a sua
largura, nos maiores instrumentos é de cinco palmos, e tem
quatro de comprido ; e na parte inferior a sua largura não
excede a palmo e meio ; mas aqui é de um palmo a sua grossura, a qual vae diminuindo até á sua maior largura ou parte
superior, em que está a abertura, onde não tem mais de quatro dedos de grossura : é esta unica parte por onde todo o
instrumento foi escavado, e por onde sae o som (veja-se a
figura) [4]: 1, é uma corrêa de couro crú, que segura o instrumento ao pescoço e cae sobre o ventre ; 2, a abertura ;
3, as baquetas com massas de gomma elastica, com que se
tange o instrumento em 4. Este instrumento só serve de
baixo, para acompanhar os mais.

Fevereiro 8. — De tarde nós, os commandantes, e o Interprete, fomos de passeio, e a titulo de visita, a casa do
principe Calúlua ; mas o nosso fim era de o empenhar a concluir o tratado de commercio que se propôz ao Cazembe, e
para sermos despedidos para o mez que vem. Elle prometteu empenhar-se com o principe Suana-Múrôpue, para ambos
fallarem ao Cazembe. Retirámo-nos penhorados das maneiras
agradaveis com que nos tratou. De noite o commandante
mandou de presente ao Calúlua duas braças de chita portugueza, um espelho, um copo e um fio com cem pedras leite.

Fevereiro 9. — De tarde voltámos a casa do Calúlua, e,
tendo conversado em differentes objectos, a final veiu ao caso
a nossa dependencia. E elle disse: « Que fallando sobre ella
ao Cazembe, este lhe respondêra que em quanto ao ajuste
commercial, ámanhã reunia os Vambires para com elles tratar este negocio ; que em quanto á nossa despedida, tencionava faze-la quando o milho estivesse secco ; isto é, em Maio ;
mas que em consequencia da nossa pressa o faria antes : e
em quanto á abertura da Impanga, só a concederia depois
de estar satisfeito de fazenda.» Seguiu-se a isto uma conversa sobre noticias do paiz e do interior do sertão, de que

[4] Veja-se estampa XIV.

elle tem bastantes conhecimentos praticos, pelas viagens que tem feito. Depois retirámo-nos, discorrendo sobre a ambição do Cazembe, que absolutamente não tem marfim nem genero algum de commercio, e só sim escravos, que nos não fazem conta, nem dados.

Fevereiro 10 e 11.—Sem novidade.

Fevereiro 12.—O Cazembe mandou pedir o ferro com que se tinha armado o lustre; e mandou dizer: «Que como estavamos teimosos em nos querermos retirar, que esperassemos até o milho estar secco, e tambem porque elle tinha mandado portadores buscar marfim e generos para nos dar, e que sem voltarem com elles não podiamos ser despedidos.» Mandou-se-lhe o ferreiro com a tenaz, que serviu de chave para apertar as porcas do lustre: e pouco tempo depois voltou o ferreiro.

Fevereiro 13.—Morreu o negro que chegou doente de bexigas.

Fevereiro 14.—Apresentou-se o enviado que nos acompanhou de Tete, com um dente de marfim e um escravo, que o Cazembe manda em recompensa do lustre; e ao mesmo tempo perguntou da parte de seu amo: «Em que nos tinha elle escandalisado para nos querermos retirar tão breve; se por acaso era por elle prohibir que fossemos com cadeiras ao Chipango, ou por dizer que os negros da expedição roubam e cohabitam com as mulheres dos Quilôlos, do que tem tido repetidas queixas, mas de que nenhum caso elles tem feito: e que se é esta a causa, que esperemos até ao Môssôsso.»

Os Cazembes chamam assim ao milho fino depois de estar já formado, mas ainda quasi em leite, e designam o mez de Abril por este nome, por ser n'elle que o milho está n'este estado.

O commandante respondeu: «Que a nossa pressa provém das ordens que tem do nosso governo, a que não póde deixar de dar cumprimento, e tambem porque é este o proprio tempo de marchar, e em que se poderão achar viveres pelo caminho, e mesmo porque aqui já não ha commercio algum, tendo-se gasto toda a fazenda em lh'a dar a elle, e em compra de aboboras; accrescendo a isto o elle não retribuir convenientemente o que se lhe dá, como acontece agora, que manda esta recompensa pelo lustre, a qual acceita por não dar pretextos a novas questões.»

O enviado retirou-se, mas voltou logo com o lustre, e pediu o marfim e o escravo, com o que se retirou.

Fevereiro 15. — Pela manhã mandou o Cazembe chamar o interprete e o Muanamambo Guilherme, os quaes, tendo-se apresentado, o acharam em audiencia particular com os Qui-lôlos, e logo que chegaram, lhes fez o mesmo interrogatorio sobre a brevidade da retirada, e disse: «Ser elle que está escandalisado por lhe termos voltado o marfim e o escravo, e acceitado o lustre, quando os Mozungos devem acceitar tudo quanto elle mandar.»

O interprete disse-lhe então: «Que a causa da nossa pressa já hontem se lhe tinha feito saber, e em quanto ao lustre, o commandante não lhe recambiou nada, mas sim elle, o que o fez persuadir, que lh'o mandava por lhe não dar apreço.»

O Cazembe respondeu com brandura, e concluiu dizendo ao interprete: «Que pedisse ao commandante a demora até ao Mossosso, e que désse mais alguma cousa, para elle tambem dar mais marfim, e com isto os despediu, mandando os seus mensageiros para lhe levarem a resposta.»

Logo que o commandante foi informado disto, fez-lhe saber: «Que se demoraria até a referida epoca, visto que elle lh'o pedia; e que em quanto ao lustre, que daria mais alguma cousa.» Retiraram-se os mensageiros, e não houve mais novidade.

Fevereiro 16. — Sem novidade.

VIII.

Fevereiro 17. — Nada tem apparecido de viveres no acantonamento; e esta falta é procedida de nova prohibição do Muata, que agora mandou que andassem escoltas em torno das barracas, para prender qualquer Lunda que seja encontrado com fazenda nossa, a qual lhe é tirada; sendo os delinquentes levados ao Cazembe, que quando isto acontece, tem. dito ào vê-los: ══ « Aqui está por onde anda a minha fazenda.» ══ E os presos são entregues ao enviado que nos acompanhou de Tete, na qualidade de Caquata que é agora, emprego que consiste em ser o chefe dos esbirros, os quaes são tambem executores de alta justiça.

O Muata diz mais publicamente, e sem rebuço, que tudo quanto faz aos Mozungos, é para que, reduzidos pela fome, elles se decidam a entregar-lhe toda a fazenda, a qual é d'elle.

Fevereiro 18. ── Continua a prohibição de venda de viveres; e para se poderem obter alguns, ainda que mui poucos, e por muito alto preço, é preciso mandar recebe-los de noite, com muito risco, tanto de compradores, como dos vendedores.

Fevereiro 19. ── Como nós nos temos conservado em silencio, mandou o Muata perguntar: «O motivo porque não iamos pedir-lhe perdão.» E tambem nos fez dizer: «Que não era bom deixa-lo estar com raiva contra nós, nem nós conservarmos raiva contra elle; e que alguem havia de ceder.» Depois d'estas formaes palavras, fizeram os mensageiros um longo aranzel, todo no mesmo sentido; e concluiram aconselhando o commandante a que mandasse algum fato ao Cazembe para fazer as pazes. Vê-se pois claramente que tudo isto é manejo do Muata para extorquir fazenda; pelo que o commandante respondeu: «Que não tinha de que pedir perdão ao Mambo, porque em nada o tem offendido. Que entretanto se a paz depende de lhe mandar algum fato, este estava prompto, e para prova d'isso lhe offerecia cinco peças de fazenda.»

Os mensageiros não as quizeram receber sem primeiro irem dar parte; o que logo fizeram. Pouco depois voltaram acompanhados do Fumo-Anséva, o qual disse: «Que o Cazembe sentia muito que os nossos cafres fossem roubar as Mundas e cohabitar com as mulheres dos Quilôlos, e que nós tivessemos gasto toda a fazenda, a qual era sua, com a compra de aboboras, e sem lhe levarmos Mirambos, devendo nós lembrar-nos, que viemos aqui mandados pelo Geral sómente para tratar com elle, e não com outras pessoas.» Respondeu-se a tudo como convinha; e os mensageiros retiraram-se, deixando as cinco peças de fato, e disseram que as viriam buscar quando tivessem ordem para isso.

Já dissemos que o Muata chama seu a tudo quanto nós possuimos.

Fevereiro 20. — As novidades de hoje constam por extenso do termo n.º 7 que se lavrou, o qual é do theor seguinte:

Aos vinte dias do mez de Fevereiro do anno do Nascimento de Nosso Senhor Jesus Christo, de mil oitocentos trinta e dois annos, no acantonamento da expedição d'Africa, em Lunda, côrte do imperador Cazembe, mandou o major commandante da mesma expedição, José Manoel Corrêa Monteiro, convocar a todos os individuos interessados na mesma expedição, e as praças que formam este destacamento, abaixo assignados, e os fez intelligenciar do que se tem passado, hontem e hoje, com o Cazembe; sendo o mandar hontem uma mensagem ao commandante, dizendo: «Que os Mozungos estavam feitos donos da terra; que a elles não importavam as raivas d'elle Cazembe; que estando elle com ira contra os Mozungos, estes lhe não iam pegar-pés (pedir perdão) levando fato; e que se não lembravam que os Checundas (escravos da expedição) iam roubar as vargens, por cujo motivo tinham destruido a terra; e iam cohabitar com as mulheres dos Quilôlos ou Vambires (o que é falso); e que elle não tem feito caso d'estas representações por saber que os Mozungos vieram para elle; que estes têem acabado de gastar as fazendas que são d'elle, em comprar aboboras e milho burro, e que lhe não têem levado Mirambos; que os Mozungos devem acceitar tudo quanto elle lhes manda em recompensa, seja muito ou seja pouco, sem lhe dizer que é pouco, pois que elle bem sabe o que as cousas valem.» Disse mais o enviado: «Que o commandante devia mandar ao Cazembe algum fato para fazer as pazes.» A isto tudo o commandante respondeu, que lhe não tem ido pedir perdão porque em nada o tem offendido; e que se a paz depende de lhe remetter algum fato, agora o satisfaria; e mandou dar dois quartos de Dotim e tres meias Ardians, que são cinco peças

importantes em doze pannos, as quaes mandou pelo Muanamambo Guilherme (pertencente a João Pedro Xavier da
Silva Batelho), e por um rapaz, famulo do interprete; os
quaes, depois de pouco tempo, voltaram, deixando o fato em
casa do Fumo-Anséva (intendente dos viajeiros) dizendo que
não poderam encontrar o Cazembe por estar no Pombe. Hoje
pela manhã veiu um enviado chamar o segundo commandante e o interprete da parte do Cazembe, os quaes, tendo
chegado ao meio do caminho do palacio do Cazembe, encontraram outro enviado, que lhes disse que voltassem porque tinham sido chamados por engano, e que o Cazembe
mandava chamar o soldado Diogo dos Remedios e o filho
do Muaniancita (famulo do interprete) e ao Muanamambo
Guilherme, os quaes foram logo mandados, levando o fato
que hontem deixaram em casa do Fumo-Anséva; e depois
de se terem demorado mais de duas horas, voltaram, e
disseram terem achado o Cazembe rodeado de todos os seus
Quilôlos, e que estava dizendo: «Quando eu Tentamar (der
audiencia publica) e disser aos Quilôlos, vão buscar as cabeças dos Mozungos; e elles virem os Lundas ir-lh'as cortar,
então hão de dizer: os Lundas são valentes: » que depois
se calou, e começou a fallar com os ditos que mandou chamar, dizendo-lhes: «Que elle não queria mais que os negros roubassem, nem cohabitassem com as mulheres dos
Quilôlos, pois quando o fizessem mandaria aqui cortar a cabeça a tudo, assim como se por causa d'isto os seus Quilôlos
o enfeitiçassem, e elle morresse, nenhum de nós ficaria vivo;
e que viessem dizer ao commandante que ficasse certo d'isto,
e que só iriam para a sua terra se tivessem azas para voar,
que pelo chão não poderiam ir. » Sendo isto acompanhado de
ameaças com um machado que meneava na attitude de cortar a cabeça. Vendo o fato, disse, que se este era o fato
que lhe mandavam para fazer paz, que elle não faria paz
por esta insignificancia; que queria fazenda bastante; e que
em quanto ao Mirambo do Geral (o senhor governador) que
o havia de dar ao seu enviado, e não ao commandante. E
com isto os despediu junto com o dito fato.

Á vista d'isto, e da miseria a que estão todos reduzidos

n'este acautoñamento pela falta de viveres, consequencia da ordem do Cazembe, que prohibe com pena de morte a venda a qualquer pessoa d'esta expedição de alguma cousa, seja mantimento, seja o que fòr, para, como elle diz, nos obrigar pela fome a dar-lhe fato bastante: assentaram todos de commum accôrdo enviarem-se-lhe dez peças de fato, sendo tres Ardians, dois quartos de Zuarte, seis ditos de Dotim, tres meias Ardians, duas garrafas brancas, um copo, um quadro, um lustre de nove luzes, tudo isto á custa da fazenda do commandante, para vêr se d'este modo se sacia a cobiça d'este barbaro ladrão; e que deviam ir, para melhor concluir este negocio, o segundo commandante e o interprete; os quaes logo foram com todo o referido, acompanhados dos mesmos tres enviados que o Cazembe hoje mandou chamar; e tendo mandado avisar o Fumo-Anséva, que mora no caminho, para os fazer conduzir ao palacio, este disse que não podiam ir de repente sem primeiro o participar ao Caquáta (o enviado que nos foi buscar a Tete) para este fazer sciente ao Cazembe, a fim de se executarem as suas ordens, e que entretanto fossem esperar estas para casa do mesmo Caquáta (que tambem fica no caminho), os quaes, tendo ido, e o dito Caquáta tendo visto tudo, mandou chamar a um dos servidores do Cazembe, o qual, depois de algum tempo, veiu, porém já o Cazembe sabia de tudo, e o que levavam, e trouxe comsigo um negro corcunda, o qual, depois de voltar as costas para elles, disse o dito servidor, que o Cazembe lhe mandava mostrar aquelle corcunda, e perguntar: «Se os Mozungos gostavam de gente com defeito, e assim que elle tambem queria cousas boas:» elles lhe disseram que fosse dizer ao Cazembe que lhe queriam fallar, e levar-lhe aquelle fato: elle foi, e voltou depois de algum tempo, dizendo que o Cazembe não quer receber este fato, e que quer Mirambos de trinta peças para cima; e que diz: «Que o commandante é um ladrão, que lhe não quer dar todo o seu fato, que lhe mandou seu irmão (Sua Magestade), pois que o Geral de Tete disse ao seu enviado que esta expedição era de Sua Magestade, e que tudo quanto elle Cazembe mandára pedir tudo trazia o commandante da expedição, e

assim que lhe désse todo o fato que tinha, que elle bem víra
quando aqui chegára cem Motôres de fato, que todo lhe mandava seu irmão; e que o commandante só lhe dera dois;
que a missanga vinha em caixotes, e que nada lhe deram; a
polvora vinha em caixotes, e que só lhe deram uma caixinha;
e assim que tratassem de lhe dar todo o fato que era seu,
para então fazer as pazes, e dar licença para se vender de
comer; e que lhe não estivessem dando pouco a pouco e
regateando, como se o fato fosse d'elles; que não queria
que fossem lá com cadeiras; que não eram ninguem para se
irem assentar na sua presença em cadeiras; que o mesmo Geral de Tete era um Quilôlo de seu irmão, e tambem o era
seu, e era o mesmo que qualquer dos seus Quilôlos, que elles
se assentavam no chão, e que fizessem o mesmo, e não fossem
mais á sua presença com cadeiras. Que os soldados de noite
estão gritando na sentinella: que a guarda dos soldados não
pertence ao commandante, mas sim a elle Cazembe, e que para
isso é que seu irmão lhe mandou os soldados, e portanto que
queria a guarda, assim como que os soldados todos os dias
de madrugada o fossem acordar com descargas; que se lem-
brassem que elle havia de mandar um seu enviado para Tete,
para dizer ao Geral que nada lhe deram, e que tudo tinham
escondido para comprar marfim para si; e que por elle Cazembe saber isto é que não tem querido deixar vender marfim, para ninguem comprar o seu fato, e para o levarem
outra vez para Tete, para então o Geral perguntar: «qual
é o motivo por que me trazem o fato que eu tinha mandado ao Cazembe:» que elle então os ha de metter a todos
na gargalheira e mandar para a Manga, e entregar o fato
ao seu enviado, pois que João Vicente tambem foi preso
para a Manga, em gargalheira, pela representação d'elle Cazembe. »

Com esta resposta voltaram para os quarteis, trazendo o
que tinham levado. Igualmente o mesmo commandante disse
que estavam todos ao facto de elle mandar dizer por varias
vezes, e dizer pessoalmente ao Cazembe, que está chegado o
tempo d'esta expedição voltar para Tete, e de o Cazembe
não querer annuir á despedida senão quando elle quizer. Á

vista de tudo isto assentaram todos que não se mandasse dizer nada mais ao Cazembe, e que quando elle venha com a mesma exigencia, que se lhe entregassem todas as fazendas que existem, e tudo quanto mais houver, a fim de salvar as nossas vidas do poder d'este barbaro, protestando, em nome de Sua Magestade, pelos prejuizos da real fazenda, e em nome de toda a expedição, pelas vidas, fazendas e estabelecimentos de cada um, contra quem recair e no melhor parado. E por ser todo o referido verdade, e para a todo o tempo constar, mandou o referido major commandante lavrar este termo por mim Antonio Candido Pedroso Gamitto, capitão e segundo commandante da mesma expedição, primeiro da força, e recebedor das fazendas pertencentes a Sua Magestade, em que se assignou junto com os mais individuos interessados, e tropa que compõe esta dita expedição, e comigo dito capitão que o escrevi e assignei. ═ Era ut supra. ═ *Antonio Candido Pedroso Gamitto* ═ O major e commandante da expedição, *José Manoel Corréa Monteiro* ═ *José Vicente de Aquino* ═ *Paulo Leonardo Dias* (signal de cruz).

Fevereiro 21. — De tarde mandou dizer o Cazembe: «Que lhe constava que os Mozungos queriam retirar-se hoje, e por isso que queria saber o mal que elle nos tem feito, e se o motivo da nossa partida era por ter mandado pedir a sua fazenda, que seu irmão lhe mandára, e que se lhe não dera.»

O commandante respondeu: «Que tencionamos retirar-nos, mas não hoje; e que em quanto ao Muata, nada nos tem feito senão ameaçar-nos com a morte, e reduzir-nos ao ultimo apuro de fome.»

Retiraram-se com esta resposta; e pouco depois voltaram com alguns viveres, e com o recado do Mambo: «De que nós tinhamos ficado com a fazenda que seu irmão lhe mandára, apossando-nos d'ella como se fosse nossa, quando sómente era d'elle.» Respondeu-se de modo tal, que não houvesse pretextos para que elle mandasse dar busca.

Fevereiro 22. — Pela manhã appareceram mensageiros trazendo dois chapéos armados, sendo um d'elles agaloado de ouro, dois penachos, e um par de botas forradas, ou cobertas, de missanga de côres, e disseram: «Que o Muata mandava mostrar aquellas cousas para nós sabermos o que elle quer. E accrescentaram, que elle sabe que nós temos uma cousa que mexe por si só; assim como uma espingarda que dá fogo sem pedra: que queria estas cousas; e que as entregassemos a elles mensageiros. »

O commandante respondeu: «Que não temos nenhum dos objectos que nos mandou mostrar; mas que ficavamos certos para que de Tetè lhe sejam remettidos. Que em quanto á cousa que mexe por si só, não se lhe póde enviar pelo motivo de que elle sendo Mambo ou Rei, nem mesmo a poderia ver, porque se a visse, havia de morrer infallivelmente, pois que é um dos nossos feitiços, que foi mandado da Manga (reino de Portugal) pelo nosso Rei, sendo expressamente trazido por esta expedição. »

Os cafres acreditam que dois Mambos não se podem ver, nem fallar um com o outro, sem que um d'elles morra pelo effeito dos feitiços do outro. Por este motivo, seja qual fôr a causa, ainda a mais forte, que obrigue dois Mambos a approximarem-se um do outro, nunca se vêem, nem entre si fallam. Foi o conhecimento que tinhamos d'esta crença, que nos valeu para salvarmos a bussola da cobiça do Cazembe, fazendo-o persuadir que ella continha os Muzimos dos nossos Reis, e que expressamente tinha vindo de Portugal para preservar a expedição de todos os perigos. Talvez que a este estratagema se deva o escaparmos n'este caso a algum acto de violencia produzido pela avareza d'este barbaro.

Em quanto á espingarda, respondeu-se: «Que se tinha perdido no caminho, assim como, succedêra a outras muitas cousas, como elle muito bem sabia. »

Pouco tempo depois tornaram a vir os mensageiros da parte do Muata exigindo a espingarda, porque não acreditava que ella se tivesse perdido; e participaram da parte de seu amo, que em quanto á cousa que mexe por si só, elle mandava dizer: «Que não só a não queria, mas que recommendava que a tivessemos bem guardada e segura para que o não fosse matar: e que ordenava que em quanto cá estivessemos não nos approximassemos com ella para perto da Mossumba. »

De tarde mandou intimar ao interprete para que lhe levasse um Mirambo de vinte peças de fato; ao que este respondeu affirmativamente, por não haver outro meio de evitar este roubo descarado. Passou-se, porém, o dia sem haver mais novidade.

Fevereiro 23. — Pela manhã mandou dizer o Cazembe: «Que hoje recebia os seus guerreiros, que voltaram victoriosos de uma guerra a que os tinha mandado; e que nos convidava para assistirmos a esta recepção, e que desejava que fossem os soldados com cartuxos.»

Fomos todos, mas não levámos cadeiras. Achámos o Muata sentado em grande galla, e com todo o seu estado, como na grande audiencia que nos deu, com a differença de que as pennas que tinha na cabeça eram brancas. Soubemos então, que usa de pennas d'esta côr quando se acha determinado a derramar sangue humano, reservando para outros actos de ceremonia a especie de mitra que tem de pennas escarlates. Elle estava no grande largo da Mossumba, onde nos recebeu a primeira vez, com todos os seus Quilôlos, os quaes se achavam sentados no chão em semicirculo a grande distancia d'elle: havia tambem, como na primeira audiencia, mas em muito maior quantidade, figuras de superstição, de chifres e outros objectos de encantamento, os quaes se estendiam a grande distancia, acompanhados de vasos com brazas onde lançavam folhas, que deitavam um fraco fumo.

Quando chegámos, ficámos em pé, e o Cazembe mandou-nos sentar sobre pelles, o que recusámos fazer dizendo que as não tinhamos, e que ainda mesmo que as tivessemos, não é do nosso uso sentar-nos no chão, e que por isso preferiamos o ficar em pé. Isto suscitou uma pequena altercação entre o commandante e o Mambo; e por fim conservamo-nos em pé.

Em frente do Muata, mas a grande distancia, estavam os guerreiros. Quando tudo esteve em ordem, fez elle um signal; ao qual saíu um d'estes, e dirigindo-se ao logar onde estavam as primeiras figuras, alli lhe untaram o rosto com vermilhão, e assim pintado caminhou para o Muata, levando uma caveira na mão, e na distancia de vinte passos parou, e fez a acção de offerecer-lh'a; e depois a lançou por terra e começou a fallar; e quando acabou estendeu ambas as mãos para o Muata em acção de supplicar; ao que este correspondeu estendendo sómente uma das suas mãos. A cujo signal o guerreiro ajoelhou com ambos os joelhos, gritando repetidas vezes === Averié === Averié === e barrando de terra todo o rosto, braços e peito, e depois, permanecendo n'esta mesma attitude, desembainhou o Poucué, e todos os Quilôlos desembainharam os seus, e successivamente vieram cruza-los com o d'elle, e os que não tinham esta arma tocaram-lhe com páos que traziam e que lhes serviam de bengalas.

Os Cazembes na volta da guerra são obrigados a aprésentar ao seu Mambo os prisioneiros e as cabeças dos inimigos mortos, ás quaes, quando têem grande distancia a andar, extraem o cerebro do craneo, e limpam toda a carne que podem, e depois lançam-nas em um fogo fraco, feito com palha, a fim de consumir o resto da carne que ainda exista a elle pegada, e de o tornar bem secco. É d'esta fórma que conduzem as cabeças sem incommodo de máo cheiro. Foi esta a informação que nos deram quando perguntámos a causa de apparecerem as caveiras negras em vez de brancas.

Concluida que foi esta ceremonia, para o guerreiro de honra e distincção, levantou-se, e com o Poucué desembainhado, que sempre conservou na mão direita, começou a Tombucar ao compasso da muzica, que até então esteve calada; e de momento a momento erguia ambas as mãos, pela maneira como nós fazemos para orar, e as dirigia ao Cazembe, e continuava a dançar. Depois de ter repetido isto muitas vezes, recolheu-se ao logar d'onde tinha saído.

A direcção que deu ás mãos para o céu e depois para o Muata, tem a significação seguinte: === Ao Pambi e ao Mambo nada iguala. ===

Seguiu-se outro guerreiro, que fez o mesmo que o primeiro. E isto repetiu-se até ao numero de vinte vezes, e outras tantas foram as caveiras que apresentaram, e que foram pondo por ordem, ao lado das figuras que estavam ao pé das brazas.

Trouxeram em seguida um infeliz prisioneiro com as mãos amarradas, e preso pelo pescoço á ponta de um páo comprido; e sendo conduzido ante o Cazembe, até a uma distancia igual áquella em que estiveram os portadores das caveiras, fizeram-no caír brutalmente ao lado d'estas. E logo o conductor do prisioneiro começou a Tombucar, e com elle se praticou o mesmo que com os dois guerreiros mencionados.

Apenas acabou esta ceremonia, chamou o Muata pelo Câta-Máta, o qual é subordinado ao Caquáta, e é o chefe dos algozes, que são tambem esbirros, e que em numero de trinta estavam em pé ao lado direito do Mambo, promptos a executarem as suas ordens. E fazendo um signal ao mesmo Câta-Máta, este chegou-se ao pé do infeliz, e mandando-o levantar em pé, deu-lhe violentamente uma pancada com a perna nas curvas, pelo que o preso ía novamente a caír, mas antes de se effectuar a queda, decepou-lhe d'um só golpe a cabeça, que na mão esquerda segurou pelos cabellos. E isto executou-se com tal velocidade, que separada do corpo, ainda fez movimentos com a bôca e olhos, e o tronco esteve por alguns segundos em convulsões.

Apenas foi feita a decapitação, aproximou-se do algoz um dos pequenos Quilôlos, tirou-lhe a cabeça da mão, e pegando-lhe pelas orelhas e com o pescoço voltado para o lado do Muata, foi ajoelhar aos pés d'este, o qual molhou o index da mão direita no sangue que ainda corria, e ungiu-se na lingua, testa, espaduas, peitos, e em ambos os peitos dos pés, molhando o dedo de cada vez; consistindo esta uncção na marca que deixava a ponta do index: e quando acabou mandou pôr a cabeça ao pé do tronco.

Seguiu-se outro guerreiro, que se apresentou da mesma fórma que o primeiro. Este, porém, trazia uma caveira embrulhada em uma Nhanda, e em logar de atirar com ella para o chão, como fizera o outro, foi pô-la com muito cuidado aos pés do Cazembe, o qual lhe mandou collocar em cima uma cauda de Nhumbo e alguns chifres, e com estas cousas sobrepostas mandou-a collocar ao pé das figuras. Disseram que este craneo era do Fumo que fôra atacado.

Depois, foi trazido outro prisioneiro, com o qual se praticou o mesmo que com o primeiro, até ao ponto em que iam cortar-lhe a cabeça. Então o commandante mandou pedir ao Muata que lhe perdoasse a morte; o que este fez, dizendo em voz alta:==Que o preso era escravo de Mozungo. == Isto, porém, não serviu senão de demorar-lhe mais alguns minutos a existencia, e não ser feita a barbara execução em nossa presença, mas praticou-se depois, segundo nos constou. Ambas as victimas eram jovens, que não teriam mais de dezeseis a dezoito annos.

Em seguida apresentou-se o Cazembe-Ampata; isto é, o commandante da força que foi á guerra, com um arco, que disseram ter sido do Fumo morto, o qual foi posto ao pé das caveiras, e depois praticou o mesmo que os mais guerreiros.

Logo que este acabou, pediu o Cazembe que se désse uma descarga; depois da qual, mandou-nos passar com o destacamento para dentro do Chipango, e d'alli nos despediu, dizendo: «Que o destacamento esperasse para lhe dar viveres:» o que se fez; e este recolheu pouco depois com elles.

Aquelle Fumo vivia nas fronteiras do Norte do territorio Cazembe, e desde muito tempo tinha deixado de enviar o tributo ao Muata. Foi para o punir que este mandou lá gente de guerra, a qual entrou pacificamente, e foi recebida como amiga. E havendo o Cazembe-Ampata, seu chefe, informado o Fumo de que o Mambo Cazembe mandava pedir o tributo, aquelle disse: «Que o não tinha já remettido, porque os outros Fumos o não tinham ainda feito, nem o Muata o tinha ainda pedido, mas que podia esperar para o receber em quanto elle o ía promptificar.»

Sciente das intenções do Fumo, o chefe da expedição esperou pela noite em que todos os habitantes da povoação estavam desapercebidos e entregues ao somno; e caindo repentinamente sobre elles com a sua gente, foram mortos sem piedade os homens, mulheres e creanças, fazendo apenas alguns prisioneiros para serem immolados, como presenciámos, na presença do Muata. Tal foi a façanha que mereceu o festejo e recepção que hoje presenceámos.

Ao Sul do abarracamento da expedição, e na distancia
de uma milha, na margem do rio ou lago Mofo, ha um serrado bosque de bananeiras, que terá uns quinhentos passos
de extensão, e no centro d'elle estão pequenas palhotas, que
não se vêem de fóra. Este logar é o mais medonho e triste
que se póde imaginar; os seus barbaros e cannibaes habi-
tadores inspiram terror pela sua feréza e ar selvagem. É
n'este pavoroso bosque que habitam os chamados feiticeiros,
ou Gangas, do Muata, e onde é vedada a entrada a todos os
mortaes sem excepção, que não forem Gangas.

Aconteceu esta tarde, que saíndo a passeiar e observar,
como costumâmos fazer todos os dias, o commandante e eu
passámos por este soturno bosque, e insensivelmente fomos
entrando n'elle por uma avenida estreita, porém, ao passo
que avançavamos, apoderava-se de nós a melancolia e o terror, sem sabermos o motivo, porque ignoravamos a existencia
d'esta guarida infernal, e ambos tinhamos desejo de voltar,
mas nenhum de nós queria ser o primeiro a mostra-lo; todavia a curiosidade foi-nos conduzindo, até que avistámos as
pequenas palhotas. E então de repente saíram os barbaros
cannibaes a mandar-nos retirar.

Não podemos descrever exactamente o que havia; porque
apenas de relance e confusamente vimos no fim da avenida
um pequeno espaço onde estava uma palhotinha cercada de
outras mais pequenas, umas todas fechadas, e outras sómente cobertas, e estas deixavam ver horrendas figuras. Os
Gangas que vieram impedir-nos a entrada, estavam quasi
nús, eram de horrenda catadura, e tinham a voz rouca, e
os olhos inflammados que pareciam chammejar. As palavras
que nos dirigiram foram: ═ Mozungos onde vão? ═ Não
passem adiante ═ Aqui não entra ninguem. ═ A algumas
perguntas que lhes fizemos, posto que estavamos aterrados,
não davam outra resposta senão ═ Saiam ═ Saiam ═ até que
voltámos, e elles vieram-nos acompanhando até ao fim do
bosque, d'onde voltaram murmurando, e nós ficámos respi-
rando um ar livre; e foi só então que nos achámos desembaraçados do terror de espirito que nos opprimia.

Querendo tomar informações sobre este infernal bosque,

pedimo-las a alguns Cazembes, e estes perguntavam-nos, como era que nós sabiamos dar noticia d'elle, ao que respondemos contando o succedido; e logo que o ouviram disseram: « Que era preciso sermos Mozungos para termos saído de lá, porque é infallivelmente alli mesmo sacrificado todo o individuo que entra n'aquelle bosque, por ser alli que os Gangas consultam e fallam com os Muzimos, os quaes vivem familiarmente com aquelles feiticeiros. »

N'este logar que acabámos de descrever, tem havido no dia de hoje muitos toques de tambor. Indagando a causa, soubemos que á victima que o Muata fizera matar em nossa presença, fôra aberto o ventre, depois que nós retirámos, e que tendo-lhe tirado os intestinos, os metteram n'um sacco de pelle, que pozeram n'uma palhota destinada para isso; e que as visceras, juntamente com uma cabra e um cesto de sal, foram dados pelo Cazembe áquelles Gangas cannibaes, o que tudo fôra por elles cosinhado, e devorado em banquete supersticioso; e que o cadaver fôra lançado em sitio apartado sem ser enterrado.

A outra victima por quem o commandante intercedeu, foi entregue aos mesmos Gangas, e por elles sacrificada no seu bosque, fazendo-lhe o mesmo que á primeira. com a differença de ser o cadaver feito em pedaços que foram lançados no rio, que é o que praticam com os que alli matam.

Tem sido hoje o dia mais atribulado porque tenho passado, pelas tristes e repugnantes sensações que me tem causado tantos actos de ferocidade.

IX.

Fevereiro 24. — O Muata, ainda não satisfeito do sangue que hontem derramou, mandou hoje cortar as orelhas, mãos e membros viris a dois infelizes, cuja execução foi feita no caminho, e a pouca distancia dos nossos quarteis, onde deixaram as partes amputadas, com o fim, segundo nos disseram, de nos aterrar. O crime d'estes homens consistiu, em que tendo sido mandados pelo Muata com marfim para commerciar a um sitio onde estavam Muizas, venderam-no por um preço inferior áquelle que esperava a cubiça do seu feroz senhor.

De tarde apresentaram-se uns mensageiros trazendo o papagaio que mandou ao Muata o Mambo Cumuimba, e disseram, que elle o mandava para ser vendido por polvora, e como eu tinha sómente uma pouca, resto da que trouxe, a qual lhe dei, não se contentando com isso, mandou dizer que queria um bom panno para acabar o negocio. Enviou-se-lhe um pedaço de chita portugueza. E em seguida elle mandou agradecer, e dizer: «Que era assim que queria contratar.» Tambem nos fez informar de que tinha pennas escarlates como aquellas de que usa. Nós tinhamos bastante desejo de lh'as comprar, porque são mui lindas, mas o receio de lhe dar occasião para novas exigencias, nos determinou a responder negativamente; dando por desculpa, que ellas não tem applicação alguma entre nós.

Fevereiro 25. — Já temos o contagio das bexigas no acantonamento.

Veiu o Caquáta (o enviado que nos acompanhou de Tete) e exigiu ver a fazenda que o commandante tinha mandado a seu amo no dia 20 do corrente. E havendo-a examinado, foi informar o Muata; e pouco tempo depois veiu pedi-la; e foi remettida, sendo levada pelo Muanamambo Guilherme. Pouco depois mandou o Mambo pedir o lustre ao commandante, que igualmente lh'o mandou. E em seguida voltou o Muanamambo, a quem o Cazembe deu uma escrava e alguns viveres.

Apresentou-se mais tarde o Caquáta com dois dentes de marfim e quatro escravos, mandados por seu amo como recompensa do lustre e da fazenda que foi hoje. Enviou depois o Cazembe um escravo para ser vendido por cinco peças de fato e um copo, mas depois mandou pedir mais uma peça de fato e um Chuábo de missanga, o que se lhe remetteu. E não houve mais novidade.

Fevereiro 26. — A epidemia das bexigas vae fazendo progressos; e julgámos ser conveniente dar parte ao Muata, para evitar que mais tarde sejamos arguidos de lh'a não termos dado. Por isso mandou-se chamar o Caquáta para levar esta participação; ao que elle se prestou, e partiu acompanhado de um negro da expedição. Este, porém, pouco depois, voltou só, e disse: que aquelle ordenára que se retirasse, porque tendo reflectido melhor, não se atrevia a fazer tal participação ao Mambo, porque receiava que isto désse causa a novas questões, visto que nem o Cazembe, nem as suas mulheres, tiveram ainda bexigas.

Quando o negro acabou de nos informar do referido, fez-se conselho para deliberar sobre o que convirá fazer em tão criticas circumstancias, que podem ter resultados funestos, e assentou-se em ir eu com o interprete fallar ao Caquáta, para com elle irmos dar parte ao Muata.

Fallando, pois, com o Caquáta, este observou: «Que não lhe parecia prudente o irmos nós denunciar o contagio; que este é geral, e que não é costume dar parte ao Mambo de calamidades públicas, e que se alguem o faz, é este que fica culpado. Que todos sabem que não foi a expedição que trouxe este mal. Que o Cazembe ha de vir a saber que ha bexigas no nosso acampamento, mas isto quando em conversa houver occasião de lh'o dizer sem comprometimento, mas que ir de proposito dar-lhe esta parte, ninguem é capaz de fazer tal. E que a sua opinião é, que mandemos fazer palhotas em logar deshabitado para pôr os doentes. »

Julgámos prudentes estas reflexões e o conselho; com o que ficámos mais descançados, e deliberou-se mandar fazer um acampamento em Casôro-Mulanda para os doentes, e mesmo para dispor desde já a suspirada retirada.

Fevereiro 27. — Foram alguns negros com uma escolta fazer o novo abarracamento.

Fevereiro 28 e 29. — Sem novidade.

Março 1. — Veiu uma participação da escolta que foi fazer o acampamento, de que até hoje nada tem feito por falta de sustento, porque os Cazembes não querem vender viveres por preço algum.

Março 2. — Mandou o Cazembe alguns viveres, e pedir os soldados para darem descargas: mandou-se-lhe uma escolta municiada com quatro cartuxos para cada praça. Ao sol posto veiu um mensageiro com um soldado pedir mais polvora, e deu-se-lhe um polvarinho com uma pequena porção, e disse-se que já não havia mais.

Ás oito horas da noite recolheu a escolta com um mensageiro muito ébrio, o qual disse: «Que era assim que o Muata queria que o tratassem, porqué não conhece o Geral de Tete, mas sómente o Geral que aqui está.»

O chefe da escolta apresentou uma pelle de tigre e outra de Imperumba, que lhe deu o Mambo; e aos soldados sómente deu de comer e Pombe.

Março 3. — O Cazembe restituiu o polvarinho, e fez-nos dizer: «Que quando tornasse a ter Pombe havia de mandar chamar os soldados, que iriam com polvora para darem descargas.»

X.

Março 4 e 5. — Sem novidade.

Março 6. — Attendendo á falta de marfim e de outros generos de commercio, e ao espirito de rapacidade do Muata, que tudo quanto vê, ou sabe que temos, no-lo quer tirar descaradamente, mesmo por força, sendo este o principal motivo que tem para demorar a expedição, do que devem resultar consequencias funestas, resolvemos enterrar toda a louça, vidros, e tudo mais do mesmo genero, visto não haver meio algum de se poder salvar qualquer d'estas cousas com utilidade dos donos, e d'ellas não servirem senão de nos acarretar males physicos.

Depois de se terem posto as fazendas em segurança e a coberto de alguma busca, que assentámos pedir ao Cazembé que mandasse fazer para se certificar de que nada temos, por voto geral dos interessados, pôz-se em execução este plano.

Março 7. — Sem novidade.

Março 8. — Mandou o Cazembe um Chincufo (vide fig. *B* pag. 285)[5] velho e quebrado para vender ao commandante, e fez dizer que queria por elle uma espingarda: respondeu-se

[5] Veja-se estampa XIV.

lhe que não havia espingardas para vender; e o portador accrescentou: «Que o Muata tambem vendia o tangedor do instrumento, pelo qual queria outra espingarda.» Teve a mesma resposta. Então o mensageiro pediu que se lhe dissesse se se queria fazer a compra ou não. Replicou-se que não, porque nós não fazemos uso algum de taes instrumentos. Dito isto, retirou-se.

Nós não comprámos este Chincufo, apesar d'elle estar damnificado, unicamente para não dar motivo a novas extorções, pois que temos feito diligencia para comprar um d'estes instrumentos, que, pela singularidade da sua fórma e som, merecem apreço; porém é muito difficil obter algum, porque estes povos não vendem senão aquelles que já lhes não servem, reputando-os em grande valor.

Março 9. — Sem novidade.

Março 10. — Apresentou-se ao commandante o Caquáta, vestido com distincção ao uso do paiz. Trazia na cabeça uma especie de touca mui justa, feita de chita portugueza, debruada de escarlate, cuja figura se assemelhava á de um penteado que as senhoras europeas usavam ha annos, no qual uma banda larga de cabello contornava todo o alto da cabeça; n'esta touca a banda era feita com um bocado da mesma chita estofada; no pescoço, braços e pernas tinha enrolados fios de pedras de côres; Muconzo novo, e trazia o rosto barrado de terra. Vinha com um sequito de mais de trinta negros, e dois tangedores de Arimba (marimbas), os quaes, por ordem do Muata, serviam de pregoeiros da nova dignidade. Acompanhavam-no tambem algumas mulheres, as quaes vinham dando Tunguros de regosijo.

Estes Tunguros são uns alaridos produzidos com o movimento da lingua, á similhança de um rufo de tambor; elles são feitos sómente por mulheres em occasiões de regosijo. Ha tambem Tunguros de guerra, a que na Asia portugueza chamam Babaré, que são feitos por todos os individuos quando são surprehendidos, e pelos guerreiros quando combatem.

O Tunguro de guerra distingue-se pelos sons repetidos e agudos, que são formados com o auxilio dos dedos pollegar e index de uma das mãos, com os quaes os individuos

20

que o fazem comprimem as faces ao mesmo tempo que emittem os sons. Este costume é geral em toda a África oriental, com imperceptiveis differenças nos sons.

Logo que o Caquáta entrou no quartel do commandante, sentou-se sem dizer palavra, e um mensageiro do Muata, tomando a palavra, disse: «Que vinha por ordem de seu amo apresentar o Caquáta para ser reconhecido Fumo-Anséva, para cujo emprego acabava de ser nomeado.» O commandante deu-lhe dois quartos de Zuarte em signal do reconhecimento, e com esta ceremonia retiraram-se todos. Soubemos que fôra elevado a este titulo, que entre os Cazembes é o primeiro de nobreza, e Quilôlo da segunda ordem, em recompensa do serviço que fez de ir a Tete, e ter trazido a expedição a Lunda. D'esta fórma foi premiado este enviado, para quem tinhamos recommendação de pedir algum castigo.

Março 11, 12 e 13.—O contagio das bexigas vae em progresso, e já tem morto alguns negros da expedição.

Março 14 e 15.—O novo Fumo-Anséva mandou um dentinho de marfim ao commandante, o qual lhe remetteu como recompensa dois quartos de Zuarte.

Março 16.—Tivemos noticia de que o Cazembe dera providencias para nos despedir no mez que vem, e esta informação foi confirmada pelo Fumo-Anséva e principe Calúlua.

Março 17 e 18.—A epidemia vae em progresso.

Março 19.—Mandou dizer o Fumo-Anséva, confidencialmente: «Que estando no Pombe, para beber o qual todas as noites se reunem os Quilôlos no Chipango, sob a presidencia do Cazembe, onde passam umas poucas de horas, conversando e bebendo ao som de musica, lhe dissera o Muata: «Então os Mozungos querem-se despedir, e não tratam de faze-lo com bôca?» E que em consequencia d'isto elle aconselhava que o fizessemos formalmente.» Assentámos adoptar este conselho, e mandámos-lhe algumas peças de fazenda, para que elle, em nosso nome, as désse ao Cazembe; o que prometteu fazer ámanhã; e disse que era preciso que fosse uma pessoa nossa para ouvir a resposta.

Apresentou-se um negro da expedição com uma azagaiada n'uma perna, que lhe foi dada por um Lunda pelo ter encontrado a roubar mandioca.

Março 20. — Pela manhã, tendo sido apresentado ao Muata o fato de bôca, disse: « Que hoje não podia recebe-lo por não estarem presentes os Quilôlos, o que teria logar ámanhã; mas que era preciso augmentar a bôca, tanto em fazenda como em vidros, louça e missanga, porque os generos mandados eram poucos, e que elle sabe que se nós não temos marfim, cobre e escravos, temos ainda muita fazenda; e que por isso perguntava se nós tencionavamos torna-la a levar. Que era melhor que lh'a dessemos, assim como as outras cousas boas que ainda temos, porque não está satisfeito. »

Havendo com este recado despedido os portadores, forçoso nos foi augmentar a bôca, que ficámos de remetter ámanhã.

Março 21. — Pela manhã, sendo novamente apresentada a bôca ao Cazembe, este mandou chamar os Mozungos, em consequencia do que fui eu e o interprete, e o achámos sentado no logar do costume, dentro da Mossumba, com todos os Quilôlos. Logo que chegámos começou a fallar, dirigindo a palavra ao principe Calúlua, e quando acabou chamou para perto de si o Fumo-Anséva e todos os Quilôlos para o ouvirem. O Anséva apresentou-lhe o fato, e com elle deu-lhe o nosso recado; e quando concluiu, o Mambo examinou a fazenda, e disse: « Que convinha esperarmos que o milho estivesse secco para elle nos prover de viveres; » ao que facilmente replicámos; mas elle insistiu dizendo: « Que se nos retirassemos n'este tempo sem marfim nem generos, diria o Geral que a expedição não tinha chegado aqui, porque aliàs levaria muito marfim, cobre, etc. » N'esta conversa gastámos algum tempo, até que por fim disse: « Que elle não nos punha fóra; mas como persistiamos em querer partir, nos despedia. » E voltando-se então para os Quilôlos, fez-lhes um longo discurso, que todo se reduziu a pedir-lhes marfim e generos para despedir a expedição, e disse: « Que se souber que aquelles que forem por elle encarregados de nos acompanhar, pensam em desamparar-nos no caminho, elle mesmo irá em pessoa, para assim irmos seguros. » Apenas acabou de proferir estas palavras, levantou-se um Quilólo, e disse-lhe com emphase: « Que não era preciso que o Muata fosse, porque elle se offerecia para nos acompanhar, se alguem tivesse medo; » e quando acabou de dizer isto começou a Tombucar. Então o Cazembe retirou-se, o que nós tambem fizemos.

Tudo isto são estratagemas, porque como não tem que nos dar, não lhe faz conta despedir-nos; e como conhece que não nos podemos demorar, pela falta de viveres que ha, já não nos obriga a ficar, e desculpa-se que em razão de nos querermos retirar não nos póde dar os generos que tem mandado cobrar nos seus dominios; quando é certo que por muitas vezes tem mandado portadores para os trazer, e que estes têem voltado sem elles. Entretanto convem-nos dissimular.

Á noite mandámos ao Fumo-Anséva cinco peças de fato em agradecimento de se ter interessado em nosso favor.

Março 22. — Mandou o Cazembe tres escravos, e fez dizer que eram á conta da recompensa do Mirambo do Geral, e que á proporção que fosse arranjando mais, os mandaria para o commandante guardar, e depois nos daria a nossa recompensa.

O commandante fez-lhe dizer: « Que estava prompto para receber o Mirambo do Geral, porém que receiava que os escravos morressem de fome ou que fugissem, porque os nossos, se em um dia comem abobora, em tres e quatro dias apenas comem hervas silvestres; e que por esta razão é mais conveniente que elle os guarde, para na occasião da marcha da expedição nos serem então entregues; mas que receberia, comtudo, desde já, o marfim, cobre ou pedras verdes, porque isso não come nem foge. »

Consta que o Muata achou justa esta reflexão, e que mandou entregar os escravos a um tal Capance, que dizem estar nomeado Cazembe-Ampata para Tete.

Março 23 e 24. — Continua a epidemia e as mortes.

Março 25. — De madrugada appareceu no quartel do commandante uma negra, dizendo, que queria ir com os Mozungos, visto ser já escrava d'estes uma irmã sua, e que

por isso pedia que a escondessem. Elle participou immediatamente ao Fumo-Anséva esta occorrencia; e ao mesmo
tempo mandou-lhe dizer: «Que lhe consta que o Muata recebe hoje um Quilôlo que vem da guerra, e traz prisioneiros, os quaes provavelmente estão destinados a ser sacrificados como os que antes vieram: e que por isso nós pediamos
ao Mambo as vidas d'esses infelizes. Que faziamos este pedido, porque o Deos que adoramos nos prohibe matar, e
mesmo ver matar os nossos similhantes; o que sómente nos
é permittido fazer ao inimigo estando em guerra e combatendo com as armas na mão; ou áquelles que pelos seus
feitos criminosos são nocivos á sociedade; e estes mesmos são
julgados e sentenciados á morte por auctoridades constitui-
das. Que por estes motivos nós lhe rogavamos a elle Fumo-
Anséva, que, da nossa parte, e em nome do nosso Geral,
pedisse ao Muata a vida dos prisioneiros. »

Passado muito tempo veiu o Fumo-Anséva e a grande
executora do Chipango, e aquelle deu conta da commissão
de que o encarregámos, a qual desempenhou satisfatoria-
mente, porque não foi morto prisioneiro algum. E elle disse:
« Que em consequencia da parte dada pelo commandante
vinha a Cala-Dôfo para reconhecer a negra, e elle trazia ordem para no-la vender: » o que fez por seis peças de fato e
uma pequena porção de missanga: não houve mais novidade.

Março 26. — Nada houve de importante.

Março 27. — Pela manhã mandou o Cazembe dois den-
tinhos de marfim para vender por pedras e missangas de côres, pedindo o que houvesse ainda d'estes generos, e o resto
do fato. Entrando-se em ajuste, e depois de muitas alterca-
ções, concluiu-se o negocio por exorbitante preço. Logo,
porém, appareceu outro da mesma especie, era um escravo
para ser vendido pelos mesmos effeitos; mas como se disse aos
mensageiros que absolutamente os não havia, pediram então
fazenda, e levaram seis peças d'ella. Todo este negocio tem
sido feito pela lei da força, e se não houve questão foi porque se deu, com pouca differença, quanto o Muata pediu.

Março 28. — Fomos intimados todos, menos o commandante, para ámanhã levarmos Mirambos.

Março 29. —Foi intimado o commerciante Paulo para levar o Mirambo. Elle foi, e trouxe de recompensa um dente de marfim grosso e uma escrava.

A louça e vidros que se enterraram, como deixámos mencionado, foram sómente aquelles que pertenciam ao governador e aos commandantes, por serem estes objectos os que dão mais na vista; e o commerciante Paulo ainda conserva algum resto, com que vae entretendo o Cazembe, a quem se disse, por consentimento do mesmo Paulo, que só elle é que tem ainda alguns objectos d'esta especie, que lhe poderia offerecer. Fizemos isto com o fim de ver se podemos salvar a fazenda que nos resta, da qual muito carecemos para a retirada.

Março 30. —O Muata mandou dizer, que queria que cada Mozungo lhe mandasse pedreneiras e balas, o que não foi possivel satisfazer pelas não haver. E os mensageiros accrescentaram que dois negros da expedição haviam furtado dois dentes de marfim. Indagado o caso, foram arguidos um escravo do commandante e outro do Cardoso; mas estes negaram pertinazmente, e por fim pediram Muáve. Bem convencidos nós da sua innocencia, mandámo-los ao Cazembe com os mesmos mensageiros, o Muanamambo Guilherme e o Bázo dos escravos do mesmo Cardoso, para que elle mesmo indagasse e se certificasse da verdade. Algum tempo depois voltaram os nossos e disseram, que o Mambo, tendo-lhes feito perguntas e indagado o caso, elles se defenderam negando e pedindo-lhe Muáve. Elle então aconselhou-os a que não passassem pelas casas dos Lundas, porque são muito ladrões; e disse que eram elles mesmos que roubavam, e se desculpavam com os escravos dos Mozungos. Foi esta mais uma das ciladas que se nos fazem com o fim de nos extorquir fazenda; e se d'esta vez nos saímos bem, deveu-se isso á perseverança dos accusados.

Março 31. —Pela manhã foram chamados ao Chipango o interprete e os dois negros que hontem foram arguidos de roubo, e tambem eu fui por curiosidade, e achei o Cazembe sentado sobre pelles da parte de dentro da casa onde costuma receber. Logo que chegámos, chamou elle o negro que arguiu os nossos, a quem tambem chamou para mais perto de si: então mandou fallar o arguente, e apoz elle os arguidos; e tomando um d'estes a palavra, defendeu-se e concluiu pedindo Muáve. Depois d'esta inquirição disse o Muata: «Que se elle lhe désse Muáve acabaria a correspondencia e a grande amisade que tem com os Mozungos, e que por isso não lh'o queria dar, porque se ficassem condemnados, estes não haviam de gostar.» E tomando então um tom imperioso, disse, formaes palavras: «Vós em Tete, e mesmo na Manga (Portugal), não tendes gente como eu, porque a vossa é comprada com fazenda, e a minha é adquirida com o Pocué (metaphora que exprime a conquista). E pergunto se os Lundas em Tete entrassem pelas casas e tirassem fazendas, missangas, pedras e outras cousas, não lhes farieis vós Milandos?»

Eis o orgulho d'este barbaro, que nos considera inferiores a si. Julguei ser tempo perdido o procurar provar-lhe o erro em que estava, por isso guardei silencio, admirando a sua ignorancia; e tambem havia perigo em ferir a sua vaidade.

O Muata mandou retirar os negros, tão convencido como eu da falsidade da accusação. Fallei-lhe então sobre a nossa retirada, visto estar chegado o tempo para ella; respondeu: «Que não haviamos de ir com fome, e que só esperava que o milho estivesse secco para nos dar fornecimento.» Impugnei esta idéa; e depois de uma breve conversa retirei-me.

Em seguida appareceu no nosso campo um mensageiro do Muata para ver os Mirambos que tinhamos para seu amo, os quaes consistiam em fazenda, á excepção do que era dado pelo Paulo, que continha varios objectos de louça e vidro: e havendo examinado tudo, foi dar parte; mas não voltou.

De tarde fomos a casa do principe Calúlua para o empenhar na nossa despedida; o que prometteu fazer.

Abril 1 e 2. — Pela manhã mandou o Muata pedir o Mirambo do Paulo, o qual recompensou com um pequeno dente de marfim, uma barrinha de cobre e uma escrava; e n'esta occasião disse ao mesmo Paulo: «Que logo que lhe chegasse marfim seriamos despedidos;» e accrescentou: «Que os Mozungos todos os dias saíam a passear, e não íam lá conversar com elle. »

De tarde recebemos uma intimação para não passearmos, porque os Fumos não passeiam nem saem de casa, e que se nós continuarmos a faze-lo, poderiam elles ir queixar-se de que nós lhes andavamos fazendo feitiços para que morram; e que por esta razão nos prohibia saír da Mussássa.

Nada faltava senão o sermos presos. O commandante disse ao mensageiro: « Que ao Mambo restava ainda prohibir-nos a agua e a lenha, porque de tudo o mais nos tem privado, mesmo da liberdade de passear. »

Abril 3 e 4. — O commandante fez dizer ao Anséva que queria ir fallar ao Cazembe, e elle mandou perguntar: «Qual era o negocio que tinha a expôr: » respondeu: « Que queria despedir-se, visto estar chegado o tempo de partir. » Depois do Anséva mandar dar parte d'isto ao Cazembe, vieram cinco mensageiros enviados por este, e um d'elles deu o recado seguinte: « Que se admirava como depois de tantos dias que o commandante o não visitava; queria ir agora vêr o pobre. Que elle bem sabe que a principal causa de o não procurar era o não consentir que se sentasse em cadeira na sua presença. E que quer que lhe mande a conta dos Mirambos que lhe démos á nossa chegada. »

O commandante não poude deixar de dizer: « Que úma das causas principaes era essa, porque os Mozungos não se sentam no chão, e que seu pae Lequéza nunca tratou assim os Mozungos que vieram á sua côrte; e que em quanto aos Mirambos nada lhe dizia, porque os tinha em seu poder; e que nada mais pretende do que ser despedido por estes dias. »

Pouco depois voltaram os mensageiros e disseram da parte do Muata: « Que elle sabia que os Mozungos estavam escandalisados com elle por ter mandado matar o prisioneiro, cuja vida tinha promettido ao commandante, assim como por ter feito matar outro na nossa presença; mas que estes eram os seus usos, e que elle era auctorisado pelo Pambi (Deos) para matar todos os que fossem desobedientes e atrevidos.

E que mandava perguntar se tencionavamos levar outra vez para Tete toda a fazenda que ainda tinhamos. »

Respondeu se a tudo como convinha; e logo que se retiraram tratou-se de esconder o resto de fazenda que ha, como o unico meio de salvação para o regresso da expedição para Tete, o que se fez distribuindo-a pelas barracas dos negros e soldados em quem temos inteira confiança.

Abril 5. — Continua a polemica com o Cazembe, mas sem resultado maior do que mandar pedir o Mirambo que o interprete tinha promptificado a 31 do passado, o qual foi recompensado com dois moleques, ou escravos pequenos.

Abril 6. — Enviou alguns viveres, e mandou dizer: « Que hoje deitava Pombe aos Muzimos por causa do milho novo, e que pedia alguma polvora. » O commandante remetteu-lhe um polvarinho d'ella. Depois mandou de presente ao commandante um Samíro, que é um travesseiro de páo, e fez-lhe dizer: « Que lh'o offerecia para mostrar em Tete, e que era um dos que elle usava para descançar a cabeça; e que queria saber se os Mozungos podiam fazer um igual a este, porque então desejava que na primeira occasião lhe fosse mandado um por seu irmão o Mambo da Manga (o Rei de Portugal). » O commandante respondeu-lhe affirmativamente, e deu meia Ardian ao portador.

Todos os cafres d'esta parte da Africa usam de travesseiros feitos de páo, mais ou menos bem trabalhados, mas de differentes fórmas, e geralmente d'uma só peça, aproximando-se o seu feitio ao de uma naveta de incenso de que se usa nas igrejas. Este de que trato tem tres quartos de palmo de altura; é o mais bem feito que tenho visto: assemelha-se a uma columna deitada, sobre a qual está um rectangulo posto horisontalmente representando um panno que tem muita gomma. É feito de uma só peça de madeira muito branca, e ornado de frizos pretos feitos com ferro quente, mas com tal igualdade, que parecem embutidos; a peça é toda mui liza, mas sem polimento algum.

Quando mais tarde eu tratava de fazer a minha retirada para a Europa, pedi-o ao commandante, mas infelizmente tinha-lhe já sido furtado pelos negros.

Abril 7. — Mandou o Cazembe uma jarra da India, de pôr flores, para que se nos mostrasse, porque queria que lhe viessem algumas iguaes de Tete; e tornando a pedir pedreneiras, remetteram-se-lhe doze. De tarde mandou viveres para o destacamento, os quaes se lhe distribuiram.

Abril 8, 9 e 10. — Continua a epidemia das bexigas com muita força.

Abril 11. — O commandante pediu licença para ir fallar ao Muata; e depois de a obter levou-lhe dez peças de fato; eu e o interprete fomo-lo acompanhar: o Fumo Anséva disse-lhe: «Que mandasse buscar a sua cadeira; » o que fez. Achámos o Cazembe só, sentado no chão sobre pelles de tigre e pannos de baeta, dentro da grande casa: o commandante, vendo-o no chão, mandou retirar a sua cadeira, mas elle não consentiu, e mandou-o sentar n'ella; depois de o ter feito, deu-lhe o presente que levava, e fallou-lhe na despedida. Respondeu com affabilidade: «Que estava tratando d'isso, e que esperava faze-lo com toda a brevidade; » e mandou então buscar viveres, que nos deu, e ao commandante, em recompensa do seu presente, fez entregar tres escravos muito pequenos; e logo nos retirámos.

De tarde recebemos ordem de soltura e permissão de passear.

Abril 12 e 13. — Mandou pedir a cada um de nós um pente para pentear as barbas: não se lhe mandaram por não haver nenhum de sobrecellente.

XI.

Abril 14. — Pelas conversações que temos tido com o principe Calúlua e com outros Cazembes, e pelas noticias que d'elles temos colhido, sabemos que, além do rio Guapula, ha uma serra, por nome Cundelungo, que dista d'aqui cinco dias de jornada, e que ahi se vêem muitas pedras da mesma materia que os copos. Referimos esta informação pela mesma maneira que nos foi dada. D'isto inferimos a existencia alli de crystaes.

Em vista d'estas informações resolvemos visitar aquelle

sitio, mas resta a vencer uma grande difficuldade, que é
obter licença do Cazembe, a qual, sendo-lhe pedida hoje,
não foi possivel consegui-la; dando por motivo o não termos já tempo para a viagem, por estar proxima a nossa retirada, pois que a serra fica muito distante; e tambem porque ha alli muitas feras. Ainda que conhecemos que eram
frivolos pretextos para nos recusar a licença, não insistimos;
mas pedimos que nos deixasse visitar um rio que dista d'a-
qui para o N. tres dias de jornada, em cujo leito se encontram em abundancia seixos de differentes côres. Asseveram
os nossos informantes que este rio, cujas aguas são doces,
tem, a pouca distancia, um sitio baixo, que está sempre
secco, excepto no tempo da lua nova e da lua cheia, porque
então enche-se de agua que sabe a sal, e que, retirando-se
depois esta agua, torna a ficar secco, e que passados alguns
dias se extrahe sal da sua superficie.

Se esta relação fosse verdadeira, julgariamos, no caso de
nos acharmos mais proximos da costa, que a agua salgada
vinha do mar, experimentando-se alli o fluxo e refluxo nas
duas phases principaes da lua. Mas como estamos mui distantes da costa, por isso mais se instiga a nossa curiosidade
e o desejo de poder fixar a nossa opinião sobre a verdade
d'esta notícia, a que damos algum credito por nos ter sido
dada por differentes Cazembes, que, não differindo nas descripções, referiam aliàs o phenomeno como cousa maravilhosa;
devendo notar-se que isto é dito por homens que não têem
conhecimento algum do fluxo e refluxo, nem da relação das
ditas phases da lua com as grandes marés.

O commandante, tendo pedido a permissão para ir visitar
este rio, visto ser mais perto, achou os mesmos obstaculos
da parte do Cazembe; mas emfim, depois de muitas diligencias e instancias, concedeu a licença, pelo que determinámos marchar ámanhã.

Abril 15. — Ás sete horas e quarenta e cinco minutos da
manhã démos principio á nossa digressão, sendo da partida
nós os commandantes, e o interprete, com uma escolta de
seis soldados, e os negros necessarios para a pequena bagagem
que levámos, que foi unicamente a indispensavel: passando pela

casa do Fumo Anséva, saíu-nos este ao encontro e deu contra
ordem, dizendo: «Que o Cazembe se víra obrigado a não
permittir a viagem ao dito rio por ter noticia que alli havia muitos leões.» Houve grande altercação sobre isto, e
depois de renhida disputa e continuos recados do Anséva ao
Muata, este por fim mandou ordem para seguirmos.

Apenas chegámos á porta de O. do Chipango, mandaram-
nos fazer alto para recebermos guias para nos acompanharem;
e duas horas depois se apresentaram tres Lundas para esse fim,
os quaes disseram que tambem traziam ordem para nos promp-
tificarem viveres. Finalmente, pelas dez horas e dez minutos, começámos a marcha para NNE., sempre por Mundas
de mandioca, e costeando o grande lago, ou rio Môfo, pela
margem de L.; e depois de andarmos legoa e meia, passámos um largo e fundo fosso, que em partes já estava
obstruido; elle cerca o logar onde foi a antiga Mossumba
do Muata-Cazembe, e a este sitio chamam Pêmbué. Proseguindo a nossa róta, a legoa e meia do mencionado sitio e
tres de marcha, vimos que a direcção do Môfo muda para
NO., ficando grandes lagôas que communicam com elle; e
tendo andado mais outra legoa e meia, chegámos á povoação
da Nine-Ambáza, titulo que tem a irmã do Muata, onde
os guias quizeram ficar, porém o Inticála representou que
não havia commodidades, e por isso fomos para outra povoação, que é do Fumo Muteva, e fica a pouca distancia
d'aquella.

Em quanto o tempo esteve bom, que foram as ultimas
horas do dia, estivemos fóra das palhotas; porém logo que
começou a chover, vimo-nos obrigados a recolher, e então
soffremos a pé firme maiores incommodos, porque fomos as-
saltados por toda a qualidade de insectos de que abundam
as palhotas, entre os quaes os mais insupportaveis são os piolhos, persevejos, carrapatos e grandes mosquitos. Em consequencia dos ataques d'estes inimigos não nos foi possivel
descançar em toda a noite, nem dentro, nem fóra das palhotas.

Para não haver o mais leve motivo de queixa dos habitantes, nem pretexto para roubos, deram-se abundantes meios

tanto aos soldados como aos negros, prohibindo-se-lhes positivamente o mais pequeno furto.

Abril 16.—Querendo nós marchar, oppozeram-se a isso os guias sob pretexto de ser preciso ficar hoje aqui para ajuntarem Galáuas (almadias) para passarmos o rio Lounde, que não dá váo, e por este motivo foi forçoso demorar-nos.

Abril 17.—Ás sete horas e cincoenta minutos da manhã continuámos a marcha com o mesmo rumo de NNE., e quando apenas tinhamos caminhado um quarto de legoa, chegámos á margem do rio Lounde, que, trasbordando fóra do seu leito, tem agora a largura de duas milhas, e cujo curso pouco se percebe.

Logo que aqui chegámos vimos duas pequenas almadias, mas de tal fórma escangalhadas que estavam varadas em terra; e perguntando aos guias pelas embarcações para a passagem, disseram que haviam de vir; quando, porém, deram parte de terem chegado, achámos outras duas em tão máo estado como as primeiras: fizeram-se todas as diligencias, e empregaram-se todos os meios para as pôr em estado de passar o rio, mas isso não foi praticavel, porque ellas se achavam de tal fórma damnificadas, que não era possivel servirem, e muito mais em um rio de tão grande largura, e em que um grande nùmero de crocodilos appareciam por todos os lados. Como estava presente a Nine-Ambáza, a quem pertence este districto, e a quem instámos por providencias, soubemos então confidencialmente d'ella que o Cazembe dera ordem para se tirarem todas as embarcações e meios de passarmos d'aqui; e que fôra para isso mesmo que nos demoraram hontem.

Á vista d'isto todas as diligencias e despezas são perdidas; e por isso resolvemos voltar, o que fizemos pelas dez horas e cinco minutos, pelo mesmo caminho, e ás duas e meia da tarde chegámos ao abarracamento da expedição, onde não achámos novidade.

Como passámos pela antiga Mossumba do Cazembe, onde foi recebido o Dr. Lacerda em 1798 pelo Muata Lequéza, diremos a seu respeito alguma cousa, ainda que de passagem. O fosso é bastante fundo, posto que já esteja muito entulhado, e cerca um grande arvoredo que faz um quadri-longo, cuja superficie é muito maior do que a da Mossumba em que reside hoje o Muata. As arvores são corpolentas e frondosas. Quizemos lá entrar, mas não o podémos fazer por dois motivos; primeiro porque os guias disseram que era prohibido; e o segundo pela espessura do bosque, que por isso é povoadissimo de muitos e perigosos reptis.

Varias reflexões nos occorreram á vista de um sitio onde residiu um potentado africano tão poderoso, em quem appareciam algumas virtudes, e com o qual faz contraposição seu filho o actual imperante, que carece de todas as qualidades boas, pelo que se tem tornado detestado até mesmo dos seus parentes. Aquelle era respeitado, e a sua memoria ainda hoje é venerada tanto pelos seus, como pelos estrangeiros.

Abril 18. — Foi o commerciante Paulo levar de presente ao Cazembe um resto de louça que ainda tinha, e trouxe de recompensa um dente de marfim grosso e tres escravos.

Abril 19. — Fomos todos fallar ao Muata sobre a nossa retirada. Elle prometteu despedir-nos com brevidade. Aproveitámos a occasião para lhe agradecer a licença que nos dera para irmos vêr o rio, mas de que nos não tinhamos utilisado, por nos terem tirado todos os meios de passar o Lounde, o que lhe representavamos como signal de não terem sido respeitadas as suas ordens. Elle com muito agrado e o riso nos labios, disse então: «Que este tempo era máo para fazer viagens, e mesmo porque para aquellas partes havia muitos leões;» e logo mandou dar uma escrava ao commandante. As suas palavras e modos certificaram-nos do que nos tinha dito confidencialmente a Nine-Ambáza.

Depois da nossa volta ao abarracamento recebemos d'elle alguns viveres, e fez offerecer pelos dois chapéos de sol um dente de marfim ou um escravo, mas deu-se a mesma resposta que da primeira vez que elle os quiz comprar, e o mensageiro retirou-se pouco satisfeito. Vê-se, pois, que elle ainda não se esqueceu dos chapéos de sol, e, segundo o costume, ha de provavelmente ficar com elles de graça, e ainda em cima lhe havemos de ficar em agradecimento.

Abril 20 e 21. — Sem novidade.

Abril 22. — Mandou o Cazembe aos dois commandantes a recompensa dos Mirambos dados a 22 de Novembro. Para o primeiro foram dez escravos e seis dentes de marfim, e d'estes quatro grossos, um meão e um miudo, e todos pesavam quatro arrobas e sete arrateis; e para o segundo sete escravos e tres dentes de marfim grosso com o peso de duas arrobas e tres arrateis. Démos de bairação aos portadores dois quartos de Zuarte e um de Dotim. D'esta fórma vae pagando a grande quantidade de fazenda e effeitos que á força nos tirou.

Na Africa oriental portugueza o marfim é classificado pela fórma seguinte: marfim grosso, meão, miudo e sera. Grosso é o dente que pesa de dezenove arrateis para cima, mas, além d'isto, a bôca ou parte ôca do sabugo, deve ter uma abertura tal, que por ella possa entrar á larga um punho fechado; meão é o que pesa de quatorze até dezoito arrateis e meio; miudo é o que pesa de oito e meio até dezoito arrateis; sera é o que pesa de um até oito arrateis.

Quando, porém, o marfim tem defeitos, como rachas, queimaduras, seccagens, ou quebraduras, ainda que tenha o peso de grosso ou meão, vale segundo a sua qualidade, e reputa-se ou como sera, ou como miudo, conforme o maior ou menor gráo do defeito que tem.

Em Moçambique e Quilimane o preço do marfim (1832) regula da fórma seguinte:

Grosso.... de 28 até 33 patacas hespanholas cada arroba
Meão..... de 20 até 26   »   »
Miudo .... de 11 até 19   »   »
Sera ..... de 5 até 9   »   »

Taes são os preços regulares, maximos e minimos, advertindo que é fóra fretes e direitos.

No tempo em que era permittido o commercio da escravatura havia differenças consideraveis no preço do marfim aos diverços portos da provincia, mas hoje (1832) regula em todos elles quasi pelo mesmo valor.

Abril 23. — Pela manhã, nós os commandantes, fomos agradecer ao Cazembe o presente que nos fez, e levámos alguns negros barrados de terra, segundo a etiqueta; e depois de pouca demora retirámo-nos. Veiu a recompensa do Mirambo ao interprete, consistindo em oito escravos e quatro dentes de marfim, a saber, dois grossos e dois miudos, que pesaram todos duas arrobas e dois arrateis, e o portador disse ao interprete que o Mambo lhe mandava perguntar: «Se os Mozungos tencionavam levar para Tete os dois chapéos de sol, e se não lh'os vendiam.» Elle deu a mesma resposta que por vezes se tem dado.

Pouco depois voltou o mensageiro com dois escravos para comprar os chapéos de sol, mas foi sem resultado, porque, segundo a ordem, só se podem dar, ou por dois bons dentes de marfim, ou duas boas barras de cobre, ou duas boas pedras verdes; e com esta resposta retirou-se o mensageiro com os escravos.

Abril 24. — Foi o interprete agradecer a recompensa.

XII.

Abril 25. — Foi chamado o interprete a casa do Fumo Anséva para ouvir um Milando.

Voltou algum tempo depois, e referiu o seguinte: «Que o Anséva lhe dissera que hontem, quando as negras presas foram buscar lenha, passando ellas por uma Munda de mandioca, arrancaram raizes; e que apparecendo o dono para acudir, as negras metteram-no no meio d'ellas, envolvendo-o com a corrente, e lhe deram muita pancada; e que uma d'ellas, que estava na extremidade da corrente, deu-lhe na cabeça com a argola da mesma corrente de tal fórma que lhe fez umas poucas de feridas. Que o Muata, tanto por isso, como por se ter distinguido das mais pela sua valentia, mandava-a buscar para a matar; e que para lhe ser entregue elle dava duas escravas em seu logar; e que para terminar este negocio enviava um mensageiro.»

Tudo isto foi exposto em presença de nós todos, que ficámos bem convencidos de que o fim essencial a que se encaminha esta exigencia é obter os chapéos de sol. Consultando entre nós sobre o que convinha fazer, deliberou-se que o commandante respondesse: «Que não podia entregar a negra para ser morta, ainda que o Muata désse por ella quanto tem, por ser contra a nossa religião e costumes. E que o remedio para evitar outros acontecimentos similhantes consiste em nos deixar retirar para Tete, o que será bom para o nosso socego.» O mensageiro voltou com esta resposta.

Pouco tempo depois tivemos nova intimação para entregarmos a negra; mas novamente nos recusámos a isso com toda a energia, valendo-nos de todos os meios para persuadir o Mambo de que devia desistir de praticar tal barbaridade; mas como d'estes esforços não provinham resultados favoraveis, recorremos por fim á superstição, dizendo o commandante: «Que se lembrasse o Muata de que seu pae Lequéza e o nosso Geral Lacerda haviam de tomar vingança d'este seu procedimento, porque nenhum dos seus antepassados tinha derramado sangue dos Mozungos, e que era elle o primeiro que o queria fazer, matando uma negra a quem elle commandante tinha feito sua mulher, e que por isso matando-a seria o mesmo que se tirasse a vida a um Mozungo.»

Os mensageiros mostraram-se commovidos com esta razão, que havia sido imaginada para salvar a negra, e, por isso, indignados contra aquelle que foi fazer a queixa ao Muata; mas declararam positivamente que eram obrigados a obedecer; e então, conversando entre si, disseram que praticar isto era o mesmo que querer fechar o caminho de Tete; e aconselharam ao commandante para que mandasse alguma fazenda ao Cazembe; o que logo fez, enviando-lhe dois quartos de Zuarte; com o que se retiraram.

Pouco depois voltaram os mesmos, com o Fumo Anséva, trazendo o fato que aquelles tinham levado, e informaram-nos de que traziam ordem para levar a negra. E que não a querendo nós entregar, então mandassemos ao Muata um barril de polvora e um sacco cheio de missangas e pedras de côres, e um panno proprio para elle vestir. Respondeu-se-lhe que já nada d'isto havia, e que se o houvesse promptamente se lhe remetteria. Então o Anséva instou pela negra, e disse

21

que se não fosse entregue immediatamente viria o Cazembe em pessoa busca-la. Em quanto estavamos na alternativa de nos arriscarmos ao maior perigo, ou á quebra da nossa dignidade, resolvidos todavia a sustenta-la, salvando a negra, chegaram novos mensageiros do Muata com ordem de levarem todas as correntes, ou gargalheiras, dos escravos: no que fomos obrigados a consentir, visto não termos forças para nos oppormos a isso; porém, logo que pelas primeiras palavras conhecemos o que queriam, mandou-se tirar d'ellas a negra, e esconde-la. Tendo-se retirado os Cazembes com os presos, disse o Anséva ao interprete que toda a questão acabaria logo que passasse a raiva ao Cazembe; e nós ficámos na maior consternação, consultando o que convinha fazer.

Abril 26. — Pela manhã fomos intimados para assistirmos com alguns soldados e negros á Tentamação do Muata; mas o commandante, antevendo o que aconteceria, disse aos mensageiros que não ia lá ninguem da expedição, e elles, apesar das maiores instancias, retiraram-se sem nada terem conseguido. Pouco depois, veiu outra intimação, dispensando, comtudo, unicamente o commandante de ir, e assegurando aos mais que nada receiassem. Foi forçoso obedecer, e parti com alguns dos nossos.

Achei o Mambo em grande gala e com pennas brancas na cabeça, sentado dentro da Mossumba no logar do costume, cercado de toda a sua côrte, e tendo diante de si os nossos escravos, que mandára buscar. Logo que chegámos começou a fallar para os seus, e em seguida mandou tirar de uma das correntes do commandante um escravo Cazembe, que foi levado para fóra do Chipango por tres algozes, os quaes pouco tempo depois voltaram com os Poucués nús e ensanguentados; e soubemos depois que tinham ido cortar as orelhas, mãos e membro viril ao infeliz innocente, victima da cobiça do barbaro. Logo que os tres executores se lhe apresentaram mandou açoitar os presos com ramos de arvores, que para isso tinha de prevenção; mas o principe Calúlua, levantando-se, obstou á continuação do castigo. Quando isto principiou, quiz eu retirar-me, porém não me foi possivel faze-lo, porque não m'o consentiram.

Começou depois o Muanempanda uma longa pratica, que consistiu em nos ameaçar, de quando em quando, no que, era ajudado pelo enviado do Muatianfa, de que já fallámos quando foi pronunciado feitíceiro, e ambos diziam: «Que o Cazembe não precisava de Tete, porque do Póane (julgo que se referiam á costa de Zanzibar) lhe vinham fazendas, assim como de Angola, e que os Muizas tambem lh'as traziam, e que por isso nenhuma precisão tinha de Tete. Motivo este por que não havia difficuldade alguma em nos fazer cortar as cabeças.»

Apenas estas palavras foram proferidas, levantou-se o Muata com precipitação, e lançando a mão a uma rodela e duas azagaias que tinha proximo de si, voltou-se para nós, e disse: «Se querem alguma cousa comigo, n'um instante os espatífo. O mesmo Geral de Tete não é ninguem comparado comigo. Tomem sentido, porque não sae d'aqui ninguem. O mesmo que mandei fazer ao negro da gargalheira, não me custa nada manda-lo fazer a todos.»—Assim continuou com as suas ameaças, as quaes ao mesmo tempo eram repetidas por acções e gestos ameaçadores de uma multidão de cafraria que nos cercava com os Poucués desembainhados; de fórma que, se o barbaro désse o mais leve signal, seriamos todos n'um momento feitos em pedaços. Só os principes Calúlua e Suana-Murôpoé nos não ameaçaram; e este, depois que o Mambo se calou, disse: «Nós é que somos culpados, por não terem sido despedidos, querendo-se elles retirar.» Porém o barbaro, cego pela cobiça, a ninguem attendia, via ou ouvia. Acabado o que fica referido, mandou-nos embora.

Foi hoje um dia em que as nossas vidas estiveram mui proximas do seu fim. Vimos toda a disposição para ao mais leve incidente descarregarem o golpe sobre as nossas cabeças, o que teriam feito impunemente, porque estavamos desarmados.

Informei circumstanciadamente o commandante do acontecido; e protestámos que nunca mais deixariamos de ter reunida esta pequena expedição, logo que torne a haver o menor motivo de desconfiança. Ficámos, todavia, sem saber deliberar sobre o que convinha fazer. Estamos, porém, con-

vencidós de que a causa principal do furor do Muata provém
do desejo que tem de possuir os chapéos de sol. Determi-
námo-nos esperar, estando prevenidos para o que occorrer.

De tarde vieram uns poucos de Cazembes com alguns escravos nossos, presos a uma corrente, os quaes eram mandados pelo Mambo, por saber que pertenciam ao segundo commandante, com quem não tem Milando algum. E os mensageiros disseram: «Que seu amo está muito admirado de que
o commandante não lhe tenha mandado algum panno bom
para fazer as pazes.» Então o Fumo Anséva disse-nos, como
em confidencia: «Que isto não podia acabar sem que mandassemos os chapéos de sol ao Muata, porque aliàs ficariamos sujeitos a alguma desfeita maior; e que era escusado
esconder a fazenda.»

Á vista d'esta informação, assentámos em dar-lhe tudo
para salvarmos as vidas. E reiterando o protesto feito a 20
de Fevereiro do corrente anno, mandaram-se immediatamente ós dois chapéos de sol ao Cazembe; ficando de se lhe
dar o resto da fazenda depois de feito o pagamento por in-
teiro ao destacamento.

Algum tempo depois voltaram os mesmos, trazendo todas
as gargalheiras com os presos, e perguntando da parte do
Mambo: «Por que motivo não se lhe tinham logo mandado
os chapéos de sol, quando para os comprar tinha dado dois
escravos.» Agora, porém, nada mandou para isso. D'esta
fórma acabou uma questão que nos ía deitando a perder.
Mas a prohibição absoluta de se nos vender cousa alguma
executa-se ainda com o maior rigor.

XIII.

Como tenho fallado na amputação das extremidades, passarei agora a tratar d'esta materia com mais especialidade.

A falta de prompta percepção de uma ordem, ou dito, do
Cazembe, e por isso a pergunta de quem a não ouviu, se é
feita em occasião em que o Muata está de máo humor, o
que acontece frequentes vezes, é crime sufficiente para que
immediatamente mande cortar as orelhas ao que não ouviu;

«A fim de ouvir melhor.» Esta operação executa-se n'um momento, cortando-lh'as rentes com uma faca curva. Um furto feito ao Mambo é immediatamente castigado com a amputação de orelhas e mãos. Esta operação é feita de um só golpe, cortando-lh'as pelos pulsos com o Poucué, mas sem attender á junta. A cohabitação, ou o simples encontro n'um caminho, ou ainda mesmo uma simples conversa com uma mulher pertencente ao Cazembe; ou a cohabitação com mulher de um Quilôlo; ou, emfim, qualquer outra culpa, são actos criminosos que, segundo a disposição, vontade ou capricho do Muata, elle castiga com a morte, ou com a pena immediata, que é a amputação geral.

A amputação do membro viril é feita dando o executor com um páo pequeno uma pancada forte e com certo geito, horisontalmente, nos quadrís, ou sobre os rins da padecente, por effeito da qual sae, e estende-se momentaneamente, todo o membro, e é n'esse momento que o corta cerce; e de tal fórma, que não se percebe em tempo algum a mais pequena elevação, apparecendo sómente o largo orificio da uretra, e restando o escroto sem lesão alguma.

Os dois individuos amputados em 24 de Fevereiro, como fica mencionado, o foram da fórma seguinte. Proximo á Mossumba, e na estrada que vem ao abarracamento da expedição, da uma para as duas horas da tarde, e sem formalidade alguma, os executores mutilaram os infelizes, e depois retiraram-se, deixando a estes em plena liberdade, e os membros cortados no chão. Elles então, derramando muito sangue, foram immediatamente lançar-se no lago Môfo, onde estiveram dentro d'agua até á noite, quando foram levados pelos parentes.

Quinze dias depois vimos um d'elles com os pulsos e orelhas perfeitamente cicatrizados, e disseram-nos que o outro estava no mesmo estado. Indagando qual era o remedio que tinham para obter uma cura tão rapida, informaram-nos que a primeira cousa que faziam era lavar as feridas com um cosimento de Locubo, que é casca de uma especie de arvore de quina; e que depois deitavam sobre ellas o pó da mesma casca, ao principio duas vezes, e depois sómente uma vez por dia; que era este o unico curativo, sendo raro o amputado que morre, mas nunca de gangrena.

É uma especie de quina rubra a què empregam para os cosimentos, e outra branca com que pulverisam. Este curativo é geral para todas as feridas, e é considerado infallivel. Na amputação dos pulsos ficam quasi sempre esquirolas dos ossos, que são tiradas quando por si mesmo apparecem, porque os Cazembes não as sabem procurar.

Execuções d'esta natureza fazem-se frequentemente em diversos logares, mas aquelle que para ellas é particularmente destinado, é o grande largo da Mossumba.

A mesma prorogativa e poder despotico que tem o Muata sobre as vidas e bens de todos os Cazembes, sem excepção de jerarchia, sexo e idade, tem cada um dos Quilôlos sobre todos os seus familiares e dependentes, mulheres, filhos e vassallos, nas terras dos seus dominios.

Em consequencia do acontecido hontem e hoje lavrou-se um termo, em que foi miudamente narrado tudo quanto occorreu.

Abril 27. — Para vêr se somos despedidos com mais brevidade recorreu o commandante ao estratagema de fingir-se doente. Assim que o Cazembe teve noticia da molestia mandou mensageiros para o verem; e então aproveitou-se a occasião de os introduzir no repartimento da barraca (unico que ella tem), onde elle dorme, e esteve a fazenda, para poderem vêr que já não ha nenhuma. Logo que viram o commandante foram informar o Mambo; e pouco depois voltaram, trazendo um pequeno rosario de avelorio, e queriam que o Muanamambo os acompanhasse para consultarem os Gangas sobre a molestia. Então dissemos-lhe que quando nós adoecemos não temos o costume de ir Ombezar para saber a molestia; e que por isso podiam elles ir só, se quizessem.

Passado algum tempo tornaram, e disseram da parte do Muata que a molestia era produzida pela alma do Geral Lacerda, que entrára no corpo do doente, por este não ter ido fazer-lhe exequias; e que era de absoluta necessidade o fazer-lh'as; deitando farinha no chão e invocando o nome do finado; e que logo que se achasse melhor devia ir ao logar da sepultura deitar Pombe, e espargir sobre ella o sangue de uma cabra; e que tudo quanto fosse mister para isso elle o daria. A tudo isto respondemos que sim, para que nos deixassem; e elles disseram mais, que em quanto durasse esta molestia não podiamos ser despedidos.

. O logar onde foi sepultado o governador Lacerda dista d'aqui um dia de jornada. Passado, porém, um anno depois da sua morte foram os seus ossos desenterrados para serem conduzidos a Tete, mas no transito ficaram dispersos por terem sido os conductores guerreados pelos Muizas. No logar onde tinha sido sepultado existe hoje uma palhota, e tem um Muine-Maxâmo, sendo reverenciado o logar como Maxâmo. O empenho do Cazembe em querer que lá vamos fazer offertas provém de esperar tirar proveito d'isso. Mas está bem livre de o conseguir.

Abril 28.—Pela manhã apresentou-se um mensageiro da parte do Mambo, a saber da saude do doente, o qual se lhe mostrou bom. Veiu a recompensa ao commerciante Paulo, do Mirambo dado a 22 de Novembro, a qual consta de quatro dentes de marfim, dois grossos e dois miudos, e oito escravos.

Abril 29.—Sem novidade.

Abril 30.—Fizemos hoje pagamento ao destacamento dos mezes de Novembro e Dezembro, dos soldos atrasados, e que vinham em caixa, com ordem de não serem distribuidos senão aqui. Estes soldos importam em tresentos e setenta pannos, quatro quintos e trinta e sete réis, os quaes, reduzidos a dinheiro fraco a rasão de 500 réis o panno, importam em 185$437 réis, e em dinheiro forte a rasão de 2$500 réis fracos por cada 1$000 réis fortes, ou a 150 por cento, fazem 50$178 réis, salvo o erro. Continua a falta de viveres.

Maio 1.—Sem novidade.

Maio 2.— Hoje um negro do commandante, que ia buscar lenha, quando passava por uma Munda foi atacado por um Cazembe, que lhe abriu a cabeça com uma machada, expirando poucos momentos depois.

Maio 3.— O commandante recebeu a recompensa do Mirambo, que, em nome de sua esposa, deu ao Cazembe a 22 de Novembro, e consta de um dente de marfim com o peso de uma arroba, e de cinco escravos; e mandou-lhe mais um escravo em logar do que mandou amputar no dia 26 do passado, e tambem um dentinho de marfim sera, mandando o Muata dizer: «Que este era para limpar os olhos do sangue do dito negro; e que se o tinha castigado, foi isso porque em outro tempo elle tivera copula com uma mulher do Calúlua.» O commandante dissimulou o caso, e mostrou-se satisfeito.

Maio 4, 5 e 6.—O contagio das bexigas vae tomando incremento.

Maio 7.—Hoje fomos todos fallar ao Cazembe sobre a despedida da expedição. O commandante levou-lhe algumas bagatellas. Achámo-lo sentado no chão sobre pannos; e fallando-lhe sobre o nosso negocio, a unica resposta que deu foi que esperassemos; apesar do principe Calúlua, que lá estava de combinação comnosco para interceder por nós, se valer de todos os meios para o determinar a deixar-nos partir; mas a nada o bruto se moveu.

Retirámo-nos consternados, porque a fazenda que resta não é sufficiente para a passagem da grande extensão de deserto, onde ha a maior escacez de viveres, de tal modo que para se obter alguma cousa da gente que anda errante sómente se consegue isto a troco de muita fazenda, e nós nem ao menos temos marfim sufficiente para supprir a fazenda que falta para compra de viveres. Assim cada vez se vae tornando mais incerta a nossa subsistencia, e por isso temos um bem fundado receio de virmos a ser victimas da fome.

Estamos fazendo aqui uma despeza excessiva em compra de viveres; e estes limitam-se a raizes de mandioca e aboboras, unicos que se compram por alto preço e com extraordinario risco, por ser contrabando a venda que d'elles nos fazem alguns Cazembes.

Maio 8.—Varias noticias que tivemos, e que ao diante referiremos, determinaram-nos a ir hoje todos a casa do Fumo Anséva e do principe Calúlua, para lhes dizer que

sendo agora o tempo proprio de marchar, íamos despedir-
nos d'elles, para que depois se não possa dizer que vamos
fugidos, e que por isso lhes participâmos que por estes tres
dias nos retirâmos, pois que não é possivel demorarmo-nos
mais tempo. Elles approvaram a nossa resolução, e reconheceram ser esta a estação propria de fazer jornada, e disseram que tomassemos as providencias para isso, porque não
haveria obstaculo.

Recolhemos satisfeitos por termos aproveitado a occasião
favoravel, e hoje mesmo deram-se ordens e fizeram-se disposições para a marcha.

As noticias que tivemos foram: que o Cazembe anda at-
terrado com a epidemia das bexigas, que tem feito na sua
gente um estrago extraordinario; e que muito o tem feito
succumbir os sonhos repetidos em que crê haver-lhe apparecido o Muata Lequéza, seu pae, o qual lhe disse estas
palavras: «Grande castigo te espera pelo pouco caso que
de mim tens feito, porque de noite, quando venho do Maxâmo passear a Lunda, é-me preciso levantar o Muconzo,
e assim mesmo molho-me todo, porque todo o caminho está
sujo de herva, sem que tenhas tido o cuidado de manda-lo
limpar. E qual é o motivo por que demoras estes Mozungos
contra sua vontade, e lhes fazes o que eu nunca fiz? É por
isso que me tenho visto perseguido com continuas queixas do
seu Geral, aqui fallecido, pelo máu tratamento que tens feito
aos Mozungos.»

É certo que a estrada dos Maxâmos anda-se limpando
depois d'estes sonhos.

XIV.

O Muata possue algumas vaccas, que não têem pastor
nem aprisco certo, pelo que pastam e amalham onde lhes
apraz, mas sempre dentro, ou nos suburbios, de Lunda; ellas
vivem nas Mundas de milho e outras seáras; e se o dono de
alguma d'estas as deitasse fóra e as não deixasse comer e es-
tragar á sua vontade, seria isso um crime punido de morte;
assim ninguem se atreve a tocar-lhes nem desvia-las do logar
onde se encontram. O burro que tenho, e de que já fallei, asso-

ciou-se com estas vaccas, com as quaes tem vivido em perfeita harmonia, gosando por este motivo de todas as prerogativas, honras e privilegios de que ellas gosam, de fórma que da expedição é o unico ente que tem levado vida regalada. Ha dias, porém, que elle se tem tornado o tyranno da manada, não fazendo senão morder e perseguir as companheiras, o que talvez seja effeito da estação, ou da ociosidade em que vive. E isto tem chegado a ponto que o Muata mandou queixar-se ao commandante d'estes actos do jumento. Aproveitando-se o espirito supersticioso d'estes cafres, a resposta foi: «Que o Chimancáta por muitas vezes tem pedido voltar para Tete, e que se lhe tem dito que o Cazembe não o quer deixar ir; e que talvez seja esse o motivo da sua vingança nas vaccas. »

Esta resposta tem satisfeito o Mambo, que mostrou dar-lhe credito. Hoje, porém, o Chimancáta, correndo atraz da manada, que já foge d'elle, alcançou um touro e arrancou-lhe com os dentes um bocado do cachaço, o que deu motivo a novas queixas; e dando-se a mesma resposta, o Cazembe ao ouvi-la riu-se, e disse: «Que fizessem saber ao Chimancáta que descançasse e não perseguisse a manada, porque ha de partir com brevidade. »

De todos os meios que se nos offerecem temos lançado mão para vêr se nos livrâmos d'este barbaro.

Maio 9.— Logo de manhã principiámos a dar providencias para a marcha, amarrando as cargas, etc.: estando n'este trabalho chegou o Fumo Anséva e outros mensageiros, trazendo tres copos grandes, um de calix, outro de aza, e o terceiro de bôca de sino, os quaes o Cazembe mandava mostrar por serem d'estes e grandes que queria que viessem de Tete. E da parte d'elle disseram que a expedição podia ir marchando, mas que pedia ao commandante que se demorasse uns quatro ou cinco dias, para dar os Mirambos ao commerciante Cardoso e aos soldados, a quem ainda os não dera; ao que se annuiu. Pouco depois vieram tres escravos para recompensa de tres praças do destacamento, e foram distribuidos ao tambor, ao pifano e a um soldado.

Maio 10.— Foi o commerciante Paulo despedir-se do

Mambo, por ter de marchar para a frente, e foi-lhe recommendado por elle que queria de Tete bons pannos, baetas, copos grandes, pedras, louça, missangas de todas as qualidade, chitas e polvora, e que voltasse lá ámanhã, porque queria informar os seus Quilôlos da sua retirada.

Maio 11. — Voltou á Mossumba o commerciante, e achou o Cazembe sentado no chão sobre pannos, vestido com simplicidade e cercado dos Quilôlos. E o Mambo disse-lhe: «Que ámanhã ainda não podia marchar, porque primeiro queria Tentamar para despedir todos os Mozungos.»

Mandou o Muata sete escravos para o destacamento, e foram divididos por sete praças d'elle.

Como o contagio das bexigas tem progredido muito e feito um estrago consideravel nos escravos, tanto antigos como novos, aproveitámos a occasião de haver um escravo com bexigas benignas, para inocular todos os mais que ainda as não tiveram; cuja operação se fez a cento e tantos negros de ambos os sexos e diversas idades.

Maio 12. — Pela manhã fomos chamados pelo Cazembe: e tendo ido á Mossumba, achámo-lo em grande gala com todo o seu estado, cercado pelos Quilôlos; e á pouca distancia d'elle, e na sua frente, estava o tambor Chambançua sobre uma pelle de leão, e encostado ao mesmo tambor um sacco de baeta verde com cinco azagaias, e ao pé d'ellas um grande Môndo.

Accrescentaremos aqui, que quando o Muata-Cazembe se apresenta a Tentamar; isto é, em grande audiencia, além do estado mencionado, estão collocados, immediatamente aos pés do throno, uns doze ou quatorze negros sentados no chão, em duas alas, unidos uns aos outros, todos armados, uns com grandes Mutumbas (carcazes) cheios de flechas, e com os competentes arcos; outros com feixes de azagaias mettidas em saccos de baeta; outros com bacamartes, e outros com espingardas ou pistolas. Não têem uniforme; e servem de guardas ao Muata; o qual tambem n'esses actos costuma ter diante de si um grande espelho, encostado a um páo e posto de maneira que achando-se elle sentado, está continuamente a vêr-se. — Isto é da etiqueta todas as vezes que na praça da audiencia não são collocadas as alas de idolos, como aconteceu na primeira recepção que o Muata fez á expedição.

Logo que chegámos, o Muata dirigiu a palavra ao Fumo Anséva, dizendo-lhe: «Que mandára a Tete pedir aos Mozungos polvora, armas e soldados; que o Geral lhe mandára de tudo, mas em mui pequena quantidade, e que por isso queria que se lhe mandassem bastantes objectos d'estes. Que queria assegurar o caminho de Tete, para ficar franco. E que a expedição deverá ir junta com o seu Cazembe-Ampata. »

Assim que acabou de dizer isto, para nos ser referido, deu um Capotim, uma pelle de tigre e uma gorra de pennas ao negro que exercia as funcções de Fumo Anséva á nossa chegada aqui. Estes objectos dados agora são a investidura do emprego de Caquáta, que é aquelle que o enviado que nos acompanhou de Tete occupava então. Logo que elle recebeu estes objectos retirou-se, e pouco depois voltou com todos os seus subordinados, vindo todos barrados de terra da cintura até á cabeça inclusivè, bem como o rosto, dando repetidos gritos de ⹀ Averié. ⹀

Acabado isto levantou-se um negro, o qual, ajoelhando em frente do Cazembe, fallou por algum tempo; depois do que retirou-se. Em seguida o Muata pôz-se em pé, e tomando na mão um Poucué que tinha perto de si, lançou-o a tira-colo, e pegando nas azagaias que estavam encostadas ao tambor, fez a acção de as arremessar. Depois, e continuando a estar em pé, fez uma longa pratica, dirigindo-se de quando em quando ao tambor, como objecto d'ella, e logo que findou o discurso começou a Tombucar ao som da Musica, o que durou um quarto de hora, e então sentou-se, ficando tudo em silencio.

O Fumo Anséva deu-nos d'isto a explicação, dizendo: «Que o negro que fallára ao Muata fôra o mensageiro mandado por elle para Ombezar, e consultar os Gangas por causa das bexigas que têem destruido os seus povos, e pedir a interpretação dos sonhos que elle tem tido: e que os Gangas deram a resposta seguinte: «Que o Mambo Lequéza mandára este castigo em consequencia do Cazembe e dos Lundas não prestarem o respeito devido a elle e aos Muzimos. E que o Muata, ao ouvir isto, fizera a pratica que ouvimos. » — Esta consistiu em uma reprehensão aos Quilôlos, terminando por pedir a cada um d'elles alguma cousa para abrandar a ira dos moitos. Assim este cobiçoso tem arte de fazer reverter em seu proprio proveito todas as occorrencias.

Quando o Cazembe se ia retirando, pediu-lhe o commandante que nos permittisse marchar, partindo já para a frente o commerciante Paulo para fazer o acampamento; ao que elle annuiu, e deu ordem para irem tambem com elle alguns da comitiva do seu Cazembe-Ampata para fazerem tambem o acampamento para a mesma comitiva; e pediu ao commandante que se demorasse mais tres dias para acabar de recompensar aquelles a quem ainda o não fez; ao que este accedeu.

Como nos consta que está para saír para os dominios do Muatianfa, ou Murôpue, o enviado que aqui mandou; e que aquelle potentado não dista muito das possessões portuguezas da Africa occidental; e que continuamente vão á sua côrte mercadores d'aquellas partes; assentámos, os commandantes, em escrever ao general de Angola para lhe participar a chegada aqui da expedição, e informa-lo, ainda que em resumo, de alguns objectos mais importantes; e hoje mesmo pela manhã fizemos a carta e levámo-la ao Muata, a quem pedimos a sua remessa ao Muatianfa, com a recommendação d'este a dirigir para Angola por qualquer branco ou preto que vá para lá, como se diz que costumam fazer. O Cazembe não quiz pegar na carta, mas chamou o dito enviado, e ordenou-lhe que a recebesse, e fez-lhe as maiores recommendações em nossa presença.

D'esta occorrencia lavrou-se um termo em que se menciona isto circumstanciadamente e n'elle se transcreveu a carta na sua integra, a qual é do theor seguinte:

« Ill.ᵐⁿ e Ex.ᵐᵒ Sr. — Com bem pouca esperança de que esta minha participação chegue é presença de V. Ex.ᵃ pela superstição d'estes barbaros povos; comtudo o desejo que tenho de servir a minha patria e de realisar as sabias in-

tenções do meu governador, me obrigam a dar uma breve
noticia d'esta expedição, de que tenho a honra de ser commandante. Com a chegada do ill.^{mo} governador Manoel
Joaquim Mendes de Vasconcellos e Cirne á Capitania de
Quelimane e Rios de Sena, na Africa oriental, vieram ordens de Sua Magestade para fazer-se a expedição ao imperio do Cazembe, as quaes tiveram execução. No primeiro
de Junho do anno passado, saíu esta expedição da villa de
Tete com o destino para aqui, sendo composta de quatrocentas e vinte pessoas, sendo as principaes: eu, como seu
commandante; o capitão e commandante da praça e guarnição da villa de Sena Antonio Candido Pedrozo Gamitto,
como segundo commandante, primeiro da força militar, e
recebedor das fazendas e petrechos de S. Magestade, pertencentes á mesma; o sargento mór de ordenanças de Tete
José Vicente de Aquino, como interprete; e dois commerciantes, sendo um o tenente de milicias de Tete Paulo Leonardo Dias, e o outro o capitão de ordenanças da mesma villa
Joaquim dos Santos Montalvo, mas este falleceu no caminho.

Não mando a V. Ex.ª uma cópia do meu diario, e uma
exacta noção da minha marcha até aqui, por não fazer
grande volume, o que faria mais duvidosa a sua recepção
por V. Ex.ª, e por isso farei esta participação muito breve.

Logo que a expedição se poz em marcha, andou quatorze
legoas pelas terras da Real Corôa, e cento vinte e cinco
legoas e meia até ao rio Aruângoa, e d'este até aqui ao
Cazembe cento setenta e seis e meia, estimadas; que por
todo o caminho fazem tresentas e duas legoas estimadas. De
Tete até ao rio Aruângoa sempre andámos pelas terras dos
Muzimbas e Chévas, alliados da Corôa Portugueza, em cujas
terras achámos sempre abundancia de viveres e segurança;
porém, logo que passei o dito rio, e andei pelas terras, outr'ora dos Muizas, e agora conquistadas pelos povos Auembas, experimentou-se a maior fome possivel e traições d'estes
povos; de sorte que os escravos extraviavam-se com as
mesmas cargas, reaes e particulares: ainda que quasi todo
este caminho é deserto até aqui, por cujo motivo morreu-nos
a maior parte da nossa cáfila de fome.

Com a nossa chegada aqui (que foi a 19 de Novembro do mesmo anno) esperavamos achar melhoras, porém, achámos um barbaro e ambicioso ladrão (qual é este Cazembe) que nos tem roubado, e estamos experimentando a mesma falta, de fórma que uma porção que iguala a um selamim de mantimento cafrial, que é feijão ou milho, custa uma braça de zuarte, que corresponde a oitocentos réis. A nossa cáfila, ao presente compõe-se de tresentas pessoas. O rumo com que temos vindo da villa de Tete até aqui, é geralmente de Noroeste, vindo a ficar-nos a dita villa ao Sudoeste.

Este imperador é mui poderoso, e muito mais se faz respeitar por estes barbaros povos pela sua grande superstição e barbaridade.

Devo diver a V. Ex.ª que tenho feito indagações por este povo sobre a distancia que será d'aqui a esse reino de Angola, e só tenho collhido; que d'aqui até ao rio Luacáu (limites das terras d'este imperador) é um mez de viagem, e d'esse rio até á côrte de outro grande potentado, por nome Muatianfa, ou Murôpúe, a quem este rende vassallagem, são dois mezes, que por todo o caminho vem a ser tres mezes. Estes povos não dão noticia da distancia que ha d'ahi para diante, e só dizem que ha mais dois potentados entre Angola e o dito Muatianfa, que o primeiro limitrofe com o dito Muatianfa, chama-se Muenemputo, e o immediato chama-se Mossungo-Congo (que supponho ser o rei do Congo mencionado na historia), dizem mais, que ao dito Muatianfa vem escravos de Mozunges (brancos) de Angola commerciar, e por este motivo devo suppor que V. Ex.ª estará ao facto da distancia que será d'esse reino ao dito potentado Muatianfa, não só por este motivo, mas tambem porque em um dos annos de 1810 ou de 1811, chegou á villa de Tete um correio por nome Pedro de tal, expedido por esse Ex.mo Governo com officios, o qual, no fim de alguns mezes, regressou pelo mesmo caminho, e houve noticia de ter ahi chegado. Devo suppor que será menor a distancia que estes povos me dizem, pois elles fazem as suas jornadas com muito vagar, e muitas vezes demoram-se dias e dias em um logar onde acham de comer.

Será para mim a maior satisfação possivel o ter a honra e felicidade de que este meu officio chegue á respeitavel presença de V. Ex.ª, e quando eu tenha esta gloria, rogo e espero de V. Ex.ª se digne por algum modo fazer com que eu venha na certeza da sua recepção, para ficar no conhecimento que não foram baldados os meus esforços. Com a minha chegada a Tete farei subir o meu Diario á Real presença. Só me resta participar que este vae por via dos mesmos Cazembistas ao sobredito Muatianfa, para elle entregar a qualquer escravo que d'esse reino lá fôr.

Eu me acho em vesperas de marcha de regresso para a villa de Tete, e o dito segundo commandante d'esta expedição por não avolumar papel não officia a V. Ex.ª, e em signal da sua obediencia assignou-se aqui. == A ill.ma e ex.ma pessoa de V. Ex.ª Deos guarde muitos annos. Lunda, côrte do barbaro imperador Cazembe, 12 de Maio de 1832. == Ill.mo e Ex.mo Sr. governador e capitão general do Estado e Reino de Angola, etc., etc. == *José Manoel Corréa Monteiro*, major de infanteria e commandante da expedição do interior de Africa == *Antonio Candido Pedrozo Gamitto*, capitão de caçadores, segundo commandante, primeiro da força armada, recebedor das fazendas e petrechos de Sua Magestade pertencentes á mesma expedição. »

É esta a carta que escrevemos, e que entregámos para ser remettida, sem, comtudo, termos esperança alguma de que ella chegue ao seu destino.

Maio 13. — Ás nove horas e quinze minutos da manhã marchou o commerciante Paulo para a frente, com ordem de acampar em Casôlo-Mulanda, onde deve esperar a expedição. Mandou o Cazembe um escravo para recompensa de um soldado.

Tomando em consideração o que tem occorrido com o Muata, o máo tratamento que tem dado á expedição, a distancia e deserto que é preciso vencer, e todas as mais circumstancias que se observam n'este Diario; assentámos todos de commum accôrdo, e como grande serviço ao Soberano, á Nação e á humanidade em não insistir para se fazer ajuste algum commercial com este barbaro, tanto por elle ser incapaz de o observar, como para não excitar em algum futuro governador de Rios de Sena, a quem a ambição cegue, o desejo de mandar outra expedição; e para constar lavrou-se o termo n.º 10, que aqui vae transcripto, menos os formularios do estylo, e é do theor seguinte:

«E todos de commum accôrdo assentaram que não se podia, nem devia fazer, em primeiro logar pela ambição, ladroeira e barbaridade d'este Cazembe, em cujo estado não ha segurança alguma, nem para as pessoas nem para as fazendas; em segundo logar, porque elle não tem generos de exportação, como marfim, cobre e pedras verdes, por causa de elle mesmo ter arruinado as terras d'onde estes objectos saíam, com guerras e mortandades, sendo escravos o unico genero que tem, e estes vende-os por exorbitantes preços; terceiro, porque elle é quem unicamente faz o commercio, e prohibe, com pena de morte, a outre qualquer o faze-lo; quarto, porque o commercio com elle é obrigativo, e quando manda offerecer qualquer genero, marca logo o preço que quer; o qual se lhe ha de dar sem regatear, aliás argue um Milando ou questão, matando gente em presença dos commerciantes, e ameaçando-os a elles mesmos; e é preciso então dar-lhe o dobro do que pedia pelo genero que não queriam comprar-lhe, para assim deixar de os injuriar mais, ou para não commetter algum attentado; sendo-lhe assim dado de graça o objecto que pretendia; quinto, porque quando manda qualquer genero para vender, é por excessivo preço, como por exemplo, um dente de marfim de dezeseis arrateis de peso, por dez peças de fazenda, sendo d'estas algumas peças finas, seis e sete maços de missangas de côres, e outros tantos rosarios tambem de côres, copos, espelhos, pratos, etc.; e isto como fica dito, nem se póde deixar de comprar, nem dizer que não ha, porque então principiam os seus mensageiros a proferir injurias e a fazer ameaças, e retiram-se com o que trazem, como tem acontecido por muitas vezes; sendo uma d'ellas por causa da pretensão de haver dois chapéos de sol de mão do sr. governador, que vinham para compra de raridades, para comprar ambos os quaes este Cazembe mandou primeiro um dente de marfim meão; e tendo o

22

commandante dito que não podia ser, vieram dois escravos para o mesmo fim: e dizendo o commandante, que os chapéos de sol não eram seus, e que os não podia vender senão por um dente cada um, retiraram-se os enviados, e o Cazembe depois armou um phantastico Milando, de que resultou fazer cortar os membros a um escravo do commandante, ameaçar a todos os individuos da expedição com a morte e mandar buscar os chapéos de sol de graça, como se vê do Diario e do termo que se lavrou; sexto, porque os commerciantes não são senhores de se retirarem quando querem, mas só quando elle quer; e por isso logo á sua chegada pede-lhes grande porção de fazendas, ás quaes chama Mirambo (presente), para d'este modo os ter seguros, e no fim recompensa-os com uma bagatella; setimo, porque elle não faz caso algum da fazenda de lei, que não usa, e só sim de fazendas de lã, chitas e outras fazendas finas, pintadas, missangas, pedras de todas as côres, copos grandes, louças finas, espelhos, etc.; e estes objectos quer elle quasi dado, porque os não paga; ultimamente não convem este commercio, pela grande distancia de deserto que ha a passar desde o rio Aruângoa até aqui, onde se soffre grande fome, por cujo motivo n'esta expedição se perderam muitos escravos e fazendas reaes e particulares, o que fez com que, tanto a real fazenda, como todos os individuos da expedição tivessem grandes prejuizos, já pelos estravios e extraordinaria despeza que fizeram, sendo apenas as fazendas sufficientes para se poder escapar de morrer de fome; e mesmo quando aqui houvesse bom negocio, não podia fazer-se pelo que fica dito, e porque haveria de despender os generos negociados para a subsistencia. — Accresce mais que os povos Aúembas, que occupam o grande territorio desde o dito rio Aruângoa até quasi ao Muanempanda, chegam a furtar a gente com a carga que leva sobre si. Á vista de tudo isto um tal negocio seria prejudicial, e não util á capitania.» == Segue o encerramento e assignaturas.

Maio 14. — Vieram quatro escravos para quatro soldados.

Maio 15. — Á meia noite e vinte minutos mandaram-se para o acampamento de Casôro-Mulanda as fazendas que se poderam subtraír á cobiça do Muata, e que mal poderão chegar para nos salvar de sermos victimas da fome: as quaes não foram conduzidas de dia para não serem vistas pelos Lundas, e, por conseguinte, para que o Cazembe o não soubesse; e bastaria só a suspeita da existencia d'ellas para nos deitar a perder. São a nossa salvação; Deus as guie.

Maio 16. —Mandámos hoje ao Fumo-Anséva, á custa de todos, um soffrivel presente, que recebeu com agrado, isto por ter trabalhado nos interesses da expedição. Enviou o Mambo cinco escravos para os cinco soldados que faltavam para recompensa do Mirambo que lhe fôra dado, em 22 de Novembro, pelo destacamento.

De tarde chegou a gente que esta noite foi esconder as fazendas em Casôro-Mulanda, e deu parte de ter chegado sem novidade.

Maio 17 e 18. —Veiu a recompensa do Mirambo dado a 22 de Novembro pelo commerciante Cardoso, que consta de tres escravos e um dente de marfim com o peso de vinte e dois arrateis. Hoje têem caído doentes quasi todos os negros que foram innoculados a 11 do corrente. Para constar, lavrou-se um termo em que se mencionam as recompensas dadas pelo Muata pelos Mirambos de 22 de Novembro.

Maio 19. —Fomos hoje todos chamados á Ganda, que é o mesmo que Mossumba ou Chipango, residencia do Cazembe, para sermos despedidos, e levámos-lhe ainda algumas peças de fazenda: achámo-lo na grande casa, sentado no chão sobre pannos estendidos por cima de pelles de tigre. Logo que chegámos mandou-nos dar quatro cestos de sal e dois de tabaco em folha.

O tabaco é cultivado n'este paiz sem esmero algum. Limita-se o trabalho a semea-lo, e quando sêcco a colhe-lo e a guarda-lo em folhas da mesma fórma que são colhidas: é muito fraco e quasi sem gosto; fumado em cachimbo crepita como se tivesse sal de mistura: é usado geralmente em cachimbo, e pouco em pó; e n'este caso é preparado pelo mesmo processo de que usam os Maraves.

A cada um de nós deu o Mambo uma escrava. E saíndo

fóra da casa com um prato, que já tinha promplo, em que tinha Impemba, que, como já dissemos, é um pó branco como alvaiade, com que se barram; pôz na testa de cada um de nós um signal com a ponta do dedo index, e na mão tambem de cada um, uma pequena porção do mesmo pó, e depois mandou-nos dar uma vacca; e quando a final nos despedimos, cuspiu para o chão, como borrifando; o que significa, desejar boa viagem. A escrava que deu a cada um foi como gratificação da enviatura com que viemos em nome de Sua Magestade.

Quando chegámos ao abarracamento, apresentou-se ao commandante uma negra, pedindo-lhe que a comprasse; e tendo-se participado isto ao Cazembe, este mandou-a vender por sete peças de fato, importantes em dezoito pannos.

CAPITULO VIII.

Retirada da Expedição até aos limites do Cazembe. Descripção d'este paiz e de seus habitantes.

I.

Maio 20: — Ás oito horas e quinze minutos da manhã começámos a marcha, vindo eu na frente; e chegando á grande praça, e defronte da porta de leste da Ganda mandei dar uma descarga pela guarda da vanguarda, e entrámos na grande rua que vae aos Maxâmos, e andando com o rumo de L. chegámos á margem do rio Lunde, ondè, com tres legoas de marcha, formámos o campo, proximo aos Maxâmos. Este rio corre aqui para o S. com grande qnantidade de agua, em rasão das copiosas chuvas que tem havido, o que o fez engrossar e saír do seu leito, vindo assim a fertilisar uma grande campina, e depois vae despejar no Môfo.

Ás cinco horas da tarde caíu sobre nós uma trovoada com tanta chuva que nos alagou completamente.

Maio 21. — No mesmo sitio, por assim ter sido requerido pelos mensageiros que vem acompanhar-nos, a fim de effeituarem as ceremonias de despedida nos Maxâmos, as quaes consistiram em o Muine-Maxâmo implorar sobre a sepultura do Canhembo que este nos désse boa viagem, depois do que nos pôz na testa um signal de Impemba, como fez o Cazembe, e pediu que se dessem dois tiros em frente da porta do Maxâmo, o que sendo feito, dirigimo-nos em seguida á sepultura do Muata Lequéza, onde o respectivo Muine-Maxâmo praticou o mesmo que o antecedente.

Fez-se hoje o termo n.º 12, em que se mencionam os negros mortos e extraviados desde a saída de Tete até hoje, notando o seu numero e indicando a quem pertencem.

Maio 22. — Pela manhã proseguimos a nossa marcha para SSO., e depois de ter andado duas legoas passámos o riacho Chitambo, de que já havemos feito menção á vinda, e a pouca distancia ao S. d'elle chegámos ao acampamento, que estava feito pelo commerciante Paulo, o qual deu parte de não ter havido novidade.

Julgâmos escusado mencionar todos os dias a hora da partida, e por isso omittiremos esta circumstancia d'aqui em diante.

Maio 23. — No mesmo sitio. Sendo mais as cargas do que os carregadores, é forçoso fazer Intutíra, principiando-se ámanhã este enfadonho modo de marchar.

Maio 24. — Pela manhã segui para a frente com uma escolta e parte das cargas, com o rumo de LSO., e tendo andado uma legoa principiámos a subir a serra Chimpire, passando pela povoação do Fumo-Insipo; continuando a marcha, com o mesmo rumo por duas legoas, passámos o regato Momberéze, que corre para O. sem largura nem altura consideravel, e áquem d'elle formámos o campo, mandando voltar a gente das cargas e ficando só com o escolta. Fugiram dois escravos, dados pelo Cazembe a dois soldados.

Maio 25. — Ás dez horas da manhã começaram a chegar os carregadores, e ao meio dia estava já reunida toda a expedição. Despediram-se os mensageiros do Cazembe que nos vieram acompanhar até aqui.

Maio 26. — Pela manhã seguiu para a frente o commerciante Paulo Leonardo.

Maio 27.—Levantámos o campo, e seguindo para a frente, com o rumo de SSO. meia legoa, passámos o riacho Cacalué, que corre para O. com alguma agua, e tem de largo quatro braças e de alto tres; e ávante d'elle meia legoa subimos um pequeno outeiro pedregoso, mas logo entrámos n'um Dambo, e no fim d'elle, depois de termos andado duas legoas desde o outeiro, chegámos ao campo, onde estava o commerciante Paulo, que deu parte de não ter havido novidade. Todo o caminho tem sido despovoado.

Maio 28.—Seguimos para OSO., e tendo caminhado uma legoa passámos o riacho Gúeuna, que corre para O. com quatro braças de largo e duas de alto: d'aqui tomámos o caminho de ESO., em que andámos uma legoa, e passámos o riacho Muenzi, que corre para O. com duas braças de largo e uma e meia de alto, e ávante d'este ponto meia legoa, mas na margem do mesmo riacho, formámos o campo, voltando os carregadores.

Maio 29.—Ás onze horas chegou a expedição.

Maio 30.—Seguiu o commerciante Paulo.

Maio 31.—Seguimos a marcha para SO., e tendo caminhado tres legoas encontrámos uma povoação abandonada, da qual fizemos caminho de S. meia legoa, e passámos o riacho Cassumba, com agua, que corre para O. com tres braças de largo e uma e meia de alto; e depois de have-lo passado chegámos ao acampamento do dito commerciante. Continua o despovoado. Ha aqui uma insignificante povoação, e por isso sem cousa alguma para vender. Morreram dois negros do commerciante Paulo.

Hoje serviu-nos o passaro Issáí para nos mostrar abundancia de mel, mas a maior parte dos favos estavam cheios de vermes ou larvas, o que não foi embaraço para se comerem juntamente com o mel e cera.

Junho 1.—Seguimos para SO.; e tendo caminhado legoa e meia encontrámos uma insignificante povoação, a qual nos disseram que pertence ao irmão do Muanempanda; e proseguindo a nossa róta, a meia legoa d'ella chegámos á margem O. d'um grande Dambo, proximo ao qual ha um Mucito, ou matta densa, e encostado a elle mandámos formar o campo, e voltar os carregadores.

Junho 2. — Pela manhã mandámos observar se na povoação do Muanempanda ha falta de viveres, como dizem, o que infelizmente se verificou, perdendo assim as esperanças que tinhamos de abastecer-nos alli.

Junho 3. — Mandou-se á povoação do irmão do supradito pedir um guia para conduzir a expedição á povoação do Chembelengueze, onde dizem que ha mantimentos, o qual veiu; e logo eu e o commerciante Paulo continuámos a marcha com o rumo de ENE., e apenas haviamos andado meia legoa, quando o guia se retirou, indicando o caminho que deviamos seguir, e dizendo que não havia outro: principiámos então a atravessar o grande Dambo, e tendo caminhado por elle em agua lodosa, que nos chegava até á cintura, pelo espaço de meia legoa, que tanto gastámos em o atravessar, caminhámos depois para SE.; e tendo andado legoa e meia, entrámos n'outro Dambo, e na margem d'áquem do regato Caperembe formámos o campo. Continua o caminho a ser despovoado.

Junho 4. — Aó meio dia e vinte minutos chegou a expedição.

Junho 5. — Pela manhã segui para a frente com o mesmo commerciante, e atravessámos o regato que corre para o N. com duas braças de largo e uma de alto; fazendo caminho de SE. e tendo andado legoa e méia, encontrámos culturas de milho, e a uma legoa ávante d'ellas chegámos á margem do regato Chitare, onde acampámos.

Junho 6. — Ás onze horas da manhã chegou a expedição.

Junho 7. — Pela manhã levantámos o campo com toda a expedição, deixando uma escolta de guarda a vinte e duas cargas de marfim que ficaram no acampamento: passámos o regato que corre para o N. com duas braças de largo e meia de alto, e fizemos caminho de ENE., e tendo andado meia legoa passámos o riacho Pambále, que corre para o N. com oito braças de largo e dez de altura de barreiras, e ávante d'elle uma legoa atravessámos o riacho Cantíca, que corre para O. com cinco braças de largo e duas de alto, e a cem passos d'elle passámos pela povoação do Chembelengueze, e a meia legoa de marcha do riacho formou-se o campo.

Junho 8. — Pela manhã mandaram-se buscar as cargas que ficaram no acampamento, as quaes vieram sem ter havido novidade. Mandou-se um quarto de Zuarte ao Chembelengueze.

Junho 9. — No mesmo sitio, tanto para fazer fornecimento de viveres, como para esperar a cáfila Cazembista que vem a Tete. Veiu o Chembelengueze visitar-nos ao acampamento.

Junho 10. — Fez-se o pagamento do mez de Janeiro ao destacamento, o qual importou em cento setenta e tres panos e um quinto.

Junho 11. — Mandaram-se dois soldados para a retaguarda a saber noticias da cáfila de Cazembes, e abreviar-lhe a marcha.

Junho 12. — Tem-se feito algum fornecimento de viveres, mas em pouca quantidade, por não haver quem os conduza, e não podermos comprar escravos para não aggravar o mal que precisámos remediar.

Junho 13. — No mesmo sitio.

Junho 14. — Ao toque d'alvorada houve parte de ter desertado o soldado ferreiro Manoel da Rosa. Para o capturar mandou-se uma escolta pelo caminho direito a Lunda e outra ao Muanempanda, ambas em seu alcance; a primeira levou uma Ardian para dar de bôca ao Muata para o mandar entregar: mandou-se igualmente dar parte ao Chembelengueze para manda-lo procurar, promettendo-se-lhe uma boa peça de fato para elle e outra para quem o apanhar, bem cómo se prometteu uma peça de Zuarte á escolta, soldado ou negro que o prender.

Junho 15. — Recolheu a escolta que foi ao Muanempanda sem noticia alguma do desertor.

Junho 16 e 17. — Sem novidade. Morreu no dia 16 um escravo.

Junho 18. — Chegou um dos dois soldados que tinha ido saber dos Cazembes, e deu parte de ter encontrado o Cazembe-Ampáta, ou enviado, nos Maxâmos, que alli estava á espera dos contingentes; e disse que para abreviar a sua partida fôra elle pedir ao Muata a despedida dos mesmos; e que elle juntára os Quilôlos, por quem repartiu o marfim que devem fazer conduzir pela sua gente, que ha de formar a cáfila do Cazembe-Ampáta; e tendo sido assim despedidos, o outro soldado ficára com o dito enviado para instar pela sua marcha.

Deu parte o mesmo soldado que em Lunda lhe disseram que o soldado ferreiro não vinha para Tete e que ficava lá; e que, segundo o que percebêra, o desertor fôra desencaminhado pelo Cazembe.

Junho 19, 20 e 21. — Sem novidade. Morreu um negro.

Junho 22. — Por uma extraordinaria fortuna podémos salvar as fazendas que nos restam e dois caixotes, cada um com quinhentos cartuxos embalados, do meio das chammas que queimaram a barraca onde estavam: felizmente nada se perdeu; todavia o perigo foi excessivo, e valeu-nos o ignorarem os negros que estava o cartuxame debaixo da fazenda, pois que fugiriam se o soubessem.

Junho 23. — Recolheram ao campo os doentes que estavam em Casôro-Mulanda.

Junho 24. — Recolheu a escolta que foi a Lunda em procura do desertor, e participou que o Cazembe, bem longe de o entregar, lhe dissera: «Que se apparecesse o mandaria para Tete, mas não agora; e que se alguem da expedição quizesse lá ficar, elle o convidava para isso, garantindo-lhe a mesma segurança que em Tete, e que quando se não désse bem o mandaria pôr lá.»

Informou mais que dissera um filho do Cazembe, que o soldado já alli estava com o Muata, e que seria inutil toda a diligencia que a escolta fizesse por elle. E que por este motivo ella se tinha retirado. E que passando pelos Maxâmos, onde está a Mussássa dos Cazembes, soubera que o enviado tinha ido para a sua povoação, levando comsigo o soldado que alli tinha ficado, e que uma grande parte da gente da cáfila tambem estava dispersa pelas suas povoações; o que indica haver ainda muita demora.

Junho 26. — Espera-se a gente que anda comprando viveres.

Junho 27.—Visto a Real Fazenda não ter já fazenda alguma para as despezas que só a ella lhe cumpre fazer, tive ordem do commandante para receber, e lançar em conta de receita quatrocentos panos de fato de lei, que existem, pertencentes ao commerciante Candido José da Costa Cardoso, fazenda que lhe havia sido dada pelo governador.

Como a gente que anda procurando viveres se demora, o commandante deu ordem e tomou as providencias para se marchar ámanhã, para o que pediu-se um guia. Lavrou-se um termo em que se mostra a falta que ha de fazenda real, e a precisão de toma-la por emprestimo.

Junho 28.—Deixou-se aqui uma escolta á espera dos que faltam, que fazem o numero de dezoito; e andando para ESE. duas legoas, atravessámos o regato Chembárebáre, que corre para O. por um pequeno Dambo, e tem de largo uma braça e de alto um palmo, e ávante d'elle legoa e meia chegámos á margem de outro, por nome Pambále, que corre para L., mas sem altura sensivel, sendo apenas um arroio que corre á superficie da terra. Aqui formou-se o campo. Principia o grande deserto.

Junho 29.—Continuando a marcha para o S. uma legoa, passámos o riacho Macânga-Mábué, que corre para o S. com oito braças de largo e duas de alto; d'aqui caminhámos para ESE. meia legoa, e passámos o regato Macânga, que corre para O. com duas braças de largo e uma de alto; d'aqui andámos para o S. tres legoas, e chegámos a um pequeno regato, na margem do qual se formou o campo.

Junho 30.—Seguindo a marcha para o S., e tendo caminhado meia legoa atravessámos o regato Campêmba, que corre aqui para o N. com duas braças de largo e cinco de alto, e tomámos o rumo de L., com o qual caminhámos legoa e meia, e atravessámos um Dambo coberto de agua lodosa, pelo meio do qual corre um arroio com excellente agua, e a uma milha d'elle tomámos a direcção do S., deixando o Dambo, e ávante uma legoa passámos uma povoação abandonada, onde o guia perdeu o caminho, pelo que se fez alto em quanto o foi procurar. Meia hora depois voltou, e marchámos, fazendo caminho de L., passando o regato

Inhacampangóra, que corre para L. com uma braça de largo e meia de alto; tomámos a direcção de SO., e ávante meia legoa da povoação formou-se o campo na margem do mesmo regato.

II.

Achando-se agora a expedição na proximidade da fronteira dos estados do Muata, e a ponto de deixar este paiz, julgo ser esta a occasião de referir as noticias que tenho podido colligir ácerca da nação Cazembe.

O territorio em que domina o Muata Cazembe tem por limites, segundo parece, ao Noroeste, Nascente e Sul, os territorios que obedecem aos Muembas, Auembas, ou Moluanes; e ao Poente o rio Lualáo, celebre na historia Cazembiana. Este rio serve de fronteira aos dominios do Muatianfa ou Murôpue, dominios a que os Cazembes chamam Angola.

A extensão da sua superficie não posso calcula-la; sei, comtudo, pelas informações dos mesmos Cazembes, que elle é de consideravel numero de milhares de legoas quadradas. Este grande estado tem adquirido tal celebridade na Cafraria, que é respeitado como o unico poderoso entre as nações do Sul. Mais proximo da costa oriental do que da occidental, não é desconhecida alli a lingua dos povos que lhe ficam ao Nascente; mas a que se falla na côrte do Cazembe é o Campocôlo. O titulo de Cazembe poderia, talvez, traduzir-se pelo de imperador,; e é d'este titulo que o territorio, em que este soberano domina, tomou o nome de Cazembe.

O Muata Lequéza havia estendido os limites do seu imperio pelo territorio dos Muizas, desde a serra Chimpire até ao rio Chambéze; mas o seu successor tem perdido esta parte dos estados de seu pae, que se acha hoje conquistada sobre os Muizas (como já di-semos) pelos Muembas ou Moluanes, que parece terem vindo de uma região do Noroeste, onde elles dizem que reside o seu Mambo, Chiti-Muculo; e parece tambem terem avançado até ao dito rio, costeando na sua marcha as fronteiras do Norte e de Leste dos do-

Est. 15.

Rio Canengoa

Bosque dos Quiongas

CIDADE de LUNDA

LAGO MOFO

Explicação da Estampa XX — 1 ...
... 3 Marcambe — 4 aos ...
... — a grande rua que vae ...
... em fim d'ella, onde está a ...
... onde habitam os G... — ...
... P...o-Ansésa — 12 ata ...
...sta — 14 casa do ... 1º ...
...niciras de Incoma, as ... que ...
por um raio a nossa vista — 16 casa de M... casa de
Mumenzpaula — 18 dito de Saana Murúpo ...
...ado.

minios do Cazembe, e que são hoje senhores de todo o paiz, que têem invadido, continuando a obedecer ao dito Mambo.

Entre os limites antigos do estado do Muata, desde o rio Chambéze até ao rio Luálao, poderá calcular-se haver cento e cincoenta a duzentas legoas, segundo as mais particulares noticias que pude obter. Quanto, porém, á largura do mesmo estado não posso fazer calculo algum provavel: direi, comtudo, que, pelas informações incompletas que obtive, supponho que poderá ser de metade do seu comprimento.

O territorio do Cazembe é plano e cortado de rios. Está dividido em districtos, e estes são governados pelos Quilôlos, que têem o uso-fructo dos mesmos districtos. O Muata, porém, tira-os a uns e dá-os a outros a seu bel prazer. Raras vezes acontece que um Quilôlo perca o dominio sem haver tambem perdido a vida, que lhe é tirada sem fórma alguma de processo.

A capital d'esta nação é Lunda, cidade situada na margem oriental da lagôa, ou rio, Môfo. Ella tem duas milhas de extensão; as suas ruas são largas, direitas e mui limpas.

A Ganda, Mossumba, on Chipango, que por qualquer d'estes tres nomes se conhece a residencia do Muata, está na margem do Môfo, e na extremidade N. de Lunda [1].

III.

Os povos do Cazembe ignoram totalmente a arte de escrever, nem têem algum outro meio pelo qual possam transmittir as suas idéas. Elles têem uma religião absurda e

[1] Explicação da Estampa XV: — 1 Mossumba — 2 grande praça — 3 Mazembe — 4 acantonamento da expedição — 5 casa do Calúlua — 6 grande rua que vem dos Maxâmos a Lunda — 7 barraca no fim d'ella, onde está a figura — 8-8-8 Ruas — 9 bosque horrivel onde habitam os Gangas — 10 rio Canengoa — 11 casa do Fumo-Anséva — 12 dita do seu predecessor — 13 parte pouco povoada — 14 casa do enviado de Angola — 15 um grupo de quatro palmeiras de Incoma, as unicas que ha em Lunda; uma foi destruida por um raio á nossa vista — 16 casa de Muaniancita — 17 casa do Muanempanda — 18 dita do Suana Murópue — cccc casas do povo meudo.

grosseira. Sacrificam os prisioneiros de guerra, e na falta d'estes os seus mesmos compatriotas, aos Muzimos, ou manes, dos finados Muatas, e tambem nos seus suppostos encantamentos.

Entretanto ha nos estados do Muata uma rigorosa policia. Elle não contrahe alliança com outros potentados. É a sua politica manter-se em estado permanente de hostilidade com os pequenos Mambos seus visinhos, de quem espera, por este meio, tirar proveito; ou em quem intenta exercer vinganças, ou satisfazer caprichos.

IV.

O governo é despotico e absoluto tanto quanto é possivel sê-lo. O soberano tem o titulo de Muata (senhor). Os seus cortezãos mais lisongeiros tambem lhe dão o tratamento de Muatianfa, que recebe com gosto, mas isto não é geral. Tem tambem o tratamento de Muané, palavra que não sei a que corresponde na lingua portugueza, mas julgo ser synonimo de senhor, porque para affirmar alguma cousa ao Muata dizem = Eió, Muané: = a primeira quer dizer = sim. Para perguntar ao Muata, ou para lhe responder, dizem tão sómente = Muané. =

A vontade e capricho do Muata é lei suprema; e por isso elle dispõe das vidas e bens dos seus vassallos, os quaes domina e governa como escravos. Á sua menor vontade não ha reflexão a fazer, mas sómente prestar uma cega obediencia.

O governo é hereditario, mas é preciso que o successor do Muata seja filho de Cazembe e de mulher de Angola; isto é, dos dominios do Muatianfa, cujos vassallos são os Campocólos. Logo que o successor ao throno é reconhecido pelo Muata, toma o titulo de Muana-Buto. Na falta de filho que tenha esta essencial qualidade, é eleito o mais proximo parente do reinante, com tanto que possua a mesma origem; se, porém, não ha quem reuna estas circumstancias, deverá ser nomeado Muata-Cazembe um subdito do Muatianfa.

V.

A côrte do Muata-Cazembe é composta de Quilôlos, ou Vambires, que constituem a nobreza, os quaes são respeitados pelo povo como elles respeitam o Cazembe.

Os Quilôlos da primeira ordem são:

O Muana-Buto, principe herdeiro do throno.

O Calúlua, tio do Muata.

O Suana-Murôpue, sobrinho do Muata.

A Nine-Amuana, mãe do Muata.

A Nine-Ambáza, irmã do Muata.

(Estes dois ultimos titulos são apenas honorarios).

O Muanempanda, general em chefe das forças de guerra.

O Muaniancita, intendente das estradas e encarregado de dar guias: tambem lhe compete entender e sentencear os Milandos antes de serem julgados em ultima instancia pelo Muata.

Os mais Quilôlos, cujos titulos são precedidos da palavra ══ Fumo ══ pertencem á segunda ordem.

Todas as peças que servem de vestuario ou ornamento ao Muata estão em arrecadação e a cargo dos Quilôlos da segunda ordem, e cada classe de peças tem seu thesoureiro, o qual toma o titulo d'ellas, como ══ Fumo-a-Muconzo ══ o que guarda e veste o Muconzo ao Muata; ══ Fumo-a-Tunseco ══ o que guarda as missangas; ══ Fumo-a-Mábué ══ o que guarda as pedrarias, etc., etc.

Estes Quilôlos são obrigados á estar sempre proximos da Mossumba, em logar onde possam ouvir o toque do Môndo. Além d'estes ha os tangedores de instrumentos, que têem o mesmo titulo que os instrumentos que tocam, e são igualmente considerados Quilôlos da segunda ordem.

VI.

A auctoridade suprema é a do Cazembe, e a immediata é a do Muanempanda, que commanda em chefe, quando toda, ou a maior parte da nação, pega em armas, e só deixa de faze-lo quando o Cazembe assume o commando.

O Muaniancita, como intendente dos caminhos, tem a seu cargo ordenar os itenerarios quando marcha qualquer cáfila, dando para ella um contingente commandado por um delegado seu, a quem dá instrucções para o transito, e o qual tem a sua representação e toma então a sua denominação. Elle marcha somente com a pessoa do Mambo.

O Fumo-Aluvinda é o inspector das obras do Muata, e tem a seu cargo concertar e arranjar as ruas de Lunda, os recintos e casas da Mossumba, Mazembe, Maxâmos, etc.; elle é subordinado ao Muaniancita.

O Fumo-Anséva, tem a seu cargo vigiar os estrangeiros, transmittir-lhes as ordens de seu amo, e é quem responde por elles ao Cazembe.

O Caquáta, cujo titulo significa litteralmente, o que agarra e conduz, não tem o caracter de Quilôlo; todavia é uma auctoridade que respeitam, mas a quem ao mesmo tempo odeiam. É o chefe dos Quátas ou esbirros, que têem a mesma representação que entre nós. Estes têem por insignias, sobre o Poucué que lhes pende ao lado, umas cordas enroladas, das quaes se servem quando necessitam amarrar alguns presos, o que raras vezes succede, porque quasi nunca resistem á voz de prisão. O seu numero é indeterminado, e quando os vimos juntos seriam uns trinta. Todos elles, com o seu chefe, obedecem ao Fumo-Anséva, que os emprega, segundo julgo, na vigia dos estrangeiros. Subordinado ao Caquáta, e seu immediato é o Cáta-Máta, nome que litteralmente significa Corta-orelhas. Este é o algozmór, e em dias de Tentamação, ou audiencia, o Cáta-Máta fica em pé na frente dos Quátas, que igualmente estão em pé e em columna serrada, a dez ou doze passos á direita do Cazembe, e o Caquáta fica proximo a elles, mas sentado.

Em cada rua ha um Muhiné, especie de juiz, que é responsavel por tudo quanto acontece n'ella, sendo todas as pequenas questões que occorrem na rua respectiva, julgadas por elle; porém as partes podem appellar para o Muaniancita, a quem os Muhines são subordinados; mas d'este tambem podem recorrer para o Cazembe, de quem não ha recurso, e cuja decisão não se atreveriam a censurar. Estes Muhines têem por insignia uma pequena enxada cravada na extremidade inferior de um comprido bastão, com uma pequena argola de ferro, posta de tal fórma na espiga da enchada, que quando se apoiam n'ella faz algum arruido.

Em cada Maxâmo ha um Muhine-Maxâmo, que tem a seu cargo receber e offerecer os donativos e offertas aos Muzimos, e em tudo mais são os servidores dos Maxâmos.

O Cazembe, que é o senhor absoluto de tudo, recebe os tributos que impõe aos senhores de terras segundo o seu capricho. Elle não tem despeza fixa a fazer, nem outras, senão o que distribue como donativo e mercê.

A vontade do Muata é a lei; as suas sentenças diversificam em casos identicos e circumstancias similhantes, segundo o seu capricho e vontade.

Não ha legislação conhecida, e apenas o que existe de tradicional é relativo ao ramo policial; mas tudo se decide segundo o proveito, segurança e commodidade do Cazembe, e em quanto ao mais, o que elle hontem absolveu, hoje o condemnou com a morte, etc.

VI.

A nação Cazembiana é dividida em feudos, que o Muata dá e tira como lhe apraz, sem fórma alguma de processo; e a maior parte das vezes o feudatario perde a vida com o feudo, que dá o Muata a quem quer, e mesmo accumula em outros; todavia elle não possue directamente terreno algum.

Os meios de que dispõe, tanto para a guerra como para outras emprezas, são empregados segundo as forças do potentado a quem vae fazer a guerra, nomeando d'entre os feudatarios aquelle ou aquelles que julga sufficientes, os quaes, com a gente das suas terras, marcham, depois de serem inspecionados ou mandados inspeccionar pelo Muanempanda: e sendo preciso, marcham todos os feudatarios com a sua gente,

23

sem que a agricultura se resinta d'esta falta, porque o trabalho é feito por mulheres.

O Cazembe não tem hoje potencia alguma visinha que possa temer, porque desde muito tempo está reconhecido como um dos potentados cafres de primeira ordem, que, a uma força respeitavel, reune a cega obediencia que lhe têem os seus vassallos. As suas fronteiras são abertas, e não se faz uso algum de fortificação, além de um fosso. Em caso urgente o Cazembe dispõe de tudo e de todos como propriedade sua, e elles, sem murmurar, prestam-se promptamente á mais pequena vontade do soberano, o que sempre é de grande recurso em lances apertados, mas estes aqui são mui raros.

Em tempo de paz não ha força armada, e apenas em Lunda existem uns tres mil homens, que em occasiões de grande audiencia, e n'aquellas em que o Cazembe recebe enviados estrangeiros, apparecem armados, mas sem apparencia de disciplina nem ordem alguma militar, formando tumultuosamente na praça um semicirculo, e ficando como de guarda em quanto dura a ceremonia, e acabada ella destroçam tambem sem ordem.

Quando ha guerra marcham, sem excepção, todos os homens que podem servir. Elles são distribuidos em corpos, ou Mangas, que são formados pelos feudatarios com a sua gente, e cada um d'estes, segundo as circumstancias, opera por si só, ou une-se a outro ou outros, e n'este caso commanda o Muanempanda ou outro Quilôlo da primeira ordem, mas isto só tem logar em guerras geraes; d'estas, porém, não tem havido desde a morte do Muata Lequéza. As pequenas guerras são feitas por meio de correrias no paiz inimigo.

As armas defensivas de que usam os Cazembes são unicamente um escudo quadrilongo feito de uma madeira branca muito leve e porosa como cortiça, e toda passada com tiras de casca de um rotim a que chamam Mâma, que se cria nas lagôas do paiz; e quando se preparam a entrar em lide molham o escudo, que, dilatando-se a substancia que o fórma, torna-o impenetravel aos golpes do inimigo. As armas offensivas são o arco, flecha, azagaia, machadinha e Poucué. Usam tambem de algumas espingardas que lhes fornece o

Muata, mas servem apenas para metter medo, por serem carregadas sómente com polvora.

Estes corpos não recebem fornecimento algum desde que entram em campanha. Então é á pilhagem que recorrem para obterem mantimentos e munições de guerra. A tactica de que usam contra o inimigo é particular. Buscam sempre vencer por ardil, porém se o não podem conseguir por este meio, então avançam rapidamente sobre os adversarios, que derrotam se são felizes; achando, porém, forte resistencia retiram-se em debandada, e repetem esta operação até vencerem, ou perderem toda a esperança d'isso.

VII.

A povoação do paiz do Cazembe deve ser muito numerosa. O pequeno espaço que visitámos é, segundo nos informaram, o menos povoado, por ser proximo da Gânda, onde habitam sómente os que são obrigados a estar na côrte, porque todos fogem de viver na sua visinhança. Disseram, porém, que este estado, em comparação ao que foi, está hoje um deserto.

Não nos foi possivel calcular com probabilidade o numero de individuos por legoa quadrada, porque na parte do paiz que atravessámos, encontrámos em diversas partes uma serie de pequenas povoações muito visinhas e cheias de gente, e apoz isto uma grande extensão de terreno totalmente deserto. Disseram-nos que o numero de nascimentos é maior do que o dos obitos; e nós observámos, durante a nossa estada em Lunda, que eram mais os canticos de alegria pelos nascimentos do que o choro pelos mortos, que foram raros, salvo pelo Poucué do Muata. Em todas as povoações avultam os anciãos e os mancebos.

Como todos os mais povos cafres, este segue a lei da polygamia. Não ha individuo algum dos dois sexos que não seja casado. Homens e mulheres são dados á incontinencia, e por isso é muito familiar o adulterio entre este povo.

A primeira classe da nação, como havemos dito, são os Quilôlos, e a segunda e ultima são os Muzias, ou servos:

n'esta comprehendem-se os cultivadores, artistas, etc. Uns e outros, Quilólos e Muzias, são considerados escravos do Muata; e este ameaça os primeiros de os vender, mas não ha exemplo de assim ter praticado.

Todas as povoações são conhecidas com o nome de Mui; mas áquella onde habita o senhor do districto, quando lá se acha, dão o nome de Gânda.

O caracter physico que distingue os Cazembes é côr preta, cabello comprido e lanoso, cabeça pyramidal, testa proeminente, olhos salientes e geralmente muito vivos, faces abatidas, nariz recto, beiços delgados, estatura mediana, mas robusta, posição de corpo erecta.

Os Cazembes descendem dos indigenas chamados Messiras, e dos Campocólos, conquistadores provenientes do occidente da Africa; e por isso ainda hoje são tratados por Messiras os puros descendentes do Mambo conquistado, os quaes vivem n'uma ilha do Môfo, isolados, e sem enlace algum com os Cazembes, e sómente apparecem na côrte em dias festivos, por serem obrigados a isso.

VIII.

A religião d'estes povos consiste em uma superstição grosseira. Elles crêem que o Pambi é um ente auctor de tudo, porém ao mesmo tempo acreditam que elle obedece promptamente á virtude dos seus feitiços. O Cazembe julga-se immortal pela virtude dos mesmos feitiços; e quando se lhe traz o exemplo da morte dos seus antepassados, elle o impugna, dizendo que morreram por descuido e falta de vigilancia que tiveram nos ditos feitiços, mas não por sua natureza mortal, porque o Pambi creou o Mambo para mandar os povos, e que por isso elle não póde morrer senão por obra dos feitiços. Este Muata está tão convencido d'este absurdo, que ainda não nomeou Muana-Buto, para não ser enfeitiçado por elle, apesar de estar já avançado em idade.

Os logares onde foram sepultados os Muatas são reverenciados como logares sagrados; comtudo não rendem culto algum aos mortos, sómente dão aos seus Muzimos a consideração que tiveram em vida. O Cazembe é o unico que possue uns bonecos de páo, que toscamente imitam a figura humana, e que são adornados com pontas, ossos e outros despojos de animaes, os quaes são reverenciados como medianeiros do bem e do mal.

Quando ha alguma guerra a emprehender sempre invocam um dos fallecidos Muatas, que geralmente é o Lequéza; e todas as caveiras que trazem da guerra são offerecidas no seu Máxâmo, e os prisioneiros são-lhe sacrificados.

Os seus oraculos são sempre exhibidos por Ombezação.

As grandes festividades são celebradas pelo Cazembe, que é a suprema authoridade religiosa; ellas consistem em danças e toques, e no fim d'ellas, encerra-se no interior do Maxâmo, onde lança comer e Pombe, e quando se retira deixa algumas peças de fazenda como offerenda aos Muzimos.

Crêem que os Muatas-Cazembes mortos se communicam com os vivos, e que experimentam as mesmas paixões e necessidades que os vivos, e que de noite andam em passeios, e que fazem deboxes. A data d'esta grosseira crença é immemorial, e dizem que ella foi trazida pelo primeiro Cazembe que veiu de Angola.

IX.

A lingua vulgar é a primitiva lingua Messira, a qual é muito similhante á Muiza, mas a da côrte é a chamada de Campocólo. Durante seis mezes que residiu a expedição em Lunda, não houve um só individuo que podesse entende-la, sendo sempre para nós, os brancos, totalmente estranha, e ainda para o mesmo interprete, que falla correctamente todas as linguas do sertão. Parece ser de grande difficuldade o aprende-la. Ella é toda guttural, e parece entender-se mais pelos sons do que por articulação de palavras; é agradavel ao ouvido e harmoniosa, e julgo que é muito abundante em termos, porque a fallam sem accionado. É em Campocólo que se dão as ordens por sons tirados no Môndo. D'esta lingua sei apenas as duas palavras: Cúpso e Mame; a primeira significa fogo, e a segunda agua.

X.

De todos os povos que tenho visitado é este, sem contradicção, o mais industrioso, tanto em objectos necessarios á vida como em outros de luxo. A agricultura é o principal trabalho em que os Cazembes se occupam, o que fazem com todo o cuidado. É ella que lhes dá a abundancia, sendo na cultura da mandioca que quasi exclusivamente empregam toda a attenção. A sua industria fabril ou mecanica não tem delicada perfeição, mas preenche completamente os fins para que é destinada.

As carnes e peixes de que fazem provimento, são, depois de seccos ao fumo, guardados para servirem quando carecem deste alimento. Preparam as pelles dos animaes como os outros povos de que tenho fallado, e d'ellas fazem o seu principal vestuario, á excepção do Muata, que não se veste senão com fazendas de lã ou de algodão estampado.

Do reino vegetal tiram a maior utilidade, e é nos trabalhos que fazem sobre os seus productos que mais se distingue a sua industria. Toda a baixela e vasos proprios para conter liquidos, de que fazem uso domestico, são feitos de páo, assim como as suas Galáuas, ou almadias, de que se servem nos rios; e todas estas obras de madeira são acabadas com perfeição e segurança. Das fibras de grande variedade de especies de arbustos, de que abunda toda a Africa oriental, extrahem linho; e tanto d'elle como do algodão, mas d'este têem mui pouco, tecem pannos grosseiros e fazem cordas, redes, linhas para cozer e pescar, etc., etc.

Da mandioca, milho fino e grosso, e do Náxenim fazem farinha, servindo-se para isso de pilões, e d'esta farinha fabricam a massa a que chamam Buáli, que constitue o seu usual alimento. E como sabem que a raiz verde de mandioca é venenosa, e que o veneno provém do seu succo, é por isso que logo que desenterram a raiz a mettem em cestos que mergulham em um rio, onde a conservam por dois dias ou mais, e depois de tirada da agua é posta ao fumo, e quando está bem secca é guardada para ser reduzida a farinha.

O preparo que dão á mandioca faz com que o Buáli adquira um gosto azedo e repugnante, de que os Cazembes gostam muito. Nós achavamos-lhe bom ou máo gosto, segundo as occasiões em que nos serviamos d'este alimento; e n'aquellas em que não havia outra cousa parecia-nos delicioso.

Da gomma elastica, de que abunda o paiz, servem-se apenas para os seus instrumentos de musica de pancada. Tiram oleos de differentes especies de fructos, grãos e sementes. Para a comida fazem uso do azeite de palma, a que chamam Coma, e para as luzes servem-se do pinhão da arvore a que, em Rios de Sena chamam Grão-maluco, e em Cabo-Verde Purgueira, *(Jatropha curcas)* e de outras especies de sementes. E direi aqui, que este é o unico povo cafre que me conste fazer uso de luzes.

O Muata reserva para si o direito exclusivo de fabricar e usar do Pombe preparado com mel, a que chamam Casoulo. Esta bebida tem um gosto agradavel em quanto não principia a fermentar, para o que basta o espaço de vinte e quatro horas; então adquire um gosto acido desagradavel. Bebida no primeiro estado causa o effeito da agua-ardente. Entretanto a embriaguez não é tão vulgar entre os Cazembes como entre os outros povos cafres.

Não sabem fazer uso de tintas vegetaes. Da cinza de certas plantas que põem d'infusão, e que depois evaporam, extrahem sal.

Dos vegetaes tiram varios remedios de que usam nos seus curativos; mas é principalmente com uma sorte de quina que fazem curas prodigiosas.

Do reino mineral empregam o antimonio, que desfazem por meio de fricção com azeite; do que resulta uma tinta róxa com que as bellezas cazembianas untam o corpo.

Sabem servir-se do barro para fazer louça de cosinha e vasilhas para agua, Pombe, etc.

Do ferro fazem os seus instrumentos de guerra, e as suas enxadas para a lavoura.

Além do sal tirado dos vegetaes, sabem-no extrahir de certa terra que se mostra branca pelo salitre, a qual lançam em panellas cheias de agua para a filtrarem, e depois d'isto põem-na a evaporar ao lume, até que obtêem o sal que contém.

O Muata faz do commercio um monopolio para si, quer seja com os mercadores que vêem aos seus dominios, quer seja mandando fóra os seus generos para os vender onde sabe que poderão ter compradores. As nações da parte oriental da Africa que frequentam o Cazembe são os Muizas e os Impóanes: nome este que dão aos arabes da costa de Zanzibar.

No dia 19 de Novembro do anno passado, em que entrámos em Lunda, vimos dois negros de côr baça e de Côfió na cabeça, que facilmente reconhecemos serem moiros; elles estavam entre a multidão de cafraria que nos estava esperando, e quando chegámos ao abarracamento que nos estava destinado, os vimos outra vez, e posto que de relance, tive occasião de fallar com elles em lingua Mâcûa. Elles queixaram-se de «Que logo que aqui chegaram, o que, segundo a sua conta, havia uns seis mezes, o Cazembe exigíra d'elles toda a fazenda que traziam, e que desde então os retinha sem lhes dar nada, promettendo todos os dias despedi-los; accrescentando que com a nossa vinda tinham todas as esperanças de partir, porque já para isso foram intimados.» Perguntando-lhe qual era a terra d'onde tinham saído, responderam que «do Impóane.» Como eu não sabia onde é tal paiz, fui-lhe nomeando os que conhecia; e elles principiaram a dar noticia da cidade de Moçambique e das povoações d'ahi para o Norte; e não souberam dar outra explicação senão, que da sua patria vão muitos d'elles ás ilhas de Querimba, d'onde não fica muito distante; e que o marfim que compram no sertão, o levam para vende-lo aos outros arabes de Zanzibar, o que effectuam no continente, defronte da ilha d'este nome. E que a sua terra fica entre as ilhas de Querimba e a de Zenzibar, mas no interior.» Como eu tinha muito que fazer não pude entreter mais tempo; e no dia seguinte depois da audiencia de recepção do Cazembe, perguntando por elles ao Fumo-Anséva, disse este que elles, havendo recebido a recompensa da sua fazenda, tinham-se retirado. E nada mais pude saber.

Lunda ou Cazembe com escudo e Aza-
gaya; epenteado a seu modo.

Lenda ou Gaiombe ... ... e la
guya apunhado a sua modo.

Lunda ou Cazembe com arco e Aza-
gaya.

Os se... os ma... t...,
pois de c...plos n'este t...
tiz-se se... ctariamo ... que ...
que tem logar ... logo ... que ...
aliment... que ocasomen... e ta... ...
rezel-os com agua e sal, ... e ... las

O povo veste-se geral... de p...lles ...
mae..., pend... um pedaço ... de ... ...
e outro atraz por ... cobrir os contor...
... turos no cordão da cintura. A ... m...
... de Abande, ou tra... ma...
da cintura ou lhe deixa a ...pe...
rada... superior do orgam s...
Muata. Os Quilôlos vestem-se ... ...
porém, com m... simplicidade...

Todos os Cazembes de a...
comprido, de um pano e ma...
tres e mais tranças, ou sómen...
nas fig. 1 – 2 – 3?.

Não pòem pintura alguma na ...

² Veja-se estar... XVI.

tan... ... ...bo com ... e A: a
yo y

XI.

A riqueza d'esta nação seria de muita importancia para a Europa senão estivesse tão internada no sertão, ou se se descobrisse alguma via de transporte por agua. Abunda em marfim, possue ricas minas de cobre, onde pouco se trabalha hoje, por causa da cobiça d'este Cazembe, nas quaes se encontram com profusão Malaquites (Chifuvia) de todos os tamanhos. Tem minas de vermelhão ou almagre, assim como de gesso (Impemba). A serra Chimpire abunda em antimonio, que apanham á superficie da terra.

XII.

Os seus usos mais notaveis, e que differem dos outros povos descriptos n'este Diario, são os seguintes. A comida faz-se secretamente sem que ninguem os veja; a hora em que tem logar é logo depois do pôr do sol, e o principal alimento que consomem é Buáli com carne ou peixe seccos, cozidos com agua e sal, ou assados.

O povo veste-se geralmente de pelles de differentes animaes, pondo um pedaço na frente a cobrir as partes sexuaes, e outro atraz para cobrir os contornos das nadegas, e ambos seguros ao cordão da cintura. As mulheres usam ordinariamente de Nhanda, ou trazem um pequeno panno em torno da cintura que lhe deixa descobertas as nadegas e a extremidade superior do orgam sexual; e a este panno chamam Mucuta. Os Quilôlos vestem-se á similhança do Cazembe, porém, com mais simplicidade.

Todos os Cazembes de ambos os sexos usam o cabello comprido, de um palmo e mais, que trazem atado em uma, tres e mais tranças, ou sómente em uma borla, como se vê nas fig. 1 - 2 - 3 [2].

Não põem pintura alguma na cutis, nem fazem n'ella la-

[2] Veja-se estampa XVI.

lanhos com ferro, nem furam as orelhas ou beiços para lhé pôrem enfeites; e em nada contrariam a natureza.

Os seus espectaculos publicos são sómente os que lhes dá o Muata nas suas Tentamações, para receber estrangeiros, ou os seus guerreiros, ou para sacrificios e ceremonias religiosas.

As habitações em que vivem são formadas dentro de recintos, sendo a sua primeira peça uma camara de fórma cylindrica feita de bambú entretecido como as canastras[3] (1), do diametro de dez palmos ou mais, e de ordinario com a altura de trinta palmos, e n'esta peça deixam uma abertura sufficiente para servir de porta (2). Na distancia de uma braça em torno d'esta primeira peça vão firmando estacas de uns seis palmos de alto, as quaes ficam com um palmo de intervallo umas das outras, e na extremidade superior de cada uma ageitam-lhe uma forquilha, se a estaca a não tem (3-3). Em separado construem com bambús uma cobertura ou tecto em fórma de cóne (4), cuja base é muito aberta, o qual assentam sobre a peça cylindrica em (a-a), servindo-lhe de ponto central um prumo cravado na terra, que a ella sobresae (5), e o dito cóne vem descançar nas estacas (3-3); depois de assim posto, cobrem-no de colmo, o qual é arranjado debaixo para cima, e este colmo chega até tocar no chão; e em um dos espaços entre as estacas aparam o colmo quanto baste para fazer a porta (6), a qual não excede quasi nunca a trés palmos de altura e tres de largura.

Segundo o uso d'este povo, todas as portas exteriores são mui pequenas, e não póde entrar por ellas um homem, ainda mesmo que seja baixo, sem se curvar muito. A figura 7 mostra a casa de um Cazembe. O intervallo que ha das estacas á peça acanastrada em (b-b) é onde recebe as vizitas, e onde faz a sua habitual assistencia, e a camara interior é para dormir, e guardar os seus mantimentos e o que tem de precioso.

As suas alfaias são como as dos mais povos, enchadas,

[3] Veja-se estampa XVII.

Rua de Lunda.

Cazas dos Lundas

machadas, esteiras, panellas, pilões, armas, etc. N'esta mesma
estampa XVII se vê uma rua de Lunda cujos alinhamentos
são formados pelos tapumes de palha de que fallámos: sendo
(ooo) as casas ou palhotas, e (cc) as portas das mesmas.

Para os casamentos se effectuarem entre a gente ordinaria, pratica-se o seguinte: o noivo entrega um Pande, ou
fundo de buzio, ao seu futuro sogro, o que é a declaração de
que quer casar com uma filha sua; e retira-se sem dize uma
só palavra. Então o pae da moça, convocando os parentes,
determina o dia do consorcio, o que faz saber ao pretendente; o qual se apresenta, e lança no pescoço da noiva um
rosario de missanga, e feita esta unica ceremonia toma conta
d'ella: em seguimento ha um banquete que consta de Buáli,
carne e peixe secco, cosido e assado, e Pombe; findo o qual
retiram-se os noivos para sua casa, só a tem; senão ficam
na mesma povoação do sogro.

Os Quilôlos tem grandes serralhos, quasi tão povoados como
o do Cazembe, compostos geralmente de mulheres que apanham ou tomam nas suas terras, sem que para isso haja
formalidade alguma, mais do que serem-lhes entregues pelo
paes ou parentes.

As praticas, quanto aos nascimentos e funeraes, não offerecem nada de notavel, á excepção de raparem a cabeça no
fim dos oito dias que duram as formalidades do funeral.

As suas regras de civilidade são as seguintes: entre individuos de igual condição saudam-se mutuamente pelo toque de palmas com pequeno estrondo; mas havendo differença de gerarchia; isto é, entre um Quilôlo, seja de que
ordem fôr, e um homem do povo, este põe ambos os joelhos
em terra e assenta-se sobre os calcanhares; e n'esta posição
vae batendo palmas pausadamente em quanto aquelle passa,
andando com passo grave, sem corresponder, nem d'elle fazer
caso algum. Quando um inferior recebe do superior mercê,
favor ou presente, toma com ambas as mãos terra, e com
ella esfrega a testa, faces, sangradouros, peito e barriga, e
atira com a terra pelos hombros para as costas; mas se a
mercê é feita pelo Muata, aquelle que a recebe, sem excepção de classe, retira-se, e volta logo barrado de terra mo-

lhada da cabeça até a cintura, sem exceptuar o cabello e rosto. E para isto procuram sempre terra vermelha.

Como crêem que a pessoa do Mambo não póde ser tocada por individuo algum, porque, pela virtude dos seus feitiços, se alguem o fizesse morreria sem remissão; e como não é possivel deixar de haver algum contacto com elle, recorrem para isso a um meio, quando elle o permitte, o qual é o seguinte: aquelle que dá ao Muata, ou recebe d'elle alguma cousa, ou que, por qualquer fórma, tem com elle o mais leve contacto, ainda mesmo que sómente seja nos vestidos, antes de retirar-se põem-se deante d'elle de joelhos, descançando as nadegas sobre os calcanhares, que é a posição que sempre tomam quando fallam com o Mambo; e então este estende uma das mãos, e logo aquelle que está de joelhos chega a ella a sua mão direita, e com as costas d'ella toca as costas da mão do Cazembe, logo retira-a com promptidão e dá um pequeno estalo com os dedos pollegar e grande; e depois volta a tocar com a palma a palma da mão do Muata, e retirando-a promptamente dá outro estalo com os mesmos dedos; e isto repete-se alternadamente palmas e costas de mão por quatro ou cinco vezes, e então o Mambo retira a mão, e o outro levanta-se e vae-se embora.

É crença entre os Cazembes que esta ceremonia é o unico preservativo da morte, e que sem ella seria inevitavel para quem tocasse na pessoa do Muata. E esta crença é devida, sem duvida, á sagacidade dos Mambos reinantes e dos seus Gangas, com o fim de tornar inviolavel a pessoa do soberano.

XIII.

Quanto aos monumentos que este povo possue, elles são os Máxâmos e o grande tambor Chambançua, que o Muata apresenta nas suas solemnidádes como um objecto de gloriosa recordação de seu pae.

XIV.

Uma das quatro primeiras mulheres do Cazembe deve ser Campocóla, e o filho mais velho que d'ella tem é aquelle a quem pertence a successão, e na falta d'elle ao parente mais chegado do Muata, com tanto que seja de raça pura dos Campocólos. A primeira mulher do actual Muata é d'esta raça, e é sua prima; e d'ella teve um filho unico, que mandou matar occultamente, com receio de que conspiràsse contra elle. Direi aqui que entre os Cazembes o herdeiro de seu pae é geralmente o filho mais velho d'este.

Quando o Cazembe vê alguma mulher de quem se agrada, ou que ouvindo fallar de alguma, lhe dá vontade de a ter, manda-a buscar; e sendo recolhida na Gânda, é logo posta em confissão, dando-se-lhe tratos, se tanto é preciso, para que declare o que se quer saber; isto é, quem são os homens com quem tem tido communicação carnal. E em quanto isto se passa, o marido, se o tem, é preso, e tudo quanto possue lhe é confiscado, e elle em seguida mandado matar. Depois, á proporção que a mulher vae confessando quaes são os homens com quem ella tem tido coito, assim vão elles todos sendo decapitados. A confissão prolonga-se por muitos dias, durante os quaes está ella totalmente incommunicavel, excepto com a Cata-Dôfo, ou executora mór do serralho, que é quem lhe toma as declarações, e quem exclusivamente as communica ao Cazembe. Em quanto ella se lembra de denunciar victimas, ou em quanto dura a presumpção de existir alguma d'estas, é conservada n'este estado de reclusão; e é sómente quando o Mambo se persuade de que não existe nenhuma mais, que sáe da prisão e vae reunir-se ás outras mulheres d'elle. Se não tem marido, segue-se, apesar d'isso, a mesma pratica logo que é recebida na Gânda; e nunca, em caso algum, deixa de haver mortes, em maior ou menor quantidade, porque em geral as mulheres Cazembes, seja qual fôr o seu estado ou classe, não se distinguem pela compostura dos costumes.

Estas occasiões são sempre aproveitadas para se exercerem actos de vingança; sendo facil o pretexto para isso, visto que não ha outro algum exame além da confissão ou declaração das mulheres encerradas, as quaes não costumam occultar cousa alguma a tal respeito; e tambem se inventa o que não disseram, quando isso faz conta.

A actual segunda mulher do Muata; isto é, a Inteména, foi muito formosa e muito lasciva; era mulher de um Quilôlo que fez relevantes serviços ao Cazembe, e que foi a Tete em 1814, levando-a comsigo. Alli prostituiu-se muito, e passava como certo o ter tido commercio durante a viagem com a maior parte dos Cazembes da cáfila; e em Tete com brancos, mulatos e pretos, e o marido que já era velho, não fazia caso de bagatelas: mesmo em Lunda, esta mulher dissoluta nunca perdeu occasião de saciar os seus appetites. Finalmente o Cazembe, ouvindo fallar n'ella e gabar a sua formosura, mandou-a recolher á Gânda; e pelas declarações que lá fez, foi a causa de uma mortandade espantosa. Nós todos estamos persuadidos de que o máo tratamento que tem recebido o nosso interprete, e nós tambem, tem sido em parte por motivo de recordações d'essa época, apesar de terem decorrido já muitos annos desde então. Ella é de côr bronzeada ou fula, e hoje (1832) mostra ter quarenta e cinco a cincoenta annos, mas ainda tem vestigios de formosura, sobre tudo nos seus grandes olhos muito vivos e insinuantes.

O numero das mulheres do Muata sobe a seiscentas, as quaes estão repartidas como criadas pelas quatro primeiras, que são as que tem representação e estado; cujos títulos são, segundo a sua ordem, os seguintes: a 1.ª Muári; a 2.ª Inteména; a 3.ª Casaléúca; a 4.ª Fuama. Estas estão sempre reclusas na Mossumba, e não sáem senão em estado: todas as mais andam vestidas como as mulheres do povo e escravas; e como taes são empregadas em todos os serviços de cultura, conducção de agua, de lenha, etc. mas se uma d'estas mulheres, que só a muita pratica ensina a distinguir, se encontra em um caminho, hombro com hombro, com um negro, este é logo condemnado a ser amputado de todas as extremidades já referidas; e por isso, logo que avistam ao longe uma d'estas negras, ou retrocedem ou tomam outro caminho, correndo quanto podem. E se acontece estarem alguns descuidados a conversar em um caminho, e apparece repentinamente uma d'estas mulheres, logo que a reconhecem ou vêem, fogem desordenadamente, sejam elles de que classe ou condição fôrem, porque a ninguem é permittido fixar a vista, nem mesmo de longe, em uma mulher do Muata, por mais insignificante que ella seja.

XV.

Na margem do Môfo, e proximo á parte OSO. do Chipango, mas separado d'elle por uma rua de dez braças de intervallo, está situado o Mazembe, que é um recinto quadrado com umas quarenta braças de face, dentro do qual estão quatro barracas compridas feitas de madeira, rebocadas de barro e cobertas de colmo; cada uma das quaes pertence a uma das principaes mulheres; e é onde ella se recolhe com as mulheres que lhe pertencem, quando têem as suas molestias mensaes, porque lhe é prohibido estar na Gânda, durante esse periodo, para não corromper os encantamentos do Cazembe; e logo que acaba o incommodo volta outra vez a ella.

O Mazembe é guardado por eunucos; sendo castigado com a pena de morte todo aquelle que se aproxima, ou pára, ao pé d'elle, ou que, ainda mesmo de passagem, olha para dentro por alguma abertura que accidentalmente haja no recinto, o que raras vezes succede. E n'este logar nem o mesmo Muata entra jámais.

XVI.

Quando o Cazembe fallece, reunem-se todos os Quilôlos; e depois de vestido o cadaver em grande galla, é posto na praça principal da Mossumba sentado no throno, em grande estado e no maior apparato, sendo cercado pelos Quilôlos e pelo povo, pela mesma fórma como se estivesse vivo, no acto de Tentamar. Logo que tudo está prompto sáe da Gânda o novo Mambo; e chegando defronte do morto, e em distancia conveniente, ajoelha e comprimenta-o pondo pitadas de terra nos seus proprios sangradouros; depois levanta-se e vae ajoelhar aos pés do finado, e com a mão direita toma a di-

reita d'este, e une as duas mãos, palma com palma, e com
a esquerda vae fazendo passar do braço do defunto para o
seu, uma argola da grossura de meia pollegada forrada de
pelle de cobra, de modo que não esteja um só momento separada do braço do morto ou do do seu successor. Esta argola é a insignia do poder real, e é inseparavel do braço
do reinante. Logo que esta ceremonia se conclue, e que o
novo Cazembe tem a argola posta no braço acima do cotovelo, levanta-se e toma o caracter de Cazembe, e como tal
é saudado, e acclamado com as palavras ═ Muané ═ Averié ═ repetidas muitas vezes pelos Quilôlos; e quando isto
tem acabado, é elle quem dá todas as ordens e dirige o enterro.

XVII.

Em um andor, a que chamam Cholólo, põem uma cadeira igual á do throno, ou esta mesma, e n'ella sentam o
defunto, que, depois de bem seguro, é conduzido com muitos
toques de instrumentos e grande acompanhamento até ao
logar dos Maxâmos, onde se lhe tem feito o que lhe é destinado, o qual tem uma abertura espaçosa feita em rampa,
e no fim d'ella ha uma camara quadrada, no meio da qual
depositam o cadaver sentado na mesma cadeira em que foi
conduzido, com todos os seus vestidos e insignias. Esta camara é forrada toda de bons pannos, e depois tapam a
abertura por onde se entrou, ficando, comtudo, a camara
sem ser cheia, mas sómente entaipada. Na parte central do
terreno superior á mesma, abrem um furo perpendicular de
uma pollegada de diametro, em cujo extremo externo fazem
um friso de barro de um palmo de diametro, que é destinado a impedir que se espalhe a bebida e a comida, que
por cima deitam para o morto. Quanto, porém, ás fazendas
e objectos que lhe são offerecidos, são depositados no chão,
dentro da grande casa que edificam sobre a sepultura, e que
fica sendo o Maxâmo. O novo Cazembe nomêa um Muine-
Maxâmo, que ordinariamente é um dos servidores do defunto, e cujo cargo fica pertencendo aos seus descendentes.

XVIII.

Todos os dias á entrada da noite, e algumas horas ainda depois, ouvem-se em Lunda continuados gritos, á maneira de pregão, de ═ Muliló ═ que quer dizer ═ fogo ═ com que advertem os habitantes de que apaguem o lume. Ora, como as casas do Chipango estão muito juntas, e unidas umas ás outras pelos recintos de palha, se acaso pegasse fogo, tudo arderia sem remissão; é por isso que ha a previdencia do pregão nas primeiras horas da noite para que haja cautela.

Todas as noites o Muata têm reunião, que se annuncia por toques de marimbas e tambores, que começam logo depois do sol posto, sendo este o signal para concorrerem os Quilôlos á Gânda, e ahi são introduzidos na grande casa onde o Mambo ordinariamente se acha fumando desde que principia o toque para esta assembléa, á qual chamam Bálua, por constar sómente de beber, e d'elle conversar familiarmente com os concorrentes.

· Quando o Muata pede Pombe, servem-lh'o em um copo ou taça de louça, e quando o leva á bôca lançam-se os circumstantes por terra, desviando os olhos do bebedor. Cada vez que bebe manda-os servir, mas em vaso separado, porque, como fica dito, ninguem póde tocar cousa em que elle toca. Os que bebem voltam as costas para o Cazembe para que os não veja beber. Esta reunião dura regularmente até depois da meia noite, e muitas vezes até pela manhã; mas todas as noites ha assembléa, e toca sempre a musica em quanto ella dura.

· Os Cazembes são de estatura mediana, mas fortes e robustos; são ferozes e traidores para os estrangeiros. O seu divertimento favorito é o juntarem-se a beber Pombe, ainda que não são ebrios; e muito poucas vezes cantam e dançam.

Têem em tanta veneração o rio Lualáo que o respeitam como um Maxâmo; e nos tempos passados, todos os annos, na estação das colheitas, ia o Muata em grande gala com os seus Quilôlos e muita concorrencia de povo, em romaria fazer as suas ceremonias em honra do fallecido Muata Canhembo.

24

O Mambo hoje reinante ha alguns annos que se deixou de ir; e apenas manda lá algum dos seus funccionarios, porém, isso mesmo sem apparáto nem formalidade alguma; e é a esta falta que o povo attribue as calamidades de fome e bexigas que tem soffrido.

O tratamento de Muané que os Cazembes dão ao soberano, posto que seja privativo para elle, é, todavia, dado em particular aos Quilôlos. Quando fallam d'aquelle na sua ausencia designam-o simplesmente pelo titulo de Muata; mas quando fallam de um Quilôlo ou pessoa de distincção, pospõem o seu nome proprio ao titulo honorifico; por exemplo, dizem: Muata-Calúlua, Muata-Muanempanda. Tambem os palacianos dão ao Mambo por uma lisonja, de que elle gosta, o titulo de Muatianfa; mas em geral elle não é tratado por tal denominação.

XIX.

A historia d'este povo é tradicional. De alguns Cazembes pude obter a informação seguinte; disseram: «Que áo Noroeste do seu paiz existe o grande potentado Murôpúe ou Muatianfa[1]; e que um dos seus antecessores, que tinha commercio com os Mozungos que havia em outras terras mais ao Poente, soube por elles, que tambem existiam Mozungos da mesma nação em outro paiz situado a Leste do estado do mesmo potentado; e que este, querendo certificar-se d'esta informação e abrir correspondencia com elles, determinára mandar uma expedição para esse fim; o que poz em pratica, dando o commando d'ella a um Quilôlo seu, por nome Canhembo, o qual era dotado de muitas virtudes e valor, e a quem entregou um filho seu, que não podia soffrer pelo caracter turbulento e sanguinario que possuia; e para o corrigir, de tal fórma o sujeitou ao Canhembo que lhe tirou todos

---

[1] Este potentado mandou em 1808 uma embaixada ao governador d'Angola. Elle é conhecido n'esta colonia pelo titulo de Murôpue, e de Muata Hianvo ou Muata Yambo, e como rei dos Moluas. N'aquelle tempo o Cazembe era considerado como tributario do Murôpue.

os meios de poder exercitar a sua perversidade impunemente.

Que a expedição marchára sem obstaculo até ao territorio onde hoje existe Lunda, mas que aqui achára uma resistencia vigorosa e uma guerra cruel, até que finalmente os Campocólos (nome dos povos conquistadores, que ainda hoje conservam) triumpharam, mas não proseguiram mais, com o receio de acharem novos obstaculos, ou de experimentarem algum revez, e serem destruidos. Que no mesmo tempo encontraram aqui Muizas, a quem pediram informações sobre o principal objecto da sua missão, e por elles souberam que existiam brancos na parte oriental, mas que para chegar a elles tinham muito caminho que andar. Que attendendo a esta informação, e á grande inimizade que aos invasores mostravam os Messiras, que eram os povos do paiz submettido; e á descoberta de uma conspiração feita pelo filho do Murôpue contra o seu chefe, que sómente foi malograda pelo amor e respeito que os seus lhe tinham, pelo que se declararam em seu favor; o mesmo chefe julgava necessario voltar á côrte de seu amo, levando comsigo o filho d'este, e deixando, entretanto, a sua gente sob o commando de outro Quilôlo da sua confiança, a fim de dar parte ao Murôpue do acontecido, e de lhe expôr que muito convinha conservar a terra conquistada, que ficava a meio caminho dos outros brancos.»

«Que sem successo algum notavel chegára o Canhembo á presença do Muatianfa, de quem foi muito bem recebido, e que pouco lhe custára destruir as intrigas e ciladas que lhe armára o principe seu inimigo; e que por fim fôra novamente despedido com reforço e poderes amplos para governar o que tinha conquistado, e para ir continuando a conquista, não perdendo a occasião de procurar a correspondencia com os brancos; sendo acompanhado pelo principe, que apparentemente se tinha reconciliado com elle. Que tambem trouxera n'essa occasião o grande tambor Chambança. Que quando chegaram ao grande rio Lualáo, que fica para Oeste d'aqui um mez de jornada, segundo dizem; rio que não se passa senão embarcado; tratára o perverso de pôr em execução o plano que tinha projectado, o que conseguíra, fazendo com que o Canhembo embarcasse com alguns dos conspirados, os quaes quando chegaram a logar proprio o afogaram; dizendo depois que se tinha virado a embarcação, o que effectivamente succedêra. Que quando os Campocólos souberam a sua morte tiveram grande pesar, e recusaram dar ao traidor o poder que ambicionava, tanto por ser de um genio cruel, como por suspeitarem ser elle o auctor da catastrophe; e que elle, como não achasse o apoio que esperava, julgára que chegaria aos seus fins levando pessoalmente a noticia ao pae; e que este reconhecendo então o seu erro, ainda que tarde, cheio de indignação o mandára matar. »

« Que entretanto os Campocólos foram alargando a conquista, e já tinham os Messiras inteiramente subjugados, quando chegou um outro Quilólo, filho do primeiro, que tinha, como o pae, o nome de Canhembo, o qual fôra mandado pelo Murôpue para tomar o commando. Que os Messiras, que estavam submettidos, e que eram governados pelos seus proprios chefes, aproveitaram a occasião da chegada do novo commandante para se sublevarem, o que deu motivo a haver uma nova guerra para os subjugar, o que se effectuou. E que fôra desde então que nunca mais teve auctoridade individuo algum que não fosse Campocólo. »

« Que pela morte d'este succedeu-lhe um filho, que tomou tambem o nome de Canhembo, o que os seus successores têem continuado a fazer em honra do primeiro, de quem a memoria é tida em grande veneração. Que todos estes imperantes nunca perderam a occasião de procurar a correspondencia com os brancos da costa oriental, como no principio o Murôpue havia recommendado. Que elles, logo que se acharam na posse pacifica da conquista, trataram de dar uma fórma regular á administração, e a governar por si sós; e que o terceiro Canhembo principiára a fazer-se independente do Murôpue, mas de tal modo que nunca faltára a todas as formalidades de vassallagem, mandando-lhe algum tributo a titulo de presente, até que acabára, creando uma côrte com os mesmos cargos, attributos e etiquetas que havia na de seu amo, onde elle era Fumo-Anséva.

«Que o Murôpue, tanto pela distancia, como pela pouca falta que lhe fazia esta conquista, não fizera caso, ou dissimulára a independencia de facto, que ainda mesmo hoje não está declarada de direito, porque o Cazembe em público confessa-se vassallo d'aquelle potentado.»

«Que morrendo o terceiro Canhembo lhe succedêra seu filho, que estava então em Angola; isto é, na côrte do Murôpue, o qual, além do nome de Canhembo que tomou, conservou sempre o de Lequéza, que antes tinha, pelo qual foi sempre mais conhecido. D'elle recordam-se os Cazembes com saudade, porque era guerreiro e humano, e sobretudo muito generoso; e contam, quando mencionam as suas virtudes, que estando em uma occasião ebrio de Pombe, mandára matar injustamente um negro, o que foi logo executado, como é costume; mas que depois, conhecendo a injustiça que tinha feito, prohibíra que se executasse ordem nenhuma sua quando elle a désse achando-se no estado de embriaguez, ou mesmo quando estivesse bebendo, ainda que não parecesse achar-se ebrio; e isto debaixo da responsabilidade de quem o fizesse. E que desde essa occasião estabelecêra o costume de não beber Pombe senão á noite, fazendo para isso as reuniões que deixâmos mencionadas; as quaes depois continuaram sómente por etiqueta, sem que elle bebesse; e que dizia: «Que o Mambo deve estar sempre prompto para poder ouvir e deliberar por si só.»

«Que fôra o Lequéza o primeiro Muata que vira os brancos, e que recebêra o Geral de Tete (o Dr. Lacerda).»

Elle falleceu no principio d'este seculo, e succedeu-lhe seu filho, Canhembo o quinto d'este nome, Mambo actual: o qual fórma um perfeito contraste com seu pae, porque é o mais barbaro e cobarde que a tradição Cazembista recorda, sendo um fac-simile do assassino do primeiro Canhembo.

Eis-aqui a historia que os Cazembes contam da sua nação, e da origem que ella teve. É este o unico povo d'esta parte da Africa, dos que tenho visitado, que conserva uma tradição similhante, posto que simples e resumida.

CAPITULO IX.

Continuação da marcha de regresso para Tete.

I.

Julho 1. — Pela manhã começámos a marcha com o rumo
do SE., com que andámos duas legoas para subir a serrinha
Chimpire, que corre LO., a qual não tem altura considerável,
mas é bastante extensa, e serve hoje de limites entre os dominios do Muata-Cazembe e os dos povos Muembas. E quando
a tinhamos já atravessado viram-se dois negros que corriam
pelo matto, por cujo motivo o guia mandou fazer alto á expedição, e foi-lhes fallar: e voltando, com pequena demora,
proseguimos a marcha. Pouco haviamos andado quando encontrámos oito Muembas bem armados, e soubemos então
que os que vimos correndo iam dar parte aos seus de que
avançava gente de guerra; porém como o guia os preveniu
de que era a expedição, ficaram descançados; comtudo,
estes, que agora encontrámos, vieram certificar-se d'isto.

Passada a serrinha, tomámos o rumo de SSO, e ao nosso
guia juntou-se um dos Muembas para melhor dirigir a marcha; e tendo caminhado meia legoa, passámos o riacho

Luenque, que se dirige para L. com seis braças de largo e duas de alto, e tem muita e boa agua; corre em leito de pedras. Aqui disse-nos o guia que estavamos proximos á povoação do Fumo-Cabungo, da nação Muemba, e que era necessario que elle guia fosse com o Muemba que nos acompanha, e mais outro negro da expedição, preveni-lo da nossa chegada, e que lhe era preciso levar um signal da expedição, como é costume. Para isso entregou-se-lhe um rosario de avelorio, e mandei fazer alto á espera do commandante, que vinha na retaguarda; e logo que chegou dei-lhe parte do occorrido, e como eram duas horas, e os guias não voltavam, mandou formar o campo. De tarde voltaram os portadores acompanhados de dois Muembas da povoação, que vinham por ordem do Fumo para acompanharem a expedição.

Os escravos novos que vinham em uma gargalheira, tendo ido buscar lenha tiveram occasião de abri-la para desertarem; mas como se lhe acudiu logo, apenas fugiram tres.

Julho 2. — Pela manhã continuámos a marcha para SSO., e tendo avançado legoa e meia, passámos o riacho Cázímo, que corre para SE. com duas braças de largo e uma de alto; e a pouca distancia d'elle passámos pela antiga povoação de um Fumo Muiza Cacômue, a qual é hoje habitada pelo dito Cabungo, conquistador Muemba; e a quinhentos passos ao SE. d'ella formou-se o campo. Mandou-se de Chipáta ao Fumo um quarto de Zuarte e meia Ardian; mas elle pediu um panno encarnado, que foi preciso dar-lhe pela dependencia de que nos forneça um guia, e entregou-se-lhe uma coberta ingleza estampada, por não haver outra fazenda d'esta côr. Pediu o Fumo a demora da expedição aqui ámanhã, para os seus poderem vender mantimento; ao que se annuiu em rasão do deserto que se segue, e de ser preciso esperar a gente que vem na retaguarda.

De tarde apresentou o interprete um negro seu com a ferragem de uma Maxila que achára no logar onde foi o acampamento da expedição na vinda para o Cazembe, e contou que com os fragmentos da Maxila estava uma ossada humana. A dita Maxila era minha, sendo os ossos provavelmente de algum dos negros que n'estes sitios ficaram detidos pela fome.

Julho 3. — No mesmo sitio. Mandou o Fumo uma porção de milho, que seria alqueire e meio, e um cestinho cheio de gafanhotos seccos, com o recado de que era um presente para os Mozungos, a quem pedia que fossem á sua Mui, porque nunca tinha visto gente branca, e que elle não vinha visitar-nos porque não podia. Soubemos que a causa de não vir eram as bexigas que ainda temos na expedição.

Tendo deixado tudo prevenido no acampamento, fomos vêr o Fumo, que achámos sentado em um banco de páo muito similhante ao Quite dos Maraves, e estava cercado por uns trinta Muembas. A povoação está fechada por uma estacada que terá uns duzentos passos de diametro, pòrque é circular, e terá quarenta palhotas. A nossa primeira conversa foi sobre o caminho que temos a seguir.

Depois o Fumo pediu que queria vêr o Mozungo que carrega gente (o Chimancáta), ao que se satisfez mandando buscar o jumento; o qual logo que entrou, como toda a negraria e o mesmo Fumo faziam muita bulha de risadas e palmas, começou a zurrar, e o interprete teve a lembrança de dizer ao Fumo qne elle estava pedindo de comer; e este immediatamente mandou dar-lhe uma porção de milho, que elle engoliu com promptidão. Quando acabou, disse o Fumo ao interprete que lhe pedisse que fallasse outra vez, porque o queria tornar a ouvir. Querendo nós obsequiar o Fumo e não sabendo o modo de fazer zurrar o animal, fizemo-lo largar, esperando que se poria em retirada para o acampamento, e que n'essa occasião fizesse ouvir a desejada musica da sua voz: não succedeu, porém, assim, mas fez melhor do que se esperava, porque vendo-se solto foi espojar-se n'um monte de cinzas que estava fronteiro ao Fumo, e levantando-se depois precipitadamente, partiu ao galope para o acampamento. Em quanto o burro se espojava, tanto o Fumo como os que o cercavam fizeram-lhe com enthusiasmo um cumprimento de palmas.

Entre estes povos o modo de saudar os Mambos e Fumos consiste em deitar-se de costas no chão e espojar-se quem faz o cumprimento; e em quanto este acto dura, aquelle a quem é feito, e o seu sequito correspondem com palmas. E por isso, quando o jumento se espojou, o interprete disse ao Fumo que era agradecimento do comer que lhe tinha dado, e foi este o motivo por que elle e os seus corresponderam com admiração e enthusiasmo.

Nós tinhamos ido armados todos, e levámos o tambor com a caixa e o pifano, deixando ordem no campo para todos estarem com cuidado, e que, se ouvissem tocar a chamada, acudisse o destacamento, e que os negros ficariam em armas guardando o campo. Com o fim, pois, de exercitar a nossa gente, e de dar umã idéa vantajosa da sua disciplina a estes selvagens, depois de termos satisfeito a muitas perguntas que nos fizeram, recaíu a conversa sobre as guerras e conquistas que os Muembas têem feito; e dissemos que a povoação seria cercada logo que se désse um signal; o que elles mostraram não acreditar: e para os convencer mandou-se tocar a chamada, e immediatamente o destacamento veiu com a maior rapidez formar-se no meio da povoação. Á primeira vista ficaram aterrados, e de tal fórma tomados de medo que não davam uma palavra, nem fizeram o mais pequeno movimento, julgando ser o caso muito serio; mas logo que se lhes assegurou que nenhum mal se lhes fazia, cobraram animo; parecia que não podiam conter a admiração que sentiam; comtudo não se mostraram contentes senão depois que nos retirámos para o campo; e fomos despedidos com muitas palmas e applausos.

Não houve mais novidade alguma.

Julho 4. — Estando para se levantar o campo, deu parte o commerciante Paulo de que lhe tinham fugido tres escravas, e que por isso pedia licença ao commandante para ficar hoje aqui, a fim de fazer diligencia para as recuperar, mandando com a expedição tudo quanto lhe pertence; o que lhe foi concedido.

O guia que deve acompanhar a expedição, tendo ido á povoação em procura das fugidas, e achando lá Pombe não quiz saír d'alli; e não convindo demorarmo-nos mais tempo n'este sitio, marchámos, sendo dirigidos sómente pela agulha, e caminhámos para SSO. legoa e meia, atravessando o riacho Rufuvo, que corre par SE. com oito braças de largo e quatro de. alto, e ávante d'elle meia legoa principiámos a caminhar para SE.; e com meia legoa n'este rumo passámos o regato Fungo, que corre para SSO. com uma braça de largo e meia de alto, e da parte d'áquem d'elle, a cem passos de uma pequena povoação de seis palhotas, mandei fazer alto até que chegou o commandante, o qual mandou formar o campo para se tomarem informações a respeito do caminho.

Adoeceu o commandante com uma grande febre.

Mandámos procurar um guia, o qual veiu, e demos-lhe meia Ardian.

Julho 5.—Pela manhã appareceu o commandante com o rosto inflammado, mas já livre de febre.

Levantámos o campo, e andando para SSO. uma legoa, atravessámos o ribeiro Cávissungo, que corre para O. com dez braças de largo e tres de alto, e corre sobre pedras, e uma legoa ávante d'elle atravessámos o regato Chiuussi, que corre para o S. com duas braças de largo e uma de alto; d'aqui tomámos a direcção de SSE., com que caminhámos uma legoa, e logo passámos o regato Vissango, que corre para o S. com duas braças de largo e uma de alto, e ávante d'elle uma legoa atravessámos o regato Xita, que corre para o S. com duas braças de largo e meia de alto, e áquem d'elle formámos o campo.

O commandante chegou com o rosto mais inflammado, e queixou-se de fortes picadas. Eis-nos pois entregues á Providencia, sem auxilio ou remedio de qualidade alguma para o doente, em um paiz quasi deserto e obrigados a marchar.

Ás cinco horas da tarde reuniu-se á expedição o commerciante Paulo. Desappareceu o guia, deixando a meia Ardian que lhe tinhamos dado em paga, e foi-se com o que veiu, e com o dito commerciante, que tambem desappareceu.

Julho 6.—Pela manhã continuámos a marcha para SSO., e pouco haviamos andado quando encontrámos uma pequena povoação de Muembas, d'onde obtivemos um guia, a quem demos um quarto de Zuarte; e continuámos a marcha para

L. tres legoas, e passámos o regato Maburi, que corre para o S. com uma braça de largo e meia de alto; e uma legoa ávante d'elle passámos o riacho Muzizia, que corre para L. com seis braças de largo e duas de alto, e áquem d'elle formámos o campo.

Era noite quando se apresentaram dois mensageiros do Fumo Cabungo com duas escravas, uma das que tinha fugido ao commerciante Paulo, e a outra para trocar por uma que do Cazembe trazia o commandante, a qual era sua parenta. Fez-se o que queria, retirando-se os mensageiros satisfeitos.

De noite fugiu o guia que traziamos, e ao mesmo tempo ouviu-se bulha de gente no matto, e os negros que flanqueavam o campo deram parte de sentirem gente emboscada; em consequencia d'este aviso pegou a expedição em armas, e mandou-se reconhecer a causa do alarme. Verificou-se serem os negros do commerciante Paulo que estavam na retaguarda, e tendo-se perdido por ser noite, gritavam para saberem se estavam longe ou perto.

O commandante vae peior.

Julho 7.—O doente appareceu pela manhã com a cabeça e rosto inflammado extraordinariamente, e julgámos ser uma fortissima erysipela.

Levantou-se o campo, e seguindo o rumo de SSE. uma legoa, passámos o riacho Cabunga, que corre para o N. com seis braças de largo e quatro de alto, e tomámos a direcção de L., e tendo avançado meia legoa passámos pela povoação, outr'ora do Mambo Muiza Chirando-Chinhimba, onde estivemos na ida para o Cazembe. Então estava povoada e cercada de forte estacada, mas hoje está deserta e completamente arrasada, e todas as estacas cortadas a machado. Consternámo-nos com este espectaculo, e muito mais pela recordação de ser aqui onde a expedição, depois de tantos dias de rigoroso jejum, havia obtido algum soccorro; e agora ainda traziamos esperança de poder fazer algum fornecimento, mas toda desappareceu á vista da sua completa ruina. Viu-se, entre outros, um cadaver mirrado, e pelo arco que tem ao pé de si, conheceram os negros ter sido um escravo do commerciante Cardoso.

Deixando este triste logar, tomámos o caminho de SSE., andando n'este rumo legoa e meia; depois caminhámos para SSO. legoa e meia, e passámos o rio Ruena, que corre aqui para OSO. com dez braças de largo e seis de alto, e áquem d'elle formámos o campo.

Durante toda a marcha de hoje encontrámos povoações arrasadas e desertas, havendo na maior parte d'ellas apenas vestigios dete rem existido. Assim este paiz devia ser muito povoado antes da invasão. Tomámos para guia um negro dos que andam errantes pelo sertão, ao qual démos um quarto de Zuarte.

Em toda esta parte da Africa paga-se sempre adiantado todo o serviço corporal que hão de fazer os cafres livres.

Julho 8. — O commandante continua a passar peior, e tem a falla tomada.

Levantou-se o campo, e caminhando para SSO. tres legoas, entrámos n'um extenso Dambo, que costeámos pelo lado esquerdo, tomando a direcção de O.; e tendo andado assim meia legoa, seguimos para o S. meia legoa, e então, tomando a direcção de SO., atravessando o Dambo, no qual andámos uma legoa, e quando chegámos á borda d'elle formou-se o campo. Rèuniram-se á expedição os negros que tinham ficado no Chembelengueze. Quando atravessámos o grande Dambo appareceram dois Muembas, que disseram virem mandados pelo Fumo Londâmo, em busca da expedição para convidar os brancos a irem á sua povoação, porque nunca tinha visto Mozungos, e acompanharam a expedição até ao acampamento; e logo que este se formou pediram que se lhes désse alguem para ir com elles ao Fumo; ao que não annuimos por a gente estar cançada, mas assegurou-se-lhes que, visto ficar no caminho a sua Mossumba, por lá passariamos; e elles retiraram-se sós.

Julho 9. — De noite fugiu um escravo antigo do commerciante Cardoso com uma escrava Cazembe que me pertencia.

A molestia do commandante parece querer ceder. Os remedios que se lhe tem feito são a batatinha desfeita com agua, e assim continuamente applicada á parte inflammada, e banhos de malvas.

A batatinha é uma raiz similhante a uma batata, mas geralmente comprida; encontra-se nas terras dos Chévas e para o Norte, e pertence a um arbusto muito parecido com o funcho. As suas propriedades são calmantes e resolutivas; applica-se com resultado efficaz nas inflammações. É remedio dos Cafres.

Pela manhã continuámos a marcha para ESE. costeando o mesmo Dambo, e tendo caminhado uma legoa deixámo-lo, tomando a direcção de SSE. na qual marchámos legoa e meia, e passámos um regato de que ignoro o nome; corre para o N. com uma braça de largo, mas sem profundidade notavel; depois andámos para L. meia legoa, e depois mudámos para SE., e pouco ávante chegámos a uma pequena povoação novamente feita, mas sem vestigios de cultura; aqui encontrámos os dois Muembas de hontem, que disseram ser preciso mandar dar parte ao Fumo da nossa chegada, pelo que se lhe mandaram dois quartos de Zuarte e meia Ardian, e como se demorava a resposta seguimos para a frente, tomando o rumo de SSO. em que andámos legoa e meia; logo depois passámos o rio Rucuto, que corre para o N. com vinte braças de largo e seis de alto, e áquem d'elle formou-se o campo.

Quando se estavam fazendo as barracas deram parte os negros de terem morto um bufalo, o que causou grande prazer, porque a fome já se principia a fazer sentir. Depois de formado o campo mandou-se gente para conduzir a carne.

Julho 10.—No mesmo sitio. Pela manhã chegaram os negros que tinham ido ao Fumo, e disseram que ficára satisfeito, e que pedia que fossemos pela sua povoação onde daria os guias pedidos, que nos levariam por camiuho povoado. Á noite chegou a gente com a carne.

Julho 11.—O commandante, posto que não esteja melhor, com tudo não está peior.

Repartiu-se a carne, e ficámos como d'antes, porque chegou para muito pouco.

Levantámos o campo e caminhámos para SSE. meia legoa, e chegámos á Mossumba do Fumo Londâmo, e a cem passos d'ella formou-se o campo, por ser iudispensavel um guia que

elle prometteu dar. A povoação é pequena, e novamente
feita, e tem mui pouca gente. A fome já vae apertando. Á
força de donativos temos podido obter algum mantimento,
ainda que carissimo. Uma porção de milho igual a uma oitava custou um Capotim.

Pedindo-se o guia ao Fumo, respondeu que estava prompto, mas que a sua gente corria grande risco em ir pelo
sertão, porque muitos Muizas estão por lá escondidos, e que
por elles podiam os seus filhos ser mortos; motivo este pelo
qual era preciso que se lhe pagasse bem.

A primeira lembrança que tivemos foi de continuarmos a
marcha amanhã, mesmo sem guia, mas a molestia do commandante, a perspectiva do deserto, da escacez e da fome,
apresentaram-se como idéas aterradoras que nos suscitavam
reflexões mais prudentes, para não tomarmos uma resolução
que nos póde perder a todos. Attendendo pois ás circumstancias ponderadas, mandaram-se ao Fumo dezeseis peças
de fazenda; que elle não quiz receber, dizendo ser pouco.
Ouvindo esta resposta mandámos pegar em armas, e com
ellas na mão ameaçámos de lhe arrazar a Mossumba; mas
elle sem se alterar disse: «Que não nos tinha feito mal algum, e que senão lhe queriamos dar nada, lh'o não déssemos, e podiamos seguir o nosso caminho.»

Á vista d'este proceder, determinámos comprar-lhe escravos para guias, em logar de lhe pagar o aluguer d'estes,
porque por força nada podiamos conseguir. E com effeito
concluiu-se o negocio dando-se-lhe trinta peças de fazenda.

II.

Julho 12. — Quando estavamos levantando o campo, caíu
morta de fome uma escrava minha, e foi preciso pagar o
chão em que caíu, como é pratica no sertão, o que fizemos
dando nove peças de fato. Finalmente partimos, e fizemos
caminho para SE., em que andámos quatro legoas, e formou-se o campo proximo a uma povoação deserta. A fome
vae apertando, e receiamos ter de abandonar todas as cargas
e escravos presos para nos podermos salvar. Quando se per-

gunta aos guias pelas povoações, respondem; que estão adiante, e que para procurar outro caminho é preciso dar grande volta.

O commandante continua no mesmo estado.

Julho 13. — O doente pela manhã appareceu com melhoras.

Continuámos a marcha para SSE., e ávante uma legoa entrámos n'um grande Dambo coberto aqui de agua lodosa, e tomámos o rumo de SSO. com que andámos duas legoas e meia, e passámos a lagôa Mafuzi, que terá umas trinta braças de largo, mas o comprimento, que é de L. a O., fica a perder de vista. Passou-se com difficuldade, porque a agua muito grossa pelo lodo, chegava, em partes, ao peito. Para mim foi de maior trabalho por ter que levantar em peso e puchar ou arrastar o jumento em que venho montado quando o caminho é firme, mas que quando chega a terreno pantanoso, a que tem uma antipathia natural, me fórça a mudar a scena.

Logo que passámos esta lagôa andámos para SSE. continuando a atravessar o grande Dambo, que é um dos maiores que tenho visto, e tendo andado uma legoa encontrámos um pequeno bosque isolado que está no meio do Dambo; e não se descobrindo agua alli, seguimos para a frente, e ávante meia legôa, como a achámos, formou-se o campo ainda no Dambo, o qual é o mesmo da lagoa Rúcúto, onde passámos na ída para o Cazembe, mas em distancia consideravel d'aqui, porque o Dambo que do logar em que estamos se perde no horisonte em todas as direcções, não apresenta n'este logar indicios nenhuns da existencia de lagoa alguma.

A fome vae crescendo, e já principia a fazer estragos.

Julho 14. — Continua o commandante a ter melhoras.

Seguimos a marcha para SSE., e a duas legoas atravessámos o Dambo, e ávante duas legoas e meia chegámos á margem de uma pequena lagoa chamada Ruanceze-Tunine, e antes de a passar formou-se o campo.

A fome é cada vez maior.

Julho 15. — As melhoras do commandante vão em progresso.

Levantámos o campo e atravessámos a lagoa, á qual não percebemos signal de corrente; ella tem umas vinte braças de largo e uma de altura de agua no centro, donde dimi..ue progressivamente para as suas margens, nas quaes é insignificante. Estou persuadido de que é antes um rio do que uma lagoa, posto que os guias affirmem o contrario. Andámos para SSE. quatro legoas, e chegámos á margem do rio Ruanceze, que os guias não quizeram passar sem primeiro saber onde dá váo, porque aqui não o ha. Fez-se pois alto em quanto um d'elles o foi procurar, mas como se demorasse o commandante mandou formar o campo. A guarda da retaguarda deu parte de ter ficado no caminho morto de fome um escravo do commandante. Ha quatro dias que faltam quatro negros do commerciante Paulo, que pelo seu estado de magreza não carregavam nada, e julga-se terem morrido. De tarde appareceram dois Muembas mandados pelo Fumo Cabáza, d'esta terra ou districto, dizendo: «Que tendo passado Mossambazes pela sua terra não tinham ído á sua povoação, nem lhe tinham mandado Chipáta, pelo que a mandava pedir.» Deram-se-lhe seis peças de fato, pela dependencia de nos mostrarem o váo. Julgamos que elles estão mancommunados com os guias, que dizem descaradamente que o não mostram sem lhes pagar, apesar de se lhes ter já dado algum fato, porém, querem mais. Lembrou então alguem da expedição que seria conveniente mandar castigar um dos guias, para assim os obrigar a conduzir-nos; mas sendo um similhante conselho não só barbaro mas imprudente, foi desapprovado.

Emfim, aqui estamos na margem de um rio que não dá váo, com a gente toda exhausta pela fome, e por isso sem possibilidade de emprehender cousa alguma por força, tornando-se as armas inuteis pelo estado de debilidade de quem tem de as manejar. E estamos em paiz quasi deserto.

Julho 16. — Pela manhã depois de varias impertinencias dos guias e das suas exigencias, que em parte foram satisfeitas, a fim de que nos mostrassem o váo, pozemo-nos em marcha para o N. costeando o rio; e tendo avançado legoa e meia, recebi ordem do commandante para retroceder, o que fiz, e fui achar toda a expedição reunida no mesmo acampamento que tinha deixado.

O commandante referiu-me, que por acaso encontrára dois Muizas, e que fallando com elles sobre o caminho que temos a seguir, disseram-lhe que o logar onde o rio dá váo fica na distancia de dois dias de boa jornada, e que por isso era melhor fazer aqui um Oráro; isto é, uma ponte. Já tinha eu tido essa lembrança e desejo, porém, a grande distancia em que fica a madeira, e o deploravel estado em que está a gente, fez desistir do plano, porém, agora o desespero deu força, e aproveitámos o momento de influencia, porque o conselho dos Muizas foi recebido com applauso geral. Immediatamente poz-se em execução, e todos foram ao córte da madeira, que fica a meia legoa de distancia, na orla do Dambo. N'este sitio, onde vamos fazer a ponte, o rio tem oito braças de largo e duas e meia a tres de profundidade de agua; mas a corrente que é para SE. não é consideravel.

Ás quatro horas da tarde apresentou-se no acampamento o Fumo Cabáza, e disse: «Que vinha ver os brancos, e que pedia alguma cousa,» ao que se satisfez mais pelas circumstancias do que por vontade propria; e depois de receber o presente retirou-se. A ponte apromptou-se, e a fórma porque se fez foi a seguinte: atravessaram-se páos parallelos á largura do rio, e sobre estes outros mais delgados formando o estrado d'ella.

Julho 17. — Logo de manhã principiaram-se a passar as cargas, e estando n'isto appareceu novamente o Cabáza com novas impertinencias; e depois de muita altercação, deu-se-lhe mais algum fato com que se retirou; e nós tendo concluido a passagem cortámos a ponte.

Continuámos a marcha com o rumo do S. uma legoa, sempre pelo mesmo Dambo, e chegámos a um pequeno bosque que parece uma ilha no meio do Oceano. Este Dambo é todo semeado de pequenas lagôas, e n'ellas achámos a raiz que os cafres chamam ꞊ Nhica ꞊ cuja planta é uma sorte de golfão, *(Nymphœa)*. Esta raiz serve de alimento em tempos de escacez, porém, aqui foi para nós o maná do céu, porque ha dias não temos comido de ordinario senão hervas cosidas e raizes silvestres, e

25

entre estas as que têem apparecido com mais abundancia são umas batatas esbranquiçadas, que, depois de muito bem lavadas e cortadas em rodas, cosem-se, e assim se comem; mas é o mesmo que mastigar arêa, tanto pela qualidade da massa, como pela resistencia que esta faz aos dentes, e são completamente insipidas. Apenas se descobriu a Nhica, todos, sem excepção, entrámos nas lagôas, e por isso forçoso foi acampar aqui.

Pelo que deixo referido pareceria que o commandante da expedição commettêra uma cobardia deixando-se roubar, ou dando tanta fazenda, sem ter opposto resistencia, quando ainda ella conta mais de cem homens, ao passo que os ladrões se nos têem apresentado com pequena força, pois que o Fumo Londâmo apenas tinha umas quarenta pessoas de ambos os sexos; e o Cabâza, quando veiu ao acampamento, sómente trazia dez pessoas. Deve-se, porém, advertir que a gente da expedição se acha reduzida ao ultimo apuro pela fome; que não sabemos o caminho certo que nos convem seguir; e que estamos no centro de um vasto deserto, onde, sem guia, não podemos caminhar sem o perigo de sermos conduzidos a uma perda total; que para saír de tão aspero sertão ainda nos restam a fazer vinte e cinco a trinta dias de jornada, ou talvez mais, antes de podermos chegar ás terras dos Chévas; e que se tivessemos algum conflicto, o resultado provavel seria caírmos em ciladas, ou termos que abandonar tudo, porque o uso que podemos fazer das armas seria de pouca duração, para o que não teriamos mais do que vinte e cinco homens, que tantos são aquelles que, pela sua constituição physica, ainda estamos em estado de fazer algum esforço. Taes têem sido as nossas reflexões, e o que praticámos foi o resultado da discussão dos pareceres de todos os interessados da expedição, sendo este proceder considerado como o unico meio de podermos obter mais vantagens, e de evitar maiores prejuizos.

Logo que acampámos apresentaram-se dois Muizas, os quaes disseram: «Que ouvindo bulha de gente temeram que fosse guerra, e que vieram com cautela observar o que era, e que quando reconheceram ser a expedição, perderam o medo.» Pediu-se-lhes que nos servissem de guia, ao que annuiram, prestando-se a irem sómente até ao rio Chambéze; o que muito estimámos.

O commandante continua com tão rapidas melhoras, que isso pareceria effeito de um prodigio, pois que não tem tomado medicamentos, nem feito uso de alimentos apropriados; tem vivido, como os mais, sómente com hervas e raizes silvestres, apesar do que se acha quasi restabelecido, mas está ainda no ultimo gráo de debilidade.

Julho 18. — Antes de levantar o campo pediram os Muizas que se lhes désse agora alguma cousa, e que a paga do seu trabalho se lhes fizesse quando chegassemos ao Chambéze. Satisfazendo ao pedido, deu-se a cada um um rosario de avelorio. E logo continuámos a marcha para ESE., atravessando o Dambo, a cujo extremo chegámos depois de termos caminhado uma legoa; e ahi encontrámos uma povoação de cinco palhotas de Muizas errantes, mas sem vestigios de culturas nas suas immediações. E andando depois para o S. tres legoas e meia, chegámos á margem do rio Chambéze, onde fizemos alto para esperar a retaguarda. N'este sitio corre para O., e tem cem braças de largo, e as suas barreiras têem oito de altura; dá váo aqui, e a agua não chega á cintura; porém a velocidade da corrente, sobre um leito de rocha lisa e limosa, torna a passagem impraticavel, pelo que formou-se o campo.

Quando na ida para o Cazembe passámos este rio, foi mais a L., comtudo não posso calcular a distancia a que estamos d'esse ponto; supponho, porém, que não será pequena, porque o terreno onde effectuámos a primeira passagem era montuoso, e aqui, pelo contrario, é uma planicie que se estende até onde se póde descobrir com a vista. Lá tivemos um soccorro de ostras, e aqui, por mais que se tenham procurado, não se acham vestigios d'ellas.

Ás cinco horas da tarde recolheu a guarda da retaguarda, e deu parte de terem ficado mortos de fome no caminho quatro escravos novos de differentes donos. Os que aqui estão quasi que se acham proximos do mesmo estado por igual motivo. Pagou-se a cada um dos guias um quarto de Zuarte, e mandaram-se além do rio para procurarem alguma embarcação em que o possamos passar. A fome vae cada vez tornando-se mais insupportavel.

Julho 19. — Pela manhã vieram os Muizas com cinco almadias muito pequenas, pelas quaes foi preciso dar-lhes de aluguer dez quartos de Zuarte, e ás nove horas da manhã principiaram a passar as cargas, concluindo-se a passagem de toda a expedição ás' cinco horas da tarde; porém morreram afogados dois escravos do commandante, que foram arrebatados pela corrente quando tentaram passar a váo, e todos os esforços que se fizeram para os salvar foram inuteis, sendo preciso renunciar a isso para não fazer mais victimas.

Julho 20. — Enviaram-se dois negros da expedição com um guia Muiza dos das almadias, que obedecem aos Muembas, para levarem parte ao Mambo Muemba-Chifunso da ida da expedição, porque estes Muizas dão noticia de haver alli viveres.

Levantámos o campo e andámos para SSE. tres legoas; passámos o riacho Ruinguira, que corre para O. com oito braças de largo e tres de alto de barreiras, e seguindo o rumo de SE. uma legoa, passámos por uma povoação de Muizas, onde está o Fumo Muemba Chifuanfanta, sobrinho do Mambo Chifunso, e pouco ávante passámos o regato Cótontóra, que corre para o S. com duas braças de largo e meia de alto, formando-se áquem delle o campo. Veiu o Fumo pedir a Chipáta; e deram-se-lhe quatro peças de fato, com o que se retirou. Faltou um negro, de que não ha neticia.

Os negros de Candido Cardoso, tendo-se extraviado do caminho, foram roubados pelos Muembas, que, além dos pequenos objectos que lhes tiraram, levaram duas espingardas. N'esta povoação não achámos mantimentos alguns.

Julho 21. — Pela manhã, mandando-se pedir um guia ao Fumo, que não quiz envia-lo sem que se lhe désse mais alguma cousa. Entregaram-se-lhe quatro peças, e depois de te-las recebido pediu mais um panno encarnado para elle vestir; e assim que o recebeu mandou o guia, com o qual seguimos a marcha para SSE.; e tendo andado legoa e meia passámos o regato Chifuiza, que corre para O. com duas braças de largo e duas de alto, e ávante d'elle legoa e meia chegámos á povoação do dito Mambo Chifunso, onde formámos o campo. Ella é grande, e tem muita gente, e muitas culturas nos seus contornos.

Apresentaram-se os portadores que se tinham mandado, e disseram que o Mambo queria que lhe déssemos a sua Chipata sómente de noite e sem que ninguem visse. Houve parte de estar morto o negro que faltou hontem. Á noite mandou-se a Chipáta, constante de trinta e quatro peças de fato. Lavrou-se um termo, no qual se refere em detalhe qual é o fato que nós, obrigados pelas circumstancias, temos dado indevidamente aos Mambos e Fumos.

Julho 22. — Ficámos no mesmo sitio para diligenciar a compra de viveres. De madrugada ouviu-se um grande arruido na povoação, e em seguida vieram entregar um negro pertencente a Candido Cardoso, o qual foi apanhado roubando na Mossumba do Mambo. Para acommodar-se o Milando foi preciso dar-se um quarto de Zuarte e uma Ardian; e foi n'esta occasião que conhecemos ser sincera a amisade do Mambo aos brancos, porque se não fosse isso, teriamos, segundo o costume, que pagar muita fazenda, por ter sido apanhado o ladrão em flagrante, e de mais a mais na Mossumba. O negro foi castigado com chibatadas, e mettido na gargalheira com mais dois que o capitão dos mesmos escravos designou como socios; e este é o mesmo que foi castigado em Lunda por ter sido apanhado furtando milho na varzea do Muata.

Mandou o Mambo uma porção de mantimento e dois escravos pequenos, o que se recompensou com cinco quartos de Zuarte. Em virtude da representação do destacamento pagou-se aos quatro soldados europeus o mez de Fevereiro, e ao resto do destacamento seis pannos a cada praça por conta do mantimento dos mezes de Fevereiro até Abril inclusivè, que se lhes deve. A carestia de viveres é muito grande, temos por isso gasto muita fazenda; todavia já cessou a fome: entretanto não é possivel achar fornecimento para o caminho.

Apesar da vigilancia que tem havido na distribuição e uso dos alimentos, ella tem sido illudida, resultando d'isto que os imprudentes têem pago cara a sua impaciencia, porque, devorando o milho meio cosido, ou apenas molhado, este produziu nos seus estomagos debilitados fortes colicas, e alguns dos individuos atacados estão em perigo.

Julho 23.— Continuâmos no mesmo sitio. Mandaram-se ao Fumo Intuca quatro peças de fato, para vêr se alli se póde comprar algum mantimento. Os portadores chegaram de tarde, e deram parte de que o Fumo era morto de bexigas, e trouxeram uma pequena porção de mantimento. Mandaram-se dois quartos de Zuarte de despedida ao Mambo.

O commandante vae com rapidas melhoras.

III.

Julho 24.— Continuámos a marcha para L., e a meia legoa tomámos o rumo de SSE.; passámos o regato Cufifi, que corre para O. com duas braças de largo e uma e meia de alto, e ávante uma legoa perdeu-se o caminho, e tivemos de andar a corta-matto, e depois de marchar uma legoa achámos o caminho trilhado, que seguimos com o rumo de L. por meia legoa; e foi então que achámos o verdadeiro caminho, que seguimos para SSE. uma legoa, e chegámos á margem do rio Ruareze; continuando a jornada costeando-o meia legoa, chegámos á Mossumba do Fumo Muemba Carumbo, que está na margem no mesmo rio; e proximo a elle formou-se o campo. Esta povoação é grande, mas é a unica que aqui se encontra, e o Fumo é subordinado ao Chifunso. Enviou-se a Chipata, constante de duas peças de fato, e mandou-se pedir um guia, que veiu logo, e a quem se deu um quarto de Zuarte. Houve parte de terem ficado na Mossumba do Chifunso cinco escravos, sendo dois com cargas, que todos se esconderam durante a marcha, e disseram a um negro que os encontrou e deu a parte, que ficavam alli porque não queriam morrer de fome no caminho. Comprou-se hoje alqueire e meio de milho por quatro peças de fato.

Julho 25.— Chegou um dos negros com carga que hontem faltaram, e diz que não sabe dos mais. Mandou-se gente para a retaguarda em procura dos que faltam, e levaram duas peças de fato de bôca ao Mambo, e fazenda para as despezas que fôrem precisas.

De tarde chegou a gente da diligencia com o negro e carga que faltára, e uma negra de um soldado; porém esta, quando já vinha com a escolta, poude-se evadir segunda vez, e foi, correndo, quebrar Mitete, fazendo em bocados uma panella e uma cabaça de um Muemba, pelo que foi-nos mister dar mais meia Ardian para acommodar este Muemba, com o que se contentou por ser da Mossumba do Mambo, e este mesmo ter mandado que se lhe désse sómente esta porção de fazenda.

Explicarei agora o que se chama quebrar Mitete. Em toda esta parte da Africa oriental é costume dar protecção ao negro, livre ou escravo, que a procura, no caso de ser opprimido por um perseguidor, ou por um senhor de quem não quer ser escravo, ou por qualquer poderoso, ou de achar-se exposto a morrer de fome. Para obter esta protecção basta que quebre algum utensilio, ou que rasgue qualquer panno, por mais insignificante que seja, pertencente áquelle de quem espera soccorro; e isto faz sem proferir palavra. É o novo senhor quem pergunta ao que a elle se acolhe se é escravo ou forro, e o motivo por que quebrou Mitete. E então o antigo senhor, ou perseguidor, já o não póde haver á mão sem que pague um resgate, que geralmente é equivalente a mais do dobro do seu valor; isto é, do valor de um escravo. Os usos cafriaes protegem o novo senhor.

Nos nossos estabelecimentos de Rios de Sena acontece muitas vezes virem os negros livres quebrar Mitete aos portuguezes para serem seus escravos. Então o novo senhor manda ao Dumpse uma peça de fato, uma braça de Samater, e um frasco de aguardente, para lhe dar parte da occorrencia: com isto adquire o direito de propriedade, com a unica condição de não poder vender o novo escravo para fóra do nosso territorio. Entretanto tem-se abusado d'este costume, vendendo-se os que assim se apresentavam da mesma fórma que os comprados no sertão.

N'esta parte da Africa as fomes são muito frequentes, e fazem estragos terriveis, que se experimentam em umas terras mais do que n'outras, e então affluem gentes dos territorios que soffrem áquelles onde ha mantimentos, os quaes compram por tudo quanto possuem, inclusivè pela propria liberdade, fazendo-se escravos de quem lhes dá sustento. A final este mesmo concurso vem a produzir alli a fome, porque os habitantes, cegos de ambição pelo lucro, vendem tudo que têem, e depois, sentindo falta, vão comprar mantimentos a outras partes. É n'estas circumstancias, principalmente, que acontece frequentes vezes que negros numerosos de ambos os sexos vão procurar a protecção do dono de uma povoação onde ha alimentos, a qual imploram, dizendo que têem fome, e que querem ser seus escravos. Se elle os acceita e os quer sustentar, ficam sendo escravos, e os parentes d'elles, ou o senhor, se já o tem, deixam de ter d'alli em diante dominio algum sobre elles, porque são julgados mortos pela fome; porém, se os querem haver, é preciso resgata-los a contento de quem os sustentou, cujo resgate é avaliado segundo o gráo da fome que houve. Chamam a estes, escravos de fome.

O Mambo mandou dizer que se por lá apparecessem alguns negros os mandaria entregar. Compraram-se quatro alqueires de milho por quinze pannos e meio, que são sete mil setecentos e cincoenta réis fracos, ou tres mil e cem réis fortes. Este mantimento, com muita parcimonia, póde chegar para tres dias.

Julho 26. — Esta noite fugiram cinco escravos novos pertencentes a differentes pessoas. Por este motivo o commerciante Paulo pediu para demorar-se aqui, o que lhe foi concedido.

Continuámos a marcha para SSE. duas legoas, e passámos o rio Ruanceze, que corre para O. com quatro braças de largo e tres de alto, e a uma legoa ávante d'elle passámos pela Mossumba do Fumo Luanga, a unica que ha n'este sitio: tem umas quarenta palhotas; e ávante d'ella meia legoa passámos o regato Nongue, que corre para o N. com duas braças de largo e meia de alto, e d'áquem d'elle formou-se o campo. Tem-se comprado algum mantimento, mas mui pouco e carissimo.

Formou-se aqui o campo, por dizerem os guias que não havia agua senão a grande distancia, e posto que aqui mesmo a não houvesse, todavia appareceu quando se abriram covas no leito do regato. Chegou o commerciante Paulo.

Julho 27. — Continuámos a marcha para SSE. tres legoas, e passámos o regato Mandoe, que corre para o N. com duas braças de largo e dois palmos de alto, e a legoa e meia ávante d'elle passámos o regato Chifuiza, que corre para O. com duas braças de largo, mas sem profundidade notavel; e a uma legoa d'elle encontrámos uma povoação com umas cinco palhotas de Muizas, e proximo a ella formou-se o campo.

Depois que saímos dos dominios do Cazembe e entrámos no deserto, principiou a fome a fazer-se sentir. Os escravos novos que trazemos vêem pela maior parte em gargalheiras, conduzindo cargas que se lhes distribuem cada dia pela manhã, e marcham escoltados até se acampar. Muitos dias se têem passado sem que tenhamos nada para comer, tanto aquelles que marchâmos soltos, como os que vêem presos, mas n'estes ultimos são mais sensiveis os effeitos da fome: nos primeiros dias, os de constituição mais fraca, e os mais debilitados, quando o calor os apertava, deitavam-se no chão pedindo com instancia que os matassemos. Estas scenas cortavam o coração. Se os largassemos no deserto, tinham a morte certa; mata-los, seria barbaridade; alimenta-los, não havia com quê: por fim assentámos em os abandonar, porque de todos os males era o menos cruel.

Entre estes escravos havia um bastante forte e robusto, o qual, desde que se abandonaram os primeiros, entrou a deitar-se no chão sem querer andar, e assim embaraçava absolutamente a marcha. Para o fazer caminhar foram-lhe dadas varadas, mas sem resultado. Elle não queria outra cousa senão que o largassem. Por fim, não se contentando só com o máo exemplo que dava, pôz-se a dizer aos mais que fizessem o mesmo; e lançou a mão á bayoneta de um soldado que estava desapercebido, e com ella o teria atravessado a não se acudir com promptidão, e com difficuldade se lhe tirou a bayoneta, sendo preciso para isso dar-lhe algumas chibatadas. No mesmo dia, porém, deitou-se com os mais da gargalheira em que ía. Então, depois de muitas ameaças, sem fructo algum, não houve outro meio senão o de manda-lo fusilar á vista de todos para exemplo; que effectivamente foi efficaz, porque nunca mais se deitaram senão os que realmente não podiam andar pelo seu estado de fraqueza.

Estes acontecimentos têem sido dos mais horrorosos que na minha vida tenho presenciado. Gente innocente e sem culpa alguma, conduzida presa, carregada, e sem alimento. E nós não tendo meio algum de lhe poder valer, por não ser possivel abandonar as cargas que transportam. E obrigados ainda a ouvir continuamente gemidos e ais dolorosos, que augmentavam os nossos proprios soffrimentos, causados por tantas tribulações, pela fome e pelo cansaço. Nada ha que se possa comparar com estas scenas de angustia e afflicção.

Julho 28. — Pela manhã houve parte de terem desapparecido os guias. Continuámos a marcha, dirigidos pela agulha, com o rumo de SSE., e a duas legoas e meia passámos o rio Canxevia no mesmo logar da ida, e não achámos outra differença senão a de levar mais cabedal de agua; e adiante d'elle uma legoa passámos o riacho Cabulambuça tambem no mesmo sitio, e achámos-lhe a mesma differença; ávante d'elle meia legoa, na sua margem, formou-se o campo.

Julho 29. — Proseguimos a nossa rota para SSE. duas legoas, e passámos o riacho Canuampungo no mesmo sitio da ida; ávante d'elle duas legoas passámos outro, por nome Pôngo, que corre para NNO. com duas braças de largo e tres de alto; e tendo marchado meia legoa, passámos o rio Ruitiquira no mesmo sitio da ida, o qual agora vae muito mais caudaloso e corre com grande força, e atravessámo-lo com agua pela cintura. Na sua margem vimos rasto de cavallos marinhos. N'este sitio estão algumas palhotas de Muizas, os quaes têem uma vida nomada, sustentando-se de fructos e raizes silvestres.

De tarde ouviram-se Tunguros da outra banda do rio, e

mandando-se indagar a causa d'elles, soubemos serem dados pela chegada do Fumo Simucamba, da nação Muemba, o qual voltava ao seu districto depois de ter ido levar o tributo ao Mambo Chiti-Muculo. Elle, tendo noticia de que a expedição estava aqui, mandou pedir alguma cousa, e tambem que ámanhã fossemos ficar á sua Mossumba. Sómente se lhe enviou um quarto de Zuarte. Faltou um negro do commandante, que conduz um Quitundo com cem pannos de fato, tres peças de Lopa, um peça de chita portugueza e um capote; tudo do mesmo commandante.

N'este logar fazem os Muizas e Muembas sal, que vendem carissimo, e que extrahem de certas plantas muito similhantes ao perrexil (chritinum), que nascem nas margens dos rios de agua doce, e com grande abundancia nas d'este. O processo da extracção faz-se pela maneira seguinte. Colhidas as plantas, mesmo verdes, são queimadas e depois reduzidas a cinza; lança-se esta em agua, onde se conserva de infusão alguns dias; depois filtra-se a agua em panellas rachadas, e é posta ao lume, sobre o qual se conserva até ter sido sufficientemente evaporada, do que resulta um residuo côr de rosa, que é deitado em vasilhas de barro, onde crystallisa passados alguns dias. Depois quebram-se as fôrmas e apparece o sal em pedras massiças e rigissimas, que com muita difficuldade se podem quebrar. Este sal é muito fino ao tacto e muito claro, todavia as suas qualidades salinas são muito fracas, precisando-se proporcionalmente maior porção d'elle que do sal commum para produzir igual effeito; por exemplo, uma salga, que se faz com uma libra de sal marinho ou mineral, precisa de tres libras, sendo feita com o dito sal. O sal mineral é extrahido da terra que rapam da superficie do solo nos sitios onde apparecem manchas brancas salitrosas que resumbram d'ella. O processo de faze-lo é o mesmo, com a differença, porém, de que em vez de cinza se faz uso da terra mencionada, e segue-se o mesmo methodo. Este ultimo sal é o que se consome mais em toda esta parte da Africa, onde não ha o marinho; é soffrivel para tempero, e para as salgas optimo.

Julho 30. — Pela manhã mandou-se uma escolta em procura do negro e Quitundo que falta; e a expedição, proseguindo a marcha para SSE. duas leguas e meia, chegou á Mossumba do Fumo Simucamba, que está cercada de trincheiras e assentada á margem do riacho Mufutize. Ella é de pouca consideração e importancia. A cento e cincoenta passos ao S. d'ella formou-se o campo. Ás quatro horas da tarde chegou o Fumo á Mossumba, e foi recebido com toques de tambores e Tunguros. Á noite voltou a escolta que foi em procura do negro e Quitundo, de que não houve noticia alguma. Mandou-se de despedida ao Fumo um quarto de Zuarte. Fugiram nove escravos do commerciante Paulo, que estavam presos n'uma gargalheira, e com elles um dos guardas que tambem era escravo do mesmo.

Vae apertando a fome.

Julho 31. — Pela manhã deu parte o Muanamambo de terem fugido cinco escravos, e procedendo-se á investigação do costume, colhemos d'ella o seguinte. Ha umas poucas de noites tem-se feito pequenos roubos no acampamento, e ultimamente furtaram ao sargento do destacamento, entre outros objectos, dois pares de meias: um dos fugidos esta noite foi visto por outros negros com uma meia, com que queria comprar mantimento, e perguntando-lhe elles onde a tinha ido buscar, desculpou-se dizendo que era um sacco e não meia; porém isto foi divulgado entre elles, e o ratoneiro fugiu com receio de que o caso chegasse á noticia dos commandantes, que têem promettido uma peça de Zuarte a quem descobrir um ladrão. E suppomos que os companheiros fugiram por serem conniventes nos roubos. Todas estas circumstancias souberam-se hoje pelas indagações que se fizeram.

Felizmente hoje mesmo compraram-se sete alqueires e meio de milho por trinta e sete pannos e meio de fato de lei.

Continuando a marcha para SSE. por uma legoa, repassámos o riacho Mufutize no mesmo sitio da ida, e tendo proseguido ávante, passámos mais tres pequenos regatos, de que ignoro os nomes, porque na nossa vinda estavam seccos; e ávante d'aquelle tres legoas chegámos á Mui do Muiza Chinto-Capenda, onde estivemos na ida. Este saíu-nos ao encontro e correu a abraçar-me, levando-me para a sua palhota; e com uma alegria ingenua apresentou-me uma grande gamela cheia de Buale (massa), e n'uma tijela de barro uma posta de carne de elephante cosida na gordura da mesma carne, que não tinha menos de quatro arrateis: comi um bom pedaço da massa molhada na gordura, mas, apesar da boa vontade e diligencia que empreguei para comer carne, iguaria que ha muito não provava, não me foi possivel tomar-lhe o gosto, pela sua natural rigeza, e fui obrigado a renunciar a tal desejo. Quando acabei de comer pediu-me o nosso amigo Muiza que désse o que ficava aos soldados que vinham comigo, que eram os que formavam a guarda da vanguarda da expedição. Estes não a acharam dura, porque toda foi tragada, mas estou bem persuadido de que não foi mastigada. Por mais diligencias que fiz para que o Chinto-Capenda acceitasse uma peça de fato que eu lhe offerecia, não foi possivel faze-la receber; e disse que tendo noticia da nossa chegada, mandára fazer aquelle comer para nos dar, porque ouvíra dizer que vinhamos com muita fome; que era a amisade que o impellia a isso, e não o interesse; e que se eu era seu amigo, bastava que lhe promettesse lembrar-me sempre d'elle, que esta era a recompensa que queria.

Contei ao commandante e aos nossos companheiros a generosa amisade e hospitalidade d'este Muiza, o que a todos interneceu de reconhecimento.

A expedição acampou no mesmo sitio onde esteve á ida para o Cazembe. Tem-se comprado pouca porção de mantimento, mas carissimo.

IV.

Agosto 1. — Pela manhã despediu-se para a frente o famulo do interprete e tres negros com cinco peças de Zuarte, e vinte meias Ardians, para, nas povoações dos Muizas que estão sobre a serra Muxinga, e onde ainda não chegou a guerra, diligenciarem a compra de mantimentos, porque, segundo as noticias e informações que nos deu o nosso amigo, pelo caminho que nos indicou ha povoações e mantimentos.

Levou mais um quarto de Zuarte para dar de bôca ao Mambo Muiza Calavica. Todas estas providencias são necessarias, porque os cafres, estando reunida toda a expedição, vendem o mantimento muito mais caro pelo numero da gente que conhecem ter precisão d'elle.

Pela manhã proseguimos a marcha para OSO., e costeando a serra Muxinga pelas suas faldas duas legoas e meia, passámos um regato, de que ignoro o nome, que corre para NE. com duas braças de largo e uma de alto, e tomámos o rumo de SSO., com o qual marchámos uma legoa. Principiámos então a subir a serra, atravessando montanhas, por uma passagem de trilho suave, em cujos lados se eleva a serrania. Começámos a subida com o rumo de SSE., e tendo passado alguns pequenos regatos com agua e marchado em subida legoa e meia, passámos outro regato, que corre aqui para SE. com dois palmos de largo e um de alto; e áquem d'elle formou-se o campo. Desde que entrámos na serra tem sido o caminho por desfiladeiros e valles, mas sempre por deserto, e temos visto continuamente o rasto de Pembéres (Abadas ou Rhinocerontes).

Como a expedição chegou tarde e a gente muito cançada pela marcha da serra, não se fez trincheira, como é costume construir todas as vezes que acampâmos, e por isso ficou o acampamento aberto. Esta trincheira é formada de abatizes, isto é, d'arvores cortadas e deitadas com a rama para fóra, a qual deve ser bastante densa para resistir e obstar á entrada, tanto de gente como de feras, e deixam-se duas portas, onde ficam sentinellas. Ella é de fórma circular, e pelo modo como é construida dá toda a segurança aos acampados.

Pela meia noite lançou-se um leão a um rancho de negros que estava na extremidade do acampamento, proximo ao regato, e que estavam cosinhando em torno do lume; mas como a esta hora ainda todos os negros se achavam acordados, logo que saltou houve uma grita geral, com a qual elle espantado se retirou, não se tendo podido apossar de um dos negros sobre quem saltou, porque, por acaso, no mesmo momento em que effectuava o salto, um outro negro passava entre o leão e o atacado, e foi o que passava quem recebeu o choque, de que apenas soffreu alguns rasgões superficiaes pela barriga e verilha esquerda, sendo n'esta ultima parte mais profundos, todavia nenhum d'elles é perigoso. Pouco tempo depois sentiu-se o leão torneando o acampamento, e para prevenir novo ataque dobraram-se as sentinellas, e de espaço a espaço passavam palavra e davam um tiro de fusil. E não houve mais novidade.

Agosto 2. — Pela manhã proseguimos a marcha, e eu recebi ordem para cobrir a retaguarda com a competente guarda. Caminhámos para SSE. duas legoas e meia, e depois mudámos para SSO.; e tendo assim andado meia legoa subimos outra cordilheira mais elevada da mesma serra, a qual aqui corre Norte-Sul, e tomámos a direcção de SO., com a qual caminhámos meia legoa, e tornámos a andar para SSO. Um pouco mais adiante encontrámos uma pequena lagôa, e na margem d'ella formou-se o campo. Todo o caminho tem sido por desfiladeiros em subida.

Faltou um negro pertencente ao commerciante Paulo. Dá cuidado o seu estravio n'esta serra por causa das feras.

Agosto 3. — Continuámos a marcha para SSO. tres legoas e meia; depois caminhámos para SSE., e pouco haviamos andado quando passámos um pequeno regato sem importancia, de que ignoro o nome, e na margem d'elle formou-se o campo. O caminho continua a ser em subida e deserto.

Agosto 4. — Proseguindo a nossa marcha para SSE. uma legoa, encontrámos uma pequena Mui, mas n'ella não havia gente. Começa o caminho a atravessar a serra, e tendo andado no mesmo rumo meia legoa, seguimos depois para SO. outra meia legoa, e passámos o rio Mutinondo, que por um leito de rocha corre para o S. com dez braças de largo e seis de alto, e a legoa e meia ávante d'elle passámos um pequeno regato, de que ignoro o nome, e na sua margem formou-se o campo. Toda a marcha de hoje tem sido atravez da serra, por caminho desigual, em subidas e descidas, e a cumiada por onde marchámos tem terrenos bastante planos e extensos, mas não Dambos.

Agosto 5. — Pela manhã seguimos ávante para OSO., e

tendo andado duas legoas passámos outra cordilheira pertencente á mesma serrania, e proseguindo com o mesmo rumo uma legoa, chegámos á Mossumba do Mambo Muiza Calavica, e a tresentos passos ao N. d'ella acampámos. A povoação é grande bastante, e proximo a ella ha outras muitas que estão pelos valles. Mandou-se a Chipáta áo Mambo, que foi meia peça de Carlanganim e quatro quartos de Zuarte.

Foi-nos apresentado, para ser vendido, um dente de marfim com o peso de vinte e dois arrateis, o primeiro que vimos desde que saímos do Cazembe, e pediam por elle vinte peças de fazenda, que, pelo menos, são cincoenta pannos, no minimo valor de vinte e cinco mil réis fracos, ou dez mil réis fortes, e por isso ninguem o quiz comprar. Faltou um negro do commerciante Paulo. Felizmente ha aqui abundancia de viveres, e não são demasiadamente caros, mas por elles querem sómente fato. Reuniu-se á expedição o famulo do interprete com a gente que o acompanhou, e deu parte de ter comprado uma Quitura (tulha) de milho em espiga. Graças á Providencia, que por em quanto cessou o flagello da fome.

Agosto 6. — No mesmo sitio para restaurar as forças.

Agosto 7. — No mesmo sitio. Mandou o Mambo tres cestos de milho e uma cabra, o que se lhe agradeceu com um quarto de Zuarte e meia Ardian.

Em toda esta parte da Africa usa-se da carne de cabra como de outra qualquer. É muito boa, principalmente estando a cabra prenhe ou sendo esteril.

Agosto 8. — No mesmo sitio. Mandou o Mambo ao commandante um dente de marfim, o qual é o mesmo que viera a vender, com o recado que era em signal da amisade e correspondencia que queria ter com os Mozungos, a quem offerecia os seus dominios, e onde elles achariam toda a . franqueza e segurança.

Como o commandante já não tem fazenda, deu-lhe de recompensa quatro quartos de Zuarte e meia Ardian, tudo pertencente ao commerciante Cardoso, para quem deu o marfim. Note-se que os negros, a maior parte das vezes, não levam em conta o tamanho das peças de fazenda, e só sim o seu numero; motivo por que, havendo de dar-lhes duas peças de fazenda, tanto contam duas meias Ardians, como dois Zuartes, e por isso aquellas se partem ao meio, e estes em quatro.

Este Mambo é um dos melhores que temos encontrado. Tem-nos feito muito bom acolhimento, e dado boa hospitalidade.

Mandou-se um quarto de Zuarte ao Mambo de despedida, com a participação de que a expedição marcha ámanhã. Não é possivel fazer fornecimento de viveres por não haver quem os conduza; e o mais que se poude fazer foi sobrecarregar as cargas, augmentando cada uma com um pequeno taleigo de milho.

Agosto 9. — Pela manhã continuámos a nossa marcha para SSE. legoa e meia; depois andámos para NE. meia legoa; em seguida caminhámos para L. uma legoa, e depois seguimos a direcção de SSO., marchando legoa e meia; e chegando a uma povoação de Muizas, proximo a ella acampámos. O caminho continua a ser por cima da serra, atravessando-a; e estas voltas e mudanças de rumo são effeito da irregularidade do terreno. Faltou a recolher ao campo um soldado da guarda da retaguarda, que o commandante d'ella havia mandado á retaguarda procurar um negro doente que se tinha deixado ficar. Faltaram tambem tres escravos dos commerciantes.

Agosto 10. — Pela manhã foi mandado o commandante da guarda da retaguarda, que hontem esteve de serviço, e um soldado para procurarem o soldado que faltou. Continuámos a marcha para SSE., e caminhando duas legoas passámos um regato de que ignoro o nome; corre para O. com duas braças de largo e meia de alto. Começámos aqui repentinamente a descer a serra.

Sendo preciso gastarmos uns poucos de dias para sair do deserto, é necessario aproveitar o tempo para a marcha, a fim de que as provisões de viveres cheguem, se fôr possivel, para o caminho. Se não houvesse este motivo acampariamos aqui no mais alto da serra, onde o observador póde gosar

26

do ponto de vista mais pittoresco e admiravel que se póde imaginar. O sol já declinava quando aqui chegámos, e por isso não era a melhor hora de observar, porque os seus raios nos feriam quasi de frente. Entretanto dominavamos com a vista uma extensão immensa que se perdia no horisonte; não distinguiamos os arvoredos, porque nos pareciam mattos rasteiros: esses extensissimos Dambos, que ao passarem-se parecem o oceano, vistos d'este ponto assemelham-se ás eiras em que se debulha o trigo, de diversos feitios e grandezas; os corpolentos arvoredos que orlam os rios apresentavam-se como fitas de verdura, e apenas distinguiamos os cursos das aguas pelo nevoeiro que a força do sol fazia levantar em vapor. Não havendo, porém, tempo a perder, forçoso foi, posto que com pouca vontade, deixar este bello e variado ponto de vista. Continuámos, pois, a andar com o mesmo rumo de SSE. duas legoas, sempre em descida, e chegámos á planicie, ou antes a um valle; e na margem de um arroio formou-se o campo.

A serra Muxinga, n'este sitio, é muito ingreme; e talvez que não tenha ménos de uma legoa de altura perpendicular acima do nivel do mar. Ella é ainda hoje habitada nos seus planaltos, e disseram-me que em outro tempo fôra muito povoada e cultivada. Vi-a sempre coberta de nevoa, mas nunca lhe achei signal algum de neve ou de gelo.

· A altura que lhe calculo parecerá, talvez, exaggerada; todavia não me parece que o seja. Eu estava muito costumado a vêr a serra da Lupáta dó Zambéze, que é uma das maiores cordilheiras que tenho visto, e estava persuadido de que não acharia n'esta parte da Africa outras mais altas; mas agora penso o contrario, porque esta é uma anã comparada áquella serra gigantesca.

A Lupáta é uma massa de serranias que se ramificam pelas terras portuguezas de Tete, pelas dos Maraves, e pelas do Monomotapa, etc.; mas a serra Muxinga está só e isolada, e atravessa uma immensa extensão de sertão, geralmente com a direcção de Norte-Sul. Ordinariamente, quando nos aproximâmos a uma montanha desde muito longe já principiâmos a achar terreno desigual, porém quanto á serra Muxinga tanto de um lado como do outro o terreno a ella adjacente é plano, e de repente começa-se a subir com mais ou menos declive. Na parte occidental d'esta serra só nas terras do Cazembe é que vi pequenas montanhas, que supponho não terem ligação alguma com esta, e d'este lado oriental ha nas terras dos Chévas a serra Muxinge: e posto que esta tambem seja isolada, comtudo, tanto pela direcção como pela distancia em que está da Muxinga, póde fazer-se a mesma hypothese. Entretanto talvez que d'esta haja alguma ramificação para aquella, mas inclino-me ao primeiro caso.

A serra Muxinga é coberta de arvoredo; n'ella se vêem pedreiras, porém não rochedos escalvados: nos seus arvoredos não notei especies novas, nem vi em toda ella palmeira alguma, planta que se acha mui frequentemente nas terras baixas; isto é, a palmeira tamareira silvestre, a que os cafres chamam Canjêza: esta especie de palmeira é pequena, geralmente não excede a vinte palmos de altura; todavia algumas ha mui altas, mas isto não é vulgar; os seus fructos formam cachos, e são umas tamaras do tamanho de azeitonas, porém sem polpa alguma, e apenas têem a pelle sobre o caroço: em tempos de fome os cafres comem, ou antes roem este fructo, e em todo o tempo, comem o olho da palmeira, que não deixa de ter bom gosto. Ha outra especie de palmeira brava no sertão, a que os cafres chamam Mediqua: esta especie é geralmente muito alta e dá uns cachos de côcos mais pequenos que os côcos mansos, que os cafres não comem, mas chupam-lhes a casca, que é bastante grossa e toda composta de fios sobrecarregados de um succo gommoso amarello com o sabor doce; dentro ha uma noz rigissima com uma amendoa branca e ôca, que não tem prestimo algum. Os cafres, depois de terem chupado a casca, enterram a noz que tem dentro, e passados alguns mezes, e antes que ella germine, cavam a terra e arrancam a noz com a sua raiz ou espigão, o qual tem ordinariamente palmo e meio de comprido e uma pollegada de grossura. Esta raiz serve-lhes de alimento, assada, cosida, ou frita em massa, e é bastante saborosa, porém é alimento muito indigesto, principalmente para os europeus: a esta raiz chamam Musalémue.

Tornando á serra Muxinga, direi que é a mais alta que tenho encontrado n'esta parte da Africa. Fóra do trilho por onde caminhavamos ella tem em grande extensão precipicios de uma altura prodigiosa. Já fallei d'esta serra em outro capitulo d'este Diario.

Agosto 11.—Pela manhã continuámos a marcha para SE. já fóra da serra, caminhando uma legoa por terreno ondulado, sendo por isso o caminho desigual, mas não ha montes, e passámos um riacho de que ignoro o nome, o qual corre para O. com quatro braças de largo e uma de alto: d'aqui andámos para L. uma legoa, e depois cami-nhámos para SSE. legoa e meia por um arido terreno; e chegando a uma pequena lagôa, ahi acampámos na sua margem.

Com a guarda da retaguarda recolheram os soldados que estavam em diligencia.

Desde a povoação do Chinto-Capenda tenho sido eu que com a agulha tenho guiado a expedição.

Agosto 12.—Pela manhã seguimos a marcha para L. por tres legoas, e perdendo o caminho seguimos a corta-matto para SSE., e andando uma legoa chegámos á margem de um regato de que ignoro o nome, e na margem d'elle acampámos para mandar procurar o caminho.

Hoje encontrámos um elephante que descobrimos a trinta passos de distancia, estando com a cauda voltada para nós; porém sentindo movimento levantou a tromba, virou-se logo para o caminho por onde íamos, e vendo a guarda da van-guarda foi-se retirando a passos vagarosos. Se eu estivesse sómente com a guarda, ter-lhe-hia atirado sem receio al-gum, e devia esperar o melhor resultado; porém como estes quadrupedes nunca caem logo, e depois de receberem a bala avançam sempre sobre o logar onde vêem o fumo, e destroem tudo quanto encontram, foi esta a rasão por que não lhe atirei, com receio do estrago que faria na expedição, e sobre tudo nos escravos que vêem presos nas gargalheiras.

Recolheram os soldados que tinham ido em procura do caminho, e deram parte de terem encontrado Muizas que lh'o indicaram.

Agosto 13.—Pela manhã proseguimos a marcha para ESE. legoa e meia; depois mudámos para o S., mas perdemos logo o caminho por causa da altura da palha, que provém de uma sorte de graminea similhante á especie a que em Portugal chamam Balanco, que aqui cresce muito. E tendo caminhado assim legoa e meia, chegámos á margem do rio Parmáze, e costeando pela sua margem tomámos então a direcção de SSE., com que fizemos duas legoas e meia, e acampámos na margem d'este rio, o qual tem um leito consideravel, e no tempo das chuvas deve ser muito caudaloso, porém agora apenas tem uma pequena vêa de agua, em que não póde navegar nem mesmo uma pequena almadia: as suas barreiras são bastante altas, e não mostram vestigios de que as aguas trasbordem muito nas enchentes, o que talvez seja uma das causas, reunidas á qualidade arenosa do terreno, que tornam estereis os terrenos adjacentes ás suas margens.

Estamos outra vez em um aspero deserto.

Agosto 14.—Continuámos a marcha, passando o rio que corre aqui para o N. com cento e cincoenta braças de largura e seis de altura de barreiras, e seguimos o rumo de SE., com que andámos cinco legoas, e fomos encontrar o mesmo rio, e na margem d'além d'elle vimos pousadas nas arvores muitas Mugóras, que são os Urubús do Brasil, óu Abutres, de cabeça calva, o que indicava que havia no visinho terreno algum animal morto pelas feras, mas que estas ainda o não tinham abandonado. Esperámos, pois, que se reunisse mais gente para irmos tirar a presa do poder dos apprehensores, que suppozemos serem leões, do que bem depressa nos certificámos, porque lhes ouvimos os rugidos, que indicavam haver alli mais de um. Como ainda tinhamos pouca gente para accommette-los á viva força, aproveitei a vantagem de estarmos da parte do vento, que estava fresco, e mandei deitar fogo ao matto, mesmo porque receei que o Chimancáta, ficando desamparado, recebesse algum insulto do rei do deserto. Como a palha era alta e estava sêcca, foi n'um momento que o fogo deu logar a ver-se a caça, que julgavamos achar assada, e com bastante magoa só vimos um esqueleto, e tão limpo que parecia terem os ossos sido raspados. Era de um Chefo, pequeno quadrupede da familia das Antilopes, do tamanho do veado.

Como a expedição se demorasse, formou-se o acampamento n'este mesmo sitio. Ella chegou tarde, porque tendo visto bandos de Mugóras em differentes partes, os negros partiram para os logares onde appareciam, a fim do procurarem alguma carne.

Havendo n'esta terra muita caça e muitos leões, estão estes continuamente a fazer presas, e logo que isto occorre apparecem os Urubús, os quaes, em quanto os leões comem, estão de largo, pousados sobre as arvores, ou esvoaçando por cima das presas; e quando os leões se retiram, vão então comer os despojos. A experiencia do sertão tem feito conhecer estas particularidades, de sorte que em se vendo estas aves no ar e nas arvores, tem-se a certeza de que ha alli animaes ferozes que ainda estão devorando as presas; porém quando ellas se levantam do chão e tornam a descer para elle, é signal de que as feras se retiraram e que só as Mugóras estão de posse da caça. Estas aves avistam-se de muito longe, e por ellas se guiam os viajantes ao logar em que está a presa, e elles com facilidade afugentam os leões, que aqui não accommettem o homem, nutrindo-se sómente de quadrupedes, de que ha grande abundancia. Hoje, porém, a nossa gente não foi mais feliz do que eu, porque acharam apenas os ossos sem carne alguma.

V.

Agosto 15. — Pela manhã achou-se fóra do acampamento o esqueleto de um Chefo, que, durante a noite, havia sido devorado pelos leões; e estando a quinze passos da trincheira as sentinellas não deram noticia do caso, sendo certo que não dormiam.

Continuámos a marcha para SE. legoa e meia, e passámos por uma pequena povoação de Cundas, e tomando o rumo de SSE., uma legoa ávante passámos o rio Pamáze, áquem do qual acampámos a duzentos passos a L. do campo que occupámos em 10 de Setembro do anno passado.

Desde a primeira Mui de Cundas continuámos a encontrar pequenas povoações dos mesmos povos, porém insignificantes e sem culturas. Elles alimentam-se de caça e pesca; e já os havemos mencionado na nossa ida. Esta terra pertence aos dominios do Mambo Cazembe-Muiza.

Pelas nove horas e meia da noite mandaram-se os quatro soldados europeus, o commerciante Paulo Leonardo e alguns negros ao logar onde foi sepultado o nosso companheiro Joaquim dos Santos Montalvo, para recolherem os seus ossos, a fim de serem conduzidos para Tete. Ás onze horas e meia chegaram com elles, e foram acondicionados n'um caixote para serem assim transportados.

Agosto 16.—Pela manhã continuámos a marcha para SSE., e feitas tres legoas passámos o rio Duróéca, que corre para SSO. com quarenta braças de largo e oito de alto, mas agora tem a agua estagnada; e tomámos o rumo do S.: e caminhando legoa e meia chegámos á margem do rio Aruângoa, que atravessámos no mesmo logar da ida. Elle leva presentemente mais agua do que quando o passámos anteriormente, mas não tanta que possa ser navegavel senão por almadias. Acampámos na margem d'elle, no territorio portuguez de Marambo.

De Lunda ao rio Chambéze gastámos vinte e nove dias de marcha, em que andámos noventa legoas e meia; d'este rio ao Aruângoa gastámos vinte e dois dias, e caminhámos oitenta e oito legoas, o que tudo faz o total de cincoenta e um dias de marcha e de cento setenta e oito legoas de caminho, sendo geralmente deserto o paiz que atravessámos.

O commandante da guarda da retaguarda deu parte de ter encontrado um dente de marfim abandonado no caminho; este dente era conduzido por um dos carregadores da Real Fazenda, o qual fugiu. Era este o unico escravo que existia dos que saíram de Tete com a expedição, e que eram pagos pela mesma Real Fazenda. Agora apenas restam alguns dos que João Pedro mandou ao Missále.

CAPITULO X.

Descripção dos usos, costumes, etc., dos povos Muembas, Auembas, ou Moluanes.

I.

Pouco posso dizer com exactidão d'estes povos, porque só de passagem transitei pelo territorio que occupam, o qual conquistaram aos Muizas, e que está reduzido a um deserto. As noticias que obtive de uns, sendo combinadas com as obtidas de outros, sempre me apresentaram contradicções. Á força, porém, de muito trabalho e considerações conclui que o que mais se aproxima da verdade é o seguinte:

Estes povos vieram, segundo elles dizem, dos sertões situados ao ONO. do territorio do Cazembe; sendo notavel que ha n'essa direcção um paiz conhecido pelo nome de Moluas, e que os Muembas se chamam a si mesmos Moluanes. Estes occupam hoje todo o territorio que era dos Muizas até ás abas da serra Muxinga, onde ainda não se estabeleceram. Passam uma vida nómada.

Téem um Mambo a quem geralmente obedecem, ao qual dão o nome de Chiti-Muculo.

Muemba armado, e em marcha.

Muemba armado em marcha

Os seus costumes são totalmente selvagens. Vivem da pilhagem e da caça. Parece que não têem religião alguma; nem mesmo se lhe conhece aferro aos usos supersticiosos, como entre os mais cafres. Entretanto perseguem-se mutuamente por feiticeiros quando d'ahi lhes póde resultar interesse ou esperança de pilhagem. Os seus Mambos e Fumos vivem em toda a familiaridade com o resto da povoação. As armas de que se servem são arcos, frechas, machadas, e alguns tambem trazem azagaias, porém d'estas pouco uso fazem [1]. Nas suas guerras procuram sempre atacar por surpreza, em tumulto e sem tactica alguma. A povoação que vimos é pouco consideravel, mas dizem e confirmam os Cazembes que ella é numerosa na sua terra primitiva. A sua lingua é mui similhante á de Lunda; isto é, á lingua Messira ou Messila; ella é guttural, e por isso mais difficil de comprehender. Não observei entre elles industria alguma: e os instrumentos e utensilios de que usam, ou são roubados, ou comprados ao outros povos. Não fazem commercio. O seu caracter moral reune tudo quanto póde caracterisar um povo selvagem, faltando-lhes só serem anthropophagos. As suas mulheres são completamente escravas. Os filhos vivem em perfeita liberdade com os paes, porém as mães são tratadas por seus proprios filhos como escravas. Os Muembas são geralmente caracterisados pela sua má fé, ferocidade e espirito de rapina.

II.

Não têem hora certa de comer. Em qualquer hora e logar da povoação em que se acha um Muemba, ahi vae a mulher apresentar-lhe a comida, a qual elle reparte com os que estão presentes, e elle come tambem do mesmo modo que todos os outros cafres, fazendo-o com as mãos, e quando acabam limpam-nas á cabeça primeiramente, depois ao peito, braços e pernas.

Os Muembas são, em geral, de estatura regular e bem proporcionados, côr algum tanto fula, cabello encarapinhado,

[1] Veja-se estampa XVIII.

e comprido, que trazem todo cheio de bolas pendentes da carapinha, as quaes são feitas com o cebo e gordura que a ella estão limpando continuamente. A estas bolas dão uma côr escarlate com pós de páo Mucula, pela mesma maneira que o fazem os Muizas. A cabeça é oval, testa saliente, olhos encovados, faces proeminentes, nariz chato, beiços reversos, posição do corpo inclinada. Usam as orelhas furadas na extensão de tres a quatro linhas, e no buraco de cada uma d'ellas introduzem um cannudo de canna de milho ou de marfim. O seu vestuario consta de um pedaço de Nhanda segura á cintura por um fio ou corda mais ou menos grossa.

As mulheres têem os mesmos caracteristicos e vestem-se da mesma fórma.

Os seus divertimentos favoritos são toques de tambores, danças guerreiras, e tambem cantigas, com que celebram as victorias que ganharam nos combates.

III.

Por mais diligencias que fiz para obter esclarecimentos sobre a historia primitiva d'este povo, não me foi possivel conseguir cousa alguma que tenha verosimilhança, além do que deixo transcripto.

Combinando eu o que me disseram os Muembas com o que ouvi aos Muizas sobre o modo como elles se apoderaram do territorio Muiza, tirei das duas versões o seguinte:

Foi em 1826 que principiou a guerra entre os dois povos, a qual teve por origem um roubo que fizeram os Muembas aos Muizas limitrophes. Estes tomaram vingança; mas aquelles, reunindo-se depois em força maior, caíram sobre os Muizas, tomaram e queimaram as primeiras povoações, mataram quantos encontraram, e no saque que deram acharam fazendas, missangas, etc. Attrahidos por estes despojos e animados pela primeira vantagem, e por saberem que os Muizas, como negociantes, possuíam boas fazendas, juntaram-se em maior numero e começaram a invasão; e como ao principio, e na fronteira, acharam pouca resistencia, foram conquistando o paiz e destruindo quanto encontravam; ao passo que os Muizas, que estavam desprevenidos, se foram retirando, até que, tendo-se concentrado, começaram a resistir; mas então já os conquistadores se haviam tornado bastante fortes, de fórma que em diversos combates ficaram os Muizas destruidos, e os restantes, não podendo resistir, deixaram o seu vasto territorio inteiramente abandonado aos vencedores, que estão hoje de posse d'elle até á serra Muxinga, á qual ainda não subiram, talvez pelo pouco interesse que alli julgam achar.

Os Muembas enterram os seus mortos sem apparato nem ceremonial algum. Não pude saber com individuação como celebram os seus casamentos; mas nas povoações que temos visitado observei que as mulheres dos Muembas são tidas e havidas como suas escravas, e são ellas que fazem todo o serviço, ainda o mais grosseiro e penoso: julgo que não praticam ceremonial algum n'este acto, ou, quando o haja, não terá grande differença com o que se faz entre os mais cafres. As suas habitações e alfaias são iguaes áquellas de que usam os mais povos visinhos. Os Muembas fazem notavel contraste com os Muizas, que lhes são muito superiores pela sua actividade commercial e caracter.

Farei agora algumas breves observações sobre o que se acha escripto a pag. 298 e seguintes das Memorias de Fêo, sobre Angola, etc. Tratando este auctor do governo do capitão general Saldanha da Gama, diz:

« Foi no seu tempo que se estabeleceu a communicação directa com a nação dos Moluas, por cujo intermedio se veiu a ter conhecimento da contra-costa. O projecto da communicação das duas costas, oriental e occidental, da Africa, já tinha existido no tempo do governo de D. Francisco Innocencio de Sousa Coutinho (no meado do seculo ultimo), mas havia sido abandonado. »

E fallando do projecto principiado a executar em 1798, diz:

« Duas expedições deviam partir ao mesmo tempo para aquelle fim, de Moçambique e de Angola, a encontrar-se no sertão. A de Moçambique, dirigida pelo naturalista Lacerda, partiu com effeito do Rio de Sena, mas aquelle sabio portuguez succumbiu á insalubridade do clima, etc.»

E referindo-se ao tenente coronel de milicias Francisco Honorato da Costa, que, residindo no presidio de Pungo Andongo, fôra encarregado pelo dito capitão general de abrir a communicação de Angola com Moçambique atravez do sertão, o que effectivamente praticaram dois Pombeiros, ou agentes commerciaes, do mesmo tenente coronel, que partindo de Angola em 1806, e demorando-se entre os Moluas e Cazembes, chegaram a Tete em 1811, d'onde voltaram pelo mesmo caminho; continua o mesmo auctor, dizendo: «Que por via do dito tenente coronel se soube que o Jaga Cassange, o mais oriental dos potentados vassallos da corôa portugueza, confinava com outro maior, ao qual impedia todo o trafico directo com os portuguezes, para conservar o monopolio, de que tirava grandes lucros, usando de varios ardis para conter o Muata Yambo (nome d'aquelle potentado), cujas forças temia.»

Mais abaixo continua:

«Logo que o governador soube estas particularidades ordenou a Francisco Honorato de se informar da posição da nação Molua.»

Fallando mais adiante dos embaixadores Moluas, mandados a Loanda em 1808 pelo Muata, diz:

«Aquelles negros tinham as barbas compridas, a cabeça adornáda com uma grande trunfa de pennas de papagaio pardas e encarnadas, os braços e as pernas cobertos de anneis de cobre, de ferro e de latão; ao tiracol, pendente de uma pelle torcida de macaco feroz [2], um largo Mucuale ou facão [3], assaz bem trabalhado; na mão esquerda uma azagaia, na direita um rabo de cavallo, etc., etc.»

Mais abaixo accrescenta:

«Os Pombeiros disseram que a nação dos Moluas era já algum tanto civilisada; que a Banza do Muata era arruada, e borrifada no tempo do verão para mitigar a ardencia do

[2] Talvez a Imperumba. (*Nota do A.*).
[3] O Poucué. (*Idem*)?

sol e evitar a poeira; que tinha uma especie de terreiro publico para guarda e distribuição regular dos mantimentos, e muitas praças ou largos consideraveis, etc., etc.

Mais abaixo lê-se:

«Soube-se mais pelos Pombeiros que a nação do Cazembe, onde tinha fallecido o naturalista Lacerda, era feudataria do Muata Yambo, e lhe pagava em signal de vassallagem, um tributo de sal marinho, que lhe vinha da costa oriental, etc., etc.

Á vista d'estas noticias é para mim claro que ós Moluas são povos differentes dos Muembas. O que n'este extracto se diz relativamente ao Muata dos Moluas tem toda a analogia com o que existe entre os povos do Muata-Cazembe. Porém entre os Cazembes e os Muembas ha uma grande differença. O motivo de se suppôr que os Muembas e Moluas eram a mesma nação, provém de que os Muembas se tratam a si proprios pelo nome de Moluanes. O que disse o tenente coronel Honorato da Costa era fundado nas informações que lhe deram os seus Pombeiros, que para commerciarem haviam penetrado muito pelo sertão. Ora, é cousa certa que os negros de ordinario costumam fazer as suas descripções segundo julgam ser o desejo de quem lh'as pede, e que por isso alteram muitas vezes a verdade. Se eu descrevesse as cousas de que tinha cabal conhecimento, segundo as informações que d'ellas me deram os negros, teria frequentemente feito narrações falsas.—É, pois, para mim evidente que os Muembas são um povo differente dos Campocólos, ou gente do Muatianfa, assim como dos Cazembes. É facto que o Cazembe rende vassallagem ao dito Muatianfa, ou Muata-Hianvo, ou Muata-Yambo; e eu não questiono sobre o modo de pronunciar este nome, porque póde ser que o erro proceda da minha parte; mas esta vassallagem é mais uma formalidade de grandeza do que realidade de dominio.

Segundo o que o Calúlua me disse, existe outro potentado, que, pela sua informação, parece residir nas proximidades do Congo, e cujo titulo disse ser o de Muene-Puto, que em portuguez significa ═ dono de espingardas. ═ E perguntando-lhe eu se elle era branco ou preto, respondeu que era preto. Questionando-o depois sobre o titulo, e se os povos sujeitos ao dito potentado faziam espingardas, respondeu que as compravam, e que não usavam de outras armas. Póde, pois, acontecer que, posto que os negros visinhos de Angola dêem o titulo de Muene-Puto aos soberanos de Portugal, e por extensão aos governadores d'aquella colonia, que haja um potentado que adoptasse este nome. Entretanto não insistirei n'isto, mesmo porque esta parte da narração do Calúlua póde ser alheia da verdade; e esta, considerando as distancias respectivas, melhor se poderá saber em Angola do que no Cazembe.

CAPITULO XI.

I.

Agosto 17.—Pela manhã continuámos a marcha para
ESE., duas legoas pelo nosso territorio de Marambo, e passámos por uma pequena povoação, cujos habitantes se retiraram por causa dos successos que occorreram na nossa ida;
e ávante d'ella meia legoa passámos o rio Rucusuzi no
mesmo logar em que o anno passado o fizemos; e mais
adiante uma legoa chegámos ao sitio onde outr'ora foi o
centro do estabelecimento portuguez, e em que estava o
quartel do commandante e do destacamento, quando aqui
se veiu estabelecer a feira, e de que ainda se vê a madeira das barracas e o páo da bandeira, mas tudo está
damnificado pelo fogo. A meia legoa adiante d'este ponto,
chegámos á margem do riacho Muita, que está sêcco, e
limita pelo Sul o districto da nossa feira com o Mambo
Muásse. Este territorio portuguez de Marâmbo, tem desde
o rio Aruângoa até aqui, quatro legoas de largura, mas
ha sitios em que é mais largo, e o seu comprimento, que

é de Leste a Oeste, é muito consideravel, e sempre banhado pelo rio Aruângoa, que vae desaguar no Zambeze acima da nossa feira do Zumbo, que hoje se acha invadida; é navegavel no tempo das cheias, mas agora no estio, sómente o é por pequenas almadias. O nosso territorio é tambem banhado pelo rio Rucusuzi, porém, este pouca utilidade póde dar quanto á navegação, mas muita pela abundancia que tem de peixe. O terreno é esteril por ser geralmente arenoso; é todo coberto de bosques de bellas madeiras.

Na margem do mesmo riacho Muíta, sendo meio dia, fizemos alto para esperar que passasse a força do calor, que é excessivo, e a sede insupportavel.

Pelas tres horas continuámos a marcha para SSE., e tendo caminhado legoa e meia chegámos ao sitio Chimutondo que fica proximo ao rio Monguróze, e de uma pequena povoação da Fumo-acáze, irmã do Muásse, e alli formámos o campo. Faltou um negro do commandante, que carrega um dente de marfim.

Agosto 18. —Mandaram-se dois soldados em procura do negro. Continuando a marcha para SSE. uma legoa, passámos o riacho Inhansungo, que está sêcco, e ávante d'elle uma legoa passámos outro por nome Inhafódea, tambem sêcco, e a uma legoa d'elle passámos o rio Caza-caza com agua estagnada, e mostra que a direcção da sua corrente é para NE., com doze braças de largo e oito de altura de barreiras. Este rio é abundante de peixe.

São dez horas, o sol está ardentissimo, e por isso fizemos alto para esperar que passe a maior força do calor.

Á uma hora e cincoenta e cinco minutos da tarde principiou a refrescar, pelo que seguimos para ESE. duas legoas e meia, e chegámos á margem do rio Maturi, que aqui apenas conserva uma profunda lagoa: o rio corre para O., tem umas vinte braças de largo e quinze de alto; e na margem d'elle acampámos.

Desde que saímos da Mossumba do Mambo Calavica até este sitio, temos vindo sempre por um arido deserto; e posto que antes de chegar ao rio Aruângoa mencionassemos o encontro de algumas pequenas povoações, todavia estas pela sua insignificancia e falta de culturas, não podem prestar auxilio algum importante.

Nós acampámos em uma collina que está na margem do rio. Aqui vimos uma pequena arvore chamada Muti-Afundo, cujo tronco sae de uma fenda da rocha: ella tem de altura uns cinco palmos; e compõe-se de um grande numero de ramos, mas não tem, nem mesmo mostra vestigios de ter tido, uma só folha; e a sua casca tem muita similhança com a da ameixieira. O seu nome significa $=$ arvore de nós: $=$ e com effeito todos os seus ramos e varas estão cheios de nós enlaçados, e alguns já soldados entre si em todas as voltas, e tem uma flexibilidade incrivel. Todos os passageiros que por aqui transitam têem o costume ou superstição de n'ella fazerem um nó; e não houve ninguem da expedição que o não désse, enchendo d'elles todos os ramos nas suas diversas grossuras, e nem um só d'estes se partiu, nem mesmo se fendeu; de fórma que com o fio mais flexivel não se faria melhor. Eu, para melhor observar, dei-os em ramos de varias grossuras, puchando-os quanto podia, e nunca me foi possivel partir nenhum d'elles. Ainda que todos os ramos estejam cheios de nós não mostra ter sido alterada a sua vegetação.

Agosto 19. — Pela manhã seguimos a nossa derrota para SSE., e tendo avançado uma legoa passámos o rio Inhaxerimo, sêcco, mostra a direcção da corrente para L. com doze braças de largo e quatro de alto.

Os soldados da guarda da frente deram noticia de terem visto cinco quadrupedes, quep ela descripção que d'elles fizeram, parece que seriam camellos. Eu mal os vi, e não pude conhecer qual era a especie a que pertenciam; o seu vulto era grande e a côr escura: corriam na direcção de NE.

A quatro legoas do rio passámos pelo sitio onde havia estado a povoação do Túmbúca Cinguengue, quando estivemos aqui na nossa marcha para o Cazembe; ella está hoje totalmente abandonada.

Continuando a marcha, um pouco adiante, chegámos á nova povoação do mesmo Túmbúca Chinguengue, e proximo a ella acampámos. Esta é a primeira povoação de Túmbúeas que encontramos, mas de nada nos serve, porque os habitantes estão padecendo fome.

Ás nove horas da noite chegaram os soldados que foram em procura do negro e marfim que faltou, mas nenhuma noticia trouxeram d'elle.

Agosto 20.—Pela manhã continuámos a marcha para SSE., e depois de havermos andado tres legoas, principiámos a encontrar pequenas povoações de Túmbúcas; e tendo avançado meia legoa chegámos ao Zimbáoé da Fumo-acáze Capinda-Imbire, a qual é irmã do Fumo-Muasse; e acampámos perto d'esta povoação.

Agosto 21.—No mesmo sitio.

Graças á Providencia, pois que já nos julgamos livres do terrivel flagello da fome. Hoje temos tido muito trabalho e vigilancia, especialmente com os negros que vem presos, para não accommetterem e arrancarem das mãos dos Túmbúcas os mantimentos que trazem para vender; sendo preciso assistir á distribuição da comida, porque, posto não seja com demasiada abundancia, comtudo, já apparece em sufficiente quantidade.

Deliberámos enviar d'aqui as primeiras participações officiaes para o governador de Rios de Sena.

Agosto 22.—No mesmo sitio.

II.

Agosto 23.—De tarde despediram-se um soldado e quatro negros com officios para o dito governador, e levaram tambem a correspondencia particular. Mandou-se outro soldado com cartas para o Bar do Mano, ao coronel Botelho, e ambos os soldados foram pagos do mez de Fevereiro.

Agosto 24.—Pela manhã continuámos a marcha para SSE., e tendo andado tres legoas e meia, acampámos proximo a uma povoação de Túmbúcas.

Todo o caminho que fizemos hoje tem sido por paiz povoado.

De tarde apresentou-se o dono da povoação com um negro de Candido Cardoso, e representou que este fôra tirar lenha a uma Macia, que é uma palhota, ou casa, em que foi sepultado o ultimo dono da mesma, e que fica intacta e inhabitada, até que o tempo a consome. Em consequencia da queixa, e provado o facto, pagou-se-lhe, por conta do mesmo Cardoso, um quarto de Zuarte e meia braça de Samater, segundo o costume.

Agosto 25. — No mesmo sitio.

Agosto 26. — Continuámos a marcha para ESE. meia legoa, depois andámos para o S. outra meia legoa, e passámos o riacho Góza com agua estagnada, e que mostra correr para O. com tres braças de largo e uma de alto; e a duas legoas e meia ávante d'elle passámos o riacho sêcco, Macanga, que indica correr para O., com quatro braças de largo e duas de alto; e mais adiante uma legoa passámos o rio Rucuzi, que agora tem grandes lagoas, e corre para SSE. com oito braças de largo e duas de alto; d'aqui andámos para SSO. duas legoas, e tornámos a passar o dito rio no mesmo sitio em que o fizemos á ida; e a meia legoa ávante d'elle passámos pela povoação, ou Zimbáoé, do Mambo Capriméra, e a uma milha ao S. d'ella acampámos.

O caminho de hoje tem sido menos povoado que o de hontem, todavia temos visto povoações e culturas, mas em distancia, assim como rebanhos de gado vaccum.

Agosto 27. — No mesmo sitio.

Pela manhã veiu o Mambo ao nosso campo, dando parte de que ha tempos viera aqui gente de Tete em procura de noticias da expedição, e que voltára sem nenhumas haver obtido.

Agosto 28. — No mesmo sitio.

Tornou o Mambo ao acampamento, e trouxe-nos de presente um vitello e um cabrito. De tarde fomos ao Zimbáoé. Á noite mandou-se-lhe um quarto de Zuarte de despedida.

Agosto 29. — Pela manhã proseguimos a marcha para SE. meia legoa, depois mudámos para SSE.; caminhámos legoa e meia, sempre por terras povoadas de Túmbúcas, e chegámos á povoação do Túmbúca Yande, o qual pediu para ficarmos hoje aqui; e nós, para o satisfazer, acampámos.

Agosto 30. — Pela manhá proseguimos a marcha para

SSE., e tendo andado tres legoas e meia passámos pelo Zimbáoé do Fumo Chimombo, e a duzentos passos ao S. d'elle formou-se o campo. Este Zimbáoé é grande, está assombrado por um copado arvoredo, e tem muita gente.

O caminho de hoje tem sido por um contínuo povoado.

Agosto 31. — No mesmo sitio.

Setembro 1. — Pela manhã veiu o Fumo ao acampamento, e de tarde voltou outra vez, e perguntando-se-lhe se tinha algumas fazendas d'aquellas que trazem os Anguros para trocar pelas nossas, respondeu: que tinha panno Berne, mas que era para comprar marfim; e nós, para examinarmos que sorte de negocio poderiamos fazer com os Chévas, mostrámos-lhe um dente de marfim do peso de vinte e um arrateis, o qual elle viu e examinou bem; e depois convidou-nos para vermos as suas fazendas, o que fizemos seguindo-o ao Zimbáoé, onde nos mostrou um bocado de panno Berne bastante fino, mas alguma cousa enxovalhado, e por isso dissemos-lhe que não nos fazia conta, e elle disse tambem que o marfim não lhe agradára, e que se fosse bom, daria tambem mais alguma cousa por elle.

Desde que os Muizas emigraram do seu paiz, espalhando-se por entre estes povos introduziram o costume de venderem o marfim aos Anguros, que são Maraves habitantes das margens do rio Nhanja; e estes vão vende-lo aos Arabes na costa de Zanzibar; os quaes depois o passam principalmente aos commerciantes inglezes e americanos que têem feitorias abundantemente sortidas na ilha de Zanzibar.

Este é o motivo porque o nosso commercio de Tete tem diminuido, não podendo competir com aquelle, de modo que os commerciantes portuguezes que percorrem o sertão tem interesse em vender o marfim aos mesmos Anguros; porque as fazendas com que o compram são finas, e reputam-se por muito mais valor nos nossos estabelecimentos de Rios de Sena, do que valem no sertão no poder dos Anguros.

O illustre Dr. Lacerda, respeitavel por tantos titulos, diz que os Arungos habitam as margens do rio Chire, o que não me parece exacto.

O rio Chire que desagua no Zambéze, faz no seu curso

uma grande curva pelo lado occidental da serra Murrambála, e vae recebendo as aguas de differentes rios, e
principalmente das vertentes da mesma serra, as quaes
o tornam caudaloso, e tambem vae desaguar por outra
bóca no rio Mutu, acima de Quelimane. As margens d'este
rio são povoadas pelos Boróros, povos Maraves que tomam
aqui esta denominação, e este rio não vem de tão longe que
os habitantes das suas margens não sejam completamente
conhecidos. É fóra de toda a duvida que o Chire não tem
communicação alguma com o Nhanja, do qual os mesmos
Boróros não dão noticia senão por fama. Dos Chévas poucos
são os que o tem visitado pela grande distancia em que está
para L. do seu territorio, ou antes pelo pouco costume que
estes povos têem de viajar. Os Muizas, porém, todos con-
cordam em que não é um lago, mas sim um rio. Estes povos
todos os annos vão ás suas margens vender marfim, e por
isso este paiz lhes é muito conhecido e familiar.

Na época em que o referido viajante foi ao Cazembe,
isto é, em 1798, ainda os Muembas estavam nos seus pri-
mitivos dominios ao ONO. do Cazembe, e por conseguinte
muito além do territorio que n'aquelle tempo occupavam os
Muizas. Entretanto no seu interessantissimo Diario lê-se:
«Que entre as margens do rio Chire ou Nhanja e os Muizas
medeia a nação Muemba.» Já disse que aquelles dois rios
nada tem de commum: agora quanto á posição relativa da-
quelles povos, o que alli se lê é tão pouco exacto como seria
dizer-se, que entre a Extremadura e a Beira medeia a provincia do Minho.

Rendendo ao sabio viajante o devido tributo de veneração e respeito, não posso com tudo conceber como elle escreveu tal descripção, o que julgo proceder, ou de demasiada confiança n'uma informação superficialmente dada, ou
em engano de redacção.

A serra Murrambála fica, talvez, vinte legoas a L. do rio
Zambéze, que por largo espaço corre parallelo á mesma na
direcção, com pouca differença, de N. S. Esta serra, pela sua
altura, vê-se de muito longe; e quem navega pelo dito rio
acima enfada-se de a observar sempre á sua direita, pare-

cendo-lhe que se não affasta do mesmo ponto, que começou pela manhã a ver, e que víra na vespera e na ante-vespera. E regularmente de Maio até Outubro dura este inlado cinco dias, nos quaes o viajante parece permanecer no mesmo ponto da partida, perto das abas da mesma serra.

Entre esta e o rio acha-se o territorio do Fumo Mussucuma, o qual é Boróro, assim como o seu povo, mas este foi considerado como uma nação diversa, o que é um erro.

O presente Diario está mui longe da belleza e boa dicção do Diario do illustre viajante, comtudo, ainda que escripto em linguagem commum, tenho tido muito em vista referir sempre a verdade, o que estou bem persuadido de haver conseguido, tanto pelo estudo prático que fiz durante nove annos que habitei em Rios de Sena, cujos pontos visitei todos, menos os do Zumbo e Manica, porém, mesmo d'estes ultimos logares eu recebia quasi diariamente correspondencia e noticias, como pelo conhecimento que tenho da lingua do paiz, e das relações em que geralmente estava com as pessoas de quem havia informações, e sobre tudo dos Muizas, que são, de todos estes povos, aquelles que mais conhecem os sertões.

Eu já disse que em 1824 o governador Barbosa comprou o terreno de Marambo, situado na margem do Aruângoa, para n'elle estabelecer uma feira. Nos tempos anteriores a esse anno o commercio do marfim com os Muizas era muito vantajoso para a gente de Tete; mas depois foi-se abandonando pelo trafico da escravatura; até que este trafico diminuiu. Foi então que se fez o estabelecimento para a feira, na esperança de restaurar o commercio do marfim; mas n'essa época já os Muizas tinham tomado o caminho do rio Nhanja, que pelas vantagens que alli acharam para as suas trocas, nunca mais deixaram de seguir.

Assim foi o trafico da escravatura que nos fez perder o commercio do marfim. Hoje é ainda possivel restabelece-lo, mas para isso é necessario alterar o systema commercial existente na provincia de Moçambique. Ha tambem para isso um outro obstaculo importante que previamente será preciso remover, e consiste em terem os cafres invadido alguns dos nossos principaes estabelecimentos commerciaes, taes como o de Ma-. nica e o do Zumbo, que não é possivel reconquistar senão por meio de grandes despezas, e boa direcção no regimen gover- nativo da colonia. Logo que esta restauração se consiga, con- virá então estabelecer feiras, mas nunca com o mesmo systema até aqui praticado. Como esta materia faz o objecto de um outro trabalho meu, procurarei expo-la largamente, em uma memoria particular, se para isso fôr animado, a fim de pro- curar que o Governo se resolva a aproveitar os grandes re- cursos que em si encerram aquellas ricas possessões.

Setembro 2. — Pela manhã proseguimos a marcha para SSE. quatro legoas e meia, e chegámos á margem do rio Ruaréze; onde acampámos a cem passos ao S. do Zimbáoé do Mambo Mucanda.

Setembro 3. — No mesmo sitio.

Pela manhã veiu o Mambo ao acampamento, havendo sido antes comprimentado com dois quartos de Zuarte; e depois de conversar sobre differentes objectos, concluiu pedindo um panno para si, e deu-se-lhe um quarto de peça de chita portugueza, que alli mesmo vestiu; convidou-nos para ir ao seu Zimbáoé, o que fizemos acompanhando-o; voltá- mos pouco depois sem novidade.

III.

. Na nossa ida para o Cazembe, no Zimbáoé do Mugurura, encontrámos o Fumo Somba, irmão do Mucanda, o qual, depois de muitas impertinencias, nos propoz a troca de um bom porco que tinha, por um casal de carneiros, escolhidos d'entre uns poucos que haviamos trazido de Tete. A proposta foi acceita, e elle mesmo os escolheu no rebanho, e deu-nos um portador seu para nos entregar o porco quando chegas- semos perto da sua povoação, onde deviamos deixar os car- neiros; o que tudo se fez fielmente. Dias depois, quando a expedição chegou ao Zimbáoé do Capriméra, appareceu um Mutume (portador) do Somba, e disse da parte d'elle: «Que os carneiros tinham fugido, e que queria que se lhe pagasse o seu porco.» Á vista d'esta exigencia acreditámos que o roubo já estava premeditado: e por isso respondeu-se que na volta fallariamos. Hoje pela manhã appareceu um mensageiro do referido ladrão, e disse que vinha cobrar o tal Milando; e apoz elle apresentaram-se outros dois, mandados pelo mesmo Somba, com o fim de ficarem vigiando o acampamento: e quasi ao sol posto apresentou-se elle em pessoa, e declarou que não queria fazenda em pagamento, mas sim um bom dente de marfim. Recusando nós satisfazer a sua cubiça, houve altercação, que chegou a ponto de o ameaçarmos de lhe pagar com as armas. Ouvindo elle isto, levantou-se irritado, dizendo: « Que já era noite, e que pela manhã voltaria para ver o effeito que faziam as armas. »

O Mucanda mostra-se indifferente n'este negocio, indica ter receio do irmão, e claramente disse: « Que este não tem outra razão senão a força, contra a qual elle Mucanda nada póde fazer. »

Setembro 4. — No mesmo sitio.

Ás nove horas e trinta minutos da manhã apresentou-se novamente o ladrão acompanhado pelo Mucanda; e logo requereu um dente de marfim como pagamento do Milando. Consultando entre nós o que mais nos convinha fazer, achámos ser mais util dar-lhe o dente de marfim, ficando por este meio desembaraçado e franco este caminho, que é por onde todos os dias transitam mercadores de Tete para o sertão, por não haver outro conveniente, do que deixar pendente um pretexto para se fazerem grandes roubos aos nossos commerciantes. Considerámos tambem que o melhor resultado que poderiamos obter de um conflicto n'este logar, seria limitado a abrirmos o nosso caminho para Tete com as armas na mão, não salvando senão a gente, porque as cargas necessariamente se haviam de abandonar, ficando além d'isto o pretexto para novos roubos. Entregámos por isso ao tal Somba um dente de marfim do peso de quarenta arrateis, um quarto de Zuarte, um Carlanganim e duas braças de chita portugueza; com o que terminou o roubo pelas onze horas da manhã. E não houve mais novidade.

Setembro 5. — No mesmo sitio, por causa da gente que foi em seguimento de um boi que fugiu, e que só veiu de tarde.

Setembro 6. — Pela manhã proseguimos a nossa derrota para SSE., e com tres legoas de marcha passámos o riacho Mualize no mesmo logar da ida. Daqui mandámos um quarto de Zuarte de despedida á Fumo-acaze, irmã do Mucanda, e continuámos a marcha com o rumo de S.; e tendo feito duas legoas passámos pelo Zimbáoé do Fumo Muponda, que está na margem do riacho Russa, que atravessámos no mesmo logar da ida, e tomámos o rumo de O., com que caminhámos meia legoa para chegar á margem do mesmo riacho, onde acampámos.

O caminho continua a ser por paiz povoado e cultivado.

Setembro 7. — Antes da marcha, e conforme a pratica do sertão, mandou-se de despedida ao Fumo Muponda um quarto de Zuarte; e seguindo para SSE. duas legoas, chegámos á margem do riacho Mavuzi, e antes de atravessa-lo, formou-se o campo á vista do Zimbáoé do Fumo Mugurura.

Hoje chegou o soldado que foi despedido para o Bar do Mano a João Pedro, o qual não estava alli, mas sim o seu feitor: e foi este que escreveu ao commandante, dando-lhe parte da ausencia de seu amo, e do fallecimento do governador de Rios de Sena, Vasconcellos e Cirne; e de ter tomado posse do Governo, tanto por lhe pertencer, como por pedido geral dos povos, o benemerito coronel José Francisco Alves Barbosa.

Setembro 8. — No mesmo sitio.

Pela manhã veiu a Mussáno, ou primeira mulher do Fumo, trazer de presente ao commandante um Quitundo de farinha de milho, e outro de Mendobim com casca, e disse: « Que o Fumo estava doente dos pés, e que por isso não podia vir, mas que desejava muito ver-nos. »

Em attenção a este cumprimento fomos lá; e achámo-lo com um ataque de gota; e quando lhe perguntámos pelo sal e por uma vacca que se lhe deixou para guardar até á nossa volta, respondeu: « Quanto ao sal, que os negros que vieram fugidos lhe disseram que traziam ordem para o receber, o que certificaram por um papel que lhe mostraram de signal, e que por isso lh'o entregára; e quanto á vacca, como já era velha tinha cegado, e que por isso a matára, o com a carne comprára milho, o qual entregáva;» o que fez apresentando uns cinco alqueires.

Por este facto se póde fazer idéa da pouca segurança em que ficam as fazendas que se deixam em poder d'estes negros, para com ellas se fazerem depositos de viveres; o que, com particularidade, nos havia sido recommendado. Devendo advertir-se que este Fumo é um dos melhores que temos encontrado.

Setembro 9.— Mandou-se um quarto de Zuarte de despedida ao Fumo, e proseguindo a marcha para SSE. atravessámos o riacho Mavuzi, no mesmo logar da ida, e a meia legoa do campo passámos pelo Zimbáoé do Fumo, e a duas legoas e meia mais adiante passámos o riacho Bua, que corre para L., com seis braças de largo e cinco de alto; e a tres legoas ávante transpozemos o riacho Mándo no mesmo logar da ida, e a meia legoa d'elle na borda do Dambo Navirápo, a trinta passos para L. da povoação do Túmbúca Câyere formou-se o campo.

O caminho continua a atravessar um paiz povoadissimo, principalmente por Muizas emigrados. Faltaram recolher ao campo alguns negros do commandante.

Setembro 10.— Mandou-se uma escolta em procura dos que faltaram; e proseguindo a marcha para SO. por uma legoa, mudámos para OSO. e tendo feito legoa e meia atravessámos a cordilheira, que desde 24 d'Agosto temos vindo costeando, e nos ficava a oeste, a qual é chamada Pire-a-Missále; isto é, Serra do Missále. E meia legoa ávante chegámos ao Bar do Missále, e á povoação do negro Acunhanja, o qual é Muanamambo da escravatura do mesmo Bar, e ahi acampámos.

Desde que atravessámos a cordilheira tem sido o caminho por outeiros e valles, e temos seguido no rumo de OSO. Á noite chegou a escolta que tinha ido em procura dos que faltaram, e deu parte de terem achado um d'elles morto, o qual vinha doente, e que do outro não havia noticia. Mas recolberam todos os mais, dando por desculpa o terem-se demorado para não desampararem, em quanto esteve vivo, aquelle que morreu.

IV.

Setembro 11. — No mesmo sitio.

Expediram-se dois soldados, um para o Bar da Capáta, ao capitão mór dos sertões, Manoel Caetano Pereira, e outro para o Bar do Chindundo, ao capitão mór do Zimbáoé do Monomotapa, Domingos Marianno do Rosario Osorio, a fim de pedir a cada um d'elles as correspondencias de Rios de Sena para a expedição, que consta estarem em seu poder.

Em Tete ha um funccionario que tem o titulo de capitão mór do Zimbáoé do Monomotapa, que é nomeado pelo governador geral da provincia, e tem de ordenado annual quatro Bares de fato pagos aos quarteis, que em moeda fraca fazem 800$000 réis, a razão de 500 réis o panno, e que reduzidos a réis fortes são 330$000 réis, a 150 por cento. Estes pannos são pagos pela feitoria de Tete, onde elle é obrigado a residir, e alli faz as vezes de consul e defensor dos Munháes, nome porque se designam os vassallos do Monomotapa. Ha mais na villa de Tete uma força de sessenta praças e os officiaes respectivos, chamada companhia de caçadores do Zimbáoé, que nos tempos antigos foi creada para guarda de honra do imperador, a qual marchava ás ordens do capitão mór, quando annualmente elle ía levar-lhe um Saguate, ou presente, em nome do Soberano de Portugal; e então demorava-se no Zimbáoé todo o tempo que o Monomotapa queria, o que ordinariamente nunca excedia a quinze dias.

Em 1807, sendo governador de Rios de Sena A. J. N. de Villas-Boas Troão, o qual tendo vindo da Europa, ignorava inteiramente os usos e costumes do paiz; e era dotado de muita austeridade de caracter propenso ao rigor, suscitaram-se desintelligencias com aquelle potentado, a quem declarou guerra. E tratando com desprezo as armas dos cafres, marchou em pessoa commandando a força que entrou em campanha. Consta que tendo elle atacado os Munhaes, acontecêra que no calor da acção cessára o fogo da nossa parte; e que elle examinando a causa d'isso conhecêra que estava trahido, porque havendo encarregado a officiaes, filhos do paiz e de Gôa, o fornecimento da expedição, e não tendo tido o cuidado de inspeccionar por si os petrechos de guerra, em logar de caixotes de polvora achára os caixotes cheios de biscouto. O resultado foi o ser elle morto pelos Munhaes, e desbaratada a nossa força.

Depois d'esta época esteve intercepatada toda a communicação official com o Monomotapa, até que, em 1823, este exigiu, como obrigação, o Saguate annual. Sendo, porém, governador dos Rios de Sena o benemerito Coronel J. F. Alves Barbosa, que havia já muitos annos habitava a Africa, e que estava ao facto de toda a intriga que produziu a traição que tinha havido contra o governador Troão; respondeu, como bom politico e experiente, aos mensageiros daquelle potentado: «Que elle estava prompto a continuar a antiga amisade logo que o Monomotapa lhe mandasse o seu irmão Troão que lá tinha.» E apesar das embaixadas e desculpas que o potentado lhe mandou, nunca obteve d'elle o que queria. Porém, em 1826, havendo sido despachado de Moçambique um capitão mór do Zimbáoé, foi este com a companhia levar um Saguate ao imperador, sendo então governador interino dos Rios de Sena F. Henriques Ferrão, que havia succedido ao benemerito brigadeiro M. J. de Avelar Brotero, fallecido em Tete.

Não me consta que desde aquelle anno até 1841 se tornasse a mandar o presente, porque os governadores que succederam a este recusaram faze-lo, apesar de existir sempre o dito capitão mór, cujo cargo é hoje um beneficio simples com que o governador geral póde agraciar um afilhado, e uma verba de mais nos interesses de um funccionario venal; e o mesmo se póde dizer do emprego de coronel do militar que ha em Sena, e que vence quinze pannos de ordenado por mez; sendo para notar que a existencia d'este posto foi confirmada pela córte.

O Monomotapa, ou imperador da Chedima, que assim se chama o territorio de que é soberano, e que em outro tempo foi poderosissimo, hoje está decaído, mas não tanto que não seja ainda respeitavel. O seu territorio, que é de consideravel

.extensão, fica ao poente do rio Zambeze, e começa na margem do rio um pouco acima de Tete, e passa além do Zumbo. Este territorio é todo dividido em districtos governados por principes que lhe obedecem: e quando elle morre todos elles se fazem mutuamente cruenta guerra para obterem o Quite da Chedima, até que um d'elles, depois de ter supplantado os mais toma posse; e então manda uma embaixada a Tete para participar ao governador a sua installação. Este manda-lhe sempre um bom presente, mas sem apparato.

Setembro 12. — No mesmo sitio.

Deu parte o commerciante Paulo de que os seus negros o queriam desamparar e ir para diante. E entendendo o commandante que elle pedia providencias para obstar á sua partida, eu fui de opinião: « Que o meio de evitar a fuga ere segura-los. » A isto o mesmo Paulo respondeu com altivez: « Que o commandante não tinha authoridade de prender os seus escravos. » O que nos fez ver com evidencia que era elle quem queria abandonar a expedição. Foi pois reprebendido pelo commandante, o qual o fez responsavel pela fuga dos negros e pela sua.

Setembro 13. — No mesmo sitio.

Pagou-se ao destacamento o pret vencido no mez de Fevereiro.

Setembro 14. — No mesmo sitio.

Setembro 15. — Pela manhã continuámos a marcha para o S., e a pouca distancia passámos o riacho Cámirávi, que corre para L. com tres braças de largo e uma de alto, e pouco ávante passámos outro por nome Ritongúe que corre para o mesmo rumo do outro, com tres braças de largo e duas de alto; e depois de ter andado uma legoa passámos o riacho Cáminhanga, que tambem corre para L. com tres braças de largo e duas de alto; e a uma legoa d'elle passámos outro por nome Chifussa, que corre para o N. com duas braças de largo e meia de alto.

Este riacho faz aqui os limites dos dominios do Mambo Chéva, Mucanda, e do primeiro Marave, Carahire, cujo districto ou terra se chama Misso.

Daqui andámos para SSO. duas legoas e atravessámos o riacho Muaráze, que corre para O. com quatro braças de largo e uma de alto; e tomámos o rumo de SSE., com que caminhámos legoa e meia até passar o riacho Sassássa, que corre para O. com oito braças de largo e tres de alto, e áquem d'elle formou-se o campo.

O caminho continua a ser por serranias e povoado.

Á uma hora e trinta minutos da tarde chegaram quatorze negros enviados pelo capitão mór do Zimbáoé com refrescos para os brancos da expedição.

É inexplicavel a sensação de jubilo que produziu em todos nós a vista de pão, vinho, chá e assucar; cousas estas de que ha quinze mezes estavamos privados, e em que nem ao menos podiamos pensar sem que d'ellas sentissemos uma viva saudade.

Posto que o pão seja um dos artigos de primeira necessidade para os europeus, comtudo, em quanto viajámos por terras povoadas, suppriamo-lo bem com biscouto ou com arroz, farinha de milho, etc., e por isso não era sensivel a sua falta; porém quando quasi nada encontravamos, nem as cousas que, por insignificantes, estão ao alcance de toda a gente, mesmo d'aquella que pertence ás ultimas classes da sociedade; foi então que appareceram em nós recordações mais vivas do passado, ainda mesmo d'aquelle que tinhamos tido mais trabalhoso, pois que, comparado com o presente, se nos figurava um tempo de felicidade, ou porque realmente o tivesse sido, ou porque, como já distante, nos parecia melhor do que realmente fôra.

No mesmo instante em que recebemos o pão, assim mesmo sêcco o entrámos a comer, e a mim pareceu-me que nunca tinha provado uma melhor comida. Não nos esqueceu, no meio da nossa satisfação, de fazer uma saude ao nosso amigo e bemfeitor.

Demos um pão e um copo de vinho aos quatro soldados europeus, o que julgámos sufficiente para matarem a saudade, nem podiamos ser mais liberaes de tão rico thesouro: demais, a falta de pão não lhes era tão sensivel como a nós, porque n'esta parte da Africa os soldados europeus não estão habituados a comer pão, que se lhes não abona em rasão da carestia; pois que na capital da provincia, onde o ha de venda, cada pão, que tem uma quarta de arratel de peso, custa 100 réis fracos, ou 42 réis fortes, que agora, 1832, correspondem a 168 réis fortes por arratel.[1] E o soldado europeu não vence mais do que 120 réis fracos por dia.

Nos outros portos da provincia não se vende pão. Quem tem meios compra o trigo, se o não tem da sua lavra, e amassa em casa para seu proprio uso. O soldado, além de 120 réis diarios, tem cada mez, em logar de pão, dois alqueires de arroz, e na falta d'este recebe milho ou legumes.

Todas as terras da Africa oriental produzem bem o trigo, mas apenas é cultivado em Quelimane, Tete e Sofala, e isso em ponto tão pequeno que, á excepção de Tete, todas as povoações da provincia o importam de Gôa.

Setembro 16. — Pela manhã seguimos a marcha para SSO., e andando uma legoa atravessámos o regato Achassássa, que corre para O., sem largura nem altura notavel; e a meia legoa passámos outro, de que ignoro o nome, e corre para O. com tres braças de largo e meia de alto, e ávante d'elle uma legoa passámos o rio Rúúi, que corre aqui para SO. com dez braças de largo e tres de alto; d'aqui seguimos para o S., e tendo caminhado meia legoa passámos o rio Mofe, que corre para O. com doze braças de largo e quatro de alto.

Este rio serve de limites entre a terra Misso, do Carahire e a terra Cassenga, do Mambo Parabungo.

Ávante do rio legoa e meia passámos o riacho Meoráre, que tambem corre para O. com duas braças de largo e tres de alto; e a meia legoa mais adiante passámos outro, de que ignoro o nome: corre para o mesmo rumo com duas braças

---

[1] Posteriormente a este anno um governo provisorio d'esta provincia alterou o valor nominal da moeda, de sorte que no anno de 1852, 100 réis fortes, ou de Portugal, valem 410 réis fracos de Moçambique. Em 1853 o Governo de Portugal decretou a extincção da moeda fraca em Moçambique, e ordenou que alli tivesse sómente curso o dinheiro do reino e algumas moedas estrangeiras pelos valores correspondentes a este dinheiro.

de largo e meia de alto, e ávante meia legoa chegámos ao Luane da Bar da Capáta, do capitão-mór dos sertões Manoel Caetano Pereira, e aqui acampámos.

O Pereira não estava aqui, e disseram os seus escravos que fôra para o Bar de Senguerezi, e que n'este Bar apenas deixára pouca gente para guarda da povoação.

Apresentaram-se sete Cazembes, e disseram que estavam aqui já ha mezes, tendo sido mandados pelo seu Muata com marfim para irem a Tete comprar polvora, e que quando saíram de Lunda entrava esta expedição nas suas terras; que a maior parte da sua gente morrêra de bexigas pelo caminho, e que por isso se viram obrigados a abandonar o marfim; e que agora, sem elle, não podiam ir a Tete, nem voltar para a sua terra. Isto foi o que disseram, não sei se com verdade.

Este sitio chama-se a Capáta, e estas montanhas por onde temos caminhado, que todas são povoadissimas, são as serras da Capáta.

Setembro 17. — Anciosos já de noticias, e de fallar portuguez com outra gente que não fosse a da expedição, e estando certos de que deixavamos esta em segurança, nós os commandantes, resolvemos ir para o Luane do Bar de Chindundo, encarregando o commando da expedição ao interprete, o sargento mór de ordenanças, José Vicente de Aquino.

Pelas cinco horas e vinte minutos da manhã pozemo-nos em marcha simplesmente com os negros que o dito capitão mór Osorio nos mandou para nos guiar; e andámos para SSE. uma legoa, e depois tomámos o rumo ESE. com que andámos uma legoa, e passámos um pequeno riacho de que ignoro o nome, que corre para O. com duas braças de largo e uma de alto; e a uma legoa ávante d'elle passámos o rio Caruzupire, que corre para O. com quinze braças de largo e quatro de alto, d'aqui andámos para SSE. meia legoa; e n'este rumo encontrámos o soldado que foi despedido a 11 do corrente para a Capáta e Chindundo; e tomámos então a direcção de SO. com que marchámos meia legoa, e passámos o riacho Chingamoquira, que corre para O. com dez braças de largo e quatro de alto, e a duas legoas ávante d'elle passámos um riacho de que ignoro o nome, que tambem corre para O. com duas braças de largo e uma de alto, e a pouca distancia d'elle passámos pela Muzi do Marave Chavatâma, onde tomámos o rumo de SSE., com que marchámos meia legoa, e passámos o riacho Báre, que corre para O. com quatro braças de largo e duas de alto, e a pouca distancia d'elle chegámos ao Luane do Bar do Chindundo, onde fomos recebidos e hospedados magnificamente pelo capitão-mór, que agora aqui reside com a sua familia.

O caminho continua a ser por entre serras e povoado.

Setembro 18. — Ás quatro horas e quarenta minutos da tarde chegou a expedição, e o interprete deu parte de não ter havido outra novidade mais do que terem desapparecido quatro negros de João Pedro, que deixaram as cargas, e de ter faltado a recolher ao campo o commerciante Paulo, que ficára no sitio Inhamosseta, na margem do rio Caruzupire, com licença do commandante.

A expedição foi hospedada com generosa profusão.

Setembro 19. — Pela manhã chegou o commerciante Paulo. Apresentaram-se tres negros, mandados por C. J. de Costa Cardoso, com uma carta d'elle para o commandante, em que diz que está em marcha para as margens do rio Aruângoa com a sua familia, e que por isso pede os seus escravos que estão n'esta expedição. O commandante respondeu-lhe que muito convinha que elle viesse aqui fallar-lhe por seu proprio interesse; e quanto aos escravos que só em Tete os podia entregar depois de receber as ordens do governador para a dissolução da expedição; accrescentando que desde já o fazia responsavel pela fuga dos mesmos escravos.

Setembro 20. — Pela manhã deu parte o Muanamambo de terem fugido de noite todos os escravos do dito Cardoso, ficando só tres com todas as cargas que carregavam. Este acontecimento não nos deixou duvida alguma de terem desertado por ordem d'elle. Officiou-se-lhe logo para o Bár de Capáta, onde está, pedindo-lhe os desertores, e fazendo-o responsavel por elles e pelo extravio que possam ter as cargas que carregavam; e n'este sentido lavrou-se um termo.

Setembro 21. — Voltou o soldado com a resposta do Car-

28

doso ao officio:. n'ella dizia que remettia os escravos, e que responsabilisava a commandante por elles.

Setembro 22. — De tarde apresentaram-se os negros desertores, e entregaram outra carta, em que o mesmo individuo insistia na responsabilidade do commandante pelos ditos escravos.

Lavrou-se um termo d'esta occorrencia, em que se mencionou a apresentação dos escravos, e o mais que a carta continha.

Setembro 23. — O commandante teve febre, e julgâmos que soffre sesões terças, porque ante-hontem tambem a teve á mesma hora, porém menos forte.

Setembro 24 e 25. — Sem novidade.

O capitão-mór Osorio obrigou-nos a demorarmo-nos além dos tres dias que tencionavamos faze-lo. Elle tratou a expedição o melhor possivel, mantendo-a com a maior abundancia.

V.

Setembro 26. — Pela manhã continuámos a marcha para SSE. meia legoa, passámos o riacho Chindundo, que corre para O. com oito braças do largo e tres de alto; e ávante d'elle legoa e meia, passámos o rio Aruângoa-Pósse ou Aruângoa-Jáua, que corre para O. com vinte braças de largo e quatro de alto; e continuando a marcha meia legoa, passámos um riacho, de que ignoro o nome; corre para O. com seis braças de largo e cinco de alto; e proseguindo a jornada meia legoa, passámos outro, de que ignoro tambem o nome; corre para O. com seis braças de largo e duas de alto; a pouca distancia d'elle chegámos á Muzi do Marave Bzissuzo, e a duzentos passos a L. d'ella formámos o campo.

Faltaram a recolher ao campo nove negros com cargas de marfim.

O caminho continua a ser por entre serras e desfiladeiros; mas o terreno é cultivado e povoado.

Setembro 27. — Antes de levantar o campo enviou-se um oldado ao capitão-mór para pedir-lhe que mandasse procurar os negros que por lá ficaram com as cargas: continuámos a marcha para SSE. legoa e meia, e passámos um pequeno riacho, de que ignoro o nome; corre para o S. com quatro braças de largo e duas de alto, e a legoa e meia d'elle passámos o rio Aruângoa-Pire, que corre sobre rochas para SO. com vinte e cinco braças de largo e seis de alto.

É n'este rio que ha os mais altos Uráros, ou pontes, que tenho visto.

Começámos aqui a subir e a atravessar a serra Maribóza, a qual corre NS., e tendo avançado meia legoa chegámos á sua maior altura: caminhámos então pelo meio de duas montanhas da mesma cordilheira, e meia legoa adiante entrámos na Lupáta do Chindundo, e na margem do riacho Cazambue formámos o campo.

O caminho continua a ser povoado.

Chegou o soldado que foi em procura dos negros, e disse que os encontrára no caminho, e que não chegaram ainda por virem estropiados.

Setembro 28.—Continuámos a marcha para SSE. meia legoa, e passámos o regato Cazambue, que corre para L. com uma braça de largo e uma de alto. Mais ávante meia legoa descemos a serra que hontem subimos, em cuja descida andámos meia legoa. Tendo avançado fóra d'ella meia legoa passámos pelo sitio Chumbi, e a meia legoa adiante d'elle, o riacho Xerire, que corre para O. com cinco braças de largo e tres de alto; e a legoa e meia d'elle andámos para o S.; e meia legoa adiante passámos o regato Camanceta, que corre para O. com braça e meia de largo e meia de alto, e áquem d'elle formámos o campo.

O caminho continua a ser por desfiladeiros, e é menos povoado.

Ainda não recolheram os negros, que faltaram, mas vêem na retaguarda.

Setembro 29.—Pela manhã continuámos a marcha para SSE. tres legoas, e passámos o riacho Mussanjama, que corre para N. com quatro braças de largo e tres de alto; e andando d'aqui para o S. meia legoa, atravessámos o regato Mussára-Umua, que corre para O. com uma braça de largo e meia de alto: pouco distante d'elle passámos o riacho

Inhamedima, que corre para o S. com cinco braças de largo
e duas e meia de alto, e a meia legoa d'elle o Rocongódue,
que corre para O. com sete braças de largo e tres de alto;
e tomando o rumo de SSO. e marchando por espaço de meia
legoa, entrámos na Lupáta do Matontóra, e com meia legoa
de caminho, por ella passámos o riacho Xuáre no mesmo
sitio da ida, e a meia legoa ávante o mesmo riacho, e pouco
adiante chegámos ao sitio Córa-Angombe, onde formámos o
campo.

A marcha de hoje tem sido por paiz despovoado. E até
chegarmos á Lupáta foi por um espaçoso valle, situado entre
serras, que distam muito entre si: porém da Lupáta até
aqui tem sido por desfiladeiros formados pelos montes proximos.

Setembro 30. — Continuámos a marcha para SSE., e pouco
haviamos andado quando repassámos o Xuare, e a uma legoa de marcha o mesmo Xuare, e pouco ávante o mesmo
riacho; mais ávante o mesmo riacho, e a legoa e meia da
segunda passagem outra vez o mesmo riacho; e andando
para SO. uma legoa, tornámos a passar o mesmo Xuare,
sempre no mesmo sitio da ida; e a legoa e meia d'elle passámos o rio Mavuzi no mesmo sitio da ida, e andando para
SSE. mais uma legoa, formámos o campo na margem do
riacho Maze-Aiére.

O caminho continua a ser despovoado e pelo meio de serranias.

Outubro 1. — Seguimos a jornada para SSE. legoa e meia,
e fizemos alto proximo ás Mundas do salteador Nhanga, a
fim de reunir a expedição. Continuando depois a marcha
em ordem por legoa e meia, chegámos ao Bar da Machinga, e tomámos então o rumo de SSO., com que caminhámos
meia legoa, e passámos o rio Inhancanzo no mesmo sitio da
ida, e d'aqui seguindo para SO. uma legoa, atravessámos o
riacho Cámuancuço no mesmo logar da ida, e na sua margem formámos o campo.

Outubro 2. — Continuando a marcha para o S. uma legoa, passámos o riacho Cazaranhungoe, e pouco ávante outro
por nome Chiconcumure, e tomando o rumo de SSO., depois

de tres legoas e meia de caminho desde o primeiro riacho, passámos o Inhambia, todos no mesmo logar da ida, e ávante duas legoas o repassámos; e depois caminhando no rumo do S. duas legoas e meia, passámos pela Muzi do Marave Canamander, e pouco ávante o riacho Inharumpué; e áquem d'elle acampámos.

Outubro 3. — Continuando a marcha para SO. duas legoas, passámos o riacho Mucâcâmue, que faz o limite entre as terras Maraves e as portuguezas de Tete; e a meia legoa d'elle o riacho Carume, e andando para SSO. meia legoa o riacho Mossôro-Anhatim. Todos estes riachos foram atravessados nos mesmos logares da ida. Proximo a este ultimo encontrámos um Luane de João da Silva Lage, e ávante meia legoa chegámos ao principal Luane, onde é a habitação ordinaria em que reside o mesmo Lage; e aqui acampámos.

Apresentou-se o soldado que foi mandado com as primeiras participações para Tete.

Outubro 4. — No mesmo sitio.

Mandou-se para Tete um soldado com officios do commandante, em que participava ao governo d'aquella villa o ter entrado a expedição no territorio portuguez.

Outubro 5. — Enviou-se um soldado ao Prazo Sóxe para chamar os negros do Cardoso, pertencentes á expedição, que foram a suas casas com licença que o commandante lhes deu, por nos acharmos perto do dito Prazo; mas elles, abusando d'isso, não quizeram vir. E nós partimos, deixando as cargas, que elles conduziam, entregues a João da Silva Lage

Este hospedou a expedição, e deu-lhe fornecimento de viveres com abundancia, e a nós, os commandantes, tratou-nos com profusão.

VI.

Como n'esté Diario tenho fallado por muitas vezes em Prazos da Corôa, acho conveniente dar uma breve noticia d'esta instituição antes de terminar este escripto.

A possessão portugueza de Rios de Sena, que mais apropriadamente se denominaria Zambezia, estende-se por umas cento e oitenta legoas ao longo do Zambéze, desde a foz d'este rio até além do Zumbo: é dividida nos tres grandes districtos de Quelimane, Sena e Tete, além de varias dependencias, que estão agora occupadas pelos cafres, como Manica, ao Sul; Zumbo, ilha na confluencia do Zambéze e do Aruângoa; e Marambo, nas margens d'este ultimo rio.

Os tres districtos são subdivididos em territorios, muito desiguaes em grandeza, que se denominam Prazos da Corôa, os quaes são mais ou menos extensos, mas não ha nenhum que tenha menos de meia legoa de comprido, e alguns ha que têem mais de dez legoas.

Entre estes ha alguns Prazos fateosins, que foram comprados aos possuidores cafres.

Os Prazos da Corôa são dados por sesmaria em tres vidas: devem ser concedidos ás filhas de officiaes portuguezes, que, tendo servido na Africa, casem com portuguezes da Europa ou de origem europea, com certas condições, sendo uma das principaes o habitarem n'elles, e com o direito de nomeação de immediato successor, excluindo varão em quanto houver femea: e ninguem podia accumular dois Prazos.

Este uso caducou, porque se deram a quem mais offereceu por elles, sem distincção de sexo, e accumularam-se muitos Prazos em uma mesma pessoa, sem nunca lá ir, disfructando os seus pingues rendimentos: e é esta uma das causas principaes de estarem hoje invadidos.

Os de Quelimane e Sena são geralmente consideraveis, tanto em extensão, como em rendimento, que consta de marfim, cêra, mel, mantimentos, sal e escravos.

Cada um d'estes Prazos é governado por seu Fumo, o qual é livre ou forro, e é o chefe dos colonos ou habitantes negros livres, e quem responde pelos tributos que ao emphyteuta usofructario do Prazo pagam os mesmos colonos. Junto a cada Fumo ha um Chuanga, que é um escravo do emphyteuta, e da sua confiança: elle é o fiscal e vigia do Fumo e dos colonos; e na occasião do pagamento dos tributos, a que chamam Maprére, é elle e o Fumo que juntos fazem o recenseamento, operação que se verifica dando elles tantos nós em uma corda, quantos são os individuos que devem pagar tributo. Esta corda fica em poder do Chuanga, para os nós serem verificados pelo emphyteuta, se o exigir; porém poucas vezes o exige, e o mesmo Chuanga com o Fumo fazem a cobrança, sendo aquelle quem guarda o recebido.

Regularmente os tributos são pagos em Agosto ou Setembro, tempo em que já se tem feito e debulhado as colheitas. Cada casal de colonos paga um Quitundo de milho, que nunca tem menos de tres alqueires. O Fumo paga pela sua povoação, ordinariamente cinco Manxilas, que são os pannos de algodão feitos pelos negros, e que já ficam descriptos; paga mais um determinado numero de gallinhas, segundo a extensão do Prazo, em logar das Insuas.

Estas são uma especie de formigas que, unidas em numerosissimas familias, habitam debaixo da terra. Ellas formam grandes montes em fórma de pyramides conicas, d'onde na estação chuvosa saem para fóra em grande quantidade, já então aladas: são do comprimento das vespas, porém mais grossas. N'esta época os cafres de noite vão com fachos accesos, e pondo-os diante das saídas ou buracos, as apanham em panellas, porque, á vista da luz, todas saem para fóra. Estes insectos são para elles um delicado manjar; e eu mesmo os comi com appetite, não os achando máos sendo torrados com sal.

No Brasil chamam-se estes insectos Cupim; e n'esta parte da Africa, quando alados, têem o nome de Insua, e quando não têem azas, o de Muxem. N'este estado fazem muito estrago, e são de côr branca; mas quando tem azas são da côr da abelha. Tanto em um como em outro estado não têem ferrão, como a vespa, e sim uma fortissima torquez como a formiga, mas muito maior e de uma rijeza incrivel.

Os Fumos pagam as gallinhas em logar das formigas, que comem.

De dois em dois annos paga o Fumo um escravo com a denominação de Mafúpa; o que significa = os ossos da carne da caça que comeu. =

Quando morre no Prazo um elephante ou um Mirú (antilope similhante á gazella, mas da grandeza do um bom novilho, e de saborosissima carne) ou um porco montez; quer

o animal seja morto por caçador, laço, fera, ou por acci-
dente, não póde o Fumo aproveitar-se de alguma parte da
sua carne sem que o participe immediatamente ao Chuanga,
o qual vae logo tomar conta d'elle, como pertencente a seu
amo: e se elle não dá parte, e se utilisa de qualquer d'estes
quadrupedes, incorre em um Milando de cabeça rapada; isto
é, de de ficar escravo com toda a sua familia. Chama-se
Milando de cabeça rapada, ao que tem por pena a escravidão, e isto porque, quando se compra um escravo, a primeira
cousa que se lhe faz é mandar-lhe rapar toda a cabeça.

De todas as mais especies de caça póde dispôr o Fumo,
sem dar participação alguma, porque para isso paga a Mafúpa.

Quando um Fumo Fruca; isto é, quando muda de terra,
não é obrigado senão a despedir-se do Chuanga, o qual dá
parte a seu amo; e este providencêa esta falta procurando
substitui-lo por outro, para o que manda um Chuábo de Missanga de bôca para convidar um dos colonos mais ricos a
acceitar o emprego, ou mesmo um Fumo que esteja em outra terra, mas que sabe que está descontente; e se o convidado acceita a bôca, logo que se acabam de fazer as colheitas, Fruca, ou muda para o Prazo para onde foi convidado,
e então o emphyteuta dá-lhe uma peça de Zuarte, um lenço e
um frasco de aguardente, como signal de ser reconhecido e
investido no logar de Fumo; ao que elle corresponde, passados dias, e ainda mesmo mezes, com uma Manxila, ao que
se chama bater palmas, ou agradecer.

Nas fronteiras dos Prazos ha escravos postos em differentes pontos, os quaes têem a denominação de Mucazambos:
elles ordinariamente têem escravos seus e mulheres, com
que formam boas povoações; não pagam tributo algum, e
são uns segundos fiscaes.

O colono não póde vender o producto da sua cultura sem
licença do emphyteuta, o qual nunca a concede sem que
primeiro lhe tenha mandado distribuir, no principio da colheita, más fazendas para compra de generos agricolas, negocio que sempre é feito contra vontade dos vendedores,
porque estes pagam os preços que o seu emphyteuta esta-

belece, o que absorve quasi tudo quanto o colono colhe, com o prejuizo, muitas vezes, de quatrocentos por cento, não lhe restando recurso algum. A esta extorsão dá-se o nome de Inhamucangamiza.

N'estes dominios portuguezes é prohibido o uso do Muave: todavia não se faz caso muitas vezes d'esta prohibição; e quando isto succede, o Fumo do Prazo em que se deu o Muave, paga um escravo, e o mesmo é obrigado a fazer quando acontece morrer algum colono de desastre.

O que deixo dito é sufficiente para se conhecer o que são Prazos da Corôa. Instituição pessima, que tambem existe nos territorios de Sofala, e que é incompativel com o melhoramento da agricultura, e desenvolvimento permanente e seguro do commercio e da industria fabril; e inteiramente opposta á liberdade civil, á segurança individual e ao direito de propriedade dos habitantes negros dos mesmos territorios; motivos estes pelos quaes deverá ser completamente abolida.

Este objecto foi tão minuciosamente tratado pelo erudito S. X. Botelho, na sua Memoria sobre os Dominios Portuguezes na Africa oriental, que n'esta parte pouco ha a accrescentar.

VII.

Outubro 6. — Continuámos a marcha para o S. tres legoas e meia, e chegámos ao Luane do Prazo Inhasingere, onde acampámos por causa da excessiva força do sol.

Ás tres horas e trinta e cinco minutos da tarde, seguindo para SO. duas legoas e meia, atravessámos pelo districto do Fumo do mesmo Prazo Chimsampa; e ávante d'elle legoa e meia passámos pela povoação do cafre Chinguambo, Mucazambo do Prazo fateosim Chimambe; d'aqui andámos para o S., e com legoa e meia n'este rumo chegámos ao Luane da mesma terra Chimambe, onde acampámos.

Apresentou-se o soldado que tinha ido a Tete com a parte de ter entrado a expedição no territorio portuguez, o qual trouxe recambiada a mesma parte, e referiu que achára alli como commandante interino da villa, o capitão de commissão A. J. Lamego Cabral, e que este abrira o officio e o lêra, e que, mettendo-lhe dentro um bilhete, o tornára a fechar e o entregára ao mesmo soldado para este o levar ao commandante da villa, J. P. X. da Silva Botelho (sempre a má sorte nos apresenta um Botelho), que anda visitando as suas propriedades.

Esta resposta deixou-nos a adivinhar onde estaria o commandante da villa, e o motivo por que o interino se não julgava com auctoridade de dar providencias para que a expedição passasse o Zambéze para entrar em Tete, e tambem a causa por que elle não respondeu ao officio dirigido áquelle commando.

Assim, a expedição, depois de dezesete mezes de trabalhosa e ardua digressão, tem de esperar que se procure, em parte incerta, a auctoridade militar, para se lhe dar parte da sua chegada, e para se lhe pedir que dê providencias para que possa passar o Zambéze e recolher á sua praça.

Á vista d'isto resolveu o nosso commandante demorar aqui a expedição até que haja em Tete auctoridade competente para dar as ordens precisas. E abrindo depois o mencionado officio, achou dentro um bilhete do interino da villa, escripto ao commandante Botelho, no qual lhe dava satisfação de ter aberto a mencionada parte; e em que lhe rogava que lhe mandasse dizer a quem devia pedir as embarcações mencionadas para a passagem da expedição.

Sendo impraticavel mandar em procura do dito commandante, pela incerteza do logar em que se achava, tornou o commandante a officiar ao mesmo interino, fazendo-lhe as reflexões que ficam expendidas.

Chegando aqui, achámos a familia do commandante da expedição, que o estava esperando, e tambem o Feitor da Fazenda da villa de Tete, João da Costa Cardoso, com toda a sua familia, que vieram para o mesmo fim.

Este Prazo pertence a D. Balbina Joaquina Nunes de Andrade; é uma das boas terras que ha no districto da villa de Tete; produz com abundancia trigo, canna, de que se faz muito e bom assucar, algodão, tabaco, legumes, milhos, etc., e tem grande quantidade de arvores de fructos dos Tropicos.

Outubro 7 a 10. — No mesmo sitio, sem novidade.

Outubro 11. — No mesmo sitio.

Recebeu-se um officio do interino, em que procura desculpar-se por ter recambiado o primeiro officio do commandante, dizendo que fizera isto por não ser effectivo, e não se julgar com poder de dar as providencias que n'elle se pediam. E agora não dá providencia alguma.

Foi o commandante accommettido de uma dôr em um lado do corpo, e de uma febre fortissima.

Outubro 12. — Apresentou-se um soldado vindo de Tete com officios do governador da capitania para os commandantes. Despedimos logo o portador, accusando ao interino de Tete a recepção dos officios, e dando-lhe parte da molestia do commandante, que dá cuidado.

Outubro 13. — O commandante vae peior.

Outubro 14. — O commandante está peior, e a molestia é muito grave. Em consequencia d'isto reunimo-nos em conselho, e assentámos em marchar ámanhã para Tete; pelo que mandei logo um soldado para a villa, com communicação ao interino de que o commandante da expedição se acha perigosamente doente, e que por isso resolvemos chegar ámanhã á margem do Zambéze, onde esperámos achar embarcações para passar para a villa, pois que não é possivel demorarnos aqui mais tempo.

VIII.

Outubro 15. — Pela manhã continuámos a marcha para o S., e a uma legoa passámos o riacho Panjôvo, que corre para O. com quatro braças de largo e uma de alto, e ávante meia legoa o tornámos a passar; porém aqui corre para L. com duas braças de largo e meia de alto; e a uma legoa adiante o repassámos, mas aqui está secco, e tem seis braças de largo e quatro de alto, e ávante legoa e meia chegámos á margem oriental do rio Zambéze, onde achámos embarcações para a passagem da expedição. Esta começou logo, e pelas quatro horas e dez minutos da tarde, já toda ella estava na villa de Tete.

Em cumprimento de uma promessa que haviamos feito

no Cazembe, foi o destacamento e os mais chi istãos em direitura á capella de Nossa Senhora da Assumpção do Marangue, e de lá á igreja de S. Domingos e de S. Antonio, para fazer oração.

Quando acabámos este dever religioso fomos cumprir com as etiquetas militares; e depois, recolhendo o destacamento ao forte de S. Thiago, onde a guarnição tem os seus quarteis, alli destroçou: havendo-lhe eu dado ordem de ámanhã de tarde se reunir para revista, a fim de que a gente regresse ás companhias a que pertence; e tambem lhe participei que o sr. governador concederá licença por dois mezes a todos aquelles que a quizerem.

O commandante veiu entregue ao cuidado da sua familia e com todas as possiveis commodidades; mas apesar d'isso a agitação causada pela jornada, posto que esta fosse pequena, produziu tal effeito que chegou a Tete com as extremidades frias e quasi morto. Entretanto o muito cuidado que se lhe prestou e alguns remedios que se lhe applicaram, tornaram-no á vida; mas acha-se em muito perigo.

Outubro 16. — De tarde passei revista ao destacamento, e entreguei os homens ás suas respectivas companhias, ficando assim dissolvida a força da expedição ao Cazembe.

CAPITULO XII.

Conclusão.

De Lunda ao rio Chambéze contámos vinte e nove dias de marcha, nos quaes andámos noventa legoas e meia. Do Chambéze ao rio Aruângoa, vinte e dois dias, oitenta e oito legoas e meia. Do Aruângoa a Tete, vinte e cinco dias, cento vinte e quatro legoas e meia. O que faz o total de setenta e seis dias de marcha, e de tresentas e tres legoas e meia.

Do Cazembe até ao rio Aruângoa caminha-se por um continuo deserto, onde não encontrámos recurso de qualidade alguma; porém desde aquelle rio até Tete, exceptuando poucas legoas, todo o paiz é povoadissimo, e abundante de viveres, e por isso a marcha por elle torna-se facil, e mesmo agradavel.

SERRAS.

As possessões portuguezas de Tete e o paiz dos Maraves são excessivamente montanhosos: o territorio Chéva ainda tem algumas elevações, mas pouco a pouco vae-se aplanando.

As principaes serras que conheço n'esta parte da Africa

são as que formam a Lupáta do Zambéze, chamada Cavran-
tenga (se bem me recordo), as quaes atravessam grande extensão do paiz do Nascente a Poente pelas terras Maraves,
portuguezas, do Monomotapa, etc., até que se perdem de
vista.

No territorio Chéva avulta a serra Muxinge, a que o Dr.
Lacerda chamou Carlotina, que é a mais elevada que observei n'este territorio; a sua direcção é de Nascente a Poente.

No paiz que outr'ora pertencia aos Muizas, além do
Aruângoa, eleva-se sobre todas a serra Muxinga, a que o
referido viajante portuguez chamou Antonina, a qual atravessa o mesmo territorio. É de todas a mais alta que tenho
visto. Tem a mesma direcção de Nascente a Poente, e é a
unica que encontrámos n'esta parte, porque o resto do territorio que pertencia aos Muizas é uma continuada planicie.

DAMBOS.

Como já disse em outro logar, os cafres chamam Dambo
a uma extensão de terreno maior ou menor, mas totalmente
plano, sem arvores nem arbustos de especie alguma, sendo
a sua superficie toda coberta de relva viçosa que não excede
a palmo e meio de altura. Em uma grande parte d'estes
Dambos correm arroios com muita e limpida agua; outros
ha que são pantanosos, e outros, finalmente, onde se não
encontra agua alguma, porém estes são raros.

Principia-se a encontrar os Dambos nas terras dos Chévas, mas estés não são de desmarcada extensão. É, porém,
além do Aruângoa que os encontrámos extraordinariamente
grandes. Alguns vimos que, deixando-se uma das suas bordas
e caminhando para a outra, se andam largos espaços em que
parece estar-se no meio do Oceano, porque em toda a circumferencia até ao horisonte não se vê arvore nem arbusto
algum. Quando os cafres atravessam estes Dambos fazem-no
sempre pela sua menor largura, não perdendo nunca de vista
o arvoredo que os orla; e quando têem que andar no comprimento o fazem sempre pelas suas extremas.

Magnificos e pingues pastos são estes terrenos, capazes de

sustentarem innumeraveis manad as de cavallos e de bois como os campos dos dois lados do Rio da Prata, ou immensos rebanhos de ovelhas, como a Australia; porém hoje sómente são desfructados por animaes sylvestres.

RIOS.

Os principaes rios que passámos foram o Zambéze, no territorio portuguez; o Mavuzi, no paiz dos Maraves; o Aruângoa do Norte, entre os Chévas e Muizas; e o Chambéze e Ruanceze, no territorio outr'ora Muiza. Todos elles na estação chuvosa são caudalosos, porém no estio são pobres para serem navegaveis; e posto que tenham sitios com muita profundidade, ha outros, porém, onde estão quasi seccos. O Chambéze é aquelle que, depois do Zambéze, tem em maior extensão mais altura de agua, e que parece ser aquelle qne com mais facilidade se poderia tornar navegavel em todas as estações. Não sei com certeza onde desemboca, mas julgo provavel que vá lançar as suas aguas no Zambéze.

LAGOS.

Os lagos principaes que vimos foram o Luêna e o Môfo, ambos nos dominios do Cazembe. Dou-lhes o nome de lagos por assim o dizerem os indigenas, mas inclino-me a julgar que este ultimo é antes um rio; é verdade que não tem corrente sensivel, e o seu comprimento de N. a S. fica a perder de vista, e os Cazembes dizem que elle não despeja as suas aguas em nenhum outro. Tem peixe com abundancia, cavallos-marinhos e crocodilos. Vi dois rios abundantes d'agua que vão despejar n'elle, os quaes são ao Sul o Canengúe, e ao Norte o Luunde: outros provavelmente o devem enriquecer, o que nos não foi possivel verificar pela prohibição que tivemos do Cazembe. Se o Môfo fôr rio, e aquelle em que desaguar fôr tão rico de aguas como elle, poderia ser navegavel por embarcações de um grande lote.

Além dos que deixo mencionados debaixo da epigraphe lagos, existem varias lagôas, cujos nomes se acham notados n'este Diario, e que não repito aqui porque são de pouca importancia; mas todas ellas abundam em pescado e crocodilos.

POTENTADOS.

Os principaes potentados, por cujos territorios transitámos, foram o Unde, imperador des Maraves; o Mucânda, rei dos Chévas; o Chiti-Muculo, rei dos Muembas; e o Muata-Cazembe, imperador dos Lundas ou Cazembes, o qual é entre todos estes potentados o que ostentava maior grandeza, poder e barbaridade.

Ha outros muitos chefes sujeitos a estes, dos quaes alguns dispõem de grande força; porém, como são subordinados, constituem parte do poder dos soberanos respectivos.

Tambem os Muembas ou Moluanes são hoje poderosos, e temidos pelo seu caracter feroz, que a posição territorial que occupam lhes facilita exercitar.

ANIMAES DOMESTICOS.

Em toda a digressão que fizemos, os animaes domesticos que encontrámos foram gallinhas, pombos, vaccas, carneiros, cabras e cães. De todas estas especies usam os cafres como alimento. Vimos mui poucos gatos, e d'estes não tiram proveito algum. Vimos um porco sómente, que foi o da troca, que tão cara nos custou; em todo o sertão não observámos outro.

Desde que passámos o rio Aruângoa para o Norte, encontrámos, nos logares onde havia gente, muita abundancia de pelles de lontra, a que os cafres chamam Catumbo, e de outro animal, que supponho ser alguma especie de martha, porque o pello é curto, preto, muito fino e lustroso, a pelle é do tamanho, ou pouco maior do que a de uma lebre, e tem a mesma consistencia que a pelle de lontra, e não a de pergaminho, como a de coelho. Não vi animal algum d'estes, nem vivo nem morto, e dizem os cafres que elles habitam nos bosques proximos aos Dambos.

O preço regular de uma pelle de lontra é de cinco a dez

fios de missauga, segundo o tamanho: e o das pequenas do outro animal é de dois a quatro fios, e quanto mais finas são as pelles tanto mais baratas custam. Acham-se estas pelles até ao Cazembe.

Antes de terminar este escripto, direi que nenhuma nação da Europa tem estado em melhores circumstancias do que a portugueza, para com mais facilidade e menor despeza poder fazer a exploração de uma grande parte do interior da Africa, d'onde ainda hoje nada sabemos. Não posso attribuir a falta de o fazer senão á pouca importancia, e mesmo ao despreso e abandono em que os Governos, já desde tempos remotos, têem tido estas possessões ultramarinas, do que é prova o acharem-se ainda hoje os manunciaes da sua riqueza physica inexplorados, e ainda mesmo ignorados.

Da costa oriental da Africa para a occidental quasi todos os annos ha correspondencia por via dos navios de guerra que regressam da Asia, e que tocando em Moçambique, fazem escala por Benguella e Loanda, porém d'esta cidade para Moçambique não ha meio de communicação com que se possa contar.

Para obter-se a passagem de um a outro ponto acho que o meio mais adequado de o conseguir consistiria em combinar a saída de uma expedição de Tete e de outra de Loanda, ambas com o principal destino a Lunda, de fórma que se encontrassem alli. Reunidas as expedições, deveria procurar-se que, com todo o segredo, e em uma das primeiras noites do encontro, passasse parte da gente de cada uma para formar corpo com a outra.

No caso do Muata-Cazembe annuir á passagem da força de Tete para Angola, e da de Loanda para Tete, o que duvido, cada uma marcharia, servindo-lhe de guias os individuos que voltavam; e quando não consentisse, conseguir-se-ia comtudo o mesmo fim, porque cada uma das forças levaria comsigo quem dirigisse a sua viagem.

Tambem se poderia tentar a passagem de uma á outra costa, subindo pelo Zambéze até ao Zumbo, e navegando d'ahi para cima, em quanto isso fosse praticavel: e se o Chambéze é um dos affluentes d'aquelle rio, talvez que por

29

elle se podesse continuar a viagem, para a qual conviria empregar almadias ou canoas leves, proprias para navegarem em pouca agua, e para serem transportadas por terra todas as vezes que os rios se achassem obstruidos por cachoeiras ou outros obstaculos.

A communicação entre as duas costas não só traria um augmento de conhecimentos geographicos das regiões internas da Africa austral, mas faria conhecer novas vias de commercio, e permittiria a correspondencia das authoridades governativas e de outros habitantes das duas provincias.

As viagens de exploração d'estes sertões africanos têem sempre soffrido opposição promovida por individuos residentes na provincia, interessados no trafico da escravatura, cujo espirito de intriga, ambição e rapacidade os tem determinado a suscitarem toda a sorte de contrariedades a quem tal pretendia emprehender, a fim de que, desanimando, desistisse do seu intento. Estes individuos, vivendo na indolencia e na preguiça, que lhes proporcionavam os lucros adquiridos quasi que sem trabalho seu proprio, têem sido incansaveis em procurar entorpecer todas as medidas governativas, e as emprezas tentadas por particulares, que elles imaginavam poderem influir, directa ou indirectamente, para desarranjar as suas especulações; e como meio adequado para conseguirem este objecto, têem constantemente cuidado em empregar todos os esforços ao seu alcance para introduzirem a desconfiança e a discordia entre as diversas auctoridades superiores, na idéa de que este estado produziria circumstancias que elles poderiam aproveitar para o unico fim que tinham em vista. Estes homens são a causa principal da decadencia da provincia de Moçambique, a qual não poderá entrar no caminho da prosperidade em quanto o trafico da escravatura não fôr de facto completamente extincto nos territorios que a constituem. [1]

FIM DO DIARIO.

[1] Veja-se o Appendice V.

APPENDICE I.

MAPPA DEMONSTRATIVO DA SORTEAÇÃO REGULAR DE UM
BARE, OU FUMBA, DE FAZENDA DE LEI EMPREGADA
NO COMMERCIO DE RIOS DE SENA, EM 1832

N.º DAS PEÇAS	DESIGNAÇÃO DAS PEÇAS	VALORES EM PANOS *		TOTAL EM PANOS	
		INTRINSECO	FICTICIO	INTRINSECO	FICTICIO
4	Zuartes	8	12	32	48
4	Dotins....................	8	12	32	48
4	Botians	8	8	32	32
2	Carlanganins	2½	8	5	16
4	Xailes....................	2½	4	10	16
40	Ardians	2½	4	100	160
40	Capotins	2	2	80	80
98	Sommas........			291	400

* O Pano é uma porção de fazenda d'algodão de duas braças de comprimento, cujo valor, que nos ultimos tempos andava por 120 réis fortes, servia, até á reforma monetaria de 1852, de unidade nas transacções commerciaes, e pagamentos aos empregados do estado.

A sorteação dada n'este mappa variava segundo os portos portuguezes da Africa oriental onde se deviam fazer as transacções.

Desde que o auctor deixou Moçambique tem-se alterado consideravelmente esta sorte de commercio, sendo hoje (1853) preferidas as boas fazendas d'algodão de fabrica ingleza e americana aos tecidos da India.

Este mappa servirá para esclarecer alguns pontos do Diario da Expedição.

MAPPA DEMONSTRATIVO DAS ESPECIES DE FAZENDAS DE ALGODÃO, CHAMADAS DE LEI, TECIDAS NA INDIA, COM QUE REGULARMENTE SÃO FORNECIDAS AS FEITORIAS DA AFRICA ORIENTAL PORTUGUEZA, PARA PAGAMENTOS DE SOLDOS E MAIS ENCARGOS DO ESTADO, EM 1832.

DESIGNAÇÃO DAS PEÇAS DE FATO DE LEI	VALOR EM BRAÇAS		VALOR EM REIS		OBSERVAÇÕES
	REAL	FICTICIO	FRACOS	FORTES	
Zuarte.........	8	12	6$000	2$400	É uma fazenda d'algodão tinta d'azul; a melhor é da Jambaceira
Dotim.........	8	12	6$000	2$400	É da mesma especie do Zuarte, mas sem tinta alguma.
Botiam, ou Xélla..	8	8	4$000	1$600	É riscado de alvadio e branco, mas mui ralo.
Carlanganim.....	2½	8	4$000	1$600	É riscado de encarnado e varias côres.
Tocurim.......	2¾	8	4$000	1$600	É similhante ao Botiam, mas muito inferior a elle.
Samater.......	8	8	4$000	1$600	É branca, mui estreita, grossa, rala e ordinaria.
Cobra........	3	6	3$000	1$200	É riscada em listas largas ao comprido, mas muito ordinaria.
Coberta.......	3	6	3$000	1$200	É toda pintada de ramagens, mas muito rala e ordinaria.
Gétim........	3	6	3$000	1$200	É igualmente pintada de côres, mas depreciada por má.
Xaile........	2¾	4	2$000	$800	É pintada de encarnado, e estimada sendo boa.
Ardian........	2¼	4	2$000	$800	É da mesma especie de Zuarte, cum a differença do tamanho.
Capotim.......	2	2	1$000	$400	Idem. Tanto aquella como esta são apreciaveis sendo bons.

Além d'estas fazendas, vão missanga, que devem ser de massa e não de vidro, e redonda em vez de compridas. As côres e grossuras são segundo os pontos para onde vão. Para Quelimane devem ser brancas, pretas, verdes e cinzentas; Sena, brancas e pretas; Tete, brancas, pretas e côr de tijolo, mas grossas; Sofala, brancas, côr de tijolo e cinzentas, grossas; Inhambane e Lourenço Marques, de todas as côres e grossuras sovéadas: se fôrem de vidro, cantilho, ou vidrilho, nem de graça os cafres as querem acceitar.

APPENDICE II.

Officio do governador geral de Angola, de 30 d'Abril de 1833, ao Ministro da Marinha e Ultramar, em que participa haver recebido o officio dos commandantes da expedição do Cazembe, datado de Lunda em 10 de Maio de 1832.

Illmo e Exmo Sr. — 1.º Tenho a honra de expôr a V. Exª que na noite do dia 25 do corrente se me apresentou Manuel Antonio Pires, alferes da companhia movel de Pungo-Andongo, e alli negociante, o qual me entregou, no estado em que se acha, o papel, que do mesmo modo remetto a V. Ex.ª, dizendo-me haver-lh'o trazido um dos seus Pombeiros, que penetrára no sertão até Lunda, Banza do potentado Cazembe, onde lhe fôra dado por um gentio d'aquella nação, e de quem o havia confiado o major José Manuel Corrêa Monteiro, que alli viera em uma expedição explorativa, cuja narrativa faz o contexto do mesmo papel, que é datado de Lunda, em 10 de Maio de 1832. — 2.º O dito alferes não podia, ou sabia explicar a marcha que deveria ter seguido o mesmo major vindo de Tete áquelle ponto (o que não era preciso, porque isto se acha bem declarado na Memoria de Lacerda); mas até mesmo se confundia a res-

peito dos caminhos, ou sua direcção desde Pungo-Andongo
até Lunda, caminhos que frequentavam algumas vezes os
seus Pombeiros; mas deixou perceber que as suas marchas
seguiam em muitas partes o curso do rio Quanza, dando assim a entender que deixavam á esquerda as terras de Cassange, o que elle não sabia decidir, ou por atarantado, ou
por ignorante. Entretanto aquelle papel (posto que eu por
ora lhe não dê todo o credito) combina em grande parte
com o resultado de outras anteriores pesquizas; e se houver
em Pungo-Andongo, ou, melhor, no Duque de Braganga,
por mais avançado no interior, uma colonia possante, como
digo no meu officio n." 11, que ponha em respeito todo o
sertão, estarão vencidas todas as maiores difficuldades, que
offerece o commercio com a costa occidental; pois do Duque
de Bragança para o Norte seguem terras de Hoholo, e logo
os Moluas, que já deram provas de querer o nosso trato:
além d'estes segue o Cazembe seu tributario, e logo estão
os nossos alliados da fronteira do Rio de Sena.—3.° Talvez
que partindo de Pungo-Andongo, e deixando os Cassanges á
esquerda, o caminho seja mais curto e os povos intermedios
sejam trataveis; mas o primeiro indicado já é conhecido.—
4.° Eu, comtudo, não descançarei na diligencia de communicar, o mais francamente que seja possivel, com as provincias da costa oriental d'esta região, a fim de vêr se obtenho
o commercio da Asia atravez do sertão; se a intriga e interesses estrangeiros não fizerem nascer obstaculos taes, que
sejam superiores a toda a energia e zelosa diligencia.—
5.° Logo que eu tenha uma escuna á minha disposição, espero com ella explorar a embocadura (e curso até onde fôr
praticavel) do rio Cunene; mas este objecto deve, por circumstancias que em outro tempo direi a V. Ex.ª, ser reservado. Esta exploração é de summa transcendencia para o
objecto; porém a minha posição é tal que achando-me rodeado sempre das maiores intrigas; não vendo senão obstaculos, talvez postos por aquelles de quem eu esperava, e me
deviam prestar os maiores auxilios nos meus projectos; vejo-
me reduzido a faltar-me o tempo para escrever uma carta,
mesmo apesar das minhas vigilias, e de não ter esperado o

restabelecimento de duas graves molestias, de que tenho sido atacado. — Deus guarde a V. Ex.ª. — Loanda, 30 de Abril de 1839. — Ill.ᵐᵒ e Ex ᵐᵒ Sr. Visconde de Sá da Bandeira, Presidente do Conselho de Ministros, Ministro e Secretario d'Estado dos Negocios Estrangeiros, e encarregado dos da Marinha e Ultramar. — *Antonio Manuel de Noronha.*

NOTA DO AUCTOR.

A carta que escrevemos em Lunda foi recebida em Loanda quasi sete annos depois da sua data. Foi por acaso que tive conhecimento d'esta occorrencia, lendo o relatorio do ministro da marinha, apresentado ás Córtes em 1841.

O sr. vice-almirante Noronha diz no seu officio ao ministro, que fôra informado de que os Pombeiros, que faziam o caminho de Angóla para Lunda, seguiam por muitos dias o curso do rio Quanza; parecendo por isso que deixavam ao norte as terras de Cassange. É, porém, certo que entre este ultimo paiz e o Cazembe ha um commercio constante. Nada mais direi sobre o conteudo do mesmo officio. Refiro-me, porém, ao Diario da Expedição quanto a alguns pontos, que por elle poderão ser esclarecidos.

APPENDICE III.

Vocabulario de alguns termos da lingua cafrial do districto da Villa de Tete, que é entendida nos territorios Maravo e Chéva.

A

PORTUGUEZ.	CAFRIAL.
Abelha	Arun.e.
Abobora	Matanga.
Abrir	Fungúra.
Abrir (qualquer cousa)	Tumbúra.
Acabar	Da-pêra.
Accender	Gaça.
Achar, ou vêr	Uónéca.
Adivinhar	Ombéza.
Adivinho, curand.º, sorte de sacerdote	Ganga.
Agua	Mazi.
Ahi mesmo	Icôco.
Ajuntar	Cóxéra, ou Iréca, ou Sequetiza.
Alicerce	Cabôco.
Almadia	Garáua.
Alisar, endireitar	Curanga.
Aljava, carcaz	Mutumba.
Ámanhã	Manguana.
Amarrar	Manga.
Amigo	Chicovera, on Chamuar.
Amolar	Nóca.
Andar	Famba.
Animal (fera)	Chirombo.
Anno	Gulóri.
Ante-hontem	Zana.

Apagar	Túna.
Apalpar	Pata.
Apanhar	Lucóta.
Arco, ou qualquer curva	Uta.
Armazem	Churro.
Arrancar	Zuría.
Arroz	Umpunga.
Assentar (se)	Cara.
Assim mesmo	Dimômo.
Assoprar	Furiza.
Atirar	Ponha.
Atraz	Cumbáiú.
Aves	Baráme.
Avô ou avó	Túta.
Azagaia	Tungo, ou Dipa.

B

Bala	Chipólo-pólo.
Barba	Devo.
Barriga	Mimba.
Bater	Menha, ou Quapúra.
Bebado	Darêzêra.
Beber	U-amua.
Bem	Abuhino.
Bôca	Murômo.
Bocado	Chipande.
Bofes	Maçápi.
Boi	Gombi.
Bom	Adíde.
Bonito	Uâma.
Braços	Zanja.
Branco, claro	Chena.
Branco (homem)	Mozungo.
Brincar	Urunga, ou Sinzéra.
Bufalo	Nhátim.

C

Cabeça	Mussôro
Cabello	Cici.
Cabra	Buzi.
Caír	Agua.
Calabouço ou prisão	Caboco,
Calar	Inhamála.
Calcanhar	Chicocuenho.
Calor	Calúma.
Caminho	Gira.
Cançar	Anêta.
Cantar	Imba.
Cão	Ímbua.
Caracol, ou marisco	Cono.

Carne	Nhama.
Carneiro	Bira.
Casa	Nhumba.
Casar	Revorar.
Cavallo marinho, hippopotamo	Vúo.
Cavar	Cumba.
Cedo	Machibési.
Cemiterio	Tengi.
Chamar	Uchaméra.
Chave (de ferro ou de páo)	Funguro.
Chegar	Cáfica.
Cheio	Azára.
Cheirar	Unca.
Chorar	Ríra.
Chover	Vumba-Vula.
Chupar	Uaama.
Chuva	Vura, ou Vula.
Cobra	Nhóca.
Cobre	Safure.
Coçar	Cacúzi.
Coche, embarcação grande de 1 só peça	Mucondo.
Coitadinho	Masquine.
Colxão	Godarim (palavra indiatica).
Com effeito	Ganga.
Comer	Adia.
Commerciante ambulante dos sertões	Mossambaz.
Como se chama ?	Zina-ráco ?
Comprar	Ugúra.
Comprido	Uatarimpa.
Comprimento (saudação)	Dáo, dau Chicóvera.
Conhecer	Uneziva, ou Dezindequira.
Contar	Verenga.
Coração	Metima.
Corda	Cambála.
Corpo	Manungo.
Correr	Ruvíro.
Cortar	Tima, ou Guáta.
Coser (com agulha)	Sóna.
Cosinhar	Pica.
Costas	Buió.
Cotovelo	Cunondo.
Couro	Parâme.
Creança	Muana.
Crocodilo	Inhacôco.
Cunhado	Murâmo.
Curto	Urrécama.
Cuspo	Echenhe.
Custar	Anénéssa.

D

Dar	Uanina, ou Dipacé.
Dar pancadas	Quâpura.

Dar tiros	Eriza-futi.
Debaixo, ou em baixo	Pansi.
Dedos	Minue.
Deixar	Dacia.
Deixe vêr	Tiuôna.
Dentes	Manu.
Depois d'ámanhã	Mecucha.
Depressa	Flumira, ou Culumiza.
Desamarrar	Sizúra.
Descançar	Tipuma.
Descer	Sica.
Desmanchar	Gúrúra.
Despejar	Cutura.
Destapar	Guanura.
Deus	Murungo.
De vagar	Famba Abúhino.
Dever	Mangáva.
Dia	Uachena,
Doente	Anduálla.
D'onde vem?	Abuhira-cúpe?
Dormir	Dagona.
Duro	Uma.

E

Elephante	Zou.
Embarcação	Garáua.
Embigo	Chombo.
Em cima	Pazuro.
Emprestar	Ruéréca.
Encarnado (côr)	Cafuhira.
Enchada	Páza.
Encher	Zuza.
Encontrar	Sangana.
Enganar	Anamiza.
Ensinar	Neruzi.
Entrar	Pita.
Escarlate vivo	Chipire-vire.
Escolher	Sancura.
Esconder	Ubíssa.
Escravo	Muzacázi.
Escrever	Nemba.
Escuro (noite)	Medima.
Esfolar	Cafende.
Esfregar	Pecussa.
Espelho	Chiringueriro.
Esperar	Vetéra, ou Chévé.
Esperto, ou velhaco	Uáchengéra.
Espingarda	Futi.
E pinhaço de homem ou quadrupede	Mussâna.
Espinho	Minga.
Esquecer	Óduára
Esquerdo	Mazere.

Estar acordado	Adapenca.
Esteira dè canna	Lupássa.
Estender, espalhar	Pambura, ou Eanique.
Estrella	Nheze.

F

Faca	Xisso.
Fallar	Réva.
Farinha	Ufa.
Fazer ponta, aguçar	Songa.
Fazer	Chita
Fechadura	Fungnro.
Fechar	Funga.
Feder	Nunca.
Feijão	Nhemba.
Feio	Uaípa.
Ferir	Lássa.
Ferro	Utári.
Figado	Chirôpa.
Filho	Muana.
Fio (linhas e outros)	Ussálo.
Fogo	Môto.
Fome	Jára.
Formiga	Nherêze.
Formiga	Muxem.
Francisco (nome de homem)	Fancico.
Frecha	Misséve.
Frio, adj.	Acuzizira.
Frio (tempo) subst.	Pepo.
Fugir	Táua.
Fumo	Ussi.
Furtar	Cuba, ou Uába.

G

Gallinha	Cuco.
Gallo	Zongue.
Gamella	Diro.
Gamella de minerar	Zamba.
Garganta	Cóci.
Golpelha de palma	Funba.
Gordo	Uanénépa.
Gordura	Futa.
Governador (cafre)	Fumo.
Governador de Rios de Sena	Geral.
Grande	Mucuro. Puro.
Gritar	Cúa.
Grosso	Uacúra.
Guardar	Vica.
Guerra	Condo.

H

Hoje	Réro.
Hombros	Mapê-ua.
Homem	Mamuna.
Homem amancebado	Rauão.
Homem de raça branca ou parda ...	Mozungo.
Hontem	Zuró.

I

Ilha	Sua.
Inveja	Véja.
Inverno	Mainza.
Ir	Uaenda.
Irmão	Bare.
Isso mesmo	Izobzi.

J

Joelho	Mabôndo.
Jogo	Juga.
José (nome de homem)	Zuze.
Jugo (legume)	Zama.

L

Ladrão	Báva.
Lamber	Angutu.
Largar	Réca.
Lavar	Câfúra.
Leão	Pondóro.
Lebre	Suro.
Leite	Mocáca.
Leito	Catadó (palavra indiatica).
Lembrar	Dinála, ou Cumbuca.
Leva rumor	Ó réva-réva.
Levar	Tacúra,
Leve, sem peso	Darúra.
Limpar	Pecuta.
Lingua	Lelime.
Livre, ou liberto	Furro.
Longe	Palávi.
Lua	Mueze.

M

Macaco	Coro.
Machado	Bázo.

Madrugada	Cúachéna.
Mãe	Mama.
Magro	Uonda.
Maior	Mucuro Puro.
Mais	Temiza.
Mal	Uadalpa.
Mama	Mabeli.
Mandar	Uatúma.
Mão	Manja.
Mão de pilão	Mussi.
Marfim (toda a qualidade de pontas)	Minhanga.
Massa (pão cafrial)	Sima
Matar	Cupa, ou Báia.
Matto	Metungo.
Mau	Udalpa.
Medir	Pima.
Medo	Gópa.
Meia-noite	Pacatepar ussizo.
Mel	Uxe.
Menor	Pangono.
Menos	Pangura.
Mentira	Cúnama.
Mentiroso	Magunca, ou Bóza.
Metter, dentro (para)	Paquira.
Meu	Ango.
Meu amo	Buiá.
Milho	Mapira.
Milho grosso, ou de Guiné	Macáca.
Misturar	Sequetiza.
Moer	Péia.
Mole	Feva.
Molhar	Tota.
Morrer	Uáfa.
Moscas	Chenge.
Mosquito	Buibidue.
Mostrar	Lenga.
Motim	Révaréva.
Muito	Bseninge.
Mulher	Mucázi.
Mulher amancebada	Rancáia.
Mulher de raça branca	Dona.
Mulher mulata ou parda	Senhára.
Mulher preta livre amancebada	Nhânhe.

N

Nadegas	Matácu.
Não	Ahi-ahi.
Não conhecer	Senaziva.
Não poder	Daúmariza-nái.
Não quero	Daçana, ou Dinhônho.
Não saber	Senaziva.
Não ter	Apâna.

Nariz	Puno.
Nascer	Uaméra.
Nascer do sol	Choca-Zua.
Negar	Aconda.
Noite	Ussico.
Noite clara	Cuchena.
Nosso	Atum.
Novo.........................	Ipsa, ou Xipsa.
Nuvem	Tambo.

O

Offender	Daparamura.
Olhos	Másso.
Onde vae?	Uaenda-cupe?
O pôr do sol.	Uadóca Zua, ou Zua Xó.
O que quer?	Ningi, ou Bzinhe.
O que quer por isso?.........	Unifunange.
Orelhas......................	Macúto.
Ossos........................	Fupa.
Ourina	Metundo.
Ourinar......................	Tunda.
Ouro	Darâma.
Outro	Inango.
Ouvir	Obziva.
Ovos	Mazaí.

P

Padre (ecclesiastico)	Cacisse.
Pae..........................	Bába.
Pagar	Préca.
Palha	Ussua.
Palito	Mute a manu.
Panela	Calango.
Panno tecido (qualquer)	Guó.
Papel	Crata.
Parar	Emira.
Parir........................	Uabára.
Passar.......................	Pita
Patos........................	Marráta.
Pau..........................	Miti.
Peça (bôca de fogo)	Mezinga.
Pedaço	Chipande.
Pedir........................	Pumpa.
Pedra de moer	Púo.
Pedras.......................	Mencala.
Pegue	Pato.
Peito	Combe.
Peixe	Somba.
Pelle	Pârâme.
Pendurar.....................	Manica.

Penna	Manteuga.
Pequeno	Pangono.
Percevejo	Sequize.
Perder	Utáia.
Perdiz	Chicuáre.
Perguntar	Vunza.
Pernas	Múendo.
Perto	Fupi.
Pés	Minhendo.
Pescoço	Cóssi.
Pesar	Daréméra.
Pilão	Banda.
Pintar	Nemba, ou Namaxára.
Piolho	Saváva.
Pleito, questão	Milando.
Polvora	Ungá.
Pombe (bebida de milho fermentada)	Bádua.
Pombos	Gangaíva.
Pôr	Tira.
Porco	Incumba.
Pôr direito (parallelo)	Lungama.
Porta	Messua.
Pouco	Pangôno.
Povoação	Muzi.
Praia	Goombe.
Prenhe	Adacúta, ou Anamimba.
Preto (côr)	Ocupcipa.
Principiar	Atôma.
Pulga	Uvavani.

Q

Quebrar	Tióra.
Queimar	Dápsa.
Queixar	Quaqutra
Quente	Datenta.
Querer	Funa.
Quizumba (fera)	Tica.

R

Raiz	Mizi.
Rapar	Pára.
Rapaz adulto	Bixo.
Rapaz não adulto	Muana.
Rasgar	Parúra.
Rato	Macóso.
Rebentar	Dapuquira.
Receber	Tambira.
Rede	Uconde.
Remar	Chápa.
Remos	Gombo.

Repartir .... Pambura, ou Gáva.
Responder..................... Tavira.
Rijo .... Uauma.
Rir .... Séca.
Rôla .... Giva.
Rosto .... Cópe.

S

Saber......................... Dáziva.
Sacudir....................... Concumura.
Saír.......................... Chóca.
Sal .... Munho.
Sangue .... Murôpa.
Sanguesuga.................... Sunguno.
Saude .... Móio.
Sede .... Nhóta.
Segurar....................... Sunga.
Semear .... Cábzára.
Serviço (occupação) .... Bássa.
Seu .... Anum.
Sim .... Inde.
Só .... Eca.
Sógra......................... Mábzála.
Sogro .... Tátábzála.
Sol .... Zua.
Somno......................... Turo.
Sonho .... Róta.
Subir......................... Quira.
Suspender .... Sangica.

T

Tabaco .... Fódea.
Tamarineiro (arvore e a sua fructa) Ussica.
Tapar .... Guanira.
Ter .... Eripó.
Terra .... Mataca.
Testa......................... Cúma.
Teto (e toda a cobertura da casa)... Sombreiro.
Tigre......................... Nharugué.
Tirar......................... Chóssa.
Tocar a rebate .... Inban-condo.
Tocar (instrumento) .... Riza.
Tolo .... Uapussa.
Tomar......................... Tambira.
Torcer........................ Riza.
Tóssir .... Chifúa.
Travesseiro .... Samiro.
Trazer........................ Zana-aú.
Tripas .... Buió.

Trocar...................... | Sinta.
Trovão .... | Murungo.

U

Unha...................... | Chára.

V

Vae...................... | Simuca.
Valha-me Deus .... | Boianga-a-Murungo.
Varrer...................... | Chipsaira.
Vasar .... | Cutura.
Veiu? .... | Bueré?
Velho .... | Caramba.
Vende? .... | Maronda?
Vender .... | Ugurissa.
Venha .... | Buéra.
Verão .... | Cherimo.
Verde (côr) .... | Massambadimo.
Vergonha .... | Manhazo.
Vestir .... | Válla.
Vida .... | Penia.
Voar .... | Bruca.
Voltar .... | Buhéréra.

Z

Zebra .... | Bise.

As pessoas dos verbos distinguem-se só por si pela fórma seguinte:

Eu...................... Iné. | Nós...................... Ifé.
Tu...................... Iué. | Vós...................... Imué.
Elle .... Ié. | Elles .... Ii.

Mas quando se falla, já estes pronomes se não distinguem nos verbos, como por exemplo:

Eu quero...................... Unifuna.
Tu queres .... Funa.
Elle quer .... Ufuna.
Nós queremos................... Ufuna-ife.
Vós quereis................... Ufuna imue.
Elles querem................... Unifuna.

Vou...................... Dinienda.
Vae .... Dócó.
Vamo-nos .... Tiendi.
Vão-se...................... Dócóne.

Todo o nome precedido de *che* é angmentativo, como por exemplo : um pau grande — Che-muti ; um homem grande — Che-mamuna.

Todo aquelle que é precedido de *ca* é diminutivo, como por exemplo : uma mulher pequena — Ca-mucaze ; um peixe pequeno — Ca-somba.

Estes cafres usam muito de acenos, e têem maneiras de se expressarem por elles de fórma que se não podem escrever.

Por exemplo : Querendo mencionar qualquer objecto que vae fugindo ou desapparecendo, dirigem a vista para elle, estendem o braço direito para o logar onde elle estava, e dando estalos com os dedos pollegar e index, acompanham com a bôca em um som agudo o monosyllabo repetido = Gúió = Gúió = Gúió. =

Quando querem dizer que ao sol posto chegaram a um logar designado, ou que lhes aconteceu tal caso, dizem = Zua-Chó = acompanhando esta ultima palavra com uma passagem da palma da mão pela bôca.

Para indicar a hora do dia, fazem um gesto, apontando para a altura do sol.

Usam ainda de outros sons e accionados, pelos quaes se entendem, mas que não é possivel descrever, e que sómente a pratica póde fazer comprehender.

Parece-me que seria muito difficil reduzir esta linguagem a regras grammaticaes.

Estes cafres não pronunciam os artigos, nem distinguem o numero plural do singular senão pelo sentido da phrase ; por exemplo : uma embarcação — Garáua ; embarcações — Garáua.

O José já foi?..................	Zuze uaenda?
Sim......................	Inde.
Foi por terra ou embarcado?.....	Uaenda mo garáua? ou Uaenda pansi?
Foi embarcado..............	Uaenda mo gáráua.
As embarcações chegaram..........	Garáua uáza.
Vem gente	Amiza vantum.
Que gente é?..................	Vantum ane?
Um homem....	Mamuna umoze.
Muitos homens..................	Mamuna bzeninge.
Uma mulher..............	Mucaze umoze.
Muitas mulheres	Mucaze bzeninge.
D'onde vens?..................	Abuhera cupe?
Venho de casa	Abuhera nhumba.
Venho do rio	Abuhera mo gombe.
Venho da outra margem	Abuhera mo lambo.
Leva o cacete..............	Tucura gronombo.
Põe-no em cima d'aquella pedra ...	Tira pa zuro pa miara (ou miniala).
Põe a toalha na mesa	Tira guó pa meza.
Traze garfos.............	Zana garúfo.
Traze facas..................	Zana chisso.
Traze o pau	Zana muti.

Maneira de contar dos cafres das visinhanças de Tete, a qual é quasi geral em toda esta parte da Africa, com pequenas modificações entre alguns povos, que, comtudo, são entendidas por todos.

1 — Posse.	3 — Tato.
2 — Pire.	4 — Nái.

5 — Cháno.
6 — Tantáto.
7 — Chinómue.
8 — Sére.
9 — Femba.
10 — Cume.
11 — Cume na moze.
12 — Cume na zivire.
13 — Cume na tálo.
14 — Cume na zináî.
15 — Cume na zicháno.
16 — Cume na tantáto.
17 — Cume na nômue.
18 — Cume na zisére.
19 — Cume na zifemba.
20 — Macume a vire.
21 — Macume a vire na moze.
22 — Macume a vire na zivire.
23 — Macume a vire na zitáto.
24 — Macume a vire na zináî.
25 — Macume a vire na zichano.
26 — Macume a vire na zitantáto.
27 — Macume a vire na zinomue.
28 — Macume a vire na zisére.

29 — Macume a vire na femba.
30 — Macume a láto.
40 — Macume a nái.
50 — Macume a cháno.
60 — Macume a tantáto.
70 — Macume a nómue.
80 — Macume a sére.
90 — Macume a femba.
100 — Zana.
104 — Zana na zinai.
120 — Zana na macume a vire.
138 — Zana na macume a tato na zisére.
200 — Zana ma vire.
300 — Zana ma tato.
400 — Zana ma nái.
500 — Zana ma cháno.
600 — Zana ma tantáto.
700 — Zana ma nómue.
800 — Zana ma sére.
900 — Zana ma femba.
1:000 — Zana ma cume.
1:100 — Zana ma cume na zana umose.

Usam, pois, estes cafres, nas suas contas, de um systema decimal. Cada dezena é contada separadamente, e a ella juntam as unidades que a excedem. Raras vezes contam mil.

Exemplos: Para designar o numero 15, contam primeiro até 10, Cume; e depois de 1 até 5, Chano; e dizem: Cume na zichano, isto é, dez e cinco. Juntam tambem a syllaba zí a algumas das unidades.

17 — Cume na nómue	Dez e sete.
30 — Macume a tato	Dez vezes tres.
60 — Macume a tantato	Dez vezes seis.
97 — Macume a femba na zinómue	Dez vezes nove e sete.
100 — Zana	Cem.
200 — Zana ma vire	Cem duas vezes.
264 — Zana ma vire na macume a tantáto na zinái.......	Cem duas vezes, e dez seis vezes, e quatro.

Quando precisam levar comsigo a conta, fazem golpes na ponta de um pau, ou fazem nós em uma corda, que guardam para apresentar. Cada golpe ou nó representa uma dezena, e as unidades são tambem representadas por golpes ou nós feitos no outro extremo do pau ou da corda. — Se a conta contém centenas, são estas designadas pelos golpes ou nós de um dos extremos, e as dezenas pelos do outro.

APPENDICE IV.

Vocabulario de alguns termos das linguas Muiza e Messilla, que são entendidos desde as terras dos Chévas até ao Cazembe.

A

PORTUGUEZ.	CAFRIAL.
Abrir.	Fungúlla.
Acabar	Apúa.
Accender	Ácia.
Achar	Quavissunga.
Agua	Emenda.
Ahi mesmo	Pencápa.
Ámanhã	Maíro.
Amigo	Muanance.
Animal (fera)	Filuani.
Anno	Muáca.
Apagar	Timia.
Aquillo	Filia.
Assentar-se	Cálla.
Assim mesmo	Fenquífio, ou Lecósso.
Atraz	Cunuma.

B

Barba	Muevo.
Barrar	Culua.
Barriga	Munda.
Batatas	Chumbo.
Bexigas (doença)	Peleme.
Bôcca	Pacanua.
Bois	Gombe.
Bom	Uéme.
Braços	N. abôco.

Branco .... | Acutóca.
Bufalo .... | Imbôbo.

C

Cabeça .... | Mutue.
Cabellos .... | Mecisse.
Cabrito .... | Impembe.
Cadeira .... | Utanda.
Calcanhar .... | Cachincillo.
Cale-se .... | Selica.
Caminho .... | Zilla.
Cançar .... | Cunáca.
Canella .... | Miconso.
Cão .... | Cábua.
Carne .... | Inama.
Carneiro .... | Mucôco.
Caza .... | Ganda.
Casar .... | Cupua.
Chamar .... | Muhita.
Cheio .... | Fiáéssula.
Cobra .... | Inzóca.
Cobre .... | Cua.
Coçar .... | Cáfuena.
Com effeito .... | Cansi.
Comer .... | Alia.
Comprar .... | Sita.
Comprido .... | Mutáli.
Comprimento (saudação) ..... | Ulongó.
Contar .... | Pendene.
Cópos .... | Lessumo.
Corda .... | Zize.
Corpo .... | Muile.
Coser .... | Cussóca.
Cosinhar .... | Cuipica.
Curto .... | Muisse.

D

Dar .... | Sipa.
Descer .... | Cutentemuca.
Deixar .... | Leca.
Dê-me .... | Nipe.
Depressa .... | Uangluca, ou Suapálla.
Despedir .... | Cutumbucia
Deus .... | Pambe, ou Lêza.
Devagar .... | Bunquebenque.
Diante .... | Cuntanzi.
Dizer .... | Nibule.
Depois d'ámanhã .... | Mulôndo.
Dores .... | Uissáça.
Dormir .... | Cólálla.

E

Elephante	Jôu.
Em baixo	Pansi.
Em cima	Pêúlo.
Encarnada (côr)	Acutida.
Enchada	Lucásso.
Encher	Zuziene.
Encontrar	Vácumana.
Entrar	Inguila.
Enxugar	Filcumile.
Escolher	Sancula.
Esconder	Fissa.
Escravo	Muzia.
Esfregar	Cussumuna.
Espelho	Chitalilo.
Esperar	Pembela, ou Linda.
Espingarda	Puto.
Espinho	Mungua.
Estar acordado	Acólála.

F

Fallar	Sóça.
Farinha	Unga.
Feder	Uca.
Feijão	Incunde.
Ferro	Ulenge.
Fino	Canixe.
Fogo	Mulilo.
Fome	Zalla.
Fóra	Cuissonde.
Formigas	Unhenene.
Fraco	Távalicóza-mufisso.
Frasco	Muimplêto.
Fugir	Fiuca.

G

Gallinha	Incôco.
Gordo	Uaina.
Grande	Mucúlu.
Grosso	Ficúlo.
Guerra	Vita.

H

Hoje	Lello.
Homem	Manalume, ou Mucancála.
Hontem	Zúló.

I

Ir .... | Uáia, ou Muália.

J

Jugo (legume) .... | Catóio.

L

Lagartixa .... | Malenguélua.
Largar .... | Léca.
Lavar .... | Sanfia.
Leão .... | C lâmo.
Levar .... | Tuála.
Lingoa .... | Lulime.
Longe .... | Patáti.
Lua .... | Gondo.

M

Machado. .... | Catêmo.
Magro .... | Uálionda.
Mandar. .... | Mutume.
Mão de pilão .... | Muinse.
Mãos .... | Chicassálla.
Marfim .... | Jôvo.
Massa (pão cafrial) .... | Buáli.
Matar .... | Muipáia.
Matto .... | Panga.
Mau .... | Uaiña.
Mendobim .... | Isuama.
Menstruação .... | Cumazembe, ou Cumuáca.
Milho .... | Massaca.
Milho grosso ou de Guiné .... | Cunga, ou Cavaca, ou Matáva.
Milho painço .... | Lupondo.
Missanga .... | Tunseco.
Moer .... | Cupélla.
Molhar. .... | Caombanamenda.
Moscas .... | Valunci.
Mosquitos. .... | Tubuibué.
Mostrar .... | Nilangue.
Muito .... | Finge.
Mulher .... | Manacazi.

N

Não ha .... | Tátuquale.
Não presta................. | Chinangua.

Não querer	Sicófáia.
Não saber	Tachizicúisiva.
Não ter......................	Tapáli.
Nariz ., ...	Miôna.
Náxemim (grão)	Catiai.
Novo	Chácapua.

O

Olhos.........................	Menço.
O que quer?	Chindacófáia ?
Orelhas	Mátuê.
Ouvir........................	Onfúa.
Ovos	Matêta.

P

Palha	Chane.
Panella	Nongo.
Panella de carregar agua ./	Muloudo.
Panella pequena	Insápa.
Parar.......................	Emelila.
Passar	Inguila.
Pau	Chiti.
Pedir.......................	Lomba.
Pedra de moer	Libueluacupélla.
Pedras......................	Mábue.
Pegue.......................	Muícáte, ou Muquale.
Peixe	Maçávi.
Pelle	Impápa.
Perder	Tóa.
Pernas	Matanta.
Pescoço	Mucósi.
Pilão	Chino.
Pilar	Utua.
Pôr	Póza.
Porco.......................	Chibondo.
Porta.......................	Muliango.
Pouco	Finine.
Povoação ..., ,...............	Mui.
Prato.......................	Chicampuilo.
Preto (côr)	Acufita.

Q

Que diz?....................	Chindocolavila?
Quente......................	Dapía.
Querer..... ,...............	Cópáia.
Quissáve (conduto)	Munani.
Quitnndo (cesto)	Impulpo.
Quizumba (fera)	Chimbue.

R

Rapaz adulto	Songualume.
Rapaz não adulto	Muanixe.
Receber	Póqué.
Rijo	Uacóssa.
Rotim indigena	Camâma.

S

Saber	Uáissiva.
Saír	Fuma.
Sal	Mungua.
Serviço (occupação)	Melimo.
Solla do pé	Lucóssa.
Sombreiro (chapéo de sol)	Chisêche.
Subir	Cunina.

T

Tabaco	Fuanca.
Ter	Épófile.
Terra	Maloua.
Testa	Chilunge.
Tigre	Chissumpa.
Tirar	Fumica.
Tocar instrumento	Cólisia.
Tolo	Uápunama.
Trazer	Lêta.

V

Vá	Cávié.
Varrer	Pianga.
Vazar	Tamuli.
Velho	Chacóta.
Vender	Sita.
Vida	Muéio.
Vir, ou venha	Issa.

A maneira de contar é a mesma que na lingoa do districto da villa de Tete e no Marave, etc.

Todos os povos cafres usam da mesma fórma de accionados para se fazerem entender.

Não têem declinação de nomes, nem conjugação de verbos.

Quem conhece esta lingoa póde transitar desde o territorio Marave para os vastissimos sertões do Norte, e fazer-se entender pelos povos que os habitam.

NOTA DO EDITOR.

Tendo-se feito a comparação dos termos que contêem os dois precedentes vocabularios com os correspondentes dos diccionarios, impressos em Lisboa, das linguas Bunda e Congueza, as quaes são falladas em Angola, no Congo e outros vastos paizes da Africa occidental, acharam-se tão poucas relações entre elles, que apenas foi possivel formar a pequena collecção que adiante vae transcripta. Sendo, porém, digno de notar-se que esta falta de affinidades é menor entre as palavras que dizem respeito á numeração, como se poderá observar na taboada que se acha no fim d'esta nota.

COLLECÇÃO DE ALGUNS TERMOS DAS LINGUAS ABAIXO DESIGNADAS.

PORTUGUEZ	TETE	MUIZA	CONGUEZ	BUNDO
Abrir.	Fungura.	Fungúla.	Jugúla.	Cagiucula.
Agua.	—	Emenda.	—	Menha.
Bôca.	—	Pacanua.	Munda.	Macanu.
Braços.	—	Mabôco.	Côco.	Mácu.
Cabeça	—	Mutue.	Ntu.	Mútue.
Caminho.	Gira.	Zilla.	Ngilla.	Ngilla.
Deus.	Murungo.	Pâmbe.	Zambi-ampungu.	Zambi.
Elephante.	Zou.	Jou.	Nzau.	* Huta.
Espingarda.	Futi.	Puto.	Tampútu.	Cusóla.
Escolher.	Sancura.	Sancula.	Sola.	—
Escravo.	Muzacazi.	Muzia.	Moái.	Móna.
Filho.	Muana.	—	Mofúna.	Nzalla.
Fome.	Iára.	Zalla.	Nzala.	—
Gallinha.	Cuco.	Incôco.	Nsussu.	Ita.
Guerra.	Vica.	Vita.	Vita.	Ririmi.
Lingua.	Lelime.	Lulime.	Ludíme.	—
Lua.	—	Gondo.	Gonde.	—
Mãe.	Mãma.	—	—	Máma.
Milho.	Mucaca.	Massaca.	—	Massa.
Orelhas.	Macuto.	Matue.	Mátu.	Mátui.
Potentado.	—	Mambo.	—	Ndembo.
Sacerdote ou adivinho.	Ganga.	Ganga.	—	Nganga, Jinganga.
Tabaco.	—	Fuanca.	Tabaco, Fumu.	—

Na lingua bunda a particula *Ca* significa diminutivo, e *Quinine* augmentativo: assim Ca-mona significa filho pequeno; e Rihia-quinéne, homem grande.
* H aspirado.

TABOADA DE NUMEROS.

NUMEROS	CONGUEZ	BUNDO
1	Móchi.	Móchi.
2	Sóle.	Yári.
3	Tátu.	Tátu.
4	Máia.	Uána.
5	Tánu.	Tanu.
6	Samánu.	Samanu.
7	Samboári.	Samboári.
8	Nane.	Náqui.
9	Eôua.	Yvua.
10	Cumi.	Cunhi.
20	Macu móle.	Macunhi maiári.
30	Macu matátu.	Macunhi matátu.
40	Macu máia.	Macunhi mauána.
50	Macu matánu.	Macunhi matánu.
60	Macu masamánu.	Macunhi masamánu.
70	Loe Samboári loencáma	Macunhi masamboári.
80	Lo náne lancáma.	Macunhi náqui.
90	Lo eôua lancáma.	Macunhi ivua.
100	Ncáma.	* H'áma.
200	Ncáma sóle.	H'áma luiári:
300	Ncáma tátu.	H'áma lutátu.
400	Ncáma máia.	H'áma luána.
500	Ncáma tánu.	H'áma lutánu.
600	Ncáma samánu.	H'áma samánu.
700	Lusamboari quianculági	H'áma samboári.
800	Lunáne quianculági:	H'áma náqui.
900	Loeôua quianculági.	H'áma ivúa.
1:000	Lunculagi.	H'ulucági.
2:000	Ncúla sóle.	H'ulucági aiári.

* A aspirado

APPENDICE V.

Noticias varias sobre a Africa Austral. [1]

I.

ESCOLHA DO CAMINHO ENTRE AS DUAS COSTAS.

O auctor indica no fim do seu Diario, paginas 449 e 450, o modo que julga mais apropriado para se effectuar a communicação entre as duas costas maritimas africanas do dominio portuguez. Ha, porém, a accrescentar ao que elle diz; que, quando se intente a descoberta de novos caminhos por onde se possam corresponder as duas provincias de Moçambique e Angola, deverá prestar-se muita attenção aos resultados, que já se acham publicados, das descobertas feitas n'estes ultimos annos por varios viajantes que, partindo do Cabo de Boa Esperança, têem caminhado para o norte e explorado o paiz na distancia de muitos graus de latitude d'esta colonia, reconhecendo o lago Ngami e varios rios consideraveis, alguns dos quaes são indicados como affluentes do Zambéze: circumstancia esta que, attendendo á posição dos paizes em que foram observados correr os mencionados

---

[1] Ao Editor pareceu conveniente juntar ao Diario este Appendice.

31

rios, se considera ainda duvidosa. E tambem convirá ter em vista as descobertas feitas recentemente nos sertões de Angola, de Benguella e de Mossâmedes.

No estado presente dos conhecimentos geographicos d'estas regiões, parece que, pretendendo-se tentar a passagem da costa oriental para a occidental, o mais acertado seria que os descobridores partissem do districto de Tete, entre 15 e 16° de lat. sul, e que subindo o Zambéze até Zumbo, e d'ahi até onde fosse possivel navegar, procurassem aproveitar as aguas de algum dos rios que correm para o Zambéze, ou que d'elle se aproximam, e que parecesse terem as suas fontes ao Noroeste do Zumbo: e que, quando não podessem continuar a navegar, seguissem caminho por terra para o occidente pelos paizes situados entre 16 e 12° de latitude, de modo que entrassem na provincia de Angola por algum dos territorios das jurisdicções de Mossâmedes ou de Benguella. E talvez que, na sua marcha, podessem reconhecer o curso do grande rio Liambege, ou o do Cubango ou do Cunene, o que seria muito interessante para o adiantamento dos conhecimentos geographicos.

II.

COMMERCIO DO CAZEMBE COM MOÇAMBIQUE E COM ANGOLA. NOTICIAS RELATIVAS A LUNDA.

Entre o Cazembe e a villa de Tete, na provincia de Moçambique, tem havido, desde longo tempo, mas com interrupções, algumas relações commerciaes, apresentando-se em Tete mercadores de Lunda, e n'esta cidade gente de Rios de Sena.

Entre Lunda e Cassange, na provincia de Angola, existe, desde muitos annos, um commercio activo; sendo muitos dos generos que saem do porto de Loanda os mesmos que em Cassange foram vendidos pelos Lundas.

Assim, os Lundas têem communicação com as ditas provincias portuguezas da Africa oriental e occidental. E se bem que, até ao presente, esta communicação tenha sido quasi inutil para os europeus, pois que é como excepção que se nota a existencia em Loanda de um portuguez da Europa, que affirma haver regressado ha pouco tempo de Lunda, onde residíra durante um anno; comtudo deve merecer toda a attenção para que se torne mais frequentada, parecendo possivel aproveita-la dentro de pouco tempo, se se souber tirar partido das occorrencias seguintes:

O Jága Cassange, vassallo da corôa de Portugal, querendo conservar para a sua gente o monopolio do commercio do interior, impedia que os Lundas tratassem directamente com os brancos feirantes, ou mercadores de Loanda, que íam commerciar, ou que tinham os seus armazens em Cassange.

Havendo o Jága reinante em 1850, D. Pascoal, praticado alguns actos dignos de castigo, mandou o governador geral d'Angola marchar, do presidio de Pungo-Andongo, sobre Cassange uma força de cinco mil homens; a qual, tendo batido a gente do Jága, e penetrado até á margem do rio Quango, que é o Zaire, ou um grande affluente seu, e que é o limite de Cassange, fez fugir o rebelde para o Quembo, paiz situado na margem direita d'este rio.

E havendo o major Ferreira, commandante da força, deposto o dito D. Pascoal, e feito eleger, segundo o estylo, outro Jága para o substituir, retirou-se, deixando tudo em socego, o qual só por curto espaço de tempo foi perturbado pelo expulso potentado, que, por este motivo, soffreu nova e total derrota, ficando o novo Jága D. Fernando no pacifico exercicio do governo.

O mesmo commandante, estando em 1852, no logar da feira de Cassange, recebeu aviso de que além do Quango, que d'alli dista tres dias de jornada, se achavam uns embaixadores que a elle mandava o Muata Hianvo, da Lunda, e que pediam licença para se lhe apresentarem.

Concedida esta, vieram. E o commandante, acompanhado do novo Jága, o qual se achava vestido com o uniforme de official portuguez, e achando-se as tropas em parada, recebeu os enviados com salvas de tres peças de artilheria, o que muito os espantou, porque nunca tinham visto canhões nem ouvido o estrondo dos seus tiros.

Depois de fazerem as suas saudações ao commandante, os enviados disseram:

«Que o Muata Hianvo, tendo noticia de que elle commandante havia entrado com um exercito em Cassange e deposto o antigo Jága, determinára mandar os seus embaixadores para o cumprimentarem da sua parte, e para lhe proporem que se mantivésse boa amizade entre os portuguezes e os Lundas; e para pedirem que as auctoridades portuguezas dessem aos Lundas, que viessem commerciar a Cassange, toda a segurança para elles e para as suas mercadorias.»

O commandante, depois de agradecer e retribuir os cumprimentos, respondeu aos enviados em nome do governador geral de Angola:

«Que este queria que existisse amizadè perfeita entre os portuguezes e o Muata Hianvo, e que assegurava completa segurança aos Lundas que entrassem em Angola para commerciar, e que elles podiam, d'aquelle dia em diante, ir, não sómente a Cassange, mas a Loanda, ou a qualquer outro logar do territorio portuguez.»

E havendo depois o mesmo commandante dado aos enviados uma carta sua e alguns presentes para o Muata, entre os quaes se comprehendia uma caixa de musica, que haviam admirado, e varios objectos para elles mesmos: despediram-se, mostrando-se muito satisfeitos, e dizendo que voltariam no anno seguinte.

Esta communicação directa entre Lunda e Loanda, e Lunda e Tete, poderá talvez para o futùro servir para facilitar a communicação regular entre Angola e Moçambique. Já em 1853 os feirantes, ou commerciantes europeus, estabelecidos em Cassange, despacharam para Lunda aviados, isto é, agentes commerciaes seus, com fazendas.

Quanto ao titulo d'aquelle potentado, o major Salles Ferreira chama-lhe Mathianvo; e o major Gamitto, no seu Diario (paginas 370), diz: «Que os palacianos de Lunda, dão ao Mambo, por lisonja, de que elle gosta, o titulo de Muatianfa;» e a paginas 413, referindo que o Cazembe rendia uma sorte de vassallagem d'etiqueta ao Muatianfa, ou

Muata Hianvo, ou Muata Yambo, accrescenta: «E eu não questiono sobre o modo de pronunciar este nome, porque póde ser que o erro proceda da minha parte.»

Será bom, entretanto, recordar que o auctor do Diario, escrevendo em Lunda, diz o seguinte: «Como nos consta que está para saír para os dominios do Muatianfa ou Murôpue, o enviado que aqui mandou, e que aquelle potentado não dista muito das possessões portuguezas da Africa occidental, e que continuamente vão á sua côrte mercadores d'aquellas partes, assentámos em escrever ao general d'Angola.»

Ora, a carta que então foi escripta, parece ter ficado em Lunda desde 1832, sendo recebida em Loanda sómente em 1839. E como, o potentado de Lunda estende os seus dominios até á fronteira dos regulos vassallos de Portugal, que habitam na margem direita do rio Quango, parece provavel que as terras do Murôpue, ou primeiro Muata Hianvo, ficam a NE. d'Angola.

O mesmo major Ferreira diz, que dos embaixadores do Muata Hianvo, aos quaes dá a denominação de Caquatas, e de varios pretos Cassanges, que residiam em 1853 com elle major, obtivera as noticias seguintes:

Que em Lunda se recebem, para negocio, fazendas vindas de Tete.

Que o Muata Hianvo é muito poderoso, e que d'elle são tributarios todos os regulos do Loval ou Lubal.

Que ha um outro grande potentado inimigo do Muata Hianvo, o qual não tem podido ser vencido por este, por habitar em posição muito forte e ter a sua grande Quimbaca (povoação fortificada com estacada) cercada por um fosso.

Que a Banza (povoação capital) do Muata Hianvo fica a leste de Cassange.

Que os rios principaes, além de muitos outros que ha a passar, indo d'este ultimo logar para Lunda, são: o Quango, o Luachamo, Lombe, Quizemba, Luhi, Lueze e o Lulua, que é o ultimo.

Que lhe parece que alguns d'estes denominados rios são

grandes lagoas, porque o informaram serem de aguas sem corrente, e terem estas muitas plantas.

Que o caminho desde o rio Quango até Lunda é quasi todo plano, havendo mui poucas montanhas.

Que se encontram muitas mattas.

Que o paiz por onde se passa é muito povoado e abundante em mantimentos e gados.

Que passando em Cassange o rio Quango, entra-se nas terras do Soba Capenda-Camulemba, vassallo de Portugal, o qual tem o titulo, dado pelo governador geral d'Angola, de capitão-mór dos portos do Quango. Estas terras são no Chinge. E que desde a Libata do Capenda até á do Soba Manzáza ha seis dias de marcha.

Que o Soba Manzáza é, n'esta região, o primeiro subdito do Muata Hianvo que se encontra, e que da sua Libata á Banza de Lunda se gastam quarenta e cinco dias na jornada.

Assim, as fronteiras dos dominios do Muata chegam ás dos territorios portuguezes da Africa occidental.

Para que se combinem estas informações com as que dá o major Gamitto, recordar-se-ha aqui que este diz: «Que tinha colhido, que de Lunda ao rio Lualáo, limite do Cazembe e do Murôpue, ha um mez de viagem; e do Lualáo á côrte do grande potentado, dito Muatianfa ou Murôpue, a quem o Muata Cazembe rende vassallagem, são dois mezes; que os Cazembes chamam Angola aos dominios do Murôpue: e que d'alli para diante não tinha mais noticias, dizendo-se apenas que até ás terras portuguezas havia dois potentados: o primeiro, limitrophe do Murôpue, chamado Muenenputo, e o immediato Mossungo Congo. E que aos estados do Murôpue íam commerciar escravos dos Muzungos ou brancos. E tambem diz que o territorio do Cazembe é plano e cortado de rios. (Vejam-se paginas 335, 348 e 349).»

FIM.

POST SCRIPTUM.

Depois d'esta obra se achar impressa, veio á mão do editor um manuscripto assignado por J. Rodrigues Graça, datado na Banza do Matianvo, em 20 d'Outubro de 1847; que contém o Diario das viagens por elle feitas nos annos de 1843 e seguintes; de Loanda a Ambaca, ao Songo, ao Bihé, e d'alli ás terras do Matianvo.

Ainda que este manuscripto haja, provavelmente, de ser publicado no Boletim do Conselho Ultramarino, pareceu com tudo acertado imprimir aqui um curto extracto da parte que se refere á viagem desde Bihé até á Banza do Matianvo; pois que, ainda que não se achem n'elle mencionados os rumos das marchas feitas, nem por isso deixará de ser interessante a noticia das terras e dos chefes que se encontram entre aquelles dois logares, assim como o que alli se diz relativamente ao dito potentado e aos seus tributarios.

O editor teve tambem em seu poder a copia de um officio dirigido ao Governador de Benguella por Ladislau Amerigo Magyar, datado nos Gambos em 21 de Março de 1853, e julgou ser util publicar o pequeno extracto do mesmo Officio que adiante se achará.

E, attendendo ao estado de obscuridade em que ainda se acha a geographia das regiões de que tratam estes extractos, pareceu tambem acertado imprimir em seguida aos mesmos, algumas confrontações do que se encontra nas noticias dadas sobre esta parte da Africa, por Salles Ferreira, Rodrigues

Graça, Ladislau Magyar, e por Botelho de Vasconcellos, que governou Benguella no fim do ultimo seculo.

A viagem de B. I. Brochedo ás terras do Humbe e a outras, das margens do rio Cunene, com a descripção que faz d'alguns povos das margens do rio Cubango, cujo mappa deverá publicar-se com brevidade, concorrerá tambem para o adiantamento dos conhecimentos geographicos d'esta parte da Africa.

I.

DERROTA DESDE O BIHÉ ATÉ Á BANZA DO MATIANVO
FEITA EM 1846.

MEZES E DIAS	LEGOAS	LOGARES
Maio 4		Caquenba . . . . ⎫
	3	Boa-vista. . . . . ⎬ Bihé.
5	3½	Quitice . . . . . . ⎭
9	4½	Soba Lucata — Ganguellas.
10		Calongo. . . . . . ⎫
12		Cassa Cabuebo ⎬ deserto.
13		Camochito . . . ⎭
14	7	Soba Gombe, irmão do regulo Sinde, inimigo dos Ganguellas, margem do rio Quanza. (1)
15		Porto do rio Quanza, pertencente ao dito regulo.
17	4	Soba Caconde, obedece ao Sinde.
18	4	Banza do regulo Quiengo, de nação Bunda e Ganguellas, inimigo do Sinde.
21	5	Riacho Benedica. Deserto, pantanos.
22	6	Rio Cotia, entra no Cuiba, e este no Quanza, deserto.
23	5½	Riacho Caluemba, corre para O., para o Cuiba, deserto.
24	6	Mona Cuquia, deserto.
25	4	Della Guenga, deserto, pantanos.
26	5½	Rio Muangôa, corre para o rio Cassaby.

(1) Soba, chefe de uma ou mais povoações.
Regulo, chefe mais poderoso.

MEZES E DIAS	LEGOAS	LOGARES
Maio 27	8	Camussamba, na margem do rio Muangôa, fronteira do Quiôco.
28	5 ½	Cassango, a tres legoas da Banza do regulo Canhica-Catembo, no Quiôco.
30	4 ½	Bossohi, regulo Muana-Angana, sobrinho do Canhica-Catembo.
31	3 ½	Muana-Angana, irmã do dito regulo.
Junho 1	6	Muata Macuto. Paiz esteril.
2	6	Riacho Lumegi. Mattos altos.
3	5 ½	Luachi, Sobeta (1) do Muana-Angana Donge, paiz montanhoso.
4	3	Regulo Moma; na margem do rio. Montanhas
5	4 ½	Muquinda, sitio na margem de um riacho que corre para o Luague. Montes.
6	5	Massange, sitio plano. Pantanos.
7	4 ½	Lussagi, sitio plano.
8	5	Margem do rio Loangrico que entra no Cassaby. Planicies.
		Quissano, terra plana. Pertence ao Donge.
9	4	Rio Catuibᶦ. Paiz plano, esteril.
11	5	Riacho Ruli, placice fertil do regulo Canjonga.
12	6	
		Rio Luachi, do regulo Muana-Angana Tanga.
14	5	Pantanos. Fim do dominio do regulo Cabita-Catembo, que é a provincia do Quiôco, a qual está no centro das terras dos regulos Bomba, Bunda, Ohegy, Minungo, Loena e Cassaby. Clima frio: ha aqui muita cera.
		Os povos do Quiôcõ são errantes.
		Dista do Bihé doze dias de viagem.
		Rio Lueli. Planicie, deserto.
15	5	Rio Cassaby (tributario do Sena?) (2) não se póde vadear. Nasce ao N., corre em todo este territorio e no do Matianvo.
16	6 ½	
17	5 ½	Marcha pela margem d'este rio; acampamento no Mucu, perto da Banza do Muana-Angola Diaubamo, sobrinho do poderoso Catende, que vive na margem do rio. Paiz

(1) Sobeta, isto é, Soba pequeno ou subalterno.
(2) O Zambeze.

MEZES E DIAS	LEGOAS	LOGARES
		montuoso. O regulo Catende veio ao acampamento, e disse ser sujeito do Matianvo.
Junho 20	4	Marcha pela margem do Cassaby, terras do Muana-Angana Namelambo. Paiz montuoso.
21		Marcha pela margem do Cassaby, Banza do regulo Catende-Mucanzo, avó do que fica mencionado, sujeito ao Matianvo.
23	3	Marcha descendo pela margem do Cassaby. Banza do Muana-Angana Quinhama, sobrinho do Catende Mucanzo.
24	4½	Marcha pela margem do Cassaby. Riacho Cazona. Planice deserta.
25	6	Marcha com o rumo de L., ficando o rio Cassaby á esquerda. Rios Luana e Cassamba
26	4	Marcha pela margem do rio Luana, affluente do Cassaby, é caudaloso no inverno. Acampamento junto a uma habitação. Planice.
27	5	Caanu, sitio esteril. Pouco povoado.
28	5½	Riacho Cauhage: sitio do Muata Cobango. Mattos, planicies.
29	6	Riacho Hixa. Mattos: paiz deserto, esteril.
30	4	Riacho Cassamba Mattos altos, esteril.
Julho 1	4½	Sitio Quissambo. Muata do regulo Quibuica. Mattos altos, terreno plano
2	5	Marcha. Acampamento na margem do Cassaby, perto da Banza do Quibuica, sujeito ao Matianvo.
25	6	Marcha pela margem do Cassaby. Matto deserto.
26	4	Marcha pela margem do Cassaby. Acampamento junto ao porto. Passagem do rio que pertence ao regulo Sacambunge. Mattos altos, planicie esteril.
27		Passagem do Cassaby. Acampamento junto ao mesmo porto.
31	6	Marcha. Acampamento na Banza do regulo Sacambuge. Terreno plano, limpo.
Agosto 1	3	Marcha pela margem do Cassaby. Acampamento.
2		Passagem do rio. Terras do potentado Defunda.

MEZES E DIAS	LEGOAS	LOGARES
Agosto 4	5	Marcha pela margem do Cassaby. Acampamento em terras do Muana-Angana Defunda. Mattos rasteiros, planicies.
5	5	Marcha. Acampamento em terras do regulo Defunda Mattos altos, paiz, em partes pantanoso, em partes fertil, e muito povoado.
7	5	Marcha com'o rumo de L., ficando o Cassaby á direita Mattos altos, pantanos, deserto.
8	4	Marcha. Acampamento na margem de um riacho. Mattos altos fechados, deserto.
9	5 ½	Marcha. Acampamento em matto deserto.
10	6	Marcha. Acampamento em matto deserto. Terreno plano.
11	5 ½	Marcha. Acampamento em terra pertencente ao Muata Cabula-Puto. Mattos altos fechados. Paiz plano.
12	4	Marcha. Acampamento na Banza do regulo Muana-Angana Capegi, parente do Matianvo. Mattos altos, terreno com outeiros.
13	6	Marcha. Acampamento na margem do rio Lurua, que abunda em peixe de boa qualidade. Agoa salitrosa. Corre sobre rochedos, não é navegado. Terreno visinho plano e limpo.
17		Passagem do rio Lurua. Acampamento na mesma margem onde se passou.
18	6	Marcha. Acampamento nas terras do regulo Massongo, irmão do regulo Muzaza. Terreno montanhoso pela banda do rio Lurua.
19	5 ½	Marcha. Acampamento em terras do Muata Cadalla. Terreno plano, pantanoso, com varios riachos.
21	6 ½	Marcha. Acampamento na Banza do regulo Challa. Terreno plano em partes, em outras montuoso e limpo. Este regulo é poderoso. O paiz que domina é fertil e agradavel: n'elle se reunem o caudaloso rio Lurua com o Cassaby, Cabeceiras do rio Sena (Zambeze). Os povos que governa empregam-se muito na agricultura.
30	6	Marcha. Acampamento no matto visinho da povoação, terreno montanhoso. Corre aqui

MEZES E DIAS	LEGOAS	LOGARES
		o rio Quihengo, caudaloso na estação das chuvas.
Agosto 31	5	Marcha. Acampamento em terras do regulo Quissende, neto do Matianvo. Terreno com valles e riachos.
Set.^{bro} 1		Marcha. Acampamento junto á margem do rio Luiza. Paiz fertil.
2	3	Marcha. Acampamento em uma matta pertencente ao Matianvo. Terreno fertil.
3		Marcha. Acampamento na Banza, ou Quilombo, do Matianvo, onde se chegou antes do meio dia. Terreno limpo, montanhoso, cheio de grandes povoações, e grandes vargeas de palmeiras, cortado de riachos com bellas agoas; fertil em milho, feijão, farinha de mandioca, azeite de palma e de mendobim, carnes seccas de animaes silvestres.

O Matianvo disse que estava em guerra com os potentados Canhica, Canhiquinha e outros, donos de grandes terras, em que ha cobre, marfim, azeite, ferro e escravos; e que os que lhe prestam obediencia são os seguintes regulos: o grande Cazembe-Mucullo, Muzaza, Quimbundo, Catende, Qui...ama, Chinde, Canonguessa, Muxima, Mussocadanda, Muene-puto das praias, Luvar, Sacambuge, Quibôco, Cabinza, Chava-hua, Defunda, Challa, Cabo-Caconda, Muata-Mibanda, Zanvi, Cassongo, Catena-Callende, Quiria, Milondo, Massoje, Cagongi, Cha-huta, e outros muitos, todos estes grandes, que possuem muitas terras, e tem muito cobre; marfim, por lhes ficar longe, não o procuram. Os que lhe não obedecem são Canhiquinha, Mucombo-Mucullo, Muene-Calage, etc.

O Matianvo é, por assim dizer, o imperador dos outros que ficam mencionados; é poderosissimo e muito rico: em todo o seu territorio o maior commercio que hoje se faz é o de marfim, pelo haver em grande quantidade; cada um de seus potentados lhe tributa constantemente marfim, ferro, cobre, enchadas, arcos, frechas, zagaias, louça, facões, azeite de palma, viveres, criações, fazendas, pannos de palha, pelles de todas as feras, etc. etc.

Diz o viajante, que das terras do Matianvo se vai negociar a Sena (Rios de Sena).

Diz que entre o Matianvo e Sena ha um deserto de quarenta dias de viagem.

Diz que o territorio do Matianvo se acha collocado no interior e a L., ficando-lhe as terras do Cazembe a ESE. Que é cercado pelo caudaloso rio Cassaby, bem como o Lurua ou Ruru, que abunda em bom peixe. Que ha no paiz vastas campinas, e grande povoação. Que a Banza tem ruas largas, alinhadas e muito limpas, que parece um paiz civilisado.

Elle aconselha ao negociante que queira especular n'estes sertões, que tenha um sortimento completo de fazendas, e que para obter bom resultado deve estabelecer feitorias nos seguintes pontos:

1.º Muzaza: d'onde negociará com os regulos Catende, Quiôco, Luena, e todo o territorio do Cassaby; em todos estes pontos é abundante o marfim e a cera, e offerecem vantagens no mercado.

2.º Ponto. No regulo Sacambuge deve fazer feitoria, podendo despachar para as terras dos potentados Quibuica, Cauáu, Musso-Cadanda, Muxima, Quinhama, Canonguessa, Mane Defunda, etc.: todos estes logares tem marfim em grande quantidade, e offerecem vantagens.

3.º Ponto. Deve estabelecer a terceira feitoria nos dominios do rei Cazembe, este ponto é de grande vantagem, porque d'elle póde despachar para o Lubege, Lua, Luvar; toda a possessão de Cazembe é abundante em marfim, e tira-se partido.

4.º Ponto. Lurua, despachando por todos os regulos, que occupam as margens d'este rio.

5.º Ponto. Challa, optimo ponto, e tem muitos logares por onde despachar fazendas.

6.º Ponto. Matianvo.

RELAÇÃO DOS POTENTADOS VASSALLOS DO MATIANVO, E ORÇAMENTO DOS TRIBUTOS QUE ANNUALMENTE ELLES LHE PAGAM.

	RÉIS
Catende tributa marfim, escravos e fazenda.........	4:000$000
Cauáu — idem	800$000
Cabinda — idem	600$000
Quibuica — idem	2:000$000
Sinde — idem	8:000$000
Canonguessa — idem.........................	8:000$000
Quinhama — idem	8:000$000
Muxima — idem	4:000$000
Quirametondo — idem	8:000$000
Catema — idem..............................	12:000$000
Musso Candanda — idem	10:000$000
Cazembe grande — idem	8:000$000
Cazembe pequeno — idem	4:000$000
Cacoma Mulonga Libeje — idem	14:000$000
Quiaguelle — idem	12:000$000
Sacambuge — idem...........................	4:000$000
Quibundo — idem............................	2:500$000
Manzaza — idem.............................	2:500$000
Zabo-mutondo — idem	2:500$000
Cassongo — idem	12:000$000
Cabo Catenda — idem	4:000$000
Jambo — idem	4:000$000
Defunda — idem.............................	5:000$000
Defunda pequeno — idem.....................	600$000
Challa — idem	4:000$000
Mane Domingas — idem	6:000$000
Mane Quitage — idem	14:000$000
Mane Quininga — idem	8:000$000
Mutembo Mucullo — idem	8:000$000
Cauanda — idem (anthophagos)................	8:000$000
Comalage — idem............................	12:000$000
Caniquinha — idem	14:000$000
Canhoca (o poderoso)	16:000$000
Cassongo das Praias — idem (Costa Oriental)	16:000$000
Cabairundo — idem	8:000$000
Caende — idem..............................	12:000$000
	266:500$000

NOTA. — O editor conservou a orthographia com que na memoria que teve presente se acham escriptos os nomes proprios. Suspeita, entretanto, que alguns d'elles escriptos diversamente, se applicam ao mesmo objecto; por exemplo· Muzaza e Manzaza, Chinde e Sinde (na relação da pagina 494); e Cabinza e Cabiuda (na mesma relação).

Extracto de um Officio dirigido ao Governador de Benguella por Ladislau Amerigo Magyar, datado nos Gambos em 21 de Março de 1853.

Depois de uma demora de alguns mezes no Bihé, levantei para seguir na mesma direcção; e passando o caudaloso Quanza, com duas observações astronomicas determinei o manancial d'este rio, pois muito me interessava saber este ponto importante até hoje tão erradamente descripto nos mappas d'Africa.

Daqui, na direcção ENE., n'uma direcção diagonal, atravessei os dilatados reinos de Luchasi e Bunda, notei o curso de muitos rios navegaveis, como são: Vendica, Carima, Cuima, Cambale, todos elles tributarios do grande Quanza. No reino de Cariongo, mudando a direcção para E. nos dilatados e desertos mattos de Quiboque, alcancei o ponto culminante do continente africano no hemisferio do Sul; este ponto debaixo de 10° 6′ lat. S., e 21° 19′ long. E. de Greenwich, com calculo barometrico, achei-o 5,200 pés acima do nivel do mar.

Duvido que se ache um ponto mais interessante para um geographo do que este; pois que n'um pequeno perimetro de trinta a quarenta legoas quadradas, aqui tomam origem muitos rios caudalosos, deitando uns as suas agoas para O. no mar Atlantico, outros com direcção opposta no Oceano Indico; por tanto com justa razão se póde chamar o reino de Quiboque a mãe das agoas africanas no hemisferio do Sul. Aqui tomam a sua origem os rios acima mencionados: Vendica, Cuima, Carima, Cambale, o enorme e volumoso rio Cassaby, o qual no seu curso para E. divide os reinos de Lobar e Catema-Cabita do extenso imperio de Lunda, onde, depois de se unir com o rio Luloa, muda a direcção para NE., e com uma largura de uma legoa, entrega as suas agoas ao Oceano Indico, em um logar por ora desconhecido; os rios Lugebungo, Lutembo, Lumegi, Lume, Luena, Quifumage, todos caudalosos e aptos para navegação, são affluentes do grande Diambege, que supponho ser o mesmo Zambeze ou Sena, que ao pé de Quelimane entra no mar.

Na minha demora de um anno e tres mezes n'estes sertões d'Africa, onde penetrei até 4° 41' lat. S., e 25° 45' long. E. nas cabeceiras do rio Diambege; procurei obter os mais amplos conhecimentos possiveis sobre a geographia dos muitos e dilatados reinos até hoje desconhecidos, sobre a estatistica e politica dos seus povos, dos tres reinos da historia natural, e ter em ordem diaria as minhas observações meteorologicas; pois julguei não dever omittir nada que possa illustrar a geographia, até hoje desconhecida, d'estes vastos paizes.

Nas vesporas do meu regresso para Benguella, no fim do mez de Maio de 1851, appareceu-me em Chaquilembe no reino de Lunda, uma carta escripta em arabe, trazida pela minha gente, que tinha fóra na outra banda do Diambege, de uns Mouros com quem lá se encontraram; não sabendo, porém, o arabe, não pude dar solução á dita carta. Estes, depois, unindo-se á gente do Sr. major Coimbra, foram com ella até Quissembo, no reino de Bunda, onde se achava negociando o dito Sr. major, com quem, segundo consta, chegaram até Benguella; tendo tido eu antes de lá chegar uma procedencia de cinco mezes, de maneira que já me achava outra vez no interior, em o Quanhama, quando sube por uma carta particular da chegada d'elle.

III.

Confrontações.

O major Salles Ferreira, como se vê no Appense V, falla do Muata Hianvo da Lunda, e nos Lundas. O viajante Rodrigues Graça, falla sómente no Matianvo, e nunca em Lunda, nem em Lundas.

Salles Ferreira diz que ouvíra que todos os regulos do Loval ou Luvar são tributarios do Muata Hianvo. Rodrigues Graça diz que o regulo de Luvar obedece ao Matianvo.

S. Ferreira menciona o rio Lulua. R. Graça falla no rio Lurua.

S. Ferreira diz que o Soba Manzaza é subdito do Muata Hianvo, e que da sua Banza á d'este potentado ha quarenta e cinco dias de caminho. R. Graça menciona Manzaza na relação dos vassallos do Matianvo.

Gamitto diz que os Lundas chamam Angola ás terras do Murôpue. R Graça diz que em 17 de Junho de 1846 estivera na terra do Muana-Angola Diaubamo; e nem elle nem S. Ferreira mencionam o Murôpue.

Gamitto diz que o Murôpue é visinho de um potentado denominado Muenenputo. R. Graça diz que o Muenenputo das Praias obedece ao Matianvo.

R. Graça diz que o regulo Quiboco obedece ao Matianvo. Ladislau Magyar falla no reino de Quiboque onde estivera.

.R. Graça descreve o paiz do Quiôco, e diz que está a doze dias de viagem do Bihé. S. Ferreira diz que o caminho de Cassange para a Lunda é mais curto passando alli o rio Quango, atravessando o Chinge até Manzaza, e d'alli seguindo para L.; do que indo pelo caminho, antes usado, rodeando o Songo Grande e o Quiôco.

Ladislau Magyar falla no reino de Bunda. R. Graça diz que o regulo Bunda é limitrofe do Quiôco.

Ladislau Magyar falla do reino de Luchasi. R Graça falla do Sobeta (Soba subalterno) de Luachi.

Ladislau Magyar diz que o rio Cassaby se reune com o rio Lulua. R. Graça diz que o Cassaby se reune com o Lurua nas terras do regulo Challa.

Ladislau Magyar falla nos rios Lumegi e Diambege. R. Graça menciona o Lubege, sem dizer se é um paiz ou um rio.

Botelho de Vasconcellos, falla de um rio chamado Cotia que entra na margem direita do Quanza, e no rio Luena, e no Soba Quinhama, na Libata Grande do Loval, situada quasi nos limites do paiz. R. Graça falla no rio Cotia, em cuja margem estivera no dia 22 de Maio de 1846, e no rio Luana, que víra no dia 25 de Junho; e designa o regulo Quinhama como da obediencia do Matianvo.

IV.

Depois de se achar no prelo este Post Scriptum, foi recebido pelo editor d'esta obra o Boletim d'Angola de 15 d'Abril do corrente anno, e alguns numeros mais modernos do mesmo periodico, em que se tem publicado um Diario com o titulo de ══ Uma Viagem á Contra Costa ══ feita por A. F. F. da Silva Porto.

Este viajante partiu do Bihé em 20 de Novembro de 1853, seguindo o rumo de L. durante os vinte e oito dias da sua marcha de que até agora temos noticia. Ignoramos, porém, ainda qual foi o ponto da Costa Oriental a que elle chegou.

Por outro lado lê-se em uma carta do Reverendo Dr. Livingston datada em 28 de Setembro de 1853, que na povoação do chefe Sekeletu, proxima de Linyanti, no paiz do Barotze, havia encontrado dois commerciantes portuguezes, ambos vindos do Bihé, sendo um d'elles o Sr. Silva Porto, o qual, com uma grande comitiva de mulatos e pretos, havia já alguns mezes que se achava no dito paiz; onde, para segurança do seu commercio, tinha construido uma estacada, em que içára a bandeira portugueza.

O Dr. Livingston diz que recebéra d'este commerciante todos os obsequios que era possivel fazer-lhe; e que elle fôra o primeiro portuguez que víra o rio Liambege, ou Zambeze, no centro do continente.

Sahindo d'esta terra, o Dr. seguiu viagem para Angola; e tendo chegado a Cassange marchou pouco depois para Loanda. N'esta cidade imprimiu uns Appontamentos da viagem que fez desde o Cabo de Boa Esperança até alli, os quaes foram publicados no Boletim de Angola, elles dão uma noticia summamente interessante dos paizes que visitou e das principaes occorrencias que tiveram logar.

É de esperar que dentro em pouco tempo se publicará esta sua viagem: e quanto á do Sr. Silva Porto ella será provavelmente reimpressa no Boletim do Conselho Ultramarino.

NOTA ULTIMA.

Varias circumstancias impediram que fosse acabado dentro do prazo de tempo que se esperava, o mappa itenerario de Tete a Lunda; e foi esta a causa que demorou a publicação d'esta obra.

Lisboa. Dezembro de 1854.

FIM.

ERRATAS.

Pag.	Lin.	Erros	Emendas
27	11	armas, e caras	armas, e casas
47	10	borovos	Boróros
„	18	Mogoas	Mogôas
„	21	em d'elles	um d'elles
81	2	por entre o fio, e a costura	por entre o fio
85	6	baro	bázo
113	26	panno de calaim	pão de calaim
114	23	que de abreviasse	que abreviasse
115	4	na Mncanda	no Mucanda
„	20	haveriamos	haviamos
117	38	rochas visiveis	rachas visiveis
118	24	panno de calaim	pão de calaim
123	3	Chauna	Cháua
127	5	panno de calaim	pão de calaim
„	27	passa para diante	passar para diante
139	29	dá passagem	da passagem
150	27	mesmo mesmo povo	mesmo povo
151	15	vivem como os negros	vivem como os mais negros
„	19	destraida	destruida
238	29	e á cinta de panno	e á tira de couro
309	22	Cala Dòfo	Cata Dòfo
335	16	Luacáu	Lualáu
343	12	Gênna	Gúeuna
356	12	eruta	recta
363	8	sem dize	sem dizer
368	14	Cholólo	Cholóla
403	36	ou frita em massa	ou feita em massa
405	7	Parmaze	Pamaze
432	2	da Bar	do Bar
434	37	oldado	soldado
Append. I A		de duas braças	de uma braça
462	20	Abuhirn-cupe?	Abuhéra-cupe?
463	22	(Formiga) Nhereze	Nherêre
„	39	Puro	
464	2	(Ombros) Maêna	Mapêna
„	24	Caladó	Cataló
„	32	Patavi	Patari
465	4	Mucuro, puro	Mucuro
„	14	Melungo	Metengo
„	18	Pacatiparussiso	Pacatepa ussico
„	48	Daçana	Dacana

Pag.	Lin.	Erros	Emendas
466	P	(pedir) Pumpa	Pampa
"	"	(Pedra de moer) Púo	Peio
"	"	(Pedras) Mencala	Meneála
"	"	(Pague) Pato	Pata
470	28	Amira vantum	Aniza vantum
"	38	Tucura gronombo	Tucura gromondo
471	12	Cume na tantato	Cume na zitantato
"	"	Cume na nomue	Cume na zinomue
"	31	Cume na nomue	Cume na zinomue
472	3	Entendidos	Entendidas
480	38	A aspirado	H aspirado

MOFO

LUNDA Grande Lago

Merámos

Povoação do Nino Ambaza
Povoação do Fumo Mulena

Riacho Chitombo

R. LOÛNDE

Serra Chimpire

D A M B O

R. LUÊNA

D A M B O

Mii do Muanenpanda

Rio do Puè

R. GUAPULA

Serra Cundelungo

Mapa de Lurdas Inchesa

Rigato Tristanmerica

Cheva

RUZUPIRE «

Ranche Masagnue

Ranche Caleti

Rume Chimigumber

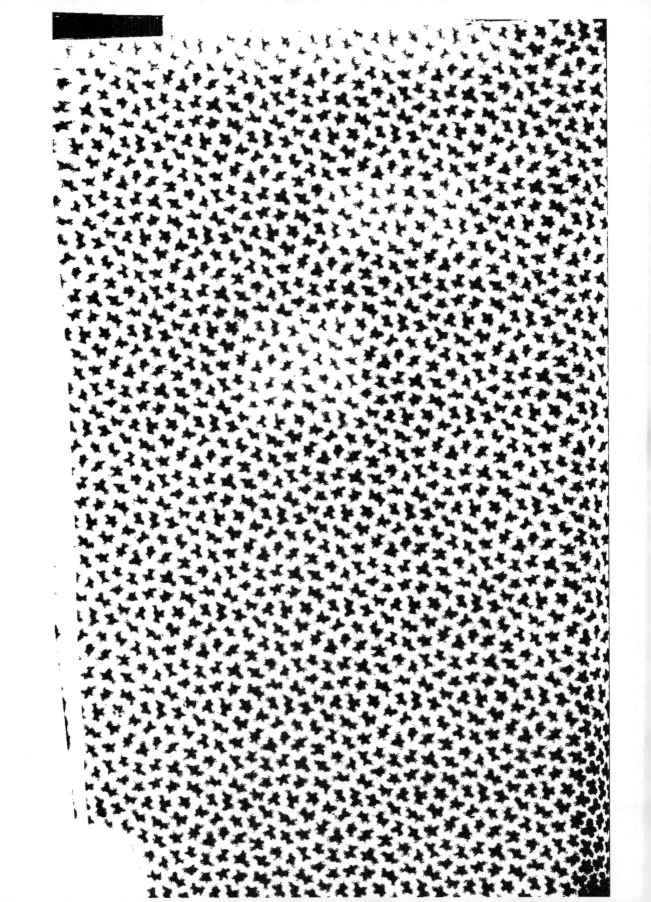